Pierre Seghers

LE LIVRE D'OR DE LA POÉSIE FRANÇAISE

DES ORIGINES À 1940

MARABOUT

A mon seul désir

Où je suis, Madame, votre très humble et très obéissant serviteur.

Au milieu d'une forêt de symboles et de monstres apprivoisés, entre ses miroirs et ses fleurettes, ses gens et ses lapins, auprès d'une fontaine qui jase et d'un unicorne qui inspire

Aussi comme unicorne sui
Qui s'esbahist en regardant
Quant la pucele va mirant,[1]

la Dame à la Licorne me propose sa devise : « A mon seul désir ». Cette ravissante personne, qui sort si naturellement de sa tenture du XVIe siècle — c'était hier, c'est aujourd'hui ! — me permettra d'ajouter mon présent à ceux qui l'entourent. Elle y retrouvera l'écho des troubadours, la musique des luths et des violes, le « clus trobar » et aussi les tambours : j'en demande pardon à ses hermines !

Entre les poètes de cour et ceux des tavernes, l'Académie (à venir) et la solitude peuplée, les pouvoirs de l'incantation et le feu sous la langue ; accueillante aux meilleurs, parfois aux inconnus, cette gente et noble personne demeure la reine d'un monde aussi nombreux que mystérieux. Sans audience pour les ennuyeux, toujours prête pour les guitares, elle découvrira au cours de son voyage plusieurs siècles de voix et de chants nouveaux, et qu'il y eut toujours des modes dans les sortilèges.

Pour elle, ce livre ne sera pas une collection de fleurs mortes, un tableau de chasse de l'histoire littéraire. Plutôt une invention qui ne surprendra personne aujourd'hui, une sorte de composition pro-

1. Thibaut de Champagne (1201-1253).

jetante et parlante qui lui fera voir les images d'une permanence, celle de la poésie française à travers l'évolution d'une langue appliquée à mieux dire, les péripéties de la recherche de l'expression, le jeu des reflets entre l'allusion et l'inégalable de la musique, enfin la fulguration d'un vers qui devient tout à coup plus cher que les plus chers bijoux.

Petit à petit, cette anthologie s'est aménagée comme une machine vivante, infernale sans doute aux yeux des Messieurs de Sorbonne. Agencée, non pour enseigner, mais pour faire entendre les voix des poètes français, savants et populaires, parfois secrets comme la nuit qu'ils explorent. C'est avec ses hommes de passion et de méditation, ses princes et ses rois, ses navigateurs, ses artisans, ses poètes, que la Dame à la Licorne recevra l'hommage de cette aventure dédiée à sa grâce et *A mon seul désir.*

*

Dedans mon livre de pensée
J'ai trouvé, écrivant mon cœur...

Pour l'enfant amoureux de cartes et d'estampes...

Au sens où l'entendait Charles d'Orléans, cette anthologie s'est composée petit à petit comme un livre de pensée, celui d'une longue et permanente réflexion. Sans doute a-t-elle commencé dans une sous-préfecture qui sentait le berlingot et la tomate, au cœur du Comtat où j'avais écrit, à douze ans, mon premier poème ! Il y avait eu ce moment — qui dure encore ! — de la découverte des Eldorados : Hugo, Lamartine, Musset, le vin des mots qu'on boit comme un conscrit, la bibliothèque municipale de Carpentras qui m'ouvrait ses trésors. Quelques années plus tard, toute la modernité avait fait irruption avec l'anthologie Kra, à couverture rouge brique. Aujourd'hui encore, je ne passe jamais place de la Trinité sans saluer l'emplacement où se trouvait la librairie de mon illustre confrère : après Poulet-Malassis, Vanier, Messein, Lemerre, Kra — qui devait mourir en déportation — me permettait enfin d'entendre, dans ma solitude d'outre-province, les poètes modernes. Eberlué, émerveillé, je découvrais tout, mon temps et son langage, les recherches et les trouvailles, les impasses et les audaces, les illuminations, les accents nouveaux, les couleurs jamais vues. 1926. J'avais vingt ans.

C'est à présent mon tour. Les richesses gagnent à être redistribuées. Voici les miennes. J'ai donné le bon à tirer de ce « Livre d'or de la Poésie Française du

Moyen Age à 1940 ». Certes, l'architecte n'a pas à justifier l'œuvre, mais celle-ci s'étant édifiée entre un raz de marée de découvertes et un reflux de renoncements, je crois nécessaire de mettre le lecteur dans le secret des plans.

*

Cette anthologie a d'abord vu le jour dans une collection populaire, de prix très modique, et j'y tenais. Le public de la poésie est innombrable. l'amour de la poésie bien vivant dans tous les milieux, mais pour beaucoup, comme l'écrivait Paul Fort :

J'ai vu de bonnes gens, j'ai vu de saintes gens,
Mais je n'ai jamais vu mon chapeau plein d'argent...

En raison de son prix de vente en librairie, « Marabout Université » était pour moi le véhicule idéal. il mettait la poésie à la portée du plus grand nombre de lecteurs.

Enfin un éditeur munificent !

Aujourd'hui, grâce à la munificence de l'éditeur et à l'accueil que les lecteurs ont bien voulu réserver à cet ouvrage, ce « Livre d'Or » remanié, complété, relié, devient un livre de bibliothèque. Les mânes des poètes ici rassemblés seront sensibles à ce luxe. En 464 pages, j'expose ici mon plus précieux, mon plus vivant trésor, épars à travers neuf siècles de poésie française ! C'est encore trop peu !
Pour la première édition, après des années de recherches, de transcriptions et de rencontres, à travers cet incessant mouvement qui va des prédilections aux abandons, entre les retrouvailles décevantes et les repentirs, enfin mis au pied du mur, je ne me doutais pas que j'allais avoir à me transformer bientôt en réducteur : j'avais vu trop grand, trop vaste, je devais resserrer. Bénie soit cette discipline, ce jeu de la vérité. Un choix n'est pas un fourre-tout.

Le narratif dehors !

J'éliminai tout d'abord le narratif, la Chanson de Roland et tout ce qui, au Moyen Age, était davantage histoire, roman, que poésie. Attaché sans doute au langage, à l'alchimie des mots, j'ai souvent préféré le silence à des poèmes qui développaient, en vers, un sujet ; poèmes qu'il est sans doute utile de connaître lorsqu'on prépare des examens, mais que je tiens pour extérieurs à la poésie. Puisqu'ils étaient « extérieurs », ils le restèrent !

L'érudition ?

D'autre part, ne faisant pas profession d'érudition, je n'ai pas voulu jouer au caméléon, me retrouver avec une peau de parchemin dans les bibliothèques ! Je n'exhume que très rarement des noms mis en réserve. Mon but étant de composer un livre qui intéresse, un livre de plaisir, le mien en premier et celui du lecteur, j'ai choisi de faire mieux aimer ceux que je fréquentais assidûment. Enseveli sous des couches de poussière, au plus haut rayon d'une nécropole, peut-être qu'un poème m'attend. Nous nous rencontrerons plus tard… J'ai préféré la vie. Dans la vie de la poésie, des textes assez rares et qui me sont chers voisinent avec les poèmes les plus connus qui sont en général les plus irremplaçables. Je me plais à me reconnaître ici comme un « happy few » du lieu commun.

Cependant, que d'absences : Pierre de Nesson et Jean Régnier, au début du XVe siècle, dont le réalisme terrible, la Danse Macabre du premier, le Testament du second, annoncent Villon. Et Michault, Taillevent, joueur de farces de Philippe le Bon

Le Temps s'en va, les gens, la vie
s'en vont et ne sait-on comment

et Pierre Chatelain, alchimiste et guérisseur, le fruité Olivier Basselin, foulonnier normand, auteur de « Vaux de vire », Héroët, Pelletier du Mans dont la renommée fut grande, Tahureau, Scévole de Sainte Marthe, que Ronsard admirait. J'en passe. Sans oublier pourtant Belon du Mans, réédité par Norge, Hugues Sahel qui était l'ami d'Olivier de Magny, Etienne Dolet, imprimeur, humaniste, orateur et poète, brûlé sur le bûcher en 1546.

De Malherbe à l'insoumission, des bonnes intentions à l'esthétisme.

Ensuite, plus près du frémissement que du glacé, j'ai préféré classer *Beauté mon beau souci*… chez Valery Larbaud plutôt que chez Malherbe. J'ai pris plaisir à l'insolite et dédaigné le convenu :

Le jugement comme un chausse-pied
La discrétion comme une moufle
La raison comme un tabouret

J'ai pris Rabelais comme un poète. Entre les fatrasies de Jean Molinet et tel poème de Jacques Prévert, entre Brunet-Latin et les bestiaires de Labisse, il n'y a pas quatre cents ans d'histoire, mais un instant — qui dure toujours — de complicité. A travers les siècles, ce « Livre d'Or » est celui des poètes d'aujourd'hui ! Ni bien, ni mal pensant, mais totalement libre, j'ai laissé à cette anthologie son droit à l'irrévérence, voire à la subversion. Ce sont des ferments tenaces, que je préfère aux glorieuses fadeurs. *L'amour est son foyer, l'insoumission sa loi,* ainsi s'exprime Saint John Perse, Prix Nobel, parlant de poésie...

Après, sauf pour Plantin — et parce qu'il était typographe ! — j'ai fait des coupes sombres chez les poètes à bonnes intentions, moraux, « pomposo », ou tricolores. On m'en tiendra rigueur sans doute, dans un pays qui compte tant d'avenues François Coppée et Paul Déroulède ! (Mais que vient faire ce nom ici ?). Enfin, quoique épris du baroque, voire de certains précieux, j'ai tranché : je regrette Jean Lemaire de Belges et son

Voyez la là, la plus belle de France

Mais Voiture, l'Hôtel de Rambouillet ? La Carte du Tendre, que je reproduis, est à mes yeux plus poétique que leurs sonnets. Et, pour en terminer avec cette « révision déchirante », n'ayant pas choisi de mettre les entrées de métro littéraires de toutes les époques dans mes perspectives, j'ai renoncé aux fadeurs sucrées : *en robe héliotrope et sa pensée au doigt*[1], à l'esthétisme, aux évanescences, à la joaillerie (en toc !), aux images coruscantes, aux irridescentes splendeurs, et aux Luxures

Aux portes des cafés où s'attablent les vices
Elle va tous les soirs offrant des écrevisses...

j'ai donc dit non ! à Rollinat et à bien d'autres. Ne me voulant pas complet, mais à l'aise dans mes goûts, il me paraît au bout du compte que tout est mieux ainsi.

Poèmes en prose ?

Bien davantage, aurais-je regretté de ne pouvoir insérer dans ce « Livre d'or » des textes en prose qu'il me paraissait impossible de n'y point reproduire. Tout d'abord des proses spécifiquement poétiques qui ne sont pas écrites en vers comptés, mais qui sont à jamais illuminées par le rayonnement d'un étrange radium. Quoi, on refuserait sous prétexte de pieds et de rimes, de Rabelais à Baudelaire, de Chateaubriand à Aragon, d'Aloysius Bertrand à Pierre Reverdy, la qualification de « poétiques » à des textes

1. Albert Samain

qui ont, plus que tous autres, le goût pulpeux de la poésie, ce ton déchirant et secret, cette vertu mystérieuse qui vous prend le cœur comme la main du chirurgien sur la table d'opération : vous alliez mourir et il vous fait revivre ! Qui n'a pas été épris de : *L'or des genêts et la pourpre des bruyères frappaient mes yeux d'un luxe qui touchait mon cœur...* de J.-J. Rousseau, ignorera toujours quelle fascination peut exercer un simple — et glorieux — arrangement de mots.

Regards sur les « Arts Poétiques »

A côté des poèmes en prose, j'ai tenu à faire figurer dans ce « Livre d'or » des textes dont l'objet était d'être tout occupés de poésie : de la *Défense et Illustration de la Langue Française* de du Bellay, à *L'évidence poétique* de Paul Eluard, quelques poètes ont écrit, sur l'Art Poétique, des réflexions qui aident à mieux comprendre leurs recherches et leurs œuvres. Je ne sache pas que les anthologies poétiques aient fait écho jusqu'ici à ces manifestes et à ces pensées, inséparables pour moi des œuvres elles-mêmes. On lira donc dans ce livre des proses de cet ordre : c'est en écoutant l'incessante réflexion de Pierre Reverdy, par exemple, que l'on reconnaît sa main d'artisan, et que le diamant noir de sa poésie prend feu. Et à qui me dira que ces quelques lignes de Raimbaut d'Orange, qui était plutôt de Courthezon, et qui fut l'ami de la comtesse de Die, au XIIe siècle, ne sont pas poésie, je l'enverrai s'offrir un sonotone poétique ! afin qu'il entende : *J'entrelace, pensif et pensant, des mots précieux, obscurs et colorés, et je cherche avec soin comment, en les limant, je puis en gratter la rouille, afin de rendre clair mon cœur obscur.*

Langue d'oïl et langue d'oc. Et vive le français moderne !

Il y avait aussi à prendre position dans la vieille querelle de la langue d'oïl et de la langue d'oc. Les troubadours, les poètes du langage de la zone sud, auraient-ils leur place dans ce recueil ? La « Dame à la Licorne » me paraissait avoir répondu pour moi depuis longtemps. Je me suis donc attaché à traduire en français moderne quelques poètes nourris du pain et du vin de l'hexagone français, même s'ils avaient écrit dans une langue qui n'était point la nôtre. Sur cette lancée, persuadé que le lecteur souhaitait avant tout pouvoir lire les poèmes sans lexique ni glossaire, j'ai résolument modernisé l'orthographe des poèmes antérieurs au XVIIIe siècle. De même, ai-je parfois retouché la ponctuation originale : rien ne fut plus vague, durant des siècles, que cette orthographe et que cette ponctuation.

Et encore : que ferai-je de la poésie populaire, des comptines et des chansons, de la poésie involontaire, irrationnelle ? Tous ces ferments, ces chants, ce légendaire, allais-je les abandonner aux portes des Académies et faire injure à mon plaisir ? Jamais. Ce que je préfère dans la poésie dite « populaire », on le retrouvera également dans ce choix.

Et la poésie populaire ?

Enfin, pour la poésie contemporaine, j'ai choisi de m'arrêter, pour le premier tome de cet ouvrage, aux poèmes qui ont été édités *avant le premier janvier 1940*. Un second « Livre d'or » suit, qui me permet de faire le point de mes préférences entre les poèmes publiés de 1940 à 1960.
Mais ici, pourquoi cette césure à 1940 ? Parce que 1940 est une date-charnière dans la poésie française. Une porte se ferme, une autre s'ouvre. Une poésie nouvelle apparaît, certains poètes deviennent des aînés, certains aînés apparaissent comme les plus jeunes au milieu de ceux de la nouvelle génération. Sous la pression des circonstances, 1940 est le moment d'une mutation brusque. Les diverses écoles littéraires, qui étaient autrefois des cénacles jaloux, vont se taire et l'on entendra tout à coup, venu de Bertrand de Born et des troubadours, un chœur national qui sera celui du chant et de l'amour français. A partir de 1940, entre les chagrins et l'espoir, sur la terre même de France, en Algérie, en Suisse, en Belgique, il n'y aura plus que « L'École Française »[1], l'oubli des querelles et, pour un temps, l'union.

Mais, au premier janvier 1940, rideau !

Dans un cantonnement, le jour de Noël 1939, le vaguemestre m'apporte le manuscrit des *Amants Séparés*, d'Aragon, que je n'avais encore jamais rencontré, et qui était lui-même mobilisé au 220e RRT, 1er Bataillon. Ce poème, l'un des plus pathétiques du *Crève-Cœur*, je le publie le 15 février 1940, dans P. C. 40. Mais le *Crève-Cœur* n'est édité in extenso qu'en avril 1941. En 1941 également, paraît le *Livre Ouvert*, de Paul Eluard, aux Editions des Cahiers d'Art. Les *Histoires sous la Lampe*, de Paul Colinet, sont datées de 1942. *Le Parti-Pris des Choses*, de Francis Ponge, aussi. Le 7 mai 1940, en Belgique, Pierre Emmanuel a publié son premier livre, *Élégies*, et le 8 mai 1940 paraît *l'Amateur de Poèmes*, de Jean Prévost, mort héroïquement au maquis quatre ans plus tard, dans le Vercors. Il terminait l'introduction à son livre par ces lignes : *Qui pourra envoyer les jeunes poètes chanter sur les*

Souvenir, souvenir, que me veux-tu ? Des dates...

1. cf. André Blanchard, « Poésie 40 ».

places au jour du marché, les vieilles chansons françaises et leurs propres poèmes ? Jouer de très anciennes pièces sous les Halles, auprès des leurs ? Qui nous donnera l'équivalent de la Baracca de Lorca ? Je ne vois pas d'autre chemin ouvert à notre poésie.
Si Ponge, Emmanuel, Frénaud, Bonnefoy et bien d'autres ne figurent pas dans ce premier tome, que les dates de parution de leurs principaux recueils me justifient. Nous nous retrouverons tous dans les deux tomes qui suivent, où nous aborderons aussi cette poésie-critique-de-la-poésie, ce « cercle brisé autour d'un centre absent »[1] qui rejoint, mais par antithèse je crois, le premier vers du présent ouvrage :

Je ferai ces vers sur le pur Néant[2].

Pour cette fois, la ligne de partage des eaux, celle de la poésie avant et après 1940, est tracée entre deux sommets : les trois poèmes du *Crève-Cœur* parus en novembre 1939 et *Outlines. Outlines* ? Que l'occasion me soit donnée ici de saluer un jeune poète, Jean Venturini, qui devait être l'un des premiers morts de la guerre. J'avais à peine reçu, en novembre 1939, son premier et remarquable recueil, *Outlines*, que j'apprenais qu'au large de Tunis, Jean Venturini, jeune poète marocain d'expression française, venait d'être englouti avec tout l'équipage de son sous-marin. C'est sur un poème de Jean Venturini que se termine ce tome I du « Livre d'or ».

*

Une seule forêt aux essences diverses.

Ce qui me ravit le plus, dans cette poésie française qui va de Guillaume d'Aquitaine à Jean Venturini, c'est sa diversité, son extraordinaire jeunesse. Certes, le poète est un des événements de l'Histoire, et souvent sa voix même. A l'Histoire de France, il n'a jamais manqué. Conscience et langage de son temps, le poète l'exprime, et parfois le devance. A travers les révolutions, les batailles et les bonaces, entre une société exsangue et les *tonneaux débondés* qui allaient *rouler sur toute la terre* , nul pouvoir n'a pu étouffer les vertus de renouvellement du chant français. Ni les périodes amidonnées, la raison raisonnante, les comptes d'auteurs, les cœurs trop sensibles, les bonnes volontés sans souci du langage — et que dire du débagoulage verbal ou de la mécanique des versificateurs — rien, ni le foisonnant et indispensable chiendent de l'écriture, n'a pu empêcher cette forêt chantante de jaillir. De Charles d'Orléans à

1. Jacques Borel
2. Guillaume d'Aquitaine
3. André Frénaud : *Enorme figure de la déesse Raison*

Patrice de la Tour du Pin, c'est la même lignée, la même génération, l'identique verdeur, et cet inimitable ton, cette lumière du langage sur l'ardoise des mots, quand la poésie conduit :

Mon dolent cœur en étrange contrée[1]

Une anthologie n'est donc pas un herbier, elle n'est pas un cimetière. *Vivre se conjugue au présent.* Ceux qui parlent, chantent et enchantent, ceux qui ont couru et courent encore la grande aventure de la poésie, demeurent indéfiniment vivants. Avec eux. on se retrouve dans une sorte de chambre d'échos, ils sont votre plus secrète, votre plus intime compagnie.

De triste cœur chanter joyeusement
Et rire en deuil c'est chose fort à faire[2]

Si certains vous distraient, d'autres iront beaucoup plus loin, ils vous révéleront à vous-même. Et quelques-uns, à l'improviste, vous conduiront à réfléchir.

Devant tant de richesses et de présence, tant d'émotion et de retenue, tant d'intuitions, d'artisanat et de savoir, devant tant d'amour et de solitude par la poésie repeuplée, on se dit qu'il ne faut pas être respectueux, mais avide. Avide de partage, de compagnie, d'échanges. Avide de révélations et d'amitié. *Mes amours durent en tout temps*, disait Marot. D'où qu'il vienne, et même des plus réservés, le poème est un cri d'amour : il appelle à une mystérieuse communion, il cherche involontairement une autre voix, une autre moitié qui est vous-même. Si la poésie ne vous aide pas à vivre, faites autre chose. Je la tiens pour essentielle à l'homme autant que les battements de son cœur.

P.S.

1. Guillaume de Machaut (1300-1377)
2. Christine de Pisan

MOYEN AGE

GUILLAUME IX, DUC D'AQUITAINE ET COMTE DE POITIERS

(1071 — 1127). — Ce grand seigneur, plusieurs fois excommunié pour sa vie scandaleuse et ses empiètements sur les biens de l'Eglise, avait, a-t-on dit, *le goût de la femme, du plaisir et du faste*. De l'amour sensuel à l'amour mystique, il est, en langue d'oc, un poète galant mais aussi le premier chantre de l'amour courtois. Est-ce influence de l'Andalousie arabe, qui possédait déjà une poésie amoureuse analogue, ou opposition à Robert d'Arbrissel, fondateur sur ses terres, de l'Ordre de Fontevrault, d'un ascétisme prononcé ? Onze chansons de Guillaume d'Aquitaine nous sont parvenues. Du plaisir de vivre à l'amour fou, elles suffisent à faire de ce puissant — et fort libre — seigneur, l'un des arbres de vie de notre poésie.

CHANSON

Je ferai ces vers sur le pur Néant
Et ce ne sera sur moi ni personne,
Non plus sur amour ni sur la jeunesse
Ni sur rien d'autre :
Ils me sont venus là tout en dormant
Sur mon cheval.

Je ne sais pas à quelle heure fus né,
Je ne me sens allègre ni colère
Et je ne suis étranger ni privé
Et n'en puis rien.
Si, une nuit, quelques fées me dotèrent
Sur un haut puy.

Je ne sais quand je me suis endormi
Ni quand je veille, sauf si on me le dit.
C'est pour un rien que le cœur m'est parti
D'un deuil cruel.
Je m'en soucie comme d'une souris,
Par Saint-Martial !

Je suis malade et je me crois mourir
Et rien ne sais plus que je n'entends dire.
Le médecin querrait à mon plaisir
Et ne sais quel :
Bon il me sera s'il me peut guérir,
Nul, si j'ai mal.

L'Amie à moi, je ne sais qui elle est.
Jamais la vis, sur ma foi je le jure !
Ne m'a rien fait qui me plaise ou m'accable
Et peu m'en chaut.
Jamais n'y eut ni Normands, ni Français
En mon château.

Jamais la vis et pourtant l'aime fort.
Jamais me fit ni mon droit ni mon tort,
Quand ne la vois, je n'en ai pas plaisir
Ainsi d'un coq.
Une connais, plus belle et plus gentille
Et qui vaut plus.

J'ai fait ces vers et je ne sais sur quoi,
Et les transmettrai ainsi à celui
Qui les transmettra ensuite à autrui,
Là vers l'Anjou,
Qui les transmettra de son propre chef
A quelqu'un d'autre.

Trad. P. S.

LA COMTESSE DE DIE (XIIe siècle). — Née Beatrix de Viennois, *Belle et noble dame,* selon les manuscrits, *elle s'éprit de Raimbaut d'Orange, et fit de lui maintes bonnes chansons.* On connaît d'elle quatre chansons et une « tenson » qu'elle échangea avec son ami, le troubadour Raimbaut. Première des femmes-troubadour, son audace et son style font déjà penser à Louise Labé.

CHANSON

Grande peine m'est advenue
Pour un chevalier que j'ai eu,
Je veux qu'en tous les temps l'on sache
Comment moi, je l'ai tant aimé ;
Et maintenant je suis trahie,
Car je lui refusais l'amour
J'étais pourtant en grand'folie
Au lit comme toute vêtue.

Combien voudrais mon chevalier
Tenir un soir dans mes bras nus,
Pour lui seul, il serait comblé
Je ferais coussin de mes hanches ;
Car je m'en suis bien plus éprise
Que ne fut Flore de Blanchefleur
Mon amour et mon cœur lui donne
Mon âme, mes yeux, et ma vie.

Bel ami, si plaisant et bon
Si vous retrouve en mon pouvoir
Et me couche avec vous un soir
Et d'amour vous donne un baiser
Nul plaisir ne sera meilleur
Que vous, en place de mari
Sachez-le, si vous promettez
De faire tout ce que je voudrais.

Trad. P. S.

PHILIPPE DE THAUN (Premier tiers du XIIe siècle). — Il est connu par son *Bestiaire*, l'un des premiers ouvrages du genre, où il mêle à l'histoire naturelle la légende et à ses descriptions, des considérations morales. Il rédigea ses écrits en Angleterre.

LA SIRENE

Sirène la mer hante,
Dans la tempête chante
Et pleure par beau temps,
Car tel est son talent.
De femme elle a la forme
Jusques à la ceinture.
Et les pieds de faucon
Et la queue d'un poisson.
Quand se veut réjouir,
Haut et clair elle chante
Et quand le nautonier
Qui va sur mer l'entend
Il en oublie sa nef
Et bientôt il s'endort.
Gardez-en la mémoire,
Car cela a du sens.

Que sont sirènes ? Sont
Richesses de ce monde :
La mer montre ce monde.

La nef, gens qui y sont,
L'âme est le nautonier,
La nef, le corps qui nage.
Sachez que font souvent
Les richesses du monde
Pécher l'âme et le corps :
C'est nef et nautonier,
L'âme en péché s'endort
Pour ensuite périr.

Les richesses du monde
Font de grandes merveilles :
Elles parlent et volent,
Vous tirent par les pieds
Et vous noient. Pour cela
Et de cette façon
Les sirènes peignons :
Le riche a la parole,
Sa renommée s'envole ;
Les pauvres, il les étreint,
Les attire et les noie.

Sirène est du même être,
Chante dans la tempête
Comme richesse au monde
Aux riches confondue.
C'est chanter en tempête,
Quand richesse est si maître
Que pour elle on se pend
Et se tue de tourments.

La sirène en beau temps
Pleure et se plaint toujours.
Quand on laisse richesse
Et pour Dieu la méprise,
C'est alors la belle heure
Et la richesse pleure :
Sachez ce que veut dire
Richesse en cette vie.

Trad. P. S.

JAUFRE RUDEL

(? - vers 1147). — Troubadour, il chanta « l'amour lointain ». Les chroniqueurs du XIIIe siècle racontèrent comment la comtesse de Tripoli, en terre lointaine, vit mourir ce poète qui s'était croisé pour venir la voir, sur la renommée de sa grande beauté. Légende ou non, Jaufre Rudel est l'un des meilleurs chanteurs de l'amour courtois.

CHANSON DE L'AMOUR COURTOIS
(adaptation de Pierre Seghers)

Ne sait chanter qui rien ne dit.
Ni vers trouver qui ne chanta.
Les rimes fuient celui qui va
loin de ce qu'il entend en lui.
Ainsi mon chant commence ici.
Plus l'entendrez. plus il vaudra.

a.a

Que nul de moi ne soit ravi.
J'aime qui jamais me verra.
D'autre amour en mon cœur n'y a
qu'Une. jamais je ne la vis.
Je ne m'en sens pas réjoui.
Je ne sais quel bien m'en viendra.

a.a

Un coup de joie frappe et m'occit.
L'amour me point qui m'empoigna
jamais si fort ne me frappa
la chair dont tout mon corps maigrit.
Pour nul coup je n'ai tant langui
Jamais ne fut. ni ne sera.

a.a

Jamais si bien ne m'endormis
que mon esprit n'aille là-bas.
Tant de chagrins passent en moi
Mon cœur m'a laissé seul ici.
Et quand le matin revoici
Tout mon doux délice s'en va.

a.a

Je sais que d'elle n'ai joui.
Jamais de moi ne jouira.
Ni pour son ami me tiendra.
Jamais promesse ne m'en fit.
Jamais n'a dit vrai ou menti
Ne sais si jamais le fera.

a.a

Bon est ce chant. je n'y faillis.
Tout est en place. en son état.
Celui qui de moi l'apprendra
qu'il ne l'abîme ou l'ait trahi
Car ainsi l'auront. en Quercy.
Bertrand et comte de Tolza[1].

a.a

Bon est ce chant. qu'on fasse ici
d'autres copies qu'on chantera.

a.a

1. Toulouse.

MARIE DE FRANCE

(XIIe siècle). — Née à Compiègne, elle vécut en Angleterre. Elle a traduit des fables du latin, mais ce sont surtout les « *Douze Lais Bretons* », dédiés à Henry II Plantagenet, qui la révélèrent. Ils sont au départ de nos contes de fées.

D'eux deux il en était ainsi
Comme du chèvrefeuille était
Qui au coudrier se prenait
Quand il s'est enlacé et pris
Et tout autour le fût s'est mis,
Ensemble peuvent bien durer
Qui les veut après désunir
Fait tôt le coudrier mourir
Et le chèvrefeuille avec lui.
— « Belle amie, ainsi est de nous :
Ni vous sans moi, ni moi sans vous. »

CHRESTIEN DE TROYES

(Vers 1135-après 1190). — Il est le premier de nos auteurs de chevalerie. Son œuvre, rédigée entre 1162 et 1182, comprend « *Erec et Enide* », « *Cligès* », « *Yvain ou le Chevalier au lion* », « *Perceval ou le Conte du Graal* ». Il y mêle le réalisme au merveilleux, une langue claire à un souci musical.

Henri Ier, dit le Libéral et sa femme Marie, fille d'Eléonore d'Aquitaine, furent ses protecteurs à la Cour de Champagne.

YVAIN OU LE CHEVALIER AU LION

. . . .
La fontaine verras qui bout,
Quoique plus froide que le marbre.
Ombre lui fait le plus bel arbre
Que jamais sut faire Nature.
En tout temps la feuille lui dure,
Il ne la perd soir ni matin,
Et y pend un bassin d'or fin
Au bout d'une si longue chaîne
Qu'elle va jusqu'à la fontaine.
Près la fontaine trouveras
Un perron[1] tel que tu verras
(Je ne puis pas te dire quel
Car jamais je n'en vis de tel),
Et d'autre part une chapelle,
Petite, mais elle est très belle.
Si au bassin tu veux l'eau prendre
Et dessus le perron répandre,

1. Margelle.

Là tu verras quelle tempête,
Qu'en ce bois ne restera bête,
Chevreuil ni daim, ni cerf ni porc[1]
Les oiseaux en voleront hors,
Car tu verras tant foudroyer,
Venter et arbres dépecer,
Pleuvoir, tonner et éclairer,
Que si tu te peux en aller,
Sans grand ennui et sans souffrance,
Tu auras eu meilleure chance
Que chevalier qui onque y fut.
. . . .

De fil d'or et de soie ouvraient
Chacune au mieux qu'elle savait.
Mais telle pauvreté avaient
Que aux coudes et aux mamelles
Leurs robes étaient en dentelle
Et les chemises au dos sales.
Les cous grêles, visages pâles
De faim et de malaise avaient.
. . . .

Toujours draps de soie tisserons
Et n'en serons pas mieux vêtues,
Toujours serons pauvres et nues
Et toujours faim et soif aurons ;
Jamais tant gagner ne saurons
Que mieux en ayons à manger.
Du pain en avons sans changer
Au matin peu et au soir moins ;
Car de l'ouvrage de nos mains
N'aura chacune pour son vivre
Que quatre deniers de la livre[2]
Et de cela ne pouvons pas
Assez avoir viande et draps ;
Car qui gagne dans sa semaine
Vingt sous n'est mie hors de peine.
Et bien, sachez-le donc vous tous
Qu'il n'y a celle d'entre nous
Qui ne gagne vingt sous au plus.
De cela serait riche un duc !
Et nous sommes en grand misère,
Mais s'enrichit de nos salaires
Celui pour qui nous travaillons ;
Des nuits grand'partie veillons
. . . .

Trad. Gustave Cohen, Ed. Larousse.

1. Sanglier.
2. Pour la livre de marchandises ouvrées.

BERNARD DE VENTADOUR

(? - vers 1200). — Fils de boulanger, il fut au XIIe siècle, le protégé du vicomte Eble de Ventadour et de sa femme. Aliénor d'Aquitaine et le comte de Toulouse Raymond V s'intéressèrent à lui. Il est peut-être le plus aimable des troubadours : l'amour courtois fut son unique inspiration.

Ce n'est merveille si je chante
Mieux que nul autre troubadour
Le cœur est ouvert à l'amour
Et mieux suis s'il me commande
Cœur et corps et savoir et sens
Force et pouvoir en lui j'ai mis
Ce qui me tire vers l'amour
Fait que rien d'autre ne m'atteint.

Il est bien mort qui ne sent pas
D'amour au cœur la saveur douce
Et que vaut la vie sans l'amour
Ne sert qu'à ennuyer les gens !
Ah, je prie Dieu qu'il m'aime tant
Que ni jour ni mois je ne vive
Si j'ennuie ou s'il m'arrive
D'oublier d'amour le talent...

. . . .

LE TEMPS VA ET VIENT ET VIRE

Le temps va et vient et vire
Par jours, par mois et par ans,
Et moi, las ! ne sais que dire,
Toujours même est mon désir,
Toujours même sans changer,
J'aime celle que j'aimais
Dont jamais je n'eus plaisir.

Elle n'en perd point le rire,
A moi revient dol et dam,
A ce jeu qu'elle m'inspire
Deux fois serai le perdant,
Il est bien perdu, l'amour,
Qui se donne à l'insensible,
S'il ne touche à sa cible.

Plus jamais ne chanterai,
Je n'écouterai plus Ebbe
Mes chants ne me valent rien,
Ni mes couplets ni mes airs,
Rien que je fasse ou que dise,

Je le sais, ne m'est profit,
Et ne vois pas de remède.

Si la joie m'est au visage,
Moult ai dans le cœur tristesse.
Vit-on jamais pénitence
Faire avant que de pécher ?
Plus je la prie, plus m'est dure ;
Si sous peu elle ne change,
En viendrai au départir…

Las, bon amour convoité
Corps bien fait, si tendre et lisse,
Visage aux fraîches couleurs
Que Dieu de ses mains créa !
Toujours vous ai désirée
Aucune autre ne m'agrée,
D'un autre amour ne veut pas !

Douce femme bien apprise,
Que celui qui vous forma,
Si gente, m'envoie la joie !

Trad. P. S.

BERTRAN DE BORN

(1150 - 1215 ?). — Impétueux troubadour politique, en querelle continuelle contre ses voisins du Périgord, il paraît n'aimer, par-dessus tout, que les guerres et les batailles. Il n'y participe pas toujours, mais les narre mieux que personne. Poète « engagé », « condottière lyrique », Dante l'inscrivit dans « *L'Enfer* », et Aragon dans « *Les Yeux d'Elsa* ».

SIRVENTE

Royaumes sont, mais plus de rois
Et comtés, sans barons ni comtes
Les marches sont, mais sans marquis
Puissants châteaux, belles demeures
Mais plus n'y sont les châtelains,
Et jamais il n'y eut autant
De provisions, mais peu on mange
Par la faute d'un mauvais riche.

Belles personnes, beaux équipages
Peut-on voir et peut-on trouver.
Mais où sont Ogier le Danois,
Bérard, Beauduin sont nulle part.

On en voit de poils bien lustrés
Les dents polies, la barbe aux joues
Mais quels sont ceux sachant aimer,
Tenir la cour, galants, prodigues ?

Petites gens ! Où sont ceux-là
Qui savent châteaux assiéger
Qui des semaines et des mois
Savent maintenir une cour
Et qui donnent de riches dons
Et qui font bien d'autres largesses
Aux soldats, aussi aux jongleurs
Je n'en vois pas un seul qui compte.
. . . .

Trad. P. S.

LE CHATELAIN DE COUCY

(Fin du XIIe siècle). — Il fut un trouvère attentif à la leçon des poètes provençaux. Il prit part à la troisième et à la quatrième croisades, au cours de laquelle il mourut (1203). Sa personne inspira la légende dite du « cœur mangé », en l'occurrence celui d'un amant que le mari de sa maîtresse, pour se venger de son infortune, fait manger à celle-ci.

CHANSON

La douce voix du rossignol sauvage
Que nuit et jour j'entends jaser et bruire,
Adoucit tant mon cœur et le soulage
Que de mes chants je me veux réjouir
Bien dois chanter puisqu'il vient à plaisir
A celle à qui de mon cœur fis hommage.
Je dois avoir grand joie en mon courage,
Si me veut-elle près d'elle retenir.

Onc envers ell' n'eus cœur faux ni volage,
Il m'en devrait pour ce mieux advenir ;
Je l'aime et sers, adore par usage,
Et ne lui ose mes pensers découvrir,
Car sa beauté me fait tant ébahir,
Que je ne sais devant ell' nul langage,
N'osent mes yeux regarder son visage
Tant ils redout' avoir à en partir.

Tant ai en elle assuré mon courage[1]
Qu'ailleurs ne pense, Dieu m'en laisse jouir ;

1. Cœur.

Jamais Tristan, cil[1] qui but le breuvage,
Si tendrement n'aima sans repentir.
Car j'y mets tout, cœur et corps et désir,
Sens et savoir, ne sais si fais folie,
Encore je crains qu'à travers tout mon âge[2]
Ne puisse assez elle et s'amour servir.

Je ne dis pas que je fasse folie,
Mêm' si pour elle il me fallait mourir ;
Au monde il n'est si belle ni si sage,
Et il n'est rien que j'aie tant à plaisir.
J'aime mes yeux qui surent la choisir ;
Dès que la vis, lui laissai en otage
Mon cœur, depuis il y a fait long stage,
Jamais nul jour ne l'en peut départir.

Chanson, va t'en pour porter mon message
Là où je n'ose aller, ni repartir,
Car tant redoute la male gent ombrage[3]
Qui sent avant qu'ils puissent advenir
Les biens d'amour : Dieu les puisse maudire !
A maint amant ont fait ire et dommage,
Mais j'ai sur eux ce cruel avantage,
Contre mon gré, je les dois obéir.

Trad. P. S.

HELINAND DE FROIDMONT

Hélinand, moine de Froidmont (fin du XII e siècle) fut un favori de Philippe Auguste. Il entra dans les ordres, à l'abbaye de Froidmont en Beauvaisis, vers 1183. Son poème, « *Les Vers de la Mort* », fut composé entre 1194 et 1197. D'inspiration morale, sinon mystique, il n'en est pas moins un chef-d'œuvre de poésie qui exerça une grande influence au Moyen Age. On en retrouve des traces chez Villon, trois siècles plus tard.

LES VERS DE LA MORT

. . . .
Mort est le rêt qui tout attrape,
Mort est la main qui tout agrape ;[4]
Tout lui reste quand elle serre.
Mort fait à tous de sombres chapes

1. Celui.
2. Ma vie.
3. Jalouse.
4. Agrippe.

Et de la pure terre, nappe,
Mort à tous pareillement sert,
Mort tous secrets met en lumière,
Mort fait homme libre le serf,
Mort asservit le roi, le pape,
Mort rend à tous ce qu'il appert.
Mort rend au pauvre ce qu'il perd,
Mort prend au riche ce qu'il happe

Mort fait à tout homme son droit,
Mort fait à tous bonne mesure,
Mort pèse tout à juste poids,
Mort venge chacun de l'injure,
Mort met orgueil à pourriture,
Mort fait perdre la guerre aux rois,
Mort fait garder décrets et lois
Mort met fin à gain et usure
Mort fait de douce la vie dure,
Mort aux potages et aux pois
Donne saveur de bon craspois[1]
Dans le cloître où l'on craint luxure.

Mort apaise les ennoisiez[2]
Mort fait taire égosillés
Mort toutes les mêlées termine.
Mort met en croix les faux croisés,
Mort fait droit tous les boisiez[3]
Mort fait justice à tout procès,
Mort trie les roses des épines
Paille de grain, son de farine,
Les vins purs des vins armoisiés[4]
Mort seule sait tout et devine
Si l'homme est à bon droit prisé.

Mort, honni soit qui ne te craint,
Et plus honni qui ne craint rien
Sinon que sa vie ne s'en aille
Perdre, sans perte lui convient,
Peu l'attendra qui plus la tient
Qu'on l'éloigne, la mort revient.
Mais les fols disent : « Nous, que chaille[5]
A quelle heure mort nous assaille !
Prenons vite le bien qui vient
Après, que peut valoir qui vaille ?

1. La baleine, on s'en délectait au XIIe siècle !
2. Chercheurs de noise, querelleurs.
3. Chapardeurs, voleurs de bois mort.
4. Mêlés d'armoise.
5. Que nous chaut, que nous importe.

Mort est la fin de la bataille
Et âme et corps néant devient. »
. . . .

Trad. P. S.

MARCABRUN (XIIe siècle). — Troubadour réaliste, il nous est parvenu de lui une quarantaine de poèmes. On dit qu'il naquit en Gascogne, d'une pauvre femme Marca la Brune, qu'il fut élevé par Sire Audric de Vilar, et redouté pour sa langue. D'après la légende, il fut tué par les châtelains de Guyenne dont il avait dit beaucoup de mal. Ennemi des femmes, il fut l'adversaire acharné de l'amour courtois.

....

Je le considère comme savant, celui qui dans mon chant devine ce que chaque mot veut dire, et moi-même, je suis embarrassé d'éclaircir une parole obscure.

ECOUTEZ !

L'Amour, plein de fausseté,
Prend le miel, laisse la cire,
Et pèle pour lui la poire.
    Ecoutez !
Pour qu'il soit doux comme lyre
Il suffit de le couper.

Bien fait pacte avec le Diable,
Qui fraye avec Fausse-Amour,
Verge il donne pour le battre.
    Ecoutez !
Tel sans rien sentir se gratte
Qui enfin s'écorche vif.

L'amour est de sale race ;
Sans glaive il tua mille hommes.
Je ne sais plus grand sorcier ;
    Ecoutez !
Du plus sage il fait un fol
Dès qu'il le tient dans ses rêts.

Il ressemble à la cavale
Qui tout le jour vous emporte
Sans vous donner nulle trêve ;
    Ecoutez !
Et vous traîne sur les lieues,
Sans souci de votre faim.

Je sais, pour moi, si l'Amour
Est aveugle ou s'il est bigle.

C'est le miel sur le venin ;
    Ecoutez !
S'il pique moins fort qu'abeille,
Il est plus long d'en guérir.

Qui se règle sur la femme
En pâtit avec justice.
L'Ecriture nous l'enseigne,
    Ecoutez !
Malheur, malheur à vous tous
Qui ne vous en gardez point !

Marcabrun par Marcabrune
Fut produit sous un tel astre
Qu'il sait comme Amour dévide.
    Ecoutez !
Onc il n'en aima aucune
D'aucune il ne fut aimé.

Trad. par André Berry.
Ed. Stock.

ANONYME

I

CHANSON

— Ouvrez-moi la porte, belle douce amie,
Ouvrez-moi la porte du pré si joli.
Dieu me soit témoin de ma courtoisie :
Ouvrez-moi la porte, belle douce amie.

— Allez-vous-en, non, n'entrerez ici :
C'est ici le pré du jaloux mari.

— Ouvrez-moi la porte, belle douce amie,
Ouvrez-moi la porte du pré si joli...

Trad. P.S.

II

CHANSON

— Trop me regardez, amie, trop souvent
Votre doux regard inquiète les gens.
Cœur qui veut aimer jolietement

— Trop me regardez, amie, trop souvent.
Ne se doit vanter par devant les gens
Et se doit garder des gens médisants.

— Trop me regardez, amie. trop souvent.
Votre doux regard inquiète les gens...

Trad. P. S.

GACE BRULÉ

Gace Brulé, champenois (fin du XIIe siècle, début du XIIIe siècle), fut un protégé de Geoffroi II, comte de Bretagne. Il composa des chansons, qui devinrent bientôt célèbres parmi ses contemporains qui le tenaient pour « sans rival ».

CHANSON

Quand vois l'aube du jour venir,
Je ne puis rien autant haïr,
Qu'elle fait de moi départir
Ami, que j'aime par amour.
Or ne hais rien tant que le jour.
Ami, qui me départ de vous.

Je ne vous puis de jour revoir.
Trop je crains les apercevoir.
Et si je vous dis tout pour vrai
Les envieux sont aux aguets.
Or ne hais rien tant que le jour.
Ami, qui me départ de vous.

Quand je gis au dedans du lit
Et que regarde contre mi[1]
Je n'y trouve point mon ami :
Alors m'en plains aux fins amours
Or ne hais rien tant que le jour.
Ami, qui me départ de vous.

Beau doux ami, vous partirez :
A Dieu soit votre corps confié.
Par Dieu vous prie, ne m'oubliez :
Je n'aime rien autant que vous.
Or ne hais rien tant que le jour.
Ami, qui me départ de vous.

Or, je prie tous les vrais amants,
Cette chanson aillent chantant

1. Moi.

Même en dépit des médisants
Et des mauvais maris jaloux.
Or ne hais rien tant que le jour,
Ami, qui me départ de vous.

Trad. P. S.

GUILLAUME DE LORRIS

(? - vers 1235). — Il est l'auteur de la première partie du « *Roman de la Rose* » (première édition imprimée : 1485). C'est un poète d'inspiration amoureuse et courtoise, qui use systématiquement d'un langage allégorique. Sa « virtuosité d'exécution » a été justement soulignée.

La seconde partie du « *Roman de la Rose* » devait être écrite plus tard par Jean de Meung.

LE JARDIN D'AMOUR

Au vingtième an de mon âge,
Au point qu'Amour prend le péage
Des jeunes gens, couché m'étais
Une nuit, comme d'habitude,
Et je dormais moult fortement ;
Je vis un songe en mon sommeil
Qui moult était beau et me plut ;
Mais en ce songe il n'y eut rien
Qui en tout point ne se passa
Comme le songe le disait.
Or veux ce songe mettre en vers,
Pour que vos cœurs s'en réjouissent,
Car c'est Amour qui me l'ordonne.
Et si nul ni nulle demande
Comment je veux que le roman
Soit appelé que je commence,
Qu'il le soit Roman de la Rose,
Où l'Art d'Amour est toute enclose.
La matière en est bonne et neuve ;
Que Dieu reçoive en bonne grâce
Celle pour qui je l'entrepris ;
C'est celle qui tant a de prix,
Et tant est digne d'être aimée
Qu'on doit la Rose la nommer.

Il y a bien cinq ans ou plus,
Que nous étions en mai songeais,
Au temps amoureux, plein de joie,
Au temps où toute chose est gaie,
Où l'on ne voit buisson ni haie
Qui en mai parer ne se veuille

Et couvrir de nouvelle feuille.
Les bois recouvrent leur verdure,
Qui sont tant secs quand l'hiver dure :
La terre même est orgueilleuse
De cette rosée qui la mouille,
Et elle oublie la pauvreté
Où elle a tout l'hiver été ;
Lors devient la terre si fière
Qu'elle exige nouvelle robe ;
Et sait si jolie robe faire
Que de couleurs en a cent paires.
L'herbe et les fleurs blanches et perses,
Et de maintes couleurs diverses,
Voilà la robe que je dis,
Et dont la terre moult se prise.
Tous les oiseaux qui se sont tus
Tout le temps que froid ils ont eu
Et que mauvais temps il a fait,
Sont en mai par le temps serein,
Si gais qu'ils montrent en chantant
Qu'en leur cœur il est tant de joie
Que par force il leur faut chanter.
Les rossignols alors s'efforcent
De chanter et faire du bruit ;
Alors s'amusent et s'envolent
Les papegais et l'alouette ;
Alors les jeunes gens s'entendent
A être gais et amoureux,
Pour le temps beau et douceureux ;
Moult a dur cœur qui en mai n'aime,
Lorsque chantent dans la ramure
Les oiseaux leurs chants mélodieux.
En ce temps-là délicieux,
Où l'amour trouble toute chose,
Durant la nuit je fis un rêve ;
Alors me sembla en dormant
Qu'il était déjà grand matin :
Alors de mon lit me levai,
Me chaussai et mes mains lavai.
Puis tirai aiguille d'argent
D'un petit aiguillier joli,
Et m'apprêtai à l'enfiler.
Hors de ville eus l'idée d'aller
Pour ouïr des oiseaux les sons,
Qui chantaient parmi les buissons
En cette nouvelle saison.
Cousant mes manches en zig-zag,
Je m'en allais tout seul, flânant,
Et les oiselets écoutant,
Qui à chanter s'égosillaient,
Dans les vergers qui fleurissaient.

Jolis, gais et pleins de liesse.
A une rivière m'adresse
Que j'ouïs près de là chanter ;
Car je ne pouvais pour m'ébattre
Trouver mieux que cette rivière.
D'un tertre qui près d'elle était
Descendait l'eau à très grands flots.
Claire elle était et aussi froide
Comme eau de puits ou de fontaine :
Il y en avait moins qu'en Seine,
Mais elle était plus étendue.
Jamais, jamais je n'avais vu
Une eau plus belle que cette eau ;
Ainsi m'éverveillai-je là
A regarder ce lieu plaisant.
De cette eau claire et reluisant
Je me rafraîchis le visage ;
Et vis alors le fond de l'eau
Couvert et pavé de gravier.
Une belle et grande prairie
S'étendait jusqu'aux bords de l'eau.
Claire, sereine, belle était
La matinée, et beau le temps ;
Lors m'en allai parmi le pré,
En remontant l'eau vers sa source
Et en flânant sur le rivage...

. . . .

JEAN DE MEUNG (? - vers 1305). — Né à Meung-sur-Loire, il écrivit vers 1275, après bien d'autres œuvres, la seconde partie du « *Roman de la Rose* », une quarantaine d'années après que Guillaume de Lorris en eût rédigé la première partie. Jean de Meung s'y révèle un poète encyclopédique, mais aussi satirique, et son œuvre apparaît comme une somme de la pensée laïque et réaliste du Moyen Age.

LA VRAIE NOBLESSE

Les princes ne méritent pas
Qu'un astre annonce leur trépas
Plutôt que la mort d'un autre homme :
Leur corps ne vaut pas une pomme
De plus qu'un corps de charretier,
Qu'un corps de clerc ou d'écuyer,
Je les fais pareillement nus,
Forts ou faibles, gros ou menus,
Tous égaux sans exception

Par leur humaine condition.
Fortune donne le restant,
Qui ne saurait durer qu'un temps,
Et ses biens à son plaisir donne,
Sans faire acception de personne,
Et tout reprend et reprendra
Sitôt que bon lui semblera.
Si quelqu'un, me contredisant,
Et de sa race se targuant,
Vient dire que le gentilhomme
(Puisqu'ainsi le peuple les nomme)
Est de meilleure condition
Par son sang et son extraction
Que ceux qui la terre cultivent
Et du labeur de leurs mains vivent,
Je réponds que nul n'est racé
S'il n'est aux vertus exercé,
Nul vilain, sauf par ses défauts
Qui le font arrogant et sot.
Noblesse, c'est cœur bien placé,
Car gentillesse de lignée
N'est que gentillesse de rien
Si un grand cœur ne s'y adjoint.
Il faut donc imiter au mieux
Les faits d'armes de ses aïeux
Qui avaient conquis leur noblesse
Par leurs hauts faits et leurs prouesses ;
Mais, quand de ce monde ils passèrent,
Toutes leurs vertus emportèrent,
Laissant derrière eux leur avoir :
C'est tout ce qu'il reste à leurs hoirs ;
Rien d'autre, hors l'avoir, n'est leur,
Ni gentillesse, ni valeur,
A moins qu'à noblesse ils n'accèdent
Par sens ou vertu qu'ils possèdent.
Au clerc il est bien plus aisé
D'être courtois, noble, avisé
(Je vous en dirai la raison)
Qu'aux princes et aux rois qui n'ont
De lettres la moindre teinture ;
Car le clerc trouve en écriture,
Grâce aux sciences éprouvées,
Raisonnables et démontrées,
Tous maux dont il faut se défaire
Et tout le bien que l'on peut faire :
Choses du monde il voit écrites
Comme elles sont faites et dites.
Il lit dans les récits anciens
Les vilenies de tous vilains
Et les hauts faits des héros morts,
De courtoisie un vrai trésor.

Bref il peut voir, écrit en livre,
Tout ce que l'on doit faire ou suivre ;
Aussi tout clerc, disciple ou maître,
Est noble, ou bien le devrait être ;
Le sachent ceux qui ne le sont :
C'est que le cœur trop mauvais ont,
Car ils sont plus favorisés
Que tel qui court cerfs encornés...
. . . .

(Le Roman de la Rose).
Trad. A. Lagarde et L. Michard, Ed. Bordas.

COLIN MUSET (Milieu du XIIIe siècle). — Lorrain, il fut un poète vagabond, un ménestrel de profession qui parcourut l'Artois et la Champagne. C'est un des premiers trouvères roturiers. A l'inspiration amoureuse, il ajoute une inspiration plus quotidienne et familière et nous fait volontiers part de ses soucis de famille et d'argent.

CHANSON

Sire comte, j'ai viellé
Devant vous, en votre hôtel
Et ne m'avez rien donné
Ni mes gages acquittés :
C'est vilenie !
Foi que dois à Saint'Marie,
Ainsi ne vous suivrai mie.
M'aumonière est mal garnie
Et ma bourse mal farcie.

Sire comte, vous commandez
De moi votre volonté.
Sire, s'il vous vient à gré,
Un beau don vous me donnez
Par courtoisie !
Désirai, n'en doutez mie,
De partir vers ma famille.
Si vais bourse dégarnie,
Ma femme ne me rit mie,

Mais me dit : « Sire Engelé,
En quel' terre avez été,
Qui n'avez rien conquêté ?
. . . .

Après la ville.
Voyez votre malle plie !
Elle est bien de vent farcie !
Honni soit qui a envie
D'être en votre compagnie ! »

Quand je viens à mon hôtel
Et ma femme a regardé
Derrièr' moi le sac enflé,
Et que je suis bien paré
De robe grise,
Sachez qu'elle a tôt remise
La quenouille sans feintise :
Elle me rit par franchise,
Ses deux bras au col me plie.

Ma femme va détrousser
Ma malle sans demeurer :
Mon garçon va abreuver
Mon cheval et le panser :
Ma pucelle va tuer
Deux chapons pour préparer
A la sauce ail.
Ma fille m'apporte un peigne
De sa main par courtoisie.
Lors suis en ma maison, sire,
En moult grand joie et sans ire
Plus que nul ne pourrait dire.

Trad. par P. S.

PHILIPPE DE BEAUMANOIR (Deuxième moitié du XIIIe siècle). — Bailli de Clermont, sénéchal du Poitou et de Saintonge, il fut jurisconsulte et poète. Il est connu par ses fatrasies. Mais il a composé *« La Manekine »* (8 590 vers), *« Un Salu d'Amours »* (1 048 vers) et d'autres écrits.

LES OISEUSES

Je vis toute mer
Sur terre assembler
Pour faire un tournoi
Et pois à piler
Sur un chat monter
Firent notre Roi
A temps vint je ne sais quoi
Qui Calais et Saint-Omer

Prit et mit en un espoi
Ainsi les fit reculer
Dessus le Mont Saint-Eloi.

★

Un grand hareng-saur
Assiégea Gisors
D'une part et d'autre,
Et deux hommes morts
Vinrent à efforts
Portant une porte.
Ne fut une vieille torte[1]
Qui alla criant : « A ! hors. »
Le cri d'une caille morte
Les aurait pris sans efforts
Sous un chapeau de feutre.

★

Le gras d'un poulet
Mangea au brouet
Pont et Verberie.
Le bec d'un coq'let
Emportait sans plet[2]
Toute la Normandie
Et une pomme pourrie
Qui a frappé d'un maillet
Paris, Rome et la Syrie
En a fait une gibelotte
Nul n'en mange qu'il ne rie.

Trad. P. S.

BRUNET LATIN (1230- 1294). — Il fut le maître de Dante. Florentin, il écrivait en français. Dans son ouvrage, « *Le Livre du Trésor* », il traite de rhétorique, de morale, de politique, d'histoire naturelle...

DU CROCODILE ET DU COCATRIX[3]

Crocodile est un animal à quatre pieds et de jaune couleur, qui naît au fleuve de Nil, ce fleuve qui arrose la terre d'Egypte... Il est grand de plus de vingt pieds. et armé de grandes dents et de grands ongles ; et

1. Bossue.
2. Procès.
3. Basilic, ou serpent fabuleux.

son cuir est si dur, qu'il ne sent pas les coups de pierres. De jour il habite en terre et de nuit se repose dans le fleuve ; et son œuf ne le fait pas en terre, mais en un lieu où le fleuve ne puisse parvenir. Et sachez qu'il n'a point de langue ; et c'est le seul animal du monde qui remue la mâchoire du dessus en laissant immobile celle du dessous. S'il vainc l'homme, il le mange en pleurant.

Il advient que lorsque l'oiseau qui a nom strophilos veut avoir charogne pour manger, il ouvre la bouche du crocodile et le gratte jusqu'à ce qu'il ouvre toute sa gorge pour le grand délice d'être gratté. Ensuite vient un autre poisson qui a nom hydre, c'est le cocatrix, et il lui entre dedans le corps, et en sort de l'autre côté, brisant et rompant son hôte, de telle manière qu'il l'occit.

Même les dauphins, qui ont aussi comme une scie sur le dos, quand ils le voient nager, ils viennent par en dessous et le frappent dans le ventre et le font ainsi périr.

Et sachez que cocatrix, bien qu'il naisse dans l'eau et vive dans le Nil, n'est pas un poisson mais un serpent d'eau ; car il occit l'homme qu'il peut atteindre, si fiente de bœuf ne le guérit.

. . . .

Et en cette terre habitent des hommes très petits, mais ils sont si hardis et si braves qu'ils osent poursuivre le crocodile. Car certains sont de telle nature qu'ils chassent ceux qui le fuient et redoutent ceux qui se défendent. D'où il advient que s'il est pris une fois, et quand il est pris et dompté, il oublie toute fierté et devient si docile que ses maîtres le chevauchent et lui font faire tout ce qu'ils veulent. Et quand il est dedans le fleuve, il n'y voit guère, mais sur terre il y voit merveilleusement bien, et jeûne tout l'hiver. Ainsi endure-t-il soif et faim durant les quatre mois de brume.

RUTEBEUF

Rutebeuf (vers 1230 - vers 1285), fut un trouvère parisien, beaucoup plus enclin à la satire de la noblesse et du clergé qu'à chanter l'amour courtois. Il est aussi l'un des premiers (et des plus grands) de nos poètes *personnels*, qui nous parle de ses misères, de ses déceptions, de ses tribulations quotidiennes. Cela ne l'empêchera pas d'écrire des œuvres lyriques, allégoriques, dramatiques comme le « *Miracle de Théophile* ».

. . . .

LA COMPLAINTE RUTEBEUF

Ne convient pas que vous raconte
Comment je me suis mis à honte.
Car bien avez ouï le conte
  En quel' manière
Je pris ma femme dernière.

Qui belle ni gente ne ière[1]
  Lors naquit peine,
Qui dura plus d'une semaine,
Qui commença en lune pleine.
  Or entendez,
Vous qui rime me demandez
Comment je me suis amendé
  De femme prendre.
N'ai rien à engager ni vendre,
De ce que j'eus tant à entendre
  Et tant à faire,
Et tant d'ennui et de contraire,
Car qui le vous voudrait portraire
  Durerait trop.
Dieu m'a fait compagnon de Job,
Qui m'a ôté en un seul cop[2]
  Ce que j'avais.
De mon œil droit, dont mieux je vois,
Je ne vois pas aller la voie
  Pour me conduire.
Ce m'est douleur dolente et dure
Que midi me soit nuit obscure
  De cet œil-là.
Or n'ai pas ce que je désire
Mais suis dolent et tel soupire
  Profondément,
Suis encor en grand dénuement,
De ceux-là n'ai relèvement[3]
  Qui jusqu'ici
M'ont secouru de leur merci.
Le cœur en ai triste et noirci
  D'un tel destin,
Car je ne peux pas voir mon gain,
Je n'ai que la moitié du mien ;
  C'est mes dommages.
Ne sais si l'ont fait mes outrages ;
Serai maintenant sobre et sage
  Après le fait,
Et me garderai de forfait.
Que vaut cela, c'est déjà fait ?
  Moi qui suis vieux,
Trop tard je m'en suis aperçu,
Quand je suis dans le piège chu.
  C'est premier an :
Qu'en bonne santé Dieu me garde,
Qui nous ôte peines et charges
  Et sauve l'âme.
Or j'ai eu enfant de ma femme

1. N'était.
2. Coup.
3. Soutien.

Mon cheval s'est brisé la jame[1]
  A une lice,
Or veut de l'argent la nourrice,
Qui m'en soutire et me pelice[2]
  Pour l'enfant paître,
Ou il reviendra braire en l'âtre.
Madame, Dieu qui le fit naître
  Le doit nourrir
Lui envoyer sa soutenance
Et me doit encore allégeance
  Qu'aider le puisse
Et que mieux son vivre lui donne
Et que mieux sa maison conduise
  Que je ne fais.
Si je m'aimai, je n'en puis mais,
Et je n'ai douzaine ni faix[3]
  En ma maison
De bûches pour cette saison.
Si ébahi ne fut ; mais homme
  Je suis vraiment,
Qui jamais n'a eu moins d'avoir.
Mon hôte veut argent avoir
  De mon hosté[4]
Et j'en ai presque tout ôté,
Ainsi me sont nus les côtés
  Contre l'hiver.
Ces mots me sont durs et divers,
Dont moult m'ont bien changé les vers
  Envers l'autan
Par quoi suis fol quand les entends…
. . . .

Mes gages sont tous engagés
Et de chez moi déménagés,
  Car sont passés
Trois mois que personne n'ai vu.
Ma femme un autre enfant a eu ;
  Un mois entier
Me revoilà sur le chantier.
Je gisais là endementier
  En l'autre lit,
Où j'avais fort peu de plaisir :
Jamais aussi peu ne m'a plu
  D'être couché ;
Car j'en ai le corps fatigué
  Jusqu'au fenir.
Le mal ne saurait seul venir :
Tout ce qui me devait venir

1. Jambe.
2. Pèle, dépouille.
3. Charge de bois de chauffage.
4. Maison.

M'est advenu.
Que sont mes amis devenus
Que j'avais de si près tenus
Et tant aimés ?
Je crois qu'ils sont trop clairsemés
Ils ne furent pas bien semés
Et ont failli.
De tels amis m'ont mal servi,
Tandis que Dieu m'a assailli
De tous côtés,
N'en vis un seul en mon hosté[1]
Je crois le vent les m'a ôtés.
L'amour est morte :
Ce sont amis que vent emporte,
Et il ventait devant ma porte
Les emporta,
Nul jamais me réconforta,
Ni du sien rien ne m'apporta.
Ici j'apprends :
Qui a un rien pour lui le garde,
Et qui trop a se met en garde
D'avoir trop mis
De son avoir pour faire amis,
Et n'en trouve un, ni la demie
Qui le secoure.
Laisserai fortune à son cours
A moi seul je ferai recours
Si je le peux.
Me faut tourner vers les prudhommes
Qui sont courtois et gentilshommes
Et m'ont nourri.
Mes autres amis sont pourris ;
Je les envoie à maître Orri[2]
Et les lui laisse :
On doit bien les abandonner
Et laisser ces gens aux relais
Sans réclamer,
Qui n'en a rien eu à aimer,
En doit à l'amour appeler.
Or prie Celui
Qui trois parties fit de lui-même,
Et refuser ne peut jamais
Qui Le réclame,
Qui L'adore et seigneur Le clame,
Qui contente tous ceux qu'Il aime,
M'a contenté,
Qu'il me donne bonne santé,

1. Maison.
2. Chef des vidangeurs de Paris.

Que je fasse sa volonté,
Mais sans faiblir.
Mon Seigneur qui est fils de roi
Mon dit et ma complainte envoie,
   C'est mon métier.
Il m'a aidé bien volontiers.
C'est le bon comte de Poitiers
   Et de Toulouse ;
Il saura bien qui ainsi glose
Et qui si hautement se plaint.

Trad. par P. S.

ANONYME (Deuxième moitié du XIIIe siècle). — Les Fatrasies, dites Fatrasies d'Arras, ont été attribuées à tort, semble-t-il, à Jehan Bodel.

FATRASIES

Le son d'un cornet
Mangeait au vinaigre
Le cœur d'un tonnerre
Quand un béquet mort
Prit au trébuchet
Le cours d'une étoile
En l'air il y eut un grain de seigle
Quand l'aboiement d'un brochet
Et le tronçon d'une toile
Ont trouvé foutu un pet
Ils lui ont coupé l'oreille.

★

Un ours emplumé
Fit semer un blé
De Douvres à Oissent.
Un oignon pelé
S'était apprêté
A chanter devant.
Quand sur un éléphant rouge
Vint un limaçon armé

Qui leur criait :
Fils de putains, arrivez !
Je versifie en dormant.

ANONYME

Le genre de la « *Reverdie* » est connu dès le XIII° siècle. Il s'agit toujours d'une chanson, anonyme ou non, dont le cadre est champêtre et l'intrigue amoureuse et printanière.

REVERDIE

Voulez-vous que je vous chante
Un chant d'amour avenant ?
Vilain ne le fit mie,
Mais le fit un chevalier
A l'ombre d'un olivier
Entre les bras s'amie.

Chemisette avait de lin
Et blanc pelisson d'hermine
Et bliaut de soie ;
Chausses elle eut de glaïeul
Et souliers de fleurs de mai,
Etroitement chaussée.

Ceinturette avait de feuilles
Qui verdit quand le temps mouille,
D'or fut boutonnée ;
L'aumônière était d'amour
Les pendants furent de fleurs :
Par amour fut donnée.

El' chevauchait une mule :
D'argent était la ferrure,
La selle, dorée :
Sur la croupe par derrière,
Avait planté trois rosiers
Pour lui faire ombrage.

Si s'en va aval le pré :
Chevaliers l'ont rencontrée,
Bien l'ont saluée,
— Belle, où êtes-vous née ?
— De France suis la louée,
Du plus haut parage.

Le rossignol est mon père,
Qui chante sur la ramée
Au plus haut bocage.
La sirène elle est ma mère,
Qui chante en la mer salée
Au plus haut rivage.

— Belle, vous êtes bien née :
Bien êtes apparentée
Et de haut parage,
Qu'il plût à Dieu notre père
Que vous me fussiez donnée
A femme espousade !

Trad. par France Igly.

WATRIQUET BRASSENEL DE COUVIN

Sa vie nous est presque inconnue. On pense qu'il est né près de Namur. Il a passé la plus grande partie de son existence en France, ménestrel du Comte Gui de Blois et du Connétable Gaucher de Castillon. Ses écrits se situent entre 1320 et 1330. Ses trente fatras furent composés pour faire plaisir au Roi Philippe de France. Ils sont les plus anciens que nous connaissions. Avec Raimondin, ils en disputèrent, devant le Roi, le jour de Pâques.

FATRAS

I

Doucement me réconforte
Celle qui mon cœur a pris.

Doucement me réconforte
Une chatte à moitié morte
Qui chante tous les jeudis
Une alleluia si forte
Que les clenches de nos portes
Dirent que leur est lundi,
S'en fut un loup si hardi
Qu'il alla, malgré sa sorte,
Tuer Dieu en paradis,
Et dit : « Copain, je t'apporte
Celle qui mon cœur a pris. »

Trad. par P. S.

EUSTACHE DESCHAMPS

(Vers 1346-1406). — Champenois protégé par les ducs d'Orléans, il écrivit le premier Art poétique de notre littérature, l'Art de *Dictier*. Disciple de Guillaume de Machaut, il fut le théoricien de la nouvelle poésie à forme fixe. Ecrivain fécond (80 000 vers), son œuvre reflète la conscience qu'il a de la « patrie française ». Il fut aussi un poète d'inspiration satirique et originale encore méconnu bien que son nom fasse partie de toutes les anthologies.

BALLADE

Quand j'ai la terre et mer avironnée,[1]
Et visité en chacune partie
Jérusalem, Egypte et Galilée,
Alexandrie, Damas et la Syrie,
Babylone, Le Caire et Tartarie,
Et tous les ports qui y sont,
Les épices et sucre qui s'y font,
Les fins draps d'or et soie du pays,
Valent trop mieux ce que les Français ont :
Rien ne se peut comparer à Paris.

C'est la cité sur toutes couronnée,
Fontaine et puits de sens et de clergie,
Sur le fleuve de Seine située :
Vignes, bois a, terres et prairies.
A plus qu'autres cités n'ont :
Tous étrangers, l'aiment et aimeront,
Car, pour déduit et pour être jolie,
Jamais cité telle ne trouveront :
Rien ne se peut comparer à Paris.

Mais elle est bien mieux que ville fermée,
Et de châteaux de grand anceserie,
De gens d'honneur et de marchands peuplée,
De tous ouvriers d'armes, d'orfèvrerie ;
De tous les arts c'est la fleur, quoi qu'on die :
Tous ouvrages a droit font ;
Subtil engin, entendement parfont
Verrez avoir aux habitants toudis[2]
Et loyauté aux œuvres qu'ils feront :
Rien ne se peut comparer à Paris.

VIRELAI

Suis-je, suis-je, suis-je belle ?
Il me semble, à mon avis,
……

1. Parcourue.
2. Toujours.

Que j'ai beau front et doux vis,[1]
Et la bouche vermeillette ;
Dites-moi si je suis belle.

J'ai verts yeux, petits sourcils,
Le chef blond, le nez traitis[2]
Rond menton, blanche gorgette ;
Suis-je, suis-je, suis-je belle ?

J'ai dur sein et haut assis,
Longs bras, grêles doigts aussi,
Et, par le faulx[3], suis grêlette ;
Dites-moi si je suis belle.

J'ai pieds rondes et petits,
Bien chaussants et beaux habits,
Je suis gaie et foliette ;
Dites-moi si je suis belle.

J'ai manteaux fourrés de gris,
J'ai chapeaux, j'ai beaux profits,
Et d'argent maintes espinglettes ;
Suis-je, suis-je, suis-je belle ?

J'ai drap de soie et tapis,
J'ai draps d'or et blanc et bis,
J'ai mainte bonne chosette ;
Dites-moi si je suis belle.

Que quinze ans n'ai, je vous dis ;
Moult est mes trésors jolis,
S'en garderai la clavette ;
Suis-je, suis-je, suis-je belle ?

Bien devront être hardis
Ceux qui seront mes amis,
Qui auront tel demoiselle ;
Dites-moi si je suis belle.

Et par Dieu, je lui plevis[4]
Que très loyal', si je vis,
Lui serai, si ne chancelle ;
Dites-moi si je suis belle.

S'il est courtois et gentil,
Vaillant, apers[5], bien appris,

1. Visage.
2. Délicat.
3. Taille.
4. Promets.
5. Aimable, franc.

Il gagnera sa querelle ;
Dites-moi si je suis belle.

C'est un mondain paradis
Que d'avoir dame toudis[1]
Ainsi fraîche, ainsi nouvelle ;
Suis-je, suis-je, suis-je belle ?

Entre vous, accouardis,
Pensez à ce que je dis ;
Ci finit ma chansonnelle ;
Suis-je, suis-je, suis-je belle ?

CHRISTINE DE PISAN

(1364 - vers 1430). — Elle était la fille d'un naturaliste italien, astrologue et philosophe, attaché au service de Charles V. Mariée à quinze ans, veuve à vingt-cinq, avec trois enfants, elle écrivit pour vivre : c'est la première femme de lettres de notre littérature. Elle fut en poésie disciple de Machaut et de Deschamps. Elle est l'auteur du « *Trésor de la Cité des Dames* » et de nombreuses ballades, virelais, chants royaux, etc.

VIRELAI

Je chante par couverture
Mais mieux pleurerait mon œil,
Nul ne connaît le travail[2]
Que mon pauvre cœur endure.

Si je cache ma douleur,
C'est qu'en nul n'est pitié ;
Plus a-t-on cause de pleurs
Moins trouve-t-on d'amitié.

Pour ce plainte ni murmure
Ne fais de mon piteux deuil ;
Mais je ris quand pleurer vueil
Et sans rime et sans mesure,
Je chante par couverture.

Rapporte peu de valeur
De se montrer affligé,
Ne le tiennent qu'à folour[3]
Ceux qui restent enjoués.

1. Tous les jours.
2. Tourment.
3. Sottise, folie.

Donc n'ai de démontrer cure
L'intention que je veux ;
Mais tout ainsi que je peux,
Pour céler ma peine obscure,
Je chante par couverture.

LA FILLE QUI N'A POINT D'AMI

A qui dira-t-elle sa peine,
La fille qui n'a point d'ami ?

La fille qui n'a point d'ami,
Comment vit-elle ?
Elle ne dort jour ni demi
Mais toujours veille.
Ce fait amour qui la réveille
Et qui la garde de dormir.

A qui dit-elle sa pensée,
La fille qui n'a point d'ami ?

Il y en a bien qui en ont deux,
Deux, trois ou quatre,
Mais je n'en ai pas un tout seul
Pour moi ébattre.
Hélas ! mon joli temps se passe.
Mon téton commence à mollir.

A qui dit-elle sa pensée,
La fille qui n'a point d'ami ?

J'ai le vouloir si très humain
Et tel courage
Que plus tôt anuit que demain
En mon jeune âge
J'aimerais mieux mourir de rage
Que de vivre en un tel ennui.

A qui dit-elle sa pensée,
La fille qui n'a point d'ami ?

BALLADE XI

Seulette suis et seulette veux être,
Seulette m'a mon doux ami laissée,
Seulette suis sans compagnon ni maître,
Seulette suis dolente et courroucée[1]

1. Chagrinée.

Seulette suis en langueur mal aisée,
Seulette suis plus que nulle égarée,
Seulette suis sans ami demeurée.

Seulette suis à huis ou à fenêtre,
Seulette suis en un anglet muchée,
Seulette suis pour moi de pleurs repaître,
Seulette suis, dolente ou apaisée,
Seulette suis, rien n'est qui tant me siée,
Seulette suis en ma chambre enserrée,
Seulette suis sans ami demeurée.

Seulette suis partout et en tout astre[1].
Seulette suis, que j'aille ou que je siée,
Seulette suis plus qu'autre rien terrestre,
Seulette suis de chacun délaissée,
Seulette suis durement abaissée,
Seulette suis souvent toute épleurée,
Seulette suis sans ami demeurée.

Princes, or est ma douleur commencée :
Seulette suis de tout deuil menacée,
Seulette suis plus tainte que morée[2]
Seulette suis sans ami demeurée.

ALAIN CHARTIER

(1390 - vers 1440). — Il fut secrétaire de Charles VI et de Charles VII, dont il devint également l'historiographe. « Père de l'éloquence française », il appartient aussi à l'école de Machaut et de Deschamps, et use, comme eux, avec virtuosité des formes fixes.
Son poème « *La Belle Dame sans Mercy* » lui valut la plus durable renommée. Son « *Livre des Quatre Dames* » est un réquisitoire contre la noblesse, et en 1422, son « *Quadrilogue Invectif* » fait entendre la Patrie blessée reprocher à ses trois enfants, Noblesse, Clergé et Peuple, leur égoïsme.

BALLADE

O fols des fols, et les fols mortels hommes,
Qui vous fiez tant aux biens de fortune
En cette terre et pays où nous sommes
Y avez vous de chose propre aucune ?
Vous n'y avez chose vôtre sauf une,
Hors les beaux dons de grace et de nature.
Si la Fortune donc, par un cas d'aventure,

1. Etre.
2. Plus sombre que brune.

Vous toult[1] les biens que vôtres vous tenez,
Tort ne vous fait, ainsi vous fait droiture,
Car vous n'aviez rien quand vous fûtes né.

Ne laissez plus le dormir à grand somme
En votre lit, par nuit obscure et brune
Pour acheter richesse à grandes sommes.
Ne convoitez choses dessous la lune,
Ni de Paris jusques à Pampelune
Mais ce qui fault[2], sans plus, à créature
Pour recouvrer sa simple nourriture.
Suffisez-vous d'être bien renommé
Et d'emporter bon loz[3] en sépulture.
Car vous n'aviez rien quand vous futes né.

Les joyeux fruits des arbres, et les pommes,
Au temps que fut toute chose commune,
Et le beau miel et les glands et les gommes,
Suffisaient bien à chacun et chacune :
Et pour ce fut sans noise et sans rancune.
Soyez content du chaud et des froidures
Ainsi prenez Fortune douce et sure.
Pour vos pertes, griefve[4] deuil n'en venez
Mais à raison, à point et à mesure
Car vous n'aviez rien quand vous fûtes né.

Si Fortune vous fait aucune injure
C'est de son droit, là ne l'en reprenez
Et perdissiez jusques à la vêture :
Car vous n'aviez rien quand vous fûtes né.

RONDEAU

Triste plaisir et douloureuse joie
Apre douceur, réconfort ennuyeux,
Ris en pleurant, souvenir oublieux
M'accompagnent, combien que seul, je sois.

Embusqués sont, afin qu'on ne les voie,
Dedans mon cœur sous l'ombre de mes yeux.
Triste plaisir et douloureuse joie.

C'est mon trésor, ma part et ma montjoie,
Par quoi Danger est sur moi envieux ;
Bien le sera s'il me voit avoir mieux.
Quand il me hait de ce qu'Amour m'envoie
Triste plaisir et douloureuse joie.

1. Prend.
2. Manque.
3. Regrets.
4. Grave.

CHARLES D'ORLÉANS

(1391 - 1465). — Fils de Louis d'Orléans, fut fait prisonnier à Azincourt et demeura, pendant vingt-cinq ans, en captivité en Angleterre. Libéré, il se réfugia dans son château de Blois, où il se consacra à la poésie. Charles d'Orléans mène à la perfection la poésie de son temps, en introduisant dans ses ballades et ses rondeaux un style allusif et musical et des images inattendues. C'est un de nos plus grands poètes. Il inaugure une tradition, où, des siècles plus tard, un Verlaine et un Apollinaire lui succèderont, après avoir inspiré Villon et Marot.

RONDEAU

Le temps a laissé son manteau
De vent, de froidure et de pluie,
Et s'est vêtu de broderie,
De soleil luisant, clair et beau.

Il n'y a bête ni oiseau
Qu'en son jargon ne chante ou crie :
Le temps a laissé son manteau !

Rivière, fontaine et ruisseau
Portent en livrée jolie,
Gouttes d'argent d'orfèvrerie,
Chacun s'habille de nouveau :
Le temps a laissé son manteau !

BALLADE

Nouvelles ont couru en France,
Par maints lieux, que j'étais mort,
Dont avaient peu de déplaisance,
Aucuns qui me haient à tort.
Autres en ont eu déconfort,
Qui m'aiment de loyal vouloir,
Comme mes bons et vrais amis.
Si fais à toutes gens savoir
Qu'encore est vive la souris.

Je n'ai eu ni mal ni souffrance
Dieu merci, mais suis sain et fort ;
Et passe temps en espérance
Que paix, qui trop longuement dort,
S'éveillera et par accord
A tous fera liesse avoir.
Pour ce, de Dieu soient maudits
Ceux qui sont dolents de voir
Qu'encore est vive la souris.

Jeunesse sur moi a puissance ;
Mais Vieillesse fait son effort
De m'avoir en sa gouvernance,

A présent faillira son sort :
Je suis assez loin de son port.
De pleurer veux garder mon hoir[1].
Qui m'a donné force et pouvoir
Qu'encore est vive la souris.

Nul ne porte pour moi le noir,
On vend meilleur marché drap gris ;
Or tienne chacun pour tout voir
Qu'encore est vive la souris.

★

Jeunes amoureux nouveaux,
En la nouvelle saison,
Par les rues, sans raison
Chevauchent faisant les sauts.

Et font saillir des carreaux
Le feu, comme de charbon :
Jeunes amoureux nouveaux
En la nouvelle saison.

Je ne sais si leurs travaux
Ils emploient bien ou non ;
Mais piqués de l'éperon
Sont autant que leurs chevaux,
Jeunes amoureux nouveaux.

★

En hiver, du feu ! du feu !
Et en été boire ! boire !
C'est de quoi on fait mémoire
Quand on vient en aucun lieu.

Ce n'est ni bourde, ni jeu,
Qui mon conseil voudra croire :
En hiver du feu ! du feu !
Et en été boire ! boire !

Chauds morceaux, faits de bon queue,
Faut en froid temps voire ! voire !
En chaud froide pomme ou poire,
C'est l'ordonnance de Dieu :
En hiver du feu ! du feu !

★

Dedans mon Livre de Pensée,
J'ai trouvé écrivant mon cœur

1. Héritier.

La vraye histoire de douleur,
De larmes toute enluminée,

En effaçant la très aimée
Image de plaisant douceur,
Dedans mon Livre de Pensée !

Hélas ! où l'a mon cœur trouvée ?
Les grosses gouttes de sueur
Lui saillent, de peine et labeur
Qu'il y prend, de nuit et journée,
Dedans mon Livre de Pensée !

★

Que nous en faisons
De telles manières,
Et douces et fières,
Selon les saisons !

En champs ou maisons,
Par bois et rivières,
Que nous en faisons
De telles manières !

Un temps nous taisons,
Tenant assez chères
Nos joyeuses chères,
Puis nous apaisons.
Que nous en faisons !

RONDEAU

Fermez lui l'huis au visage
Mon cœur, à Mélancolie
Gardez qu'elle n'entre mye
Pour gâter notre ménage

Comme le chien plein de rage
Chassez-la, je vous en prie
Fermez-lui l'huis au visage
Mon cœur, à Mélancolie

C'est trop plus notre avantage
D'être sans sa compagnie
Car toujours nous tance.,et crie.
Et nous porte grand dommage
Fermez-lui l'huis au visage.

BAUDET HERENC (Né au commencement du XVe siècle à Châlon-sur-Saône). — On connaît de lui quatre fatrasies, modèle du genre écrit à dessein.

FATRASIE

La chose va très mal
Où point n'a de justice

La chose va très mal,
Dit un veau de métal
Au front d'une génisse,
Qui en un orinal
Bouta un cardinal,
Qui faisait sacrifice
De l'œil d'une écrevisse
En un four de cristal,
Pour ce que sa pelisse
Tenait état royal
Où n'a point de justice.

JEAN MESCHINOT (1415-1491). — A une époque où les Bourguignons s'opposent aux Orléans, Jean Meschinot est un Bourguignon profondément engagé. Il est la voix du peuple fatigué des guerres. Dru et direct est son parler.

RONDEAU DE CEUX QUI SE TAISENT

Ceux qui dussent parler sont muts[1] :
Les loyaux sont pour sots tenus ;
    Je n'en vois nuls
Qui de bonté tiennent plus compte ;
Vertus vont jus[2], péchés haut montent
    Ce vous est honte,
Seigneurs grands, moyens et menus.

Flatteurs sont grands gens devenus
Et à hauts états parvenus,
    Entretenus,
Tant qu'il n'est rien qui les surmontent.
Ceux qui dussent parler sont muts.

Nous naquîmes pauvres et nus.
Les biens nous sont de Dieu venus,

1. Muets.
2. En bas.

Nos cas connus,
Lui sont pour vrai, je vous le conte ;
Pape, empereur, roi, duc ou comte
Tout se mécompte
Quand les bons ne sont soutenus,
Ceux qui dussent parler sont muts.

FRANÇOIS VILLON (1431 - ?). — Il a fait de son existence la seule source de sa poésie ; c'est un poète à la fois lyrique, comique et tragique. La vie en ce qu'elle a de meilleur, la mort en ce qu'elle a de pire, lui ont inspiré les plus beaux vers. Avec lui s'achève le Moyen Age et commence la « *Modernité* » poétique : celle de l'homme seul qui se confronte avec les autres, avec l'amour, avec le temps, avec la mort. Malgré l'usage qu'il fait des formes à l'honneur en son temps, il est dépouillé de tout formalisme.

LE TESTAMENT

En l'an de mon trentième âge
Que toutes mes hontes j'eus bues,
Ni du tout fol, ni du tout sage,
Nonobstant maintes peines eues,
Lesquelles j'ai toutes reçues
Sous la main Thibault d'Aussigny[1]
S'évêque il est, signant les rues,
Qu'il soit le mien je le renie.

Mon seigneur n'est ni mon évêque,
Sous lui ne tiens, s'il n'est en friche ;
Foi ne lui dois, n'hommage avecque,
Je ne suis son serf ni sa biche.
Peu[2] m'a d'une petite miche
Et de froide eau tout un été :
Large ou étroit, moult me fut chiche :
Tel lui soit Dieu qu'il m'a été !

Et s'aucun me voulait reprendre
Et dire que je le maudis,
Non fais, si bien le sait comprendre,
En rien de lui je ne médis.
Voici tout le mal que j'en dis :
S'il m'a été miséricors,
Jésus, le roi du Paradis,
Tel lui soit à l'âme et au corps !

1. Evêque d'Orléans, qui avait fait jeter Villon en prison à Meung-sur-Loire.
2. Repu.

S'il m'a été dur et cruel
Trop plus que ci ne le raconte,
Je veux que le Dieu éternel
Lui soit donc semblable à ce compte...
Et l'Eglise nous dit et compte
Que prions pour nos ennemis !
Je vous dirai : « J'ai tort et honte,
Quoi qu'il m'ait fait, à Dieu remis ! »

. . . .

Je plains le temps de ma jeunesse
(Auquel j'ai plus qu'autre gallé
Jusques à l'entrée de vieillesse)
Qui son partement m'a celé.
Il ne s'en est à pied allé
N'à cheval : hélas ! comment donc ?
Soudainement s'en est volé
Et ne m'a laissé quelque don.

Allé s'en est, et je demeure,
Pauvre de sens et de savoir,
Triste, failli, plus noir que meure[1],
Qui n'ai ni cens, rente, n'avoir ;
Des miens le moindre, je dis voir,
De me désavouer s'avance,
Oubliant naturel devoir
Par faute d'un peu de chevance.

Si ne crains avoir dépendu
Par friander ni par lécher[2] ;
Par trop aimer n'ai rien vendu
Qu'amis me puissent reprocher,
Au moins qui leur coûte moult cher.
Je le dis et ne crois médire ;
De ce je me puis revancher,
Qui n'a méfait ne le doit dire.

Bien est verté que j'ai aimé
Et aimeraye volontiers :
Mais triste cœur, ventre affamé
Qui n'est rassasié au tiers,
M'ôte des amoureux sentiers.
Au fort, quelqu'un s'en récompense
Qui est rempli sur les chantiers[3] ;
Car la danse vient de la panse.

Hé ! Dieu, si j'eusse étudié
Au temps de ma jeunesse folle
Et à bonnes mœurs dédié,

1. Mûres.
2. Par tous les plaisirs.
3. Comme un tonneau.

J'eusse maison et couche molle.
Mais quoi ? je fuyais l'école,
Comme fait le mauvais enfant.
En écrivant cette parole,
A peu que le cœur ne me fend.

Le dit du Sage trop lui fis
Favorable (bien en puis mais !)
Qui dit : « Ejouis-toi, mon fils,
En ton adolescence » ; mais
Ailleurs sert bien d'un autre mets,
Car « jeunesse et adolescence »,
C'est son parler, ni moins ni mais.
« Ne sont qu'abus et ignorance ».

Mes jours s'en sont allés errants
Comme, dit Job, d'une touaille
Font les filets, quand tisserand
En son poing tient ardente paille :
Lors, s'il y a nul bout qui saille,
Soudainement il le ravit.
Si ne crains plus que rien m'assaille,
Car à la mort tout s'assouvit.

Où sont les gracieux galants
Que je suivais au temps jadis,
Si bien chantants, si bien parlants,
Si plaisants, en faits et en dits ?
Les aucuns sont morts et raidis,
D'eux il n'est plus rien maintenant :
Repos ayent en paradis,
Et Dieu sauve le demeurant !

Et les autres sont devenus,
Dieu merci ! grands seigneurs et maîtres ;
Les autres mendient tout nus
Et pain ne voyent qu'aux fenêtres ;
Les autres sont entrés en cloîtres
De Célestins ou de Chartreux,
Bottés, housés com pêcheurs d'oitres.
Voyez l'état divers d'entre eux.

. . . .

Pauvre je suis de ma jeunesse,
De pauvre et de petite extrace ;
Mon père n'eut onc grand richesse
De son aïeul, nommé Horace ;
Pauvreté tous nous suit et trace.
Sur les tombeaux de mes ancêtres,
Les âmes desquels Dieu embrasse,
On n'y voit couronnes ni sceptres.

De pauvreté me garmentant[1],
Souventes fois me dit le cœur :
« Homme, ne te doulouse tant
Et ne démène tel douleur,
Si tu n'as tant qu'eut Jacques Cœur :
Mieux vaut vivre sous gros bureau[2]
Pauvre, qu'avoir été seigneur
Et pourrir sous riche tombeau ! »

Qu'avoir été seigneur !... Que dis ?
Seigneur, las ! et ne l'est-il mais ?
Selon les davitiques[3] dits
Son lieu ne connaîtras jamais.
Quant du surplus, je m'en démets :
Il n'appartient à moi, pécheur ;
Aux théologiens le remets,
Car c'est office de prêcheur.

Si ne suis, bien le considère,
Fils d'ange, portant diadème
D'étoile ni d'autre sidère[4].
Mon père est mort, Dieu en ait l'âme !
Quant est du corps, il gît sous lame.
J'entends que ma mère mourra
Et le sais bien, la pauvre femme,
Et le fils pas ne demourra.

Je connais que pauvres et riches,
Sages et fous, prêtres et lais,
Nobles, vilains, larges et chiches,
Petits et grands, et beaux et laids,
Dames à rebrassés collets,
De quelconque condition,
Portant atours et bourrelets,
Mort saisit sans exception.

Et meurent Paris ou Hélène,
Quiconque meurt, meurt à douleur
Telle qu'il perd vent et haleine :
Son fiel se crève sur son cœur,
Puis sue, Dieu sait quelle sueur !
Et n'est qui de ses maux l'allège :
Car enfant n'a, frère ni sœur,
Qui lors voulût être son plège[5].

1. Lamentant.
2. Bure.
3. Paroles de David.
4. Constellation.
5. Garant.

La mort le fait frémir, pâlir,
Le nez courber, les veines tendre,
Le col enfler, la chair mollir,
Jointes et nerfs croître et étendre.
Corps féminin, qui tant es tendre,
Poli, souef, si précieux,
Te faudra-t-il ces maux attendre ?
Oui, ou tout vif aller aux cieux.

BALLADE POUR PRIER NOTRE DAME

Dame du ciel, régente terrienne,
Emperière des infernaux palus,
Recevez-moi, votre humble chrétienne,
Que comprise sois entre vos élus,
Ce non obstant qu'oncques rien ne valus.
Les biens de vous, Ma Dame et Ma Maîtresse,
Sont trop plus grands que ne suis pécheresse,
Sans lesquels biens âme ne peut mérir[1].
N'avoir les cieux. Je n'en suis jongleresse :
En cette foi je veux vivre et mourir.

A votre Fils dites que je suis sienne ;
De lui soyent mes péchés abolus ;.
Pardonne-moi comme à l'Egyptienne,
Ou comme il fit au clerc Théophilus.
Lequel par vous fut quitte et absolu,
Combien qu'il eût au diable fait promesse.
Préservez-moi de faire jamais ce,
Vierge pourtant, sans rompure encourir,
Le sacrement qu'on célèbre à la messe.
En cette foi je veux vivre et mourir.

Femme je suis pauvrette et ancienne,
Qui rien ne sais ; oncques lettre ne lus.
Au moustier vois dont suis paroissienne
Paradis peint, où sont harpes et luths,
Et un enfer où damnés sont boullus :
L'un me fait peur, l'autre joie et liesse,
La joie avoir me fais, haute Déesse,
A qui pécheurs doivent tous recourir,
Comblés de foi, sans feinte ni paresse :
En cette foi je veux vivre et mourir.

*V*ous portâtes, digne Vierge, princesse,
*J*ésus régnant, qui n'a ni fin ni cesse.
Le Tout Puissant, prenant notre faiblesse,
*L*aissa les cieux, et nous vint secourir,

1. Mériter.

*O*ffrit à mort sa très chère jeunesse ;
*N*otre Seigneur tel est, tel le confesse :
En cette foi je veux vivre et mourir.

BALLADE

En réalgar[1], en arsenic rocher,
En orpiment, en salpêtre et chaux vive,
En plomb bouillant pour mieux les émorcher[2],
En suif et poix détrempés de lessive
Faite d'étrons et de pissat de juive,
En lavage de jambes à meseaux[3],
En raclures de pieds et vieils houseaux,
En sang d'aspic et drogues venimeuses,
En fiel de loups, de renards et blaireaux,
Soient frites ces langues envieuses !

En cervelle de chat qui hait pêcher,
Noir, et si vieil qu'il n'ait dent en gencive,
D'un vieux mâtin, qui vaut bien aussi cher,
Tout enragé, en sa bave et salive,
En l'écume d'une mule poussive
Détranchée menue à bons ciseaux,
En eau où rats plongent groins et museaux,
Raines, crapauds et bêtes dangereuses,
Serpents, lézards et tels nobles oiseaux,
Soient frites ces langues envieuses !

En sublimé, dangereux à toucher,
Et au nombril d'une couleuvre vive,
En sang qu'on voit aux palettes sécher
Sur ces barbiers, quand pleine lune arrive,
Dont l'un est noir, l'autre plus vert que cive,
En chancre et fiz[4], et en ces ords cuveaux
Où nourrices essangent leurs drapeaux,
En petits bains de filles amoureuses
(Qui ne m'entend n'a suivi les bordeaux)
Soient frites ces langues envieuses !

Princes, passez tous ces friands morceaux,
S'étamine, sac n'avez ou bluteaux,
Parmi le fond d'une braye brenneuse ;
Mais, par avant, en étrons de pourceaux
Soient frites ces langues envieuses !

1. Acide sulfurique.
2. Ecorcher.
3. Lépreux.
4. Fistule.

BALLADE DES DAMES DU TEMPS JADIS

Dites-moi où, n'en quel pays,
Est Flora la belle Romaine,
Archipiadès, ni Thaïs,
Qui fut sa cousine germaine,
Echo parlant quand bruit on mène
Dessus rivière ou sur étang,
Qui beauté eut trop plus qu'humaine ?
Mais où sont les neiges d'antan ?

Où est la très sage Héloïs,
Pour qui fut châtré et puis moine
Pierre Abélard à Saint-Denis ?
Pour son amour eut cette essoine.
Semblablement, où est la reine
Qui commanda que Buridan
Fut jeté en un sac en Seine ?
Mais où sont les neiges d'antan ?

La reine Blanche comme lys
Qui chantait à voix de sirène,
Berthe au grand pied, Biétris, Alis,
Haremburgis qui tint le Maine,
Et Jeanne la bonne Lorraine
Qu'Anglais brûlèrent à Rouen ;
Où sont-ils, où, Vierge souvraine ?
Mais où sont les neiges d'antan ?

Prince, n'enquerrez de semaine
Où elles sont, ni de cet an,
Qu'à ce refrain ne vous remaine :
Mais où sont les neiges d'antan ?

L'ÉPITAPHE VILLON[1]

Frères humains qui après nous vivez,
N'ayez les cœurs contre nous endurcis,
Car, si pitié de nous pauvres avez,
Dieu en aura plus tôt de vous merci.
Vous nous voyez ci attachés, cinq, six :
Quant de la chair, que trop avons nourrie,
Elle est pièça dévorée et pourrie,
Et nous, les os, devenons cendre et poudre.
De notre mal personne ne s'en rie ;
Mais priez Dieu que tous nous veuille absoudre !

1. Dite : « Ballade des pendus ».

Si frères vous clamons, pas n'en devez
Avoir dédain, quoique fûmes occis
Par justice. Toutefois, vous savez
Que tous hommes n'ont pas bon sens rassis ;
Excusez-nous, puisque sommes transis,
Envers le fils de la Vierge Marie,
Que sa grâce ne soit pour nous tarie,
Nous préservant de l'infernale foudre.
Nous sommes morts, âme ne nous harie[1] ;
Mais priez Dieu que tous nous veuille absoudre !

La pluie nous a débués et lavés,
Et le soleil desséchés et noircis ;
Pies, corbeaux, nous ont les yeux cavés,
Et arraché la barbe et les sourcils.
Jamais nul temps nous ne sommes assis ;
Puis çà, puis là, comme le vent varie,
A son plaisir sans cesser nous charrie,
Plus becquetés d'oiseaux que dés à coudre.
Ne soyez donc de notre confrérie ;
Mais priez Dieu que tous nous veuille absoudre !

Prince Jésus, qui sur tous as maistrie,
Garde qu'Enfer n'ait de nous seigneurie :
A lui n'avons que faire ni que souldre[2].
Hommes, ici n'a point de moquerie ;
Mais priez Dieu que tous nous veuille absoudre !

JEAN MOLINET (1435 - 1507). — Né à Desvres, dans le Boulonnais. Etudes à Paris. Devient historiographe de Charles le Téméraire. Il séjourne trente ans à la Cour de Bourgogne. Rhétoriqueur d'une verve admirable, aussi à l'aise dans des poèmes déclamatoires que dans les fatrasies et les jeux du vocabulaire, son « *Testament de la Guerre* » et sa « *Danse Macabre* » méritent également d'être tirés de l'oubli.

FATRAS

I

Fourbissez votre ferraille
Aiguisez vos grands couteaux

Fourbissez votre ferraille
Quotinaille, quetinailles,
Quoquardaille, friandeaux,
Garsonaille, ribaudaille,

1. Harcèle.
2. Payer.

Laronnaille, brigandaille,
Crapaudaille, leisardeaux,
Cavestraille, goulardeaux,
Villenaille, bonhommaille,
Fallourdaille, paillardeaux,
Truandaille et Lopinaille
Aiguisez vos grands couteaux.

II

Ma très douce nourriture,
Quel déplaisir me fais-tu !

Ma très douce nourriture !
Tu avais en ma clôture
Femme pleine de vertus
Et précieuse vêture ;
Mais tu as changé pâture
Et puis tu es revenu,
Et je t'ai entretenu
Comme on fait, à l'aventure
   D'un pélerin mal vêtu ;
Mon seul fils, ma géniture,
Quel déplaisir me fais-tu !

Quel déplaisir me fais-tu,
Ma très douce nourriture !

Quel déplaisir me fais-tu !
Tu n'ajoutes un fétu
A ma grand déconfiture ;
Dix et sept ans inconnu,
Comme étranger pauvre et nu,
As été en notre cure,
Voyant le pleur, soin et cure
Que pour toi ai soutenu,
Mais de ma douleur obscure,
Ne t'es guère souvenu,
Ma très douce nourriture.

DICTIER DES QUATRE VINS FRANÇOIS

Le Premier Vin

Premier est le vin de Paris
Qui est tout plein du Saint Esprit ;
Quiconque le savoure bien
Il connaît le mal et le bien,
Il voit les cieux, il voit les anges,

Il voit les abîmes étranges
Il voit son Sauveur face à face ;
Qui en boit, n'est rien qu'il ne sache ;
Pour ce qu'il aiguise l'engien[1]
L'appelle-t-on théologien ;
Philosophes, maîtres, docteurs
Juristes et grands orateurs,
En boivent de grandes potées
Et en font souper et tostées ;
Ce n'est point pour gloutons petits
Qui ont de friands appétits.
Ce vin ci, confit en science
Prit son premier grain et semence
En Athènes, puis vint à Rome ;
Charlemagne en planta grand somme
En Paris, cité de renom
Dont il porte encore le nom.
. . . .

LA RESSOURCE DU PETIT PEUPLE

Vérité

Princes puissants qui trésors affinez
Et ne finez[2] de forger grands discors[3],
Qui dominez, qui le peuple aminez[4],
Qui ruminez, qui gens persécutez,
Et tourmentez les âmes et les corps,
Tous vos recors sont de piteux ahors[5].
Vous êtes hors d'excellente boutez :
Pauvres gens sont à tous lieux reboutez[6].

Que faites-vous, qui perturbez le monde
Par guerre immonde et criminels assauts,
Qui tempêtez et terre et mer profonde
Par feu, par fronde et glaive furibonde,
Si qu'il n'abonde aux champs que vieilles saulx[7] ?
Vous faites sauts et mangez bonhomeaulx[8],
Villes, hameaux et n'y sauriez forger
La moindre fleur qui soit en leur verger.

Etes vous dieux, êtes-vous demi-dieux,
Argus plein d'yeux, ou anges incarnez ?

1. L'esprit.
2. Finissez.
3. Discordes.
4. Détruisez.
5. Cris d'alarme.
6. Rejetés.
7. Saules.
8. Petits bonshommes.

Vous êtes faits, et nobles et gentieux,
D'humains outils, en ces terrestres lieux,
Non pas des cieux, mais tous de mère nés ;
Battez, tonnez, combattez, bastonnez
Et hutinez, jusques aux têtes fendre :
Contre la mort nul ne se peut défendre.

Tranchez, coupez, détranchez, découpez,
Frappez, happez bannières et barons,
Lanchiez, hurtez, balanciez, behourdez,
Quérez, trouvez, conquérez, controuvez,
Cornez, sonnez trompettes et clairons,
Fendez talons, pourfendez orteillons,
Tirez canons, faites grands espourris[1] :
Dedans cent ans vous serez tous pourris.

. . . .

On trouve aux champs pastoureaux sans brebis,
Clercs sans habits, prêtres sans bréviaire
Châteaux sans tours, granges sans fouragiz[2],
Bourgs sans logis, étables sans seulis,
Chambres sans lits, autels sans luminaire,
Murs sans parfaire[3], églises sans réfaire[4],
Villes sans maire et cloîtres sans nonnettes :
Guerre commet plusieurs faits deshonnêtes.

Chartreux, chartriers, charetons[5], charpentiers,
Moutons, moustiers[6], manouvriers, marissaux[7],
Villes, vilains, villages, vivandiers,
Hameaux, hotiers, hôpitaux, hôteliers,
Bouveaux, bouviers, bosquillons, bonhomeaulx.
Fourniers, fournaulx, fèves, fains, fleurs et fruits
Par vos gens sont indigents ou détruits.

Par vos gens sont laboureurs lapidés,
Cassis cassés, confrères confondus,
Gallans gallez, jardiniers gratinez,
Rentiers robez[8], receveurs rançonnez,
Pays passez, paysans pourfendus,
Abbés abbus, appentis abattus,
Bourgeois battus, baguettes butinées,
Vieillards vanez et vierges violées.

Que n'est exempt de ces cruels débats

1. Mêlés, combats.
2. Fourrage.
3. Finition.
4. Bon entretien.
5. Charron.
6. Chapelle.
7. Maréchal-ferrant.
8. Volés.

Le peuple bas à vos guerres soumis !
Il vous nourrit, vous ne le gardez pas
Des mauvais pas, mais se trouve plus las
Dedans vos las[1] que pris des ennemis ;
Il est remis de ses propres amis.
Perdu et mis à tourments éprouvé :
Il n'est tenchon[2] que de voisins privé.
Pensez vous point que de vos grands desroix[3]
Au roi des rois il vous faut rendre compte ?
Vos pillards ont pillé, par grands effrois,
Chappes, orfrois d'église et cloche et croix,
Comme je crois et chacun le raconte,
Dieu, roi et comte et vicaire et vicomte,
Comtesse et comte et roi et roinotte,
Au departir[4] faudra compter à l'hôte.

De sainte Eglise êtes vous gardiens
Quotidiens, vous y devez regards ;
Mais vous mangez, en boutant le doy ens[5],
Docteurs, doyens, chapitres, citoyens,
Gardes, loyens[6], greniers, gardins et gars[7] :
Gouges et gars, garnemens et espars
Sous leurs hangars ont tout gratté si net
Qu'on ne voit grain en gar n'en gardinet[8].

Lisez partout, vous verrez en chronique,
Bible authentique, histoires et hauts faits
Que toutes gens qui, par fait tyrannique,
Pillent relique, église catholique
Ou paganique, endurent pesants faix ;
D'honneur défaits, sourds, bossus, contrefaits
Ou desconfés[9] sont en fin de leurs jours :
Celui qui paie, Dieu n'accroit pas toujours.

Oyez-vous point la voix des pauvres gens,
Des indigents péris sans allégeance,
Des laboureurs qui ont perdu leurs champs,
Des innocents, orphelins impotents,
Qui mal contents crient à Dieu vengeance ?
Vieillesse, enfance, air, feu, fer, florissance,
Brute naissance et maint noble édifice
Sont vrais témoins de votre maléfice.

1. Cordes.
2. Disputes.
3. Désordres.
4. Partage.
5. Dedans.
6. Gerbes, liens.
7. Jardins
8. Jardinet.
9. Hors de la confession.

Du firmament le grand cours cessera.
Le ciel sera cornu[1] sans être rond,
Jamais en mer, fleuve n'arrivera.
Plomb nagera, le feu engèlera,
Glace ardera, cabilleaux voleront,
Bœufs parleront, les femmes se tairont.
Et si seront monts et vaux tous honnis,
Si vos méfaits demeurent impunis.

Oyez-vous point heurter à vos taudis,
Les Turcs maudits accourant les grands cours ?
Réveillez-vous, sans être recrandis[2],
Princes hardis, apaisez vos partis,
Soyez partis de grâce sans decours[3],
Vos jours sont courts, Turcs approchent vos cours.
Donnez secours au Saint-Père de Rome :
Il n'est si belle aumône qu'à son prosme[4].

Accordez-vous, rois et ducs, accordez
Et regardez votre peuple en pitié ;
Ressuscitez justice et le gardez ;
Prenez, pendez, plantez, patibulez,
Boulez, brûlez, nul ne soit respité ;
En la cité de Dieu serez cité.
Félicité aurez en abandon :
Il n'est si belle acqueste[5] que de don.

GUILLAUME FLAMANT

La « vénérable et scientifique personne : Maistre Guillaume Flamant, chanoine de Langres », est née vers 1455. On situe sa mort vers 1540. La vie et la passion de Monseigneur Saint-Didier, martyr et évêque de Langres, fut jouée à Langres en 1482. On connaît de lui trois fatrasies.

FATRAS

Ô poison pire que mortel,
Me ferez-vous crever le cœur ?

Ô poison pire que mortel,
Qui me tient en telle tutelle
Que n'ai ni force ni vigueur ;
Envieuse et fausse querelle.

1. Informe, biscornu.
2. Fatigues.
3. Decadence.
4. Prochain.
5. Acquisition.

Plus pute que n'est maquerelle,
Trop me plains de votre rigueur.
Où est Satan, mon gouverneur,
Qui ne vient pas quand je l'appelle ?
Ô folle, infernale fureur ;
Diabies pleins de toute cautelle,
Me ferez-vous crever le cœur ?

ROGER DE COLLERYE

(1470 - 1536). — Il vécut à Auxerre, sous le pseudonyme de « Roger Bontemps, l'Abbé des Fous ». Il fut un poète jovial, au style simple et naturel. Comme Villon et Marot, il « rit en pleurs », et mourut dans la misère, après avoir été secrétaire d'un évêque.

RONDEAU

Cessez, cessez, gendarmes et piétons,
De pilloter[1] et manger le bon homme
Qui de longtemps Jacqu' Bon-Homme se nomme.
Duquel blés, vins, et vivres achetons.

D'autant que nous et lui vous souhaitons
La corde au col, et que mort vous assomme.
Cessez, cessez.

Gages en or, en monnaie, et testons[2]
Du Roi avez en assez bonne somme ;
Puisque par vous l'on perd repos et somme,
Et que du rang des méchants vous mettons,
Cessez, cessez.

. . . .

PIERRE GRINGORE

(1475 ?-1538 ?). — Il est avant tout un poète satirique. Louis XII lui commanda son chef-d'œuvre, « *Le Jeu du Prince des Sots* » (1512), pour s'en servir comme d'un pamphet contre la politique et la personne du pape Jules II.

1. Piller.
2. Pièce de monnaie.

RONDEAU

Princes, qui guerre entreprenez
Ces histoires-ci apprenez,
Considérant que vos forfaits
Chargent vos sujets d'un fort faix
En guerroyant leurs biens prenez.

Afin que vous les souteniez
En leur franchise et mainteniez,
Libéralement êtes faits
Princes.

Entrepreneurs tout fortunés
Quand ils sont en mal obstinés ?
Vous en avez vu les effets
Nobles en ont été défaits
Et vos sujets fort étonnés
Princes.

CRI DU PRINCE DES SOTS

. . . .

Sots lunatiques, Sots étourdis, Sots sages,
Sots de villes, de châteaux, de villages,
Sots rassotés, Sots niais, Sots subtils,
Sots amoureux, Sots privés, Sots sauvages,
Sots vieux, nouveaux, et Sots de toutes âges,
Sots barbares, étranges et gentils,
Sots raisonnables, Sots pervers, Sots rétifs,
Votre Prince, sans nulles intervalles,
Le Mardi Gras jouera ses Jeux aux Halles.

Sottes dames et Sottes demoiselles,
Sottes vieilles, Sottes jeunes, nouvelles,
Toutes Sottes aimant le masculin,
Sottes hardies, couardes, laides, belles,
Sottes frisques, Sottes douces, rebelles,
Sottes qui veulent avoir leur picotin,
Sottes trottantes sur pavé, sur chemin,
Sottes rouges, maigres, grasses et pâles,
Le Mardi Gras jouera le Prince aux Halles.

Sots ivrognes, aimant les bons lopins,
Sots qui crachent au matin jacopins,
Sots qui aiment jeux, travernes, ébats ;
Tous Sots jaloux, Sots gardant les patins,
Sots qui chassent nuit et jour aux lapins ;
Sots qui aiment à fréquenter le bas,

Sots qui faites aux dames les choux gras.
Advenez-y, Sots lavés et Sots sales ;
Le Mardi Gras jouera le Prince aux Halles.

... Fait et donné, buvant vin à pleins pots,
En recordant la naturelle gamme,
Par le Prince des Sots et ses suppôts ;
Ainsi signé d'un pet de prude femme.

BLOSSEVILLE

Hugues de Saint-Maardt, vicomte de Blosseville, capitaine de Caudebec en 1470. Il correspondait avec Charles d'Orléans.

C'est grand peine que de vivre,
Et si ne veut-on mourir.

Qui n'est de tous maux délivre,
C'est grand peine que de vivre.

Raison à la Mort nous livre,
Rien ne nous peut secourir :
C'est grand peine que de vivre,
Et si ne veut-on mourir.

★

J'en ai le deuil, et vous la joie,
J'en ai la guerre, et vous la paix.
J'en cours, et vous allez en paix,
J'en ai courroux qui vous resjoie.
Vous en riez, et j'en larmoie,
Vous en parlez, et je m'en tais ;
J'en ai le deuil, et vous la joie.
J'en ai la guerre, et vous la paix.

Vous vous baignez, et je me noie,
Vous vous faites, je me défais,
Vous me blâmez, dont ne puis mais,
Vous ne voulez que j'y pourvoie :
J'en ai le deuil, et vous la joie.
J'en ai la guerre, et vous la paix,
J'en cours, et vous allez en paix,
J'en ai courroux, qui vous resjoie.

ANONYME (XIIe-XIIIe s.)

RENAUD OU LA BELLE EREMBOUR
(chanson de toile)

Quand vient le Mai, que l'on dit longs les jours
Quand Francs de Franc(e) reviennent de la cour
Renaud repart le tout premier, devant,
Passe tout près la maison d'Erembour
Sans redresser la tête, et le sachant !
Eh ! l'ami Renaud !

Belle Erembour, à la fenêtre, au jour
Châle en couleurs sur ses genoux tenant
Voit Francs de Franc(e) qui reviennent de cour
Et voit Renaud le tout premier, devant.
Or l'appelant, dit la Belle Erembour
Eh ! l'ami Renaud !

« Ami Renaud j'ai déjà vu ce jour
Quand vous passiez jadis devant ma tour
Eussiez souffert si ne vous parlais pas. »
— « C'est trahison ô fille d'empereur
D'aimer autrui et de m'oublier moi »
Eh ! l'ami Renaud !

« Sire Renaud, je m'en justifierai
Sur cent Pucell', sur les Saints, jurerai
Sur trente dam' qu'avec moi mènerai
Jamais nul homme autre que vous n'aimai
Prenez l'amende et je vous baiserai !
Eh ! l'ami Renaud ! »

Comte Renaud a les marches monté
Large d'épaul', mince du baudrier
Le cheveu blond, courtes mèches bouclées
En nul pays fut si beau bachelier
Voit l'Erembour, qui se met à pleurer.
Eh ! l'ami Renaud !

Comte Renaud est monté en la tour
Il s'est assis sur un lit peint à fleurs
Auprès de lui s'assied belle Erembour
Lors recommenc' les premières amours...
Eh ! l'ami Renaud !

Trad. P. S.

XVIe SIECLE

MELLIN DE SAINT-GELAIS (1491 - 1558). — Poète de cour, disciple de Marot, italianisant, il introduit le Sonnet en France.

SONNET

Il n'est point tant de barques à Venise,
D'huîtres à Bourg, de lièvres en Champagne,
D'ours en Savoie et de veaux en Bretagne,
De cygnes blancs le long de la Tamise ;

Ni tant d'amours se traitant en l'église,
Ni différends aux peuples d'Allemagne,
Ni tant de gloire à un seigneur d'Espagne,
Ni tant se trouve à la cour de feintise ;

Ni tant y a de monstres en Afrique,
D'opinions en une République,
Ni de pardons à Rome un jour de fête;

Ni d'avarice aux hommes de pratique,
Ni d'arguments en une Sorbonnique,
Que m'amie a de lunes en la tête.

TREIZAIN

Par l'ample mer, loin des ports et arènes
S'en vont nageant les lascives sirènes
En déployant leurs chevelures blondes,
Et de leurs voix plaisantes et sereines,
Les plus hauts mâts et plus basses carènes
Font arrêter aux plus mobiles ondes
Et souvent perdre en tempêtes profondes ;
Ainsi la vie à nous si délectable,

Comme sirène affectée et muable,
En ses douceurs nous enveloppe et plonge,
Tant que la Mort rompe aviron et câble,
Et puis de nous ne reste qu'une fable,
Un moins que vent, ombre, fumée et songe.

MARGUERITE DE NAVARRE (1492-1549). — Marguerite d'Angoulême, duchesse d'Alençon, reine de Navarre. Sœur de François Ier, elle accueillait les gens de lettres dans sa petite cour de Nérac, dont elle fit un lieu d'asile pour les religionnaires. Auteur de mystères (Nativité de Jésus-Christ), de chansons spirituelles, du « *Miroir de l'Ame pécheresse* » et d'un recueil de nouvelles fort vives, « *L'Heptaméron* ».

DIZAINS

Un ami vif vint à la dame morte,
Et par prière il la cuida tenter
De le vouloir aimer de même sorte,
Puis la pressa jusqu'à la tourmenter ;
Mais mot ne dit, donc, pour se contenter,
Il essaya de l'embrasser au corps.
Contrainte fut la Dame dire alors :
« Je vous requiers, ô Ami importun,
Laissez les morts ensevelir les morts,
Car morte suis pour tous, sinon pour un. »

★

J'aime une amie entièrement parfaite,
Tant que j'en sens satisfait mon désir.
Nature l'a, quant à la beauté, faite
Pour à tout œil donner parfait plaisir :
Grâce y a fait son chef-d'œuvre à loisir,
Et les vertus y ont mis leur pouvoir
Tant que l'ouïr, la hanter et la voir
Sont sûrs témoins de sa perfection :
Un mal y a, c'est qu'elle peut avoir
En corps parfait cœur sans affection.

FRANÇOIS RABELAIS (1494-1553).—Véritable magicien du langage, par son imagination débordante, il est un poète épique. Non seulement il enrichit et clarifie considérablement le français de son époque, mais il abat toutes les murailles de la superstition et de l'oppression. Il va sans cesse de l'avant et sa passion de la liberté et de la connaissance le porte à l'universel.

LA CHRESME PHILOSOPHALE

Des Questions Encyclopédiques de Pantagruel, lesquelles seront disputées Sorbonicolificabilitudinissement es Escholes de Décret, près Sainct Denis de la Chartre à Paris.

UTRUM, une idée platonique, voltigeant dextrement sous l'orifice du chaos, pourroit chasser les esquadrons des atomes démocritiques.

UTRUM, les ratepenades, voyant par la translucidité de la porte cornée, pourroient espionnitiquement découvrir les visions morphiques, devidant gyroniquement le fil du crespe merveilleux, enveloppant les atilles des cerveaux mal calfretés.

UTRUM, les atomes, tournoyant au son de l'harmonie hermagorique, pourroient faire une compaction, ou bien une dissolution d'une quinte essence, par la substraction des nombres pythagoriques.

UTRUM, la froidure hybernale des antipodes, passant en ligne orthogonale par l'homogénée solidité du centre, pourroit par une doulce antipéristasie eschauffer la superficielle connexité de nos talons.

UTRUM, les pendents de la zone torride pourroient tellement s'abreuver des cataractes du Nil, qu'ils veinssent à humecter les plus caustiques parties du ciel empyrée.

UTRUM, tant seulement par le long poil donné, l'Ourse métamorphosée, ayant le derrière tondu à la bougresque pour faire une barbute à Triton, pourroit estre gardienne du pole arctique.

. . . .

UTRUM, Protée omniforme, se faisant cigale, et musicalement exerceant sa voix és jours caniculaires, pourroit d'une rosée matutine, soigneusement emballée au mois de mai, faire une tierce concoction, devant le cours entier d'une escharpe zodiacale.

UTRUM, le noir Scorpion pourroit souffrir solution de continuité en sa substance, et, par l'effusion de son sang, obscurcir et embrunir la voie lactée, au grand intérest et dommage des lifrelofres jacobipètes.

...DES NOUVELLES DES DIABLES ET DES DAMNES

« En cette façon, ceux qui avaient été gros seigneurs en ce monde-ci, gagnaient leur pauvre méchante et paillarde vie là-bas. Au contraire les philosophes, et ceux qui avaient été indigents en ce monde, de par de-là étaient gros seigneurs en leur tour. Je vis Diogène qui se prélassait en magnificence avec une grande robe de pourpre et un sceptre en sa dextre, et faisait enrager Alexandre le grand, quand il n'avait bien rapetassé ses chausses, et le payait en grands coups de bâton. Je vis Epictète vêtu galantement à la française sous une belle ramée avec force damoiselles se rigolant, buvant, dansant, faisant en tout cas grand'chère, et auprès de lui force écus au soleil. Au-dessus de la treille étaient pour sa devise ces vers écrits :

Sauter, danser, faire des tours,
Et boire vin blanc et vermeil :
Et ne rien faire tous les jours,
Que compter écus au soleil.

« Lors quand me vit, il m'invita à boire avec lui courtoisement, en ce que je fis volontiers, et chopinâmes théologalement. Cependant vint Cyre lui demander un denier en l'honneur de Mercure, pour acheter un peu d'oignons pour son souper. « Rien, rien, dit Epictète : je ne donne » point de deniers. Tiens maraut, voilà un écu : sois homme de bien. »

Cyre fut bien aise d'avoir rencontré tel butin. Mais les autres coquins de rois qui sont là-bas, comme Alexandre, Darius, et autres le dérobèrent la nuit. Je vis Pathelin, trésorier de Rhadamanthe, qui marchandait des petits pâtés que criait le pape Jules, et lui demanda combien la douzaine.

« Trois blancs, dit le pape. — Mais, dit Pathelin, trois coups de » barre, baille-ici, vilain, baille, et en va quérir d'autres. » Le pauvre pape allait pleurant : quand il fut devant son maître pâtissier lui dit qu'on lui avait ôté ses pâtes. Adonc le pâtissier lui bailla l'anguillade si bien que sa peau n'eut rien valu à faire cornemuses.

« Je vis maître Jean le Maire qui contrefaisait du pape, et à tous ces pauvres rois et papes de ce monde faisait baiser ses pieds, et en faisant du grobis[1] leur donnait sa bénédiction, disant : « Gagnez les » pardons, coquins, gagnez ; ils sont à bon marché : je vous absous de » pain et de soupe, et vous dispense de ne valoir jamais rien. »

« Et appela Caillette et Triboulet, disant : « Messieurs les cardi- » naux, dépêchez leurs bulles à chacun un coup de pal sur les reins. » » Ce qui fut fait incontinent.

« Je vis maître François Villon, qui demanda à Xerxès combien la denrée de moutarde. « Un denier, dit Xerxès. » A quoi ledit Villon : « Tes fièvres quartaines, vilain, la blanchée n'en vaut qu'un pinard, et » tu nous surfais ici les vivres ? » Adonc pissa dedans son baquet comme font les moutardiers à Paris. Je vis le Francarcher de Bagnolet qui était inquisiteur des hérétiques. Il rencontra Perceforêt pissant contre une muraille, en laquelle était peint le feu de Saint-Antoine. Il le déclara hérétique, et l'eût fait brûler vif, n'eût été Morgant qui, pour son proficiat, et autres menus droits, lui donna neuf muids de bière.

— Or, dit Pantagruel, réserve-nous ces beaux comptes à une autrefois. Seulement, dis nous comment y sont traités les usuriers ? — Je les vis, dit Epistemon, tout occupés à chercher les épingles rouillées et vieux clous parmi les ruisseaux des rues, comme vous voyez que font les coquins en ce monde. Mais le quintal de ces quincailleries ne vaut qu'un boussin de pain ; encore y en a-t-il mauvaise dépêche : ainsi les pauvres malotrus sont aucune fois plus de trois semaines sans manger morceau ni miette, et travaillent jour et nuit attendant la foire à venir ; mais de ce travail et de malheureté il ne leur souvient tant ils sont actifs et maudits, pourvu qu'au bout de l'an ils gagnent quelque méchant denier.

1. Faisant l'important.

CLEMENT MAROT

(1496-1544). — Continuateur du XVe siècle par sa poétique, il est le poète de *l'élégant badinage*, selon Boileau. Son caractère l'entraîne sans cesse vers de fâcheuses aventures : suspect d'hérésie, enfermé au Châtelet, libéré par François Ier, à nouveau traqué, réfugié à Nérac auprès de Marguerite de Navarre, il va de l'Italie à Paris et à Genève, et il meurt à Turin. Epîtres, élégies, ballades, rondeaux, son œuvre est l'une des plus nombreuses de son temps.

ADIEU AUX DAMES DE LA COUR

Adieu la cour, adieu les dames,
Adieu les filles et les femmes,
Adieu vous dis pour quelque temps,
Adieu vos plaisants passetemps ;
Adieu le bal, adieu la danse,
Adieu mesure, adieu cadence,
Tambourins, hautbois et violons,
Puisqu'à la guerre nous allons.
Adieu les regards gracieux,
Messagers des cœurs soucieux ;
Adieu les profondes pensées,
Satisfaites ou offensées ;
Adieu les harmonieux sons
De rondeaux, dizains et chansons ;
Adieu piteux département,
Adieu regrets, adieu tourment,
Adieu la lettre, adieu le page,
Adieu la cour et l'équipage,
Adieu l'amitié si loyale,
Qu'on la pourrait dire royale,
Etant gardée en ferme foi
Par ferme cœur digne de roi.
Adieu ma mie la dernière,
En vertus et beauté première ;
Je vous prie me rendre à présent
Le cœur dont je vous fis présent,
Pour, en la guerre où il faut être,
En faire service à mon maître.
Or quand de vous se souviendra,
L'aiguillon d'honneur l'époindra
Aux armes et vertueux faits :
Et s'il en sortait quelque effet
Digne d'une louange entière,
Vous en seriez seule héritière,
De votre cœur donc vous souvienne,
Car si Dieu veut que je revienne,
Je le rendrai en ce beau lieu.

Or je fais fin à mon adieu.

DE SA GRAND'AMIE

Dedans Paris, ville jolie,
Un jour, passant mélancolie,
Je pris alliance nouvelle
A la plus gaie damoiselle
Qui soit d'ici en Italie.

D'honnêteté elle est saisie,
Et crois, selon ma fantaisie,
Qu'il n'en est guère de plus belle
Dedans Paris.

Je ne la vous nommerai mie,
Sinon que c'est ma grand'amie ;
Car l'alliance se fit telle
Par un doux baiser que j'eus d'elle,
Sans penser aucune infamie,
Dedans Paris.

DE SOI-MEME

Plus ne suis ce que j'ai été
Et ne le saurai jamais être ;
Mon beau printemps et mon été
Ont fait le saut par la fenêtre.
Amour, tu as été mon maître :
Je t'ai servi sur tous les dieux.
O si je pouvais deux fois naître,
Comme je te servirais mieux !

JEAN DE L'ESPINE DU PONT-ALLETZ (début du XVIe siècle).

— Poète et comédien reçu à la cour de François Ier. Il disait ses poèmes et ses monologues. Son livre, « *Les Contredits de Songecreux* », fut attribué pendant trois siècles à son rival Pierre Gringore. Poète réaliste et révolutionnaire, il est novateur par sa hardiesse et ses images.

DE L'ÉTAT DE COUR

Voilà celui qui se dit notre roi
Voilà celui par qui nous vient la guerre
Voilà celui qu'à tous nos biens fait guerre
Voilà celui qui tue ceux qu'il veut

Voilà celui de qui chacun se deut[1]
Voilà celui qui tailles nous apporte
Au feu d'enfer le grand diable l'emporte
Si aurons paix après qu'il sera mort.

Qui argent a la guerre il entretient
Qui argent a gentilhomme devient
Qui argent a chacun lui fait honneur
C'est monseigneur
Qui argent a les dames il maintient
Qui argent a tout bon bruit lui advient
Qui argent a c'est du monde le cœur
C'est la fleur
Sur tous vivants c'est lui qui peut et vaut
Mais aux méchants toujours argent leur faut

Qui argent a pour sage homme on le tient
Qui argent a tout le monde il contient
Qui argent a toujours bruit en vigueur
Sans rigueur
Qui argent a ce qu'il lui plaît détient
Qui argent a de tous il a faveur
C'est tout heur
D'avoir argent quand jamais ne défault
Mais aux méchants toujours argent leur faut.

Qui argent a à tous plaît et revient
Qui argent a chacun devers lui vient
Qui argent a sur lui n'a point d'erreur
De malheur
Qui argent a nul son droit ne retient
Qui argent a s'il veut à tous subvient
Qui argent a il est clerc et docteur
Et prieur
S'il a des biens chacun l'élève haut
Mais aux méchants toujours argent leur faut.

L'argent fait tout, car à tout fait injure
Le juge droit il fait tord devenir
L'argent fait tout car il faut maintenir
Rumeurs débats perdre ville et châteaux
L'argent fait tout quand il fait détenir
Entre faignants des traîtres à monceaux.

Par argent sont les gens pendus
Par argent sont châteaux vendus
Par argent tout mal est commis
Par argent droits ne sont rendus
Par argent honneurs sont perdus

1. Plaint.

Par argent l'on vend ses amis
Par argent jadis fut démis
Par argent le bon en vient pire
Par argent est l'homme soumis
A grave douleur et martyre.

BONAVENTURE DES PERIERS (1510 - 1544). — Valet de chambre de Marguerite de Navarre, les impiétés de ses écrits le firent poursuivre et condamner. Il se suicida, dit-on. Un des devanciers de la Pléiade. Il survit par ses « *Nouvelles* » et son « *Blason du Nombril* ».

A UN AMI

Les aveugles et violeurs
Pour ôter aux gens leurs douleurs
Chantent toujours belles chansons ;
Et toutefois par chants et sons
Ils ne peuvent chasser les leurs.
. . . .

LA DEVISE DU POÈTE

Loisir et liberté
C'est bien son seul désir ;
Ce serait un plaisir
Pour traiter vérité.
L'esprit inquiété
Ne se fait que moisir ;
Loisir et liberté,
S'ils viennent cet été,
Liberté et loisir,
Ils la pourront saisir
A perpétuité,
Loisir et liberté.

MAURICE SCEVE

(Début XVI e siècle - vers 1563). — Né à Lyon, fils de grands bourgeois, amateur érudit. En 1533, il séjourne en Avignon. Avec les grands Rhétoriqueurs, il participe au « *Blason* » et obtient la palme avec cinq idylles dédiées au « *Front* », au « *Sourcil* », au « *Soupir* », à la « *Larme* » à la « *Gorge* ». En 1544, il publie son œuvre maîtresse : « *Délie, Objet de plus haute vertu* », 449 dizains décasyllabiques. Pernette du Guillet, qui paraît être l'inspiratrice du poète, meurt le 17 juillet 1545. Il se retire à la campagne et publie en 1562 « *Microcosme* ». On perd sa trace en 1563.
Chef de l'Ecole lyonnaise, grand poète en son temps, il fut ensuite oublié, jugé obscur, jusqu'à ce que, vers 1920, on redécouvre en lui un des grands maîtres du langage et de la poésie allusive.

DÉLIE

OBJET DE PLUS HAUTE VERTU

XVII

Plutôt seront Rhône et Saône disjoints,
Que d'avec toi mon cœur se désassemble :
Plutôt seront l'un et l'autre mont joints,
Qu'avecques nous aucun discord s'assemble :
Plutôt verrons et toi et moi ensemble
Le Rhône aller contremont lentement,
Saône monter très violentement,
Que ce mien feu, tant soit peu, diminue,
Ni que ma foi décroisse aucunement.
Car ferme amour sans eux est plus que nue.

XLIX

Tant je l'aimais qu'en elle encor je vis
Et tant la vis, que malgré moi, je l'aime
Le sens, et l'âme y furent tant ravis,
Que par l'Œil fault, que le cœur la désaime.
Est-il possible en ce degré suprême
Que fermeté son oultrepas[1] révoque ?
Tant fut la flamme en nous deux reciproque
Que mon feu luit, quand le sien clair m'appert[2].
Mourant le sien, le mien tôt me suffoque,
Et ainsi elle, en se perdant, me perd.

C

L'oisiveté des délicates plumes,
Lit coutumier, non point de mon repos,
Mais du travail, où mon feu tu allumes,
Souventes fois, oultre heure, et sans propos

1. Perfection.
2. M'apparaît.

Entre ses draps me retient indispos,
Tant elle m'a pour son faible ennemi.
Là mon esprit son corps laisse endormi
Tout transformé en image de Mort,
Pour te montrer, que lors homme à demi,
Vers toi suis vif, et vers moi je suis mort.

CXXIX

Le jour passé de ta douce présence
Fut un serein en hiver ténébreux,
Qui fait prouver la nuit de ton absence
A l'œil de l'âme être un temps plus ombreux,
Que n'est au Corps ce mien vivre encombreux,
Qui maintenant me fait de soi refus.
Car dès le point, que partie tu fus,
Comme le Lièvre accroupi en son gîte,
Je tends l'oreille, oyant un bruit confus,
Tout éperdu aux ténèbres d'Egypte[1].

CXLIV

En toi je vis, où que tu sois absente :
En moi je meurs, où que soye présent.
Tant loin sois-tu, toujours tu es présente :
Pour près que soye, encore suis-je absent.
Et si nature outragée se sent
De me voir vivre en toi trop plus qu'en moi :
Le haut pouvoir qui, œuvrant[1] sans émoi,
Infuse l'âme en ce mien corps passible,
La prévoyant sans son essence en soi,
En toi l'étend comme en son plus possible.

CCCXLVII

Si tu t'enquiers pourquoi sur mon tombeau
On aura mis deux éléments contraires,
Comme tu vois être le feu et l'eau
Entre éléments les deux plus adversaires :
Je t'avertis qu'ils sont très nécessaires
Pour te montrer par signes évidents
Que si en moi ont été résidents
Larmes et feu, bataille âprement rude :
Qu'après ma mort encores ci dedans
Je pleure et ars pour ton ingratitude.

1. Symbole de la tribulation.
2. Travaillant.

CHRISTOPHE PLANTIN (1514 - 1589). — Né à Saint-Avertin (Touraine). Illustre imprimeur français, inventeur du caractère d'imprimerie qui porte son nom, fut nommé en 1571 architypographe par Philippe II. Dans son bel atelier d'Anvers, où il s'était installé, il édita de nombreux ouvrages, tous célèbres par l'ordonnance de leur présentation, et notamment la « *Bible polyglotte d'Alcala* » (1519-1573) en huit volumes in-folio. Erudit, il fut aussi poète. Quoi qu'on puisse penser de l'idéal qui l'inspire, épinglons au passage, son célèbre Sonnet.

LE BONHEUR DE CE MONDE

Avoir une maison commode, propre et belle,
Un jardin tapissé d'espaliers odorants,
Des fruits, d'excellent vin, peu de train, peu d'enfants,
Posséder seul sans bruit une femme fidèle.

N'avoir dettes, amour, ni procès, ni querelle,
Ni de partage à faire avecque ses parents,
Se contenter de peu, n'espérer rien des Grands,
Régler tous ses desseins sur un juste modèle.

Vivre avecque franchise et sans ambition,
S'adonner sans scrupule à la dévotion,
Dompter ses passions, les rendre obéissantes.

Conserver l'esprit libre, et le jugement fort,
Dire son chapelet en cultivant ses entes,
C'est attendre chez soi bien doucement la mort.

PERNETTE DU GUILLET (1520 - 1545). — Poétesse de l'Ecole lyonnaise. Savante en latin, grec, italien, espagnol. Maurice Scève a 35 ans lorsqu'il la rencontre, elle, 16. Sa famille la fait convoler avec Monsieur du Guillet, mais elle garde au poète de *Délie* un inaltérable attachement spirituel. Ses œuvres ont été publiées par son mari après sa mort. « *Rythmes et Poésies de gentille et vertueuse Dame Pernette du Guillet* ».

QUI DIRA ?...

Qui dira ma robe fourrée
De la belle pluie dorée
Qui Daphnes[1] enclose ébranla :
Je ne sais rien moins que cela.

Qui dira qu'à plusieurs je tends
Pour en avoir mon passetemps,

1. Danaé.

Prenant mon plaisir çà et là :
Je ne sais rien moins que cela.

Qui dira que t'ai révélé
Le feu longtemps en moi celé
Pour en toi voir si force il a :
Je ne sais rien moins que cela.

Qui dira que d'ardeur commune
Qui les jeunes gens importune,
De toi je veux... et puis holà !
Je ne sais rien moins que cela.

Mais qui dira que la vertu
Dont tu es richement vêtu,
En ton amour m'étincela :
Je ne sais rien mieux que cela.

Mais qui dira que d'amour sainte
Chastement au cœur suis atteinte
Qui mon honneur onc ne foula :
Je ne sais rien mieux que cela.

LE GRAND DESIR

Le grand désir du plaisir admirable
Se doit nourrir par un contentement
De souhaiter chose tant agréable
Que tout esprit peut ravir doucement.

Or que le fait doit être grandement
Rempli de bien, pour que la grande envie
On veut mourir, s'on ne l'a promptement
Mais ce mourir engendre une autre vie.

PONTUS DE THYARD

(1521 - 1605). — Ami de Maurice Scève, amoureux de Louise Labé, il est salué par du Bellay et Ronsard comme un maître. Il l'est, pour la virtuosité de ses exercices. Ses « *Odes* » sont achevées, leur prosodie en est parfaite. Riche prélat, philosophe, il devient évêque de Châlon-sur-Saône, et meurt à 84 ans.

SONNET

Père du doux repos, Sommeil, père du Songe,
Maintenant que la nuit, d'une grande ombre obscure,
Fait à cet air serein humide couverture,
Viens, Sommeil désiré et dans mes yeux te plonge.

Ton absence, Sommeil, languissamment allonge
Et me fait plus sentir la peine que j'endure.
Viens, Sommeil, l'assoupir et la rendre moins dure.
Viens abuser mon mal de quelque doux mensonge.

Ja le muet silence un escadron conduit
De fantômes ballants dessous l'aveugle nuit :
Tu me dédaignes seul qui te suis tant dévôt.

Viens, Sommeil désiré, m'environner la tête,
Car, d'un vœu non menteur, un bouquet je t'apprête
De ta chère morelle et de ton cher pavot.

JOACHIM DU BELLAY

(1522 - 1560). — Gentilhomme angevin, il est destiné au métier des armes ou à la diplomatie. Sa vocation poétique est déterminée par sa rencontre, dans une auberge, avec Ronsard. Il publie en 1548 le manifeste de la Pléiade : « *Défense et Illustration de la Langue Française* ». Son inspiration est bien française, sincèrement personnelle. Il écrit « *L'Olive* », les « *XIII Sonnets de l'Honnête Amour* », et secrétaire et intendant de son oncle, le cardinal Jean du Bellay, le « *Premier Livre des Antiquités de Rome* » et les « *Divers Jeux Rustiques* ». Malade de nostalgie à Rome, il écrit les « *Regrets* », et meurt à Paris, à 37 ans.

Déjà la nuit en son parc amassait
Un grand troupeau d'étoiles vagabondes,
Et pour entrer aux cavernes profondes,
Fuyant le jour, ses noirs chevaux chassait,

Déjà le ciel aux Indes rougissait,
Et l'aube encor de ses tresses tant blondes
Faisant grêler mille perlettes rondes,
De ses trésors les prés enrichissait :

Quant d'occident comme une étoile vive,
Je vis sortir dessus ta verte rive,
O fleuve mien ! une nymphe en riant.

Alors voyant cette nouvelle Aurore,
Le jour honteux d'un double teint colore
Et l'Angevin et l'Indique orient.

(L'Olive).

★

Nouveau venu, qui cherches Rome en Rome
Et rien de Rome en Rome n'aperçois,
Ces vieux palais, ces vieux arcs que tu vois,
Et ces vieux murs, c'est ce que Rome on nomme.

Vois quel orgueil, quelle ruine, et comme
Celle qui mit le monde sous ses lois,
Pour dompter tout, se dompta quelquefois,
Et devint proie au temps, qui tout consomme.

Rome de Rome est le seul monument,
Et Rome Rome a vaincu seulement.
Le Tibre seul, qui vers la mer s'enfuit,

Reste de Rome. O mondaine inconstance !
Ce qui est ferme est par le temps détruit,
Et ce qui fuit au temps fait résistance.

(Les Antiquités de Rome).

★

Ceux qui sont amoureux, leurs amours chanteront,
Ceux qui aiment l'honneur, chanteront de la gloire,
Ceux qui sont près du Roi, publieront sa victoire,
Ceux qui sont courtisans, leurs faveurs vanteront.

Ceux qui aiment les arts, les sciences diront,
Ceux qui sont vertueux, pour tels se feront croire,
Ceux qui aiment le vin, deviseront de boire,
Ceux qui sont de loisir, des fables écriront,

Ceux qui sont médisants, se plairont à médire,
Ceux qui sont moins fâcheux, diront des mots pour rire,
Ceux qui sont plus vaillants, vanteront leur valeur,

Ceux qui se plaisent trop, chanteront leur louange,
Ceux qui veulent flatter, feront d'un diable un ange,
Moi qui suis malheureux, je plaindrai mon malheur.

★

J'aime la liberté, et languis en service,
Je n'aime point la Cour, et me faut courtiser,
Je n'aime la feintise, et me faut déguiser,
J'aime simplicité, et n'apprends que malice.

Je n'adore les biens, et sers à l'avarice.
Je n'aime les honneurs, et me les faut priser.
Je veux garder ma foi, et me la faut briser.
Je cherche la vertu, et ne trouve que vice.

Je cherche le repos, et trouver ne le puis.
J'embrasse le plaisir, et n'éprouve qu'ennuis.
Je n'aime à discourir, en raison je me fonde.

J'ai le corps maladif, et me faut voyager.
Je suis né pour la Muse, on me fait ménager.
Ne suis-je pas (Morel) le plus chétif du monde ?

★

France, mère des arts, des armes et des lois,
Tu m'as nourri longtemps du lait de ta mamelle.
Ores, comme un agneau qui sa nourrice appelle,
Je remplis de ton nom les antres et les bois.

Si tu m'as pour enfant avoué quelquefois,
Que ne me réponds-tu maintenant, ô cruelle ?
France, France, réponds à ma triste querelle !
Mais nul, sinon Echo, ne répond à ma voix.

Entre les loups cruels, j'erre parmi la plaine,
Je sens venir l'hiver, de qui la froide haleine
D'une tremblante horreur fait hérisser ma peau.

Las ! tes autres agneaux n'ont faute de pâture,
Ils ne craignent le loup, le vent ni la froidure,
Si ne suis-je pourtant le pire du troupeau.

★

Heureux qui, comme Ulysse, a fait un beau voyage,
Ou comme celui-là qui conquit la Toison,
Et puis est retourné, plein d'usage et raison,
Vivre entre ses parents le reste de son âge !

Quand reverrai-je, hélas, de mon petit village
Fumer la cheminée, et en quelle saison
Reverrai-je le clos de ma pauvre maison,
Qui m'est une province et beaucoup davantage ?

Plus me plaît le séjour qu'ont bâti mes aïeux,
Que des palais romains le front audacieux,
Plus que le marbre dur me plaît l'ardoise fine.

Plus mon Loire gaulois que le Tibre latin,
Plus mon petit Liré que le mont Palatin,
Et plus que l'air marin la douceur angevine.

(*Les Regrets*).

D'UN VANNEUR DE BLÉ AUX VENTS

O vous, troupe légère,
Qui d'aile passagère
Par le monde volez,
Et d'un sifflant murmure
L'ombrageuse verdure
Doucement ébranlez,

J'offre ces violettes,
Ces lis et ces fleurettes,
Et ces roses ici,
Ces vermeillettes roses,
Tout fraîchement écloses,
Et ces œillets aussi.

De votre douce haleine
Eventez cette plaine,
Eventez ce séjour :
Ce pendant que j'ahanne
A mon blé, que je vanne
A la chaleur du jour.

(Vœux Rustiques).

QUE LE NATUREL N'EST SUFFISANT A CELUI QUI EN POESIE VEUT FAIRE ŒUVRE DIGNE DE L'IMMORTALITE

Qui veut voler par les mains et bouches des hommes, doit longuement demeurer en sa chambre : et qui désire vivre en la mémoire de la postérité, doit comme mort en soi-même suer et trembler maintes fois, et autant que nos poètes courtisans boivent, mangent et dorment à leur aise, endurer de faim, de soif et longues vigiles. Ce sont les ailes dont les écrits des hommes volent au ciel.

OBSERVATIONS DE QUELQUES MANIERES DE PARLER FRANÇAISES

Ne crains pas... poète futur, d'innover quelque terme en un long poème, principalement, avec modestie toutefois, analogie et jugement de l'oreille, et ne te soucie qui le trouve bon ou mauvais : espérant que la postérité l'approuvera, comme celle qui donne foi aux choses douteuses, lumière aux obscures, nouveauté aux antiques, usage aux non accoutumées, et douceur aux âpres et rudes...

(Défense et illustration de la langue française).

OLIVIER DE MAGNY (1524 - 1561). — Originaire du Quercy, protégé d'Henri IV. Ami de Joachim du Bellay, célébré par les poètes de la Pléiade, il fut très lié avec Louise Labé. Secrétaire d'ambassade à Rome, il publie « *Les Soupirs* » un an avant que du Bellay ne publie « *Les Regrets* ».

SONNET

Gordes, que ferons-nous ? Aurons-nous point la paix ?
Aurons-nous point la paix quelquefois sur la terre ?
Sur la terre aurons-nous si longuement la guerre,
La guerre qui au peuple est un si pesant faix ?

Je ne vois que soudards, que chevaux et harnois,
Je n'ois que deviser d'entreprendre et conquerre,
Je n'ois plus que clairons, que tumulte et tonnerre
Et rien que rage et sang je n'entends et ne vois.

Les princes aujourd'hui se jouent de nos vies,
Et quand elles nous sont après les biens ravies
Ils n'ont pouvoir ni soin de nous les retourner.

Malheureux sommes-nous de vivre en un tel âge,
Qui nous laissons ainsi de maux environner,
La coupe vient d'autrui, mais nôtre est le dommage.

AU ROI

Il ne faut pas toujours le bon champ labourer :
Il faut que reposer quelquefois on le laisse,
Car quand chôme longtemps et que bien on l'engraisse,
On en peut puis après double fruit retirer.

Laissez donc votre peuple en ce point respirer,
Faisant un peu cesser la charge qui le presse,
Afin qu'il prenne haleine et s'allège et redresse
Pour mieux une autre fois ces charges endurer.

Ce qu'on doit à César, Sire, il le lui faut rendre,
Mais plus qu'on ne lui doit, Sire, il ne lui faut prendre.
Veuillez donc désormais au peuple retrancher

Ce que plus qu'il ne doit sur son dos il supporte
Et ne permettez plus qu'on le mange en la sorte,
Car, Sire, il le faut tondre et non pas écorcher.

(Dix-neuf Sonnets Inédits).

PIERRE DE RONSARD

(1524 - 1585). — Destiné à la carrière des armes, frappé de surdité, il décide de se consacrer à l'étude et aux Lettres. Entouré de poètes, ami des princes, le Chef de l'Ecole de la Pléiade mènera l'heureuse existence d'un poète de cour comblé d'amours et de gloire. Renié, puis oublié pendant deux siècles, il a aujourd'hui retrouvé sa place, qui est de premier rang.

ABRÉGÉ DE L'ART POÉTIQUE FRANÇOIS

Combien que l'art de Poésie ne se puisse par préceptes comprendre ni enseigner, pour être plus mental que traditif, toutefois d'autant que l'artifice humain, expérience et labeur le peuvent permettre, j'ai bien voulu t'en donner quelques règles, afin qu'un jour tu puisses être des premiers en la connaissance d'un si agréable métier, à l'exemple de moi, qui confesse y être assez passablement enseigné. Sur toutes choses tu auras les Muses en révérence, voire en singulière vénération, et ne les feras jamais servir à chose déshonnête, à risées, à libelles injurieux, mais les tiendras chères et sacrées, comme les filles de Jupiter, c'est-à-dire de Dieu, qui de sa sainte grâce a premièrement par elles fait connaître aux peuples ignorants les excellences de sa majesté...

A SA MAÎTRESSE

Mignonne, allons voir si la rose
Qui ce matin avait déclose
Sa robe de pourpre au Soleil,
A point perdu cette vesprée
Les plis de sa robe pourprée
Et son teint au vôtre pareil.

Las ! voyez comme en peu d'espace,
Mignonne, elle a dessus la place
Las ! las ! ses beautés laissé choir !
O vraiment marâtre Nature,
Puisqu'une telle fleur ne dure
Que du matin jusques au soir !

Donc, si vous me croyez, mignonne,
Tandis que votre âge fleuronne
En sa plus verte nouveauté,
Cueillez, cueillez votre jeunesse :
Comme à cette fleur la vieillesse
Fera ternir votre beauté.

VIII

Je plante en ta faveur cet arbre de Cybèle,
Ce pin, où tes honneurs se liront tous les jours :

J'ai gravé sur le tronc nos noms et nos amours,
Qui croîtront à l'envi de l'écorce nouvelle.

Faunes qui habitez ma terre paternelle,
Qui menez sur le Loir vos danses et vos tours,
Favorisez la plante et lui donnez secours,
Que l'Eté ne la brûle, et l'Hiver ne la gèle.

Pasteur qui conduiras en ce lieu ton troupeau,
Flageolant une Eglogue en ton tuyau d'aveine,
Attache tous les ans à cet arbre un tableau

Qui témoigne aux passants mes amours et ma peine ;
Puis l'arrosant de lait et du sang d'un agneau,
Dis : « Ce pin est sacré, c'est la plante d'Hélène. »

XLIII

Quand vous serez bien vieille, au soir à la chandelle,
Assise auprès du feu, dévidant et filant,
Direz chantant mes vers, en vous émerveillant :
Ronsard me célébrait du temps que j'étais belle.

Lors vous n'aurez servante oyant telle nouvelle,
Déjà sous le labeur à demi sommeillant,
Qui au bruit de mon nom ne s'aille réveillant,
Bénissant votre nom, de louange immortelle.

Je serai sous la terre et, fantôme sans os,
Par les ombres myrteux je prendrai mon repos ;
Vous serez au foyer une vieille accroupie,

Regrettant mon amour et votre fier dédain.
Vivez, si m'en croyez, n'attendez à demain :
Cueillez dès aujourd'hui les roses de la vie.

(Sonnets pour Hélène).

I

Tyard, on me blâmait à mon commencement,
De quoi j'étais obscur au simple populaire,
Mais on dit aujourd'hui que je suis au contraire,
Et que je me démens, parlant trop bassement.

Toi de qui le labeur enfante doctement
Des livres immortels, dis-moi, que dois-je faire ?
Dis-moi, car tu sais tout, comment dois-je complaire
A ce monstre têtu, divers en jugement ?

Quand je tonne en mes vers, il a peur de me lire ;
Quand ma voix se désenfle, il ne fait qu'en médire.
Dis-moi, de quel lien, force, tenaille, ou clous

Tiendrai-je ce Protée qui se change à tous coups ?
Tyard, je t'entends bien, il le faut laisser dire,
Et nous rire de lui, comme il se rit de nous.

ELEGIE

Ecoute, bûcheron, arrête un peu le bras ;
Ce ne sont pas des bois que tu jettes à bas ;
Ne vois-tu pas le sang lequel dégoutte à force
Des nymphes qui vivaient dessous la dure écorce ?
Sacrilège meurtrier, si on pend un voleur
Pour piller un butin de bien peu de valeur,
Combien de feux, de fers, de morts et de détresses
Mérites-tu, méchant, pour tuer nos déesses ?
Forêt, haute maison des oiseaux bocagers !
Plus le cerf solitaire et les chevreuils légers
Ne paîtront sous ton ombre, et ta verte crinière
Plus du soleil d'été ne rompra la lumière.
Plus l'amoureux pasteur sur un tronc adossé,
Enflant son flageolet à quatre trous percé,
Son mâtin à ses pieds, à son flanc la houlette,
Ne dira plus l'ardeur de sa belle Janette.
Tout deviendra muet, Echo sera sans voix ;
Tu deviendras campagne, et, en lieu de tes bois,
Dont l'ombrage incertain lentement se remue,
Tu sentiras le soc, le coutre et la charrue ;
Tu perdras le silence, et haletants d'effroi
Ni Satyres ni Pans ne viendront plus chez toi.
Adieu, vieille forêt, le jouet de Zéphire,
Où premier j'accordai les langues de ma lyre,
Où premier j'entendis les flèches résonner
D'Apollon, qui me vint tout le cœur étonner,
Où premier, admirant ma belle Calliope,
Je devins amoureux de sa neuvaine trope,
Quand sa main sur le front cent roses me jeta,
Et de son propre lait Euterpe m'allaita.
Adieu, vieille forêt, adieu têtes sacrées,
De tableaux et de fleurs autrefois honorées,
Maintenant le dédain des passants altérés,
Qui, brûlés en l'été des rayons éthérés,
Sans plus trouver le frais de tes douces verdures,
Accusent tes meurtriers et leur disent injures.
Adieu, chênes, couronne aux vaillants citoyens,
Arbres de Jupiter, germes Dodonéens,
Qui premiers aux humains donnâtes à repaître ;
Peuples vraiment ingrats, qui n'ont su reconnaître

Les biens reçus de vous, peuples vraiment grossiers
De massacrer ainsi leurs pères nourriciers !
    Que l'homme est malheureux qui au monde se fie !
O dieux, que véritable est la philosophie,
Qui dit que toute chose à la fin périra,
Et qu'en changeant de forme une autre vêtira !
De Tempé la vallée un jour sera montagne,
Et la cime d'Athos une large campagne ;
Neptune quelquefois de blé sera couvert :
La matière demeure et la forme se perd.

REPONSE AUX INJURES ET CALOMNIES

. . . .

Tu te moques, cafard, de quoi ma Poésie
Ne suit l'art misérable, ains va par fantaisie,
Et de quoi ma fureur sans ordre se suivant
Eparpille ses vers comme feuilles au vent :
Voilà comment tu dis que ma Muse sans bride
S'égare répandue où la fureur la guide.
Si tu avais les yeux aussi prompts et ouverts
A dérober mon art qu'à dérober mes vers,
Tu dirais que ma Muse est pleine d'artifice,
Et ma brusque vertu ne te serait un vice.
En l'art de Poésie un art il ne faut pas
Tel qu'ont les prédicants qui suivent pas à pas
Leur sermon su par cœur, ou tel qu'il faut en prose,
Où toujours l'orateur suit le fil d'une chose.
Les Poètes gaillards ont artifice à part,
Ils ont un art caché qui ne semble pas art
Aux versificateurs, d'autant qu'il se promène
D'une libre contrainte où la Muse le mène.
As-tu point vu voler en la prime saison
L'avette qui de fleurs enrichit sa maison ?
Tantôt le beau narcisse, et tantôt elle embrasse
Le vermeil hyacinthe, et sans suivre une trace
Erre de pré en pré, de jardin en jardin,
Chargeant un doux fardeau de mélisse ou de thym.
Ainsi le bon esprit que la Muse espoinçonne[1],
Porté de la fureur, sur Parnasse moissonne
Les fleurs de toutes parts, errant de tous côtés :
En ce point par les champs de Rome étaient portés
Le damoiseau Tibulle et celui qui fit dire
Les chansons des Grégeois à sa Romaine lyre.
Tels ne furent jamais les versificateurs
Des Muses avortons, ni tous ces imposteurs
Dont l'ardente fureur d'Apollon n'a saisie
L'âme d'une gentille et docte frénésie :
Tel bien ne se promet aux hommes vicieux,

1. Aiguillonne.

Mais aux hommes bien nés qui sont aimés des Cieux.
Ecoute, prédicant tout enflé d'arrogance :
Faut-il que ta malice attire en conséquence
Les vers que brusquement un Poète a chantés ?
. . . .

LOUISE LABE (1526 - 1566). — Fille d'un riche cordier lyonnais, elle en épouse un autre. « La Belle Cordière » pratiquait l'escrime et l'équitation. Elle aima le poète Olivier de Magny et l'oublia. Autour d'elle se tient l'Ecole lyonnaise. Elle s'oppose à la condition servile des femmes de son époque. Elle enfreint les conventions sociales, ses poèmes sont autant de pages d'un journal intime, sincère jusqu'au cri. Son œuvre poétique comprend trois « *Elégies* », « *Vingt-trois Sonnets* » et le « *Débat de folie et d'amour* ».

VII

Je vis, je meurs : je me brûle et me noie.
J'ai chaud extrême en endurant froidure :
La vie m'est et trop molle et trop dure.
J'ai grands ennuis entremêlés de joie :

Tout à un coup je ris et je larmoie,
Et en plaisir maint grief tourment j'endure :
Mon bien s'en va, et à jamais il dure :
Tout en un coup je sèche et je verdoie.

Ainsi Amour inconstamment me mène :
Et, quand je pense avoir plus de douleur,
Sans y penser je me trouve hors de peine.

Puis, quand je crois ma joie être certaine,
Et être en haut de mon désiré heur,
Il me remet en mon premier malheur.

XIII

Tant que mes yeux pourront larmes répandre
A l'heur[1] passé avec toi regretter :
Et qu'aux sanglots et soupirs résister
Pourra ma voix, et un peu faire entendre :

Tant que ma main pourra les cordes tendre
Du mignard Luth, pour tes grâces chanter :
Tant que l'esprit se voudra contenter
De ne vouloir rien fors que toi comprendre :

1 Bonheur

Je ne souhaite encore point mourir.
Mais quand mes yeux je sentirai tarir,
Ma voix cassée, et ma main impuissante,

Et mon esprit en ce mortel séjour
Ne pouvant plus montrer signe d'amante :
Prierai la Mort noircir mon plus clair jour.

XVII

Baise m'encor, rebaise moi et baise :
Donne m'en un de tes plus savoureux,
Donne m'en un de tes plus amoureux :
Je t'en rendrai quatre plus chauds que braise.

Las te plains-tu ? çà que ce mal j'apaise,
En t'en donnant dix autres doucereux.
Ainsi mêlant nos baisers tant heureux
Jouissons nous l'un de l'autre à notre aise.

Lors double vie à chacun en suivra
Chacun en soi et son ami vivra
Permets m'Amour penser quelque folie :

Toujours suis mal, vivant discrètement,
Et ne me puis donner contentement,
Si hors de moi ne fais quelque saillie.

XXIII

Ne reprenez, Dames, si j'ai aimé,
Si j'ai senti mille torches ardentes,
Mille travaux, mille douleurs mordantes
Si, en pleurant, j'ai mon temps consumé,

Las ! que mon nom n'en soit par vous blâmé.
Si j'ai failli, les peines sont présentes,
N'aigrissez point leurs pointes violentes :
Mais estimez qu'Amour, à point nommé,

Sans votre ardeur d'un Vulcain excuser,
Sans la beauté d'Adonis accuser,
Pourra s'il veut, plus vous rendre amoureuses,

En ayant moins que moi d'occasion,
Et plus d'étrange et forte passion,
Et gardez-vous d'être plus malheureuses !

(Vingt-trois sonnets).

REMY BELLEAU

(1528 - 1577). — L'un des plus célèbres poètes de la Pléiade, en son temps. Sa poésie élégante, agréable n'est pas sans faire penser au symbolisme des anciens bestiaires. Une sorte de lyrisme cosmique parfois l'anime. Ronsard le salue du titre de *« Peintre de la Nature »*. Il se fait connaître avec les *« Petites Inventions »*, et, après la *« Bergerie »*, son recueil le plus connu et exceptionnel est un lapidaire poétique : *« Les Amours et nouveaux Echanges des Pierres Précieuses »*.

LE DÉSIR

Celui n'est pas heureux qui n'a ce qu'il désire,
Mais bienheureux celui qui ne désire pas
Ce qu'il n'a point : l'un sert de gracieux appas
Pour le contentement, et l'autre est un martyre.

Désirer est tourment qui brûlant nous altère
Et met en passion : donc ne désirer rien
Hors de notre pouvoir, vivre content du sien,
Ores qu'il fut petit, c'est fortune prospère.

Le Désir d'en avoir pousse la nef en proie
Du corsaire, des flots, des roches et des vents :
Le Désir importun aux petits d'être grands,
Hors du commun sentier bien souvent les dévoie.

L'un poussé de l'honneur, par flatteuse industrie
Désire ambitieux sa fortune avancer :
L'autre se voyant pauvre, afin d'en amasser
Trahit son Dieu, son Roi, son sang et sa patrie.

L'un pipé du Désir, seulement pour l'envie
Qu'il a de se gorger de quelque faux plaisir,
Enfin ne gagne rien qu'un fâcheux déplaisir,
Perdant son heur, son temps, et bien souvent la vie.

L'un pour se faire grand et redorer l'image
A sa triste fortune, espoind de cette ardeur
Soupire après un vent qui le plonge en erreur,
Car le Désir n'est rien qu'un périlleux orage.

L'autre esclave d'Amour, désirant l'avantage
Qu'on espère en tirer, n'embrassant que le vent,
Loyer de ses travaux, est payé bien souvent
D'un refus, d'un dédain et d'un mauvais visage.

L'un plein d'ambition, désireux de paraître
Favori de son Roi, recherchant son bonheur,
Avançant sa fortune, avance son malheur,
Pour avoir trop sondé le secret de son maître.

Désirer est un mal, qui vain nous ensorcelle :
C'est heur que de jouir, et non pas d'espérer :

Embrasser l'incertain, et toujours désirer
Est une passion qui nous met en cervelle.

Bref le Désir n'est rien qu'ombre et que pur mensonge
Qui travaille nos sens d'un charme ambitieux,
Nous déguisant le faux pour le vrai, qui nos yeux
Va trompant tout ainsi que l'image d'un songe.

(Les Amours).

LA PIERRE AQUEUSE

C'était une belle brune
Filant au clair de la lune,
Qui laissa choir son fuseau
Sur le bord d'une fontaine,
Mais courant après sa laine
Plongea la tête dans l'eau,

Et se noya la pauvrette :
Car à sa voix trop faiblette
Nul son désastre sentit,
Puis assez loin ses compagnes
Parmi les vertes campagnes
Gardaient leur troupeau petit.

Ah ! trop cruelle aventure !
Ah ! mort trop fière et trop dure !
Et trop cruel le flambeau
Sacré pour son hyménée,
Qui l'attendant, l'a menée
Au lieu du lit, au tombeau.

Et vous, nymphes fontainières
Trop ingrates et trop fières,
Qui ne vîntes au secours
De cette jeune bergère,
Qui faisant la ménagère
Noya le fil de ses jours.

Mais en souvenance bonne
De la bergère mignonne,
Emus de pitié, les dieux
En ces pierres blanchissantes
De larmes toujours coulantes
Changent l'émail de ses yeux.

Non plus yeux, mais deux fontaines,
Dont la source et dont les veines
Sourdent du profond du cœur ·

Non plus cœur, mais une roche
Qui lamente le reproche
D'Amour et de sa rigueur.

Pierre toujours larmoyante,
A petits flots ondoyante,
Sûrs témoins de ses douleurs :
Comme le marbre en Sipyle
Qui se fond et se distille
Goutte à goutte en chaudes pleurs.

O chose trop admirable,
Chose vraiment non croyable,
Voir rouler dessus les bords
Une eau vive qui ruisselle,
Et qui de course éternelle,
Va baignant ce petit corps !

Et pour le cours de cette onde
La pierre n'est moins féconde
Ni moins grosse, et vieillissant
Sa pesanteur ne s'altère :
Ains toujours demeure entière
Comme elle était en naissant.

Mais est-ce que de nature
Pour sa rare contexture
Elle attire l'air voisin,
Ou dans soi qu'elle recèle
Cette humeur qu'elle amoncelle
Pour en faire un magasin ?

Elle est de rondeur parfaite,
D'une couleur blanche et nette
Agréable et belle à voir,
Pleine d'humeur qui ballotte
Au-dedans, ainsi que flotte
La glaire en l'œuf au mouvoir.

Va, pleureuse, et te souvienne
Du sang de la plaie mienne
Qui coule et coule sans fin,
Et des plaintes épandues
Que je pousse dans les nues
Pour adoucir mon destin.

ETIENNE DE LA BOETIE

(1530 - 1563). — Etienne de la Boétie (prononcer : La Boitie) est né à Sarlat. Conseiller au Parlement de Bordeaux à 24 ans, son amitié avec Montaigne reste un exemple. Il est également l'ami de Jean Antoine de Baïf. Juriste et humaniste, il est surtout l'auteur du *« Traité de la Servitude volontaire ou du contr'un »*, hymne ardent à la liberté qu'il écrivit à dix-huit ans.
Ses Sonnets, comme ses traductions de Xénophon, de Plutarque et d'Aristote ne sont plus guère lus.

Ce jourd'hui, du soleil la chaleur altérée
A jauni le long poil de la belle Cérès ;
Ores, il se retire ; et nous gagnons le frais,
Ma Marguerite et moi, de la douce soirée.

Nous traçons dans les bois quelque voie égarée ;
Amour marche devant, et nous marchons après,
Si le vert ne nous plaît des épaisses forêts,
Nous descendons pour voir la couleur de la prée.

Nous vivons francs d'émoi, et n'avons point souci
Des rois, ni de la cour, ni des villes aussi.
O Médoc, mon pays solitaire et sauvage !

Il n'est point de pays plus plaisant à mes yeux :
Tu es au bout du monde, et je t'en aime mieux :
Nous savons, après tous, les malheurs de notre âge.

★

N'ayez plus, mes amis, n'ayez plus cette envie
Que je cesse d'aimer ; laissez-moi, obstiné,
Vivre et mourir ainsi puisqu'il est ordonné :
Mon amour, c'est le fil auquel se tient ma vie.

Ainsi me dit la Fée ; ainsi en Œagrie
Elle fit Méléagre à l'amour destiné,
Et alluma sa souche à l'heure qu'il fut né,
Et dit : « Toi, et ce feu, tenez-vous compagnie… »

Elle le dit ainsi, et la fin ordonnée
Suivit assez le fil de cette destinée,
La souche, ce dit-on, au feu fut consumée ;

Et dès lors (grand miracle !) en un même moment
On vit, tout à un coup, du misérable amant
La vie et le tison s'en aller en fumée.

ETIENNE JODELLE

(1532 - 1573). — Un des sept poètes de la Pléiade. Noble, il organisait tous les spectacles de la Cour, sous Henri II. Il mourut fort pauvre. Avec sa « *Cléopâtre* », il fut l'initiateur de la tragédie française. Soties et mystères sont par lui éclipsés.

A LA TRIPLE HÉCATE

Comme un qui s'est perdu dans la forêt profonde.
Loin de chemin, d'orée et d'adresse et de gens :
Comme un qui, en la mer grosse d'horribles vents.
Se voit presque engloutir des grands vagues de l'onde :

Comme un qui erre aux champs, lorsque la nuit au monde
Ravit toute clarté, j'avais perdu longtemps
Voie, route et lumière et, presque avec le sens.
Perdu longtemps l'objet, où plus mon heur se fonde.

Mais quand on voit (ayant ces maux fini leur tour)
Aux bois, en mer, aux champs, le bout, le port, le jour.
Ce bien présent plus grand que son mal on vient croire ;

Moi donc qui ai tout tel en votre absence été.
J'oublie en revoyant votre heureuse clarté.
Forêt, tourmente et nuit, longue orageuse et noire.

JEAN-ANTOINE DE BAÏF

(1532 - 1589). — Elève de Daurat et ami de Ronsard, il fait partie de la Pléiade. Il a composé des Poèmes, Amours, Jeux, Passe-temps et aussi Mimes, Enseignements et Proverbes. Il s'attache à des recherches métriques et fonde en 1570 une Académie de poésie et de musique.

L'HIPPOCRENE

Muse, reine d'Elicon, fille de mémoire, ô déesse
O des poètes l'appui, favorise ma hardiesse.
Je veux donner aux Français un vers de plus libre
[accordance
Pour le joindre au luth sonné d'une moins contrainte
[cadence.
Fais qu'il oigne doucement des oyants les pleines oreilles.
Dedans dégoûtant flatteur un miel doucereux à merveilles.
Je veux d'un nouveau sentier m'ouvrir l'honorable passage
Pour aller sur votre mont m'ombroyer sous votre bocage.
Et ma soif désaltérer en votre fontaine divine
Qui sourdit du mont cavé dessous la corne Pégasine.

Lorsque le cheval ailé bondit en l'air hors de l'ondée
Du sang qui coulait du col de la Méduse outrecuidée.

(*Deuxième livre des Poèmes*).

EPITAPHE

Pauvres corps où logeaient ces esprits turbulents,
Naguère la terreur des Princes de la terre,
Même contre le ciel osant faire la guerre,
Déloyaux, obstinés, pervers et violents,

Aujourd'hui le repas des animaux volants
Et rampants charogniers, et de ces vers qu'enserre
La puante voirie, et du peuple qui erre
Sous les fleuves profonds en la mer se coulant :

Pauvres corps, reposez, qui vos malheureux os,
Nerfs et veines et chairs, sont dignes de repos,
Qui ne purent souffrir le repos en la France.

Esprits aux carrefours toutes les nuits criez :
O mortels avertis et voyez et croyez
Que le forfait retarde et ne fuit la vengeance.

CHANSONNETTE

Comme le Phénix je suis
Qui de sa mort reprend vie,
Qui de sa cendre naîtra.
— *Tue, tue, tue-moi,*
Pour cela ne mourrai.
La mèche d'Aveste suis
Qui allumée ne perd rien,
De qui le feu ne meurt point.
— *Brûle, brûle, brûle-moi,*
Pour cela ne mourrai.
Cette vaillant drogue suis
Qui se réchauffe dans l'eau,
Qui s'y rallume et nourrit.
— *Noye, noye, noye-moi,*
Pour cela ne mourrai.
Le diamant dur je suis
Qui ne se romp du marteau
Ni du ciseau retanté[1].
— *Frappe, frappe, frappe-moi,*
Pour cela ne mourrai.
Comme la mort même suis
Qui qui la fuit de près suit :

1. Qui retentit.

Qui me refuit je poursuis.
— *Fuis, refuis, refuis, refuis,*
Mort et vif te suivrai.

Chansonnettes mesurées (...) mises en musique par Jacques Mauduit.

JACQUES GREVIN (1538 - 1570). — Maître ès-arts en 1556, il fit à Paris ses études de médecine. Auteur dramatique, il fut ensuite l'élève de Ronsard. Pourchassé pour ses convictions religieuses, il se réfugie en Angleterre. Son éditeur fut exécuté. Il revint ensuite à Paris, s'exila à nouveau à Anvers, fut rayé de la liste des Docteurs par ses fanatiques collègues. Il mourut à Turin, à 32 ans.

Tout passe par leurs mains, rien ne se fait sans eux,
Ils ont sur le Royaume une pleine puissance,
On soutient qu'il leur faut porter obéissance :
Car on les a élus plus sages et plus vieux.

Mais s'il est question d'un de ces Demi-dieux,
Sous ombre de l'appât d'une folle espérance,
Ils font tout, et fût-il contraire à l'ordonnance,
Tant on craint aujourd'hui de leur être odieux.

Et cependant le peuple est pareil à la balle,
Qui jamais n'a repos : et puis rouge, et puis pâle,
Ainsi qu'il est poussé par le muable vent.

On s'en joue, on le pille, on l'endort, on le lie,
Sans crainte de celui qui connaît leur folie,
Et qui les punira au jour du Jugement.

AMADIS JAMYN (1538 - 1592). — Champenois, ami intime de Ronsard, traducteur de l'Iliade et de l'Odyssée, il a composé de nombreux Sonnets, et le « *Poème de la Chasse* » dédié à Charles IX. Il remplace parfois Ponthus de Thyard dans la liste des poètes de la Pléiade.

STANCES DE L'IMPOSSIBLE

L'été sera l'hiver et le printemps l'automne,
L'air deviendra pesant, le plomb sera léger :
On verra les poissons dedans l'air voyager

Et de muets qu'ils sont avoir la voix fort bonne.
L'eau deviendra le feu, le feu deviendra l'eau
Plutôt que je sois pris d'un autre amour nouveau.

Le mal donnera joie, et l'aise des tristesses !
La neige sera noire et le lièvre hardi,
Le lion deviendra du sang acouardi,
La terre n'aura point d'herbes ni de richesses ;
Les rochers de soi-même auront un mouvement
Plutôt qu'en mon amour il y ait changement.

Le loup et la brebis seront en même étable
Enfermés sans soupçon d'aucune inimitié ;
L'aigle avec la colombe aura de l'amitié
Et le caméléon ne sera point muable :
Nul oiseau ne fera son nid au renouveau
Plutôt que je sois pris d'un autre amour nouveau.

La lune qui parfait en un mois sa carrière
La fera en trente ans au lieu de trente jours ;
Saturne qui achève avec trente ans son cours
Se verra plus léger que la lune légère :
Le jour sera la nuit, la nuit sera le jour
Plutôt que je m'enflamme au feu d'un autre amour.

Les ans ne changeront le poil ni la coutume
Les sens et la raison demeureront en paix,
Et plus plaisants seront les malheureux succès
Que les plaisirs du monde au cœur qui s'en allume,
On haïra la vie, aimant mieux le mourir
Plutôt que l'on me voie à autre amour courir.

On ne verra loger au monde l'espérance ;
Le faux d'avec le vrai ne se discernera,
La fortune en ses dons changeante ne sera,
Tous les effets de mars seront sans violence,
Le soleil sera noir, visible sera Dieu
Plutôt que je sois vu captif en autre lieu

GUILLAUME DE SALLUSTE DU BARTAS (1544 - 1590). -

Né à Montfort, près d'Auch, membre de l'Académie de Nérac, Gœthe l'a salué comme « le Roi des Poètes Français ». Protestant, il puisa son inspiration dans la Bible, et il est, en fait, le créateur de l'épopée religieuse.

En 1578, il publie sa « *Première Sepmaine* » sur les encouragements de d'Aubigné. Sa réputation est universelle au XVIe siècle. Il exploite le baroque avec un enthousiasme plein de verve. Son univers poétique est un cosmos verbal. Son « *Histoire naturelle des Sept Jours de la Création* » est son œuvre maîtresse.

Je te salue, ô terre, ô terre porte-grains,
Porte-or, porte-santé, porte-habits, porte-humains,
Porte-fruits, porte-tours, alme, belle, immobile,
Patiente, diverse, odorante, fertile,
Vêtue d'un manteau tout damassé de fleurs,
Passementé de flots, bigarré de couleurs.
Je te salue, ô cœur, racine, base ronde,
Pied du grand animal qu'on appelle le Monde,
Chaste épouse du ciel, assuré fondement
Des étages divers d'un si grand bâtiment.
Je te salue, ô sœur, mère, nourrice, hôtesse
Du roi des animaux. Tout, ô grande princesse,
Vit en faveur de toi. Tant de cieux tournoyants
Portent pour t'éclairer leurs astres flamboyants ;
Le feu pour t'échauffer sur les flottantes nues
Tient ses pures ardeurs en arcade étendues ;
L'air pour te rafraîchir se plaît d'être secoux
Or' d'un âpre Borée, or' d'un Zéphyre doux ;
L'eau, pour te détremper, de mers, fleuves, fontaines
Entrelace ton corps tout ainsi que de veines.

. . . .

Vous Poissons, qui luisez dans l'écharpe étoilée,
Si vous avez désir de voir l'onde salée
Fourmiller de poissons, priez l'astre du jour
Qu'il quitte vitement le flot-flottant séjour :
S'il veut qu'en refaisant sa course destinée
Vous le logiez chez vous un mois de chaque année.

Et toi, Père éternel, qui d'un mot seulement
Apaises la fureur de l'ondeux élément :
Toi qui, croulant le chef, peux des vents plus rebelles
Et les bouches boucher et déplumer les ailes :
Toi, grand Roi de la mer, toi dont les hameçons
Tirent vifs les humains du ventre des poissons :
Pourvoie-moi de bateau, d'hélice, et de pilote,
Afin que sans péril de mer en mer je flotte,
Ou plutôt, ô grand Dieu, fais que, plongeon nouveau,
Les peuples écaillés je visite sous l'eau :
Afin que dégoûtant et chargé de pillage,
Je chante ton honneur sur le moite rivage...

PHILIPPE DESPORTES (1546 - 1606). — Né à Chartres, précurseur de Malherbe, oncle de Mathurin Régnier. Protégé par deux Rois, poète officiel de la cour des Valois, il vécut dans les honneurs et la facilité.
A vingt ans, à Rome, il lit les poètes italiens qu'il reconnaît pour maîtres. Ami de Ronsard et de Baïf, il devient lecteur du cabinet du Roi et familier d'Henri III. Entre les Ligueurs et les Royaux, il assied sa fortune. Abbé commendataire de quatre abbayes, il finit sa vie en épicurien, premier des poètes, entre ses amis poètes et ses livres. On a dit de lui qu'il « offre aux regards le type accompli de la dextérité littéraire, de la chance politique et de la réussite financière » 1.

ÉPIGRAMME

Je t'apporte, ô sommeil, du vin de quatre années
Du lait, des pavots noirs aux têtes couronnées :
Veuille tes ailerons en ce lieu déployer,
Tant qu'Alison la vieille accroupie au foyer,
Qui d'un pouce retors et d'une dent mouillée,
Sa quenouille chargée a quasi dépouillée,
Laisse choir le fuseau, cesse de babiller,
Et de toute la nuit ne se puisse éveiller :
Afin qu'à mon plaisir j'embrasse ma rebelle,
L'amoureuse Isabeau qui soupire auprès d'elle.

LES AMOURS DE DIANE

Marchands, qui recherchez tout le rivage More
Du froid Septentrion et qui, sans reposer,
A cent mille dangers vous allez exposer
Pour un gain incertain, qui vos esprits dévore

Venez seulement voir la beauté que j'adore,
Et par quelle richesse elle a su m'attiser :
Et je suis sûr qu'après vous ne pourrez priser
Le plus rare trésor dont l'Afrique se dore.

Voyez les filets d'or de ce chef blondissant,
L'éclat de ces rubis, ce corail rougissant,
Ce cristal, cet ébène et ces grâces divines,

Cet argent, cet ivoire ; et ne vous contentez
Qu'on ne vous montre encor mille autres raretés,
Mille beaux diamants et mille perles fines.

Arrête un peu, mon Cœur, où vas-tu si courant ?
— Je vais trouver les yeux qui sain me peuvent rendre.

1. *Albert-Marie Schmidt.*

— Je te prie, attends-moi. — Je ne te puis attendre,
Je suis pressé du feu qui me va dévorant.

— Il faut bien, ô mon cœur ! que tu sois ignorant,
De ne pouvoir encor ta misère comprendre :
Ces yeux d'un seul regard te réduiront en cendre :
Ce sont tes ennemis, t'iront-ils secourant ?

— Envers ses ennemis, si doucement on n'use ;
Ces yeux ne sont points tels. — Ah ! c'est ce qui t'abuse :
Le fin berger surprend l'oiseau par des appâts.

— Tu t'abuses toi-même, ou tu brûles d'envie,
Car l'oiseau malheureux s'envole à son trépas,
Moi, je vole à des yeux qui me donnent la vie.

LXXV

Sommeil, paisible fils de la Nuit solitaire,
Père alme nourricier de tous les animaux,
Enchanteur gracieux, doux oubli de nos maux,
Et des esprits blessés l'appareil salutaire :

Dieu favorable à tous, pourquoi m'es-tu contraire ?
Pourquoi suis-je tout seul rechargé de travaux
Or' que l'humide nuit guide ses noirs chevaux
Et que chacun jouit de ta grâce ordinaire ?

Ton silence où est-il ? ton repos et ta paix,
Et ces songes volants comme un nuage épais,
Qui des ondes d'Oubli vont lavant nos pensées ?

Ô frère de la Mort que tu m'es ennemi !
Je t'invoque au secours, mais tu es endormi,
Et j'ards[1] toujours veillant en tes horreurs glacées.

(Stances).

JEAN DE LA CEPPEDE

(1548 - 1623). — Il naît à Marseille et meurt en Avignon. Magistrat au Parlement d'Aix, Malherbe fit son éloge. Ses « *Théorèmes Spirituels* » souvent rudes, énergiquement écrits, font penser au réalisme de l'Art Religieux du Moyen Age. Et puis pour ce vers seul, je l'aurais retenu : *L'autel des vieux parfums dans Solyme encensé.*
Savant, croyant, poète, pour lui « la vérité succède à l'ombre des figures ». A sa science théorique, on peut préférer son ardente imagination et sa manière de faire lever la pâte des mots.

1. Je brûle.

PSAUME CI, ET CINQUIÈME DES PENITENTIAUX

Non autrement qu'on voit d'une torche allumée
Par le vague de l'air se perdre la fumée,
Ainsi j'ai vu mes jours se perdre en un moment :
Mes tristes os vidés d'humeurs et de mouëlles,[1]
Décharnés, et recuits au feu de mon tourment
Sont prêts d'être allumés comme sèches brindèles.[2]

La violente ardeur de ma longue misère
Et les brûlants éclairs de ta juste colère
Comme l'herbe fauchée ont mon cœur desséché.
Le jeûne m'a la chair, et la force ravi.
La maigreur a mes os à l'écorce attaché :
Les pleurs ont épuisé les sources de ma vie

L'Hôte des cois déserts de l'Egypte fumante
Etrangle ses petits, puis se deult, se tourmente,
Se tue, et de son sang les remet en vigueur ;
De même j'ai la vie à mon âme ravie,
Je lamente sa mort, et matté de langueur,
Je veux par mon trépas lui redonner la vie.

Comme un Hibou plaintif haineux de la lumière,
Je m'écarte, je fuis la maison coutumière,
Jamais le doux sommeil ne vient siller mes yeux.
Je ressemble à l'oiseau qu'on nomme solitaire,
Je vais cherchant retraite aux plus funestes lieux,
Je veux cacher mon mal, et si ne puis le taire.

★

Que peut une galère ayant perdu la rame,
Le poisson hors de l'eau, la terre sans humeur,
Un roi sans son conseil, un peuple sans seigneur,
La salamandre froide ayant perdu la flamme ?

Que pourra faire un corps destitué de l'âme,
Et le faon orphelin par le coup d'un chasseur ?
Beaucoup moins peut encor le triste serviteur
Égaré de son cœur, et des yeux de sa dame.

Hélas ! que puis-je donc ? je ne puis que souffrir
Et la force me nuit m'empêchant de mourir.
Je n'imagine rien qu'un désespoir d'absence.

1. Moelle.
2. Brindilles.

Je puis chercher le fond de ma fière douleur,
L'essence de tout mal, je puis tout pour malheur
Mais c'est à me guérir qu'on voit mon impuissance.

(L'Hécatombe à Diane).

GILLES DURANT DE LA BERGERIE (1550 - 1615). — Avocat au Parlement de Paris, il est surtout connu pour la Satire « *A Mademoiselle ma commère sur le trépas de son âme* » incorporée à la « *Satire Ménippée* ».

ODE

Tandis que la France est armée,
Et qu'une guerre envenimée
Trouble son repos et le mien :
Le plus beau que je puisse faire,
Pendant que le vent est contraire,
C'est de ne me mêler de rien.

Je laisse rouler la tempête :
La foule passe sur ma tête,
S'il faut mourir, me voilà prêt :
A mon destin je m'abandonne,
Je veux ce que le Ciel ordonne,
Il faut vouloir ce qu'il lui plaît.

Le soin des affaires publiques
Rend nos esprits mélancoliques.
Binet, allons les rejetant :
Cherchons la paix entre les armes,
Les Muses ont assez de charmes
Pour nous rendre heureux et contents.

CHARLES-TIMOLEON DE SIGOGNE (1552 - 1611). — Familier d'Henri IV plein de fantaisie, connu surtout pour ses poèmes libertins.

GALIMATIAS

Seine, au front couronné de roseaux et de saules
Pour voir votre beauté souleva ses épaules
Et prononça ces mots : « Messieurs des pois pilés
Qui veut des choux gelés ? »

A l'ombre d'un cheveu se cachait Isabelle,
La gaine et les couteaux auprès d'une escarcelle,
Des marrons, des éteufs, du cresson alénois,
Pour Ogier le Danois.

Non, je n'approuve point la vanité des hommes :
J'aime l'ambition comme un Normand les pommes :
Que vous seriez joli, si vous n'étiez pelé,
Monsieur le Jubilé !

Quand le brave Nembroth bâtit la tour superbe,
Il courut la quintaine et dansa dessus l'herbe,
Faisant sur le pied droit, mais il fut bien camus,
Voyant Nostradamus !

Jaloux flots de la mer, ennemis de ma vie,
Dit Léandre en mourant, si ma belle est ravie,
Me conjurant le ciel pour passer l'Achéron,
Adieu mon éperon !

Masse à dix, tope, tingue ! un éventail d'ermite,
Une lance de sucre, une anse de marmite,
Puis un poulet bardé de la poudre d'Iris
Et de chauve-souris !

De soixante escargots accoucha Pampelune ;
Trois jeunes hérissons des loups gardent la lune,
Parce qu'il est secret d'effet et de renom
Comme un coup de canon !

Belle qui paraissez aux amants si cruelle,
Vous aveuglez les yeux, ainsi qu'une tournelle,
A moins que de pitié votre cœur soit époint
Quand on ne s'en plaint point.

Pêchez des hannetons en un crible d'ivoire,
Pour conjurer les morts, lisez dans le grimoire,
Les amants pour vos yeux endurent le trépas.
Mais ils n'en meurent pas.

AGRIPPA D'AUBIGNE

(1552 - 1630). — Huguenot farouche, rhétoriqueur inspiré, voix poétique et prophétique qui fait penser à Dante, il ne fait paraître son maître livre « *Les Tragiques* » qu'en 1616, quarante ans après les guerres civiles qui ont déchiré la France et le cœur du poète. Poète « engagé » s'il en est, la puissance de son cri, la fureur de son inspiration, la violence de ses images, son souffle sans égal font d'Agrippa d'Aubigné le premier poète épique français.

LA CHAMBRE DORÉE

« Eh bien ! vous, conseillers de grandes compagnies,
Fils d'Adam qui jouez et des biens et des vies,
Dites vrai, c'est à Dieu que compte vous rendez.
Rendez-vous la justice ou si vous la vendez ?

Plutôt, âmes sans loi, parjures, déloyales,
Vos balances, qui sont balances inégales,
Pervertissent la terre et versent aux humains
Violence et ruine, ouvrages de vos mains.

Vos mères ont conçu en l'impure matrice,
Puis avorté de vous tout d'un coup et du vice ;
Le mensonge qui fut votre lait au berceau
Vous nourrit en jeunesse et abesche[1] au tombeau.

Ils semblent le serpent à la peau marquetée
D'un jaune transparent, de venin mouchetée,
Ou l'aspic embuché qui veille en sommeillant,
Armé de soi, couvert d'un tortillon grouillant.

A l'aspic cauteleux cette bande est pareille,
Alors que de la queue il s'étoupe[2] l'oreille :
Lui, contre les jargons de l'enchanteur savant,
Eux pour chasser de Dieu les paroles au vent.

A ce troupeau, Seigneur, qui l'oreille se bouche,
Brise les grosses dents en leur puante bouche :
Prends la verge de fer, fracasse de tes fléaux
La mâchoire puante à ces fiers lionceaux.

Que, comme l'eau se fond, ces orgueilleux se fondent ;
Au camp leurs ennemis sans peine se confondent :
S'ils bandent l'arc, que l'arc avant tirer soit las,
Que leurs traits sans frapper s'envolent en éclats.

La mort, en leur printemps, ces chenilles suffoque,
Comme le limaçon sèche dedans la coque,
Ou comme l'avorton qui naît en périssant
Et que la mort reçoit de ses mains en naissant.

1. Donner la becquée.
2. Bouche.

Brûle d'un vent mauvais jusque dans les racines
Les boutons les premiers de ces tendres épines ;
Tout périsse, et que nul ne les prenne en ses mains
Pour de ce bois maudit réchauffer les humains.

JUGEMENT

. . . .
Voici le fils de l'homme et du grand Dieu le fils,
Le voici arrivé à son terme préfix[1].
Déjà l'air retentit et la trompette sonne,
Le bon prend assurance et le méchant s'étonne ;
Les vivants sont saisis d'un feu de mouvement,
Ils sentent mort et vie en un prompt changement ;
En une période ils sentent leurs extrêmes,
Ils ne se trouvent plus eux-mêmes comme eux-mêmes :
Une autre volonté et un autre savoir
Leur arrache des yeux le plaisir de se voir ;
Le ciel ravit leurs yeux : du ciel premier l'usage
N'eût pu du nouveau ciel porter le beau visage.
L'autre ciel, l'autre terre ont cependant fui ;
Tout ce qui fut mortel se perd évanoui.
Les fleuves sont séchés, la grand mer se dérobe :
Il fallait que la terre allât changer de robe.
Montagnes, vous sentez douleurs d'enfantements,
Vous fuyez comme agneaux, ô simples éléments !
Cachez-vous, changez-vous : rien mortel ne supporte
La voix de l'Eternel, sa voix puissante et forte.
Dieu paraît ; le nuage entre lui et nos yeux
S'est tiré à l'écart, il est armé de feux ;
Le ciel neuf retentit du son de ses louanges ;
L'air n'est plus que rayons, tant il est semé d'anges.
Tout l'air n'est qu'un soleil ; le soleil radieux
N'est qu'une noire nuit au regard de ses yeux ;
Car il brûle le feu, au soleil il éclaire,
Le centre n'a plus d'ombre et ne fuit sa lumière.
. . . .
Voici le grand héraut d'une étrange nouvelle,
Le messager de mort, mais de mort éternelle.
Qui se cache ? qui fuit devant les yeux de Dieu ?
Vous, Caïns fugitifs, où trouverez-vous lieu ?
Quand vous auriez les vents collés sous vos aisselles
Ou quand l'aube du jour vous prêterait ses ailes,
Les monts vous ouvriraient le plus profond rocher,
Quand la nuit tâcherait en sa nuit vous cacher,
Vous enceindre la mer, vous enlever la nue,
Vous ne fuiriez de Dieu ni le doigt ni la vue.
Or voici les lions de torches acculés,

1. Déterminé, fixé.

Les ours à nez percé, les loups emmuselés :
Tout s'élève contre eux : les beautés de Nature,
Que leur rage troubla de venin et d'ordure,
Se confrontent en mire et se lèvent contre eux
« Pourquoi (dira le Feu) avez-vous de mes feux,
Qui n'étaient ordonnés qu'à l'usage de vie,
Fait des bourreaux, valets de votre tyrannie ? »
L'Air encore une fois contre eux se troublera,
Justice au juge saint, trouble, demandera,
Disant : « Pourquoi, tyrans et furieuses bêtes,
M'empoisonnâtes-vous de charognes, de pestes,
Des corps de vos meurtris ? — « Pourquoi, diront les Eaux
Changeâtes-vous en sang l'argent de nos ruisseaux ? »
Les Monts, qui ont ridé le front à vos supplices :
« Pourquoi nous avez-vous rendu vos précipices ?
— Pourquoi nous avez-vous, diront les Arbres, fait
D'Arbres délicieux, exécrables gibets ? »
Nature, blanche, vive et belle de soi-même,
Présentera son front ridé, fâcheux et blême
Aux peuples d'Italie et puis aux nations
Qui les ont enviés en leurs inventions,
Pour, du poison mêlé au milieu des viandes,
Tromper l'amère mort en ses liqueurs friandes,
Donner au meurtre faux le métier de nourrir,
Et sous les fleurs de vie embûcher le mourir.
La Terre, avant changer de lustre, se vient plaindre
Qu'en son ventre l'on fit ses chers enfants éteindre,
En les enterrant vifs, l'ingénieux bourreau
Leur dressant leur supplice en leur premier berceau.
La Mort témoignera comment ils l'ont servie ;
La Vie prêchera comment ils l'ont ravie.
. . . .
L'air corrupteur n'a plus sa corrompante haleine,
Et ne fait aux enfers office d'élément ;
Celui qui le mouvait, qui est le firmament,
Ayant quitté son branle et motives cadences,
Sera sans mouvement, et de là sans muances.
Transis, désespérés, il n'y a plus de mort
Qui soit pour votre mer des orages le port.
Que si vos yeux de feu jettent l'ardente vue
A l'espoir du poignard, le poignard plus ne tue.
Que la mort (direz-vous) était un doux plaisir !
La mort morte ne peut vous tuer, vous saisir.
Voulez-vous du poison ? en vain cet artifice.
Vous vous précipitez ? en vain le précipice.
Courez au feu brûler, le feu vous gèlera ;
Noyez-vous, l'eau est feu, l'eau vous embrasera ;
La peste n'aura plus de vous miséricorde ;
Etranglez-vous, en vain vous tordez une corde ;
Criez après l'enfer, de l'enfer il ne sort
Que l'éternelle soif de l'impossible mort.

Vous vous peigniez des feux : combien de fois votre âme
Désirera n'avoir affaire qu'à la flamme !
Vos yeux sont des charbons qui embrasent et fument,
Vos dents sont des cailloux qui en grinçant s'allument.
Dieu s'irrite en vos cris et au faux repentir
Qui n'a pu commencer que dedans le sentir.
Ce feu, par vos côtés ravageant et courant,
Fera revivre encor ce qu'il va dévorant ;
Le chariot de Dieu, son torrent et sa grêle
Mêlent la dure vie et la mort pêle-mêle.
Aboyez comme chiens, hurlez en vos tourments,
L'abîme ne répond que d'autres hurlements ;
Les Satans découplés d'ongles et dents tranchantes
Sans mort déchireront leurs proies renaissantes ;
Ces démons tourmentants hurleront tourmentés ;
Leurs fronts sillonneront ferrés de cruautés ;
Leurs yeux étincelants auront la même image
Que vous aviez baignant dans le sang du carnage ;
Leurs visages transis, tyrans, vous transiront,
Ils vengeront sur vous ce qu'ils endureront.
O malheur des malheurs, quand tels bourreaux mesurent
La force de leurs coups aux grands coups qu'ils endurent !
. . . .

MARC DE PAPILLON DE LASPHRISE

(1555-1599). — Il entre, très jeune, dans la carrière des armes. Son goût des combats amoureux n'a d'égal que son plaisir à guerroyer. Inventeur de formes et de mots, on doit à ce poète galant « *Les Amours de Théophile* », « *L'Amour passionnée de Noémie* ». Et aussi des « *Enigmes* » particulièrement osées.

XLI

Je voudrais bien, pour m'ôter de misère,
Baiser ton œil — bel Astre flamboyant.
Je voudrais bien de ton poil ondoyant
Nouer un nœud qui ne se peut défaire.

Je voudrais bien ta bonne grâce attraire[1],
Pour me jouer un jour à bon escient,
Je voudrais bien manier ce friant[2] :
Aux appétits de mon désir contraire.

1. Attirer.
2. Friandise.

Je voudrais bien faire encore bien plus,
Défendre[1] nu le beau flux et reflux
De la mer douce où l'Amour est pilote.

Je voudrais bien y être bien ancré,
Et puis après ayant le vent à gré,
Je voudrais bien périr en cette flotte.

(Les Amours de Théophile).

FRANÇOIS DE MALHERBE

(1555 - 1628). — Il a exécuté Ronsard ! Ne le ménageons pas :

« Malherbe vint et que la Poésie
En le voyant arriver, s'en alla. »

Théodore de Banville a ainsi corrigé les vers célèbres de Boileau. Talentueux mais sans génie, grammairien pointilleux sans illumination, homme de bon sens sans envolée, misogyne sans folie, clair et raisonneur, mais compassé, il est le poète officiel de la cour d'Henri IV. Il encense mieux que personne. Chef d'école, censeur de la poésie, sa rigueur et sa méthode ont mené les vers à la férule.

CONSOLATION A M. DU PERRIER

Ta douleur, du Perrier, sera donc éternelle ?
Et les tristes discours
Que te met en l'esprit l'amitié paternelle
L'augmenteront toujours ?

Le malheur de ta fille au tombeau descendue
Par un commun trépas,
Est-ce quelque dédale où ta raison perdue
Ne se retrouve pas ?

Je sais de quels appas son enfance était pleine ;
Et n'ai pas entrepris,
Injurieux ami, de soulager ta peine
Avecque son mépris.

Mais elle était du monde, où les plus belles choses
Ont le pire destin ;
Et, rose, elle a vécu ce que vivent les roses.
L'espace d'un matin.

Puis quand ainsi serait que, selon ta prière,
Elle aurait obtenu
D'avoir en cheveux blancs terminé sa carrière
Qu'en fût-il advenu ?

1. Fendre en deux.

Penses-tu que plus vieille en la maison céleste
Elle eût eu plus d'accueil,
Ou qu'elle eût moins senti la poussière funeste
Et les vers du cercueil ?

Non, non, mon du Perrier ; aussitôt que la Parque
Ote l'âme du corps,
L'âge s'évanouit au-deçà de la barque
Et ne suit point les morts.
. . . .
Même quand il advient que la tombe sépare
Ce que nature a joint,
Celui qui ne s'émeut a l'âme d'un barbare,
Ou n'en a du tout point.

Mais d'être inconsolable et dedans sa mémoire
Enfermer un ennui,
N'est-ce pas se haïr, pour acquérir la gloire
De bien aimer autrui ?
. . . .
La mort a des rigueurs à nulle autre pareilles :
On a beau la prier ;
La cruelle qu'elle est se bouche les oreilles
Et nous laisse crier.

Le pauvre en sa cabane où le chaume le couvre
Est sujet à ses lois ;
Et la garde qui veille aux barrières du Louvre
N'en défend point nos rois.

De murmurer contre elle et perdre patience
Il est mal à propos ;
Vouloir ce que Dieu veut est la seule science
Qui nous met en repos.

DESSEIN DE QUITTER UNE DAME QUI NE LE CONTENTAIT QUE DE PROMESSES

Beauté, mon beau souci, de qui l'âme incertaine
A comme l'océan son flux et son reflux,
Pensez de vous résoudre à soulager ma peine,
Ou je me dois résoudre à ne le souffrir plus.

Vos yeux ont des appas que j'aime et que je prise
Et qui peuvent beaucoup dessus ma liberté ;
Mais pour me retenir, s'ils font cas de ma prise,
Il leur faut de l'amour autant que de beauté.

Quand je pense être au point que cela s'accomplisse
Quelque excuse toujours en empêche l'effet :

C'est la toile sans fin de la femme d'Ulysse,
Dont l'ouvrage du soir au matin se défait.

Madame, avisez-y, vous perdrez votre gloire
De me l'avoir promis, et vous rire de moi.
S'il ne vous en souvient, vous manquez de mémoire
Et s'il vous en souvient, vous n'avez point de foi.

J'avais toujours fait conte, aimant chose si haute,
De ne m'en séparer qu'avecque le trépas ;
S'il arrive autrement, ce sera votre faute,
De faire des serments, et ne les tenir pas.

JEAN DE SPONDE (1557 - 1595). — Protestant né dans le pays basque, il part pour Bâle à vingt-trois ans. Il participe aux travaux des érudits et rédige ses « *Méditations sur les Psaumes* » qu'il dédie en 1588 au roi Henri. Théologien, maître des requêtes, il est incarcéré par les Ligueurs à Paris. Lieutenant général de la sénéchaussée, à la Rochelle, il quitte son poste en 1593, rencontre le cardinal-poète Du Perron, et se convertit au catholicisme quelques mois après Henri IV. Son père est massacré par les catholiques en 1594.

Longtemps oublié, son « *Essay de quelques Poèmes chrétiens* » et les « *Stances de la Mort* » le font considérer, à juste titre, comme l'un des maîtres du baroque français.

STANCES DE LA MORT

Mais si faut-il mourir, et la vie orgueilleuse,
Qui brave de la mort, sentira ses fureurs,
Les Soleils hâleront ces journalières fleurs
Et le temps crèvera cette ampoule venteuse.

Ce beau flambeau qui lance une flamme fumeuse
Sur le vert de la cire éteindra ses ardeurs,
L'huile de ce Tableau ternira ses couleurs,
Et ses flots se rompront à la rive écumeuse.

J'ai vu ces clairs éclairs passer devant mes yeux,
Et le tonnerre encor qui gronde dans les Cieux,
Où d'une ou d'autre part éclatera l'orage.

J'ai vu fondre la neige et ses torrents tarir,
Ces lions rugissants je les ai vus sans rage,
Vivez, hommes, vivez, mais si faut-il mourir.

★

Ha ! que j'en vois bien peu songer à cette mort,
Et si chacun la cherche aux dangers de la guerre,
Tantôt dessus la mer, tantôt dessus la terre,
Mais las ! dans son oubli tout le monde s'endort.

De la Mer on s'attend à resurgir au Port,
Sur la Terre aux effrois dont l'ennemi s'atterre :
Bref chacun pense à vivre, et ce vaisseau de verre,
S'estime être un rocher bien solide, et bien fort.

Je vois ces vermisseaux bâtir, dedans leurs plaines,
Les monts de leurs desseins, dont les cimes humaines
Semblent presque égaler leurs cœurs ambitieux.

Géants, où poussez-vous ces beaux amas de poudre ?
Vous les amoncelez ? vous les verrez dissoudre :
Ils montent de la Terre ? Ils tomberont des Cieux.

MATHURIN REGNIER (1574 - 1613). —

« Otez votre chapeau. C'est Mathurin Régnier
De l'immortel Molière, immortel devancier. »

Ainsi en écrit Alfred de Musset. De lui encore, Sainte-Beuve dira : *« Il a mis en bouteilles le vin pantagruélique »*. Neveu de Desportes, indépendant tant dans sa vie que dans ses vers, il tint Malherbe pour un « regratteur de mots et de syllabes ». Des *« Epîtres »*, *« Elégies »*, *« Sonnets »*, *« Epigrammes »* se distinguent ses *« Satires »* dont la verve a assuré sa gloire.

SATIRE[1]

Perclus d'une jambe et des bras,
Tout de mon long entre deux draps,
Il ne me reste que la langue
Pour vous faire cette harangue.
. . . .
Étant donc en mon lit malade,
Les yeux creux et la bouche fade,
Le teint jaune comme un épi,
Et non pas l'esprit assoupi,
Qui dans ces caprices s'égaye,
Et souvent se donne la baye
Se feignant, pour passer le temps
Avoir cent mille écus comptant,
Avec cela large campagne,
Je fais des châteaux en Espagne ;
J'entreprends partis sur partis.

1. Jointe pour la première fois aux œuvres de l'auteur en 1652.

Toutefois je vous avertis,
Pour le sel[1], que je m'en déporte,
Que je n'en suis en nulle sorte,
Non plus que du droit annuel[2] :
Je n'aime point le casuel.
J'ai bien un avis d'autre étoffe,
Dont du Luat le philosophe
Désigne rendre au consulat
Le nez fait comme un cervelat

Si le Conseil ne s'y oppose,
Vous verrez une belle chose.
Mais laissant là tous ces projets,
Je ne manque d'autres sujets,
Pour entretenir mon caprice
En un fantastique exercice ;
Je discours des neiges d'antan,
Je prends au nid le vent d'autan,
Je pète contre le tonnerre,
Aux papillons je fais la guerre,
Je compose Almanachs nouveaux,
De rien je fais brides à veaux ;
A la Saint-Jean je tends aux grues,
Je plante des pois par les rues,
D'un bâton je fais un cheval,
Je vois courir la Seine à val,
Et beaucoup de choses, beau sire,
Que je ne veux et n'ose dire.
Après cela, je peins en l'air,
J'apprends aux ânes à voler,
Du bourdeau je fais la chronique,
Aux chiens j'apprends la rhétorique ;
Car, enfin, ou Plutarque ment,
Ou bien ils ont du jugement.
Ce n'est pas tout, je dis sornettes,
Je dégoise des chansonnettes
Et vous dis qu'avec grand effort,
La nature pâtit très fort :
Je suis si plein que je regorge,
Si une fois je tends ma gorge,
Éclatant ainsi qu'un pétard,
On dira : Le diable y ait part.

1. Allusion à la ferme des gabelles.
2. Redevance.

SATIRE II

. . . .

Aussi, lors que l'on voit un homme par la rue
Dont le rabat est sale et la chausse rompue,
Ses grègues[1] aux genoux, au coude son pourpoint,
Qui soit de pauvre mine et qui soit mal en point,
Sans demander son nom on le peut reconnaître :
Car si ce n'est un poète au moins il le veut être.

. . . .

Or laissant tout ceci, retourne à nos moutons,
Muse, et sans varier dis-nous quelques sornettes
De tes enfants bâtards, ces tiercelets de poètes,
Qui par les carrefours vont leurs vers grimaçant,
Qui par leurs actions font rire les passants,
Et quand la faim les poind[2], se prenant sur le vôtre,
Comme les étourneaux ils s'affament l'un l'autre.

Cependant sans souliers, ceinture ni cordon,
L'œil farouche et troublé, l'esprit à l'abandon,
Vous viennent accoster comme personnes ivres,
Et disent pour bonjour : « Monsieur, je fais des livres,
On les vend au Palais, et les doctes du temps,
A les lire amusés, n'ont autre passe-temps ».
De là, sans vous laisser, importuns, ils vous suivent,
Vous alourdent de vers, d'allégresse vous privent,
Vous parlent de fortune, et qu'il faut acquérir
Du crédit, de l'honneur, avant que de mourir ;
Mais que, pour leur respect, l'ingrat siècle où nous sommes
Au prix de la vertu n'estime point les hommes :
Que Ronsard, du Bellay, vivants ont eu du bien,
Et que c'est honte au Roy de ne leur donner rien.
Puis, sans qu'on les convie, ainsi que vénérables,
S'assient en prélats les premiers à vos tables,
Où le caquet leur manque, et des dents discourant,
Semblent avoir des yeux regret au demeurant.

Or la table levée, ils curent la mâchoire :
Après grâces Dieu bu ils demandent à boire,
Vous font un sot discours, puis au partir de là,
Vous disent : « Mais, Monsieur, me donnez-vous cela » ?
C'est toujours le refrain qu'ils font à leur ballade.
Pour moi, je n'en vois point que je n'en sois malade :
J'en perds le sentiment, du corps tout mutilé,
Et durant quelques jours j'en demeure opilé[3].

1. Haut-de-chausses.
2. Pique.
3. Etouffé.

Un autre, renfrogné, rêveur, mélancolique,
Grimaçant son discours, semble avoir la colique,
Suant, crachant, toussant, pensant venir au point,
Parle si finement que l'on ne l'entend point.

Un autre, ambitieux, pour les vers qu'il compose,
Quelque bon bénéfice en l'esprit se propose,
Et, dessus un cheval comme un singe attaché,
Méditant un sonnet, médite un évêché.

Si quelqu'un, comme moi, leurs ouvrages n'estime,
Il est lourd, ignorant, il n'aime point la rime ;
Difficile, hargneux, de leur vertu jaloux,
Contraire en jugement au commun bruit de tous :
Que leur gloire il dérobe avec ses artifices.
Les dames cependant se fondent en délices
Lisant leurs beaux écrits, et de jour et de nuit
Les ont au cabinet sous le chevet du lit ;
Que, portés à l'église, ils valent des matines,
Tant, selon leurs discours, leurs œuvres sont divines.

Encore, après cela, ils sont enfants des Cieux,
Ils font journellement carrousse[1] avecq' les Dieux :
Compagnons de Minerve et confits en science,
Un chacun d'eux pense être une lumière en France.

Ronsard, fais-m'en raison, et vous autres, esprits,
Que, pour être vivants, en mes vers je n'écris ;
Pouvez-vous endurer que ces rauques cigales
Égalent leurs chansons à vos œuvres royales,
Ayant votre beau nom lâchement démenti ?
Ha ! c'est que votre siècle est en tout perverti.
Mais pourtant, quel esprit, entre tant d'insolence,
Sait trier le savoir d'avecque l'ignorance,
Le naturel de l'art, et d'un œil avisé
Voit qui de Calliope est plus favorisé ?

Juste postérité, à témoin je t'appelle,
Toi qui sans passion maintiens l'œuvre immortelle,
Et qui, selon l'esprit, la grâce et le savoir,
De race en race au peuple un ouvrage fais voir ;
Venge cette querelle, et justement sépare
Du cygne d'Apollon la corneille barbare,
Qui croassant par tout d'un orgueil effronté,
Ne couche de rien moins que l'immortalité.

1. Boire largement.

ANONYME (XVIe siècle). — La *Complainte du Roi Renaud* est l'une de nos plus célèbres chansons populaires. On y a vu une origine folklorique nordique. Il semble que, sous la forme où nous la connaissons, elle ait été fixée au XVIe siècle, après avoir été traduite du celte, en Bretagne, à une époque indéfinissable.

COMPLAINTE DU ROI RENAUD

Le roi Renaud de guerre vint
Portant ses tripes dans sa main.
Sa mère était sur le créneau.
Qui vit venir son fils Renaud.

« Renaud, Renaud, réjouis-toi !
Ta femme est accouchée d'un roi. »
— « Ni de la femme, ni du fils,
Je ne saurais me réjouir.

Allez ma mère, allez devant,
Faites-moi faire un beau lit blanc :
Guère de temps n'y demorrai,
A la minuit trépasserai.

Mais faites-l'moi faire ici-bas
Que l'accouchée n'entende pas. »
Et quand ce vint sur la minuit
Le roi Renaud rendit l'esprit.

Il ne fut pas le matin jour,
Que les valets pleuraient tretous ;
Il ne fut temps de déjeuner
Que les servantes ont pleuré.

« Dites-moi, ma mère m'amie,
Que pleurent nos valets ici ? »
— « Ma fille, en baignant nos chevaux,
Ont laissé noyer le plus beau.

— « Et pourquoi, ma mère, m'amie,
Pour un cheval pleurer ainsi ?
Quand le roi Renaud reviendra
Plus beaux chevaux amènera.

Dites-moi, ma mère m'amie,
Que pleurent nos servantes ci ? »
— « Ma fille, en lavant nos linceuls
Ont laissé aller le plus neuf. »

— « Et pourquoi, ma mère m'amie,
Pour un linceul pleurer ainsi ?
Quand le roi Renaud reviendra
Plus beaux linceuls achètera. »

— « Dites-moi, ma mère m'amie,
Pourquoi j'entends cogner ici ? »
— « Ma fille, ce sont les charpentiers
Qui raccommodent le plancher. »

— « Dites-moi, ma mère m'amie,
Pourquoi les saints sonnent ici ? »
— « Ma fille, c'est la procession
Qui sort pour les Rogations. »

— « Dites-moi, ma mère m'amie,
Que chantent les prêtres ici ? »
— « Ma fille, c'est la procession
Qui fait le tour de la maison. »

Or quand ce fut pour relever
A la messe el' voulut aller.
Or quand ce fut passé huit jours
El' voulut faire ses atours.

— « Dites-moi, ma mère m'amie,
Quel habit prendrai-je aujourd'hui ?
— « Prenez le vert, prenez le gris,
Prenez le noir, pour mieux choisir. »

— « Dites-moi, ma mère m'amie
Ce que ce noir-là signifie ? »
— « Femme qui relève d'enfant
Le noir lui est bien plus séant. »

Mais quand el' fut emmi les champs,
Trois pâtoureaux allaient disant :
« Voilà la femme du seigneur
Que l'on enterra l'autre jour. »

— « Dites-moi, ma mère m'amie,
Que disent ces pâtoureaux ci ?
— « Ils disent d'avancer le pas
Ou que la messe n'aurons pas. »

Quand el' fut dans l'église entrée,
Le cierge on lui a présenté ;
Aperçut en s'agenouillant
La terre fraîche sous son banc.

— « Dites-moi, ma mère m'amie,
Pourquoi la terre est refraîchie ? »
— « Ma fill' ne l'vous puis plus celer.
Renaud est mort et enterré. »

— « Puisque le roi Renaud est mort.
Voici les clefs de mon trésor.

Prenez mes bagues et joyaux,
Nourrissez bien le fils Renaud.

Terre, ouvre-toi, terre fends-toi,
Que j'aille avec Renaud, mon roi ! »
Terre s'ouvrit, terre fendit,
Et ci fut la belle engloutie.

Trad. par France Igly.

ANONYME (XVIe siècle). — Cette complainte, répandue dans toute la France au XVIe siècle, raconte une traditionnelle histoire, celle du mari retour de la Croisade, et de la bru malheureuse. Au XIIIe siècle, un baron dauphinois, Guillaume de Beauvoir, partit effectivement en Terre Sainte. Peut-être s'agit-il dans cette complainte, d'une chanson du XIIIe siècle remise en forme plus tard.

LA PORCHERONNE

C'est Guilhèm de Beauvoir
qui va se marier ;
Prend femme tant jeunette,
ne sait pas l'habiller.

Le lendemain des noces,
le Roi l'a appelé,
Pour aller à la guerre,
servir sa Majesté.

A qui laiss'rai ma mie,
ma mignonne à garder ?
— « Va, va, mon fils, Beauvoir,
je te la garderai ! »

A sa dame de mère
l'a bien recommandée :
« Tous les jours à la messe
vous la ferez aller.

« Quand sera revenue,
la ferez déjeuner ;
Avec les autres dames
la ferez promener.

« Ne lui faites rien faire,
ni laver, ni pâter :
Que filer sa quenouille,
quand el' voudra filer. »

Quand Guilhèm de Beauvoir
eut les talons tournés,
Dut s'habiller de serge
et les pourceaux garder.

A gardé sept années
sans rire ni chanter :
Au bout de la septième
el' s'est mise à chanter.

Beauvoir est delà l'aive[1]
l'a entendue chanter :
« Arrête, arrête, page
entends-tu bien chanter ?

« Semble que c'est ma mie,
la faut aller trouver ! »
A traversé montagne,
Et la mer a passé.

Quand fut dans le bocage,
la porchère a trouvé :
« Bonjour, la porcheronne,
pour qui dois-tu garder ?

— « Pour Monsieur de Beauvoir,
qu'est par delà la mer ;
Y a sept ans qu'est en guerre,
s'en n'entend plus parler. »

— « Dis-moi, la porcheronne,
me plairais ton goûter ? »
— « Nenni, mon gentilhomme,
n'en sauriez pas manger ;

« N'est que de pain d'avoine,
qu'est pour chiens lévriers. »
« Dis-moi, la porcheronne,
t'en veux-tu pas aller ? »

« Devant, mon gentilhomme,
que je m'en puisse aller,
Mes sept fuseaux de soie
sont encore à filer ;

« Et mon fagot de verne[2]
est encore à couper. »
Si tire son épée
le fagot a coupé.

1. L'eau.
2. Aulnes.

— « Dis-moi, la porcheronne,
où irai-je loger ? »
— « Au château de Beauvoir
pourrez vous arrêter. »

Bonsoir dame l'hôtesse,
me voudriez-vous loger ? »
— « Oui-da, mon gentilhomme,
il y a de quoi manger ;

« Il y a perdrix et cailles,
chapons entrelardés,
Et une belle chambre,
monsieur, pour vous coucher. »

Quand ce vint la vesprée,
qu'il se fallut barrer :
« Suis-moi, la porcheronne,
et viens donc te chauffer. »

— « Nenni, mon gentilhomme,
n'ai pas accoutumé :
Je me chauffe à l'étable
avec chiens lévriers. »

— « Viens donc, la porcheronne,
viens avec moi souper. »
— « Me faut, mon gentilhomme,
les croûtes ramasser.

Y a bien sept années,
qu'à table n'ai mangé,
Et bien autant encore
que mes mains n'ai lavées. »

« Or dites-moi, l'hôtesse,
avec qui coucherai,
Si l'une de vos filles
ne pourrai accoster ? »

— « Nenni, mon gentilhomme,
me seroit reproché.
Prenez la porcheronne,
monsieur, si la voulez. »

La prend par sa main blanche,
en chambre l'a menée.
Quand furent dans la chambre,
la porchère a crié :

O Guilhèm de Beauvoir
qui es delà la mer !
Si ne viens tout à l'heure,
me vont déshonorer ! »

Met son cœur en fenêtre,
en bas se veut jeter.
« Ne craignez pas, pôvrette,
à Guilhèm vous parlez !

« Où sont les bagues d'or
que je vous ai baillé's,
Y a sept ans, à la guerre
quand je m'en suis allé ? »

— « Votre ingrate de mère,
el me les a ôté's,
Votre sœur la plus grande
les a toujours porté's. »

— « Où sont les belles robes
que je vous ai baillé's,
Y a sept ans, à la guerre
quand je m'en suis allé ? »

« Votre ingrate de mère,
el me les a ôté's,
Votre sœur la cadette
les a toujours porté's.

Lendemain de bonne heure,
d'en bas s'entend crier :
« Lève-toi, porcheronne,
viens les pourceaux larguer ! »

— « Allez-y, vous, ma mère !
Les a que trop gardés.
Si vous n'étiez ma mère,
vous ferais étrangler ! »

ANONYME Ronde populaire, particulièrement dans l'Ouest et le Canada. Très nombreuses variantes. Le début remonte sans doute au XVIe siècle, mais le caractère mouvant de la tradition orale ne permet pas de dater exactement la version ci-après.

LE CANARD BLANC

(Chanson)

Derrière chez nous, y a un étang
N'est pas si creux comme il est grand
Trois beaux canards y vont nageant
Y en a deux noirs, y en a un blanc

Le fils du Roi s'en va chassant
Avec son beau fusil d'argent
Mire le noir et tue le blanc
Toute la plum' s'envole au vent

Trois dam' vont la ramassant
C'est pour en faire un beau lit blanc
— Ô fils du Roi tu es méchant
D'avoir tué mon canard blanc !

Tu me le paieras cinq cents francs
Que ferons-nous de cet argent ?
Nous ferons bâtir un couvent
Pour mettr' les fill' de dix-huit ans

Et les garçons de vingt-cinq ans.

(d'après Henri Davenson).

ANONYME (Fin du XVIe siècle). — Cette chanson est redevenue « populaire » au XIXe siècle, à la suite de sa remise en circulation par Gérard de Nerval. Elle remonte à la légende médiévale (XIe siècle) de saint Nicolas, attestée par la Vie de Saint-Nicolas de Wace (1175). Traitée en cantique, au XVIe siècle, elle s'est transformée en complainte, par tradition orale.

SAINT-NICOLAS ET LES TROIS PETITS ENFANTS

Chanson

Il était trois petits enfants
Qui s'en allaient glaner aux champs.

S'en vinr'nt un soir chez un boucher ;
« Boucher, voudrais-tu nous loger ?
— Entrez, entrez, petits enfants,
Y a de la place, assurément. »

Ils n'étaient pas sitôt entrés
Que le boucher les a tués,

Les a coupés en p'tits morceaux,
Mis au saloir comme pourceaux.

Saint Nicolas, au bout d'sept ans,
Vint à passer dedans ce champ ;
Il s'en alla chez le boucher ;
« Boucher, voudrais-tu me loger ?

— Entrez, entrez, saint Nicolas,
De la place il n'en manque pas »
Il n'était pas sitôt entré
Qu'il a demandé à souper :

« Voulez-vous un morceau d'jambon ?
— Je n'en veux pas, il n'est pas bon.
— Voulez-vous un morceau de veau ?
— Je n'en veux pas, il n'est pas beau.

De ce salé, je veux avoir,
Qu'y a sept ans qu'est dans l'saloir. »
Quand le boucher entendit ça
Hors de sa porte il s'enfuya :

« Boucher, boucher, ne t'enfuis pas ;
Repens-toi, Dieu te pardonn'ra. »
Saint Nicolas pose trois doigts
Dessus le bord de ce saloir :

« Petits enfants qui dormez là,
Je suis le grand Saint Nicolas. »
Le grand saint étendit trois doigts,
Les p'tits se relèvent tous les trois.

Le premier dit : « J'ai bien dormi. »
Le second dit : « Et moi aussi. »
Et le troisième répondit :
« Je croyais être en Paradis ! »

Il était trois petits enfants
Qui s'en allaient glaner aux champs...

ANONYME (Fin XVIe siècle).

CHANSON A GRAND VENT[1]

(Bresse)

Le pauvre laboureur
Il a bien du malheur
Du jour de sa naissance
L'est déjà malheureux.
Qu'il pleuve, tonne, ou vente,
Qu'il fasse mauvais temps,
L'on voit toujours, sans cesse,
Le laboureur aux champs.

Le pauvre laboureur
Il n'est qu'un partisan ;
Il est vêtu de toile
Comme un moulin à vent ;
Il met des arselettes,[2]
C'est l'état d'son métier
Pour empêcher la terre
D'entrer dans ses souliers.

Le pauvre laboureur
A de petits enfants ;
Les envoie à la charrue
A l'âge de quinze ans.
Il a perdu sa femme
A l'âge de trente ans ;
Elle le laisse tout seul
Avecque ses enfants.

Le pauvre laboureur,
Il est toujours content ;
Quand l'est à la charrue,
Il est toujours chantant.
Il n'est ni roi ni prince,
Ni duc, ni seigneur
Qui ne vive de la peine
Du pauvre laboureur.

1. On appelle dans la Bresse « chansons à grand vent » celles qui servent au laboureur à soutenir le travail des bœufs.
2. Guêtres.

PIERRE MATHIEU (1562 - 1621) Né en Franche-Comté. Avocat et historiographe d'Henri VI, avant d'être attaché à la personne de Louis XIII. Ses « Tablettes de la vie et de la mort » connurent plusieurs éditions.

XIII

La vie est une table, où pour jouer ensemble
On voit quatre joueurs : le Temps tient le haut bout.
Et dit passe, l'Amour fait de son reste et tremble,
L'Homme fait bonne mine et la Mort tire tout.

XXXIII

Où sont tant de cités si grandes et si fortes,
Ninive dont les murs avaient quinze cents tours,
La grande Babylon, Thèbes qui eut cent portes
Carthage de Dido la gloire et les amours ?

XXXIV

Tous ces grands bâtiments et ces châteaux superbes.
Qui semblaient menacer d'escalade les cieux,
Ont fait place aux forêts, aux buissons et aux herbes.
Le temps en a changé les noms comme les lieux.

VII (2)

La vie est un éclair, une fable, un mensonge,
Le souffle d'un enfant, une peinture en l'eau,
Le songe d'un qui veille, et l'ombre encor d'un songe,
Qui de vaines vapeurs lui brouille le cerveau.

VIII (2)

Cette vie aux échecs proprement se rapporte,
Autant de place y tient le Pion que le Roi :
L'un scrute, l'autre court, l'un surprend, l'autre emporte
Les noms sont distingués, et tout n'est que du bois.

XVIIe SIECLE

JEAN-BAPTISTE CHASSIGNET (1571 - 1620). — Né à Besançon, d'un père médecin. Il reçoit une bonne culture humaniste, et étudie le droit à Dôle. En 1594, à 23 ans, il publie : « *Le Mépris de la Vie et Consolation contre la Mort* », 434 sonnets ! Hanté par l'idée de la mort, ce très jeune poète atteint d'un coup les sommets du génie baroque.

LE MEPRIS DE LA VIE ET CONSOLATION CONTRE LA MORT

Comme petits enfants d'une larve outrageuse,
D'un fantôme, ou d'un masque, ainsi nous avons peur,
Et redoutons la mort, la concevant au cœur
Telle comme on la fait, hâve, triste, et affreuse :

Comme il plaît à la main ou loyale, ou trompeuse
Du graveur, du tailleur, ou du peintre flatteur
La nous représenter sur un tableau menteur,
Nous l'imaginons telle, agréable, ou hideuse :

Ces appréhensions torturant nos cerveaux
Nous chassent devant elle, ainsi comme bouveaux
Courent devant le loup, et n'avons pas l'espace

De la bien remarquer : ôtons le masque feint,
Lors nous la trouverons autre qu'on ne la peint,
Gracieuse à toucher, et plaisante de face.

★

Qu'est-ce de votre vie ? une bouteille molle
Qui s'enfle dessus l'eau, quand le ciel fait pleuvoir
Et se perd aussitôt comme elle se fait voir,
S'entre-brisant à l'heurt d'une moindre bricole :

Qu'est-ce de votre vie ? un mensonge frivole
Qui sous ombre du vrai nous vient à décevoir,
Un songe qui n'a plus ni force, ni pouvoir,
Lors que l'œil au réveil sa paupière décolle :

Qu'est-ce de votre vie ? un tourbillon roüant[1]
De fumière à flot gris, parmi l'air se joüant,
Qui passe plus soudain que foudre meurtrière.

Puis vous négligerez dorénavant le bien
Durable, et permanent, pour un point, qui n'est rien
Qu'une confle[2], un mensonge, un songe, une fumière.

★

J'ai voulu voyager, à la fin le voyage
M'a fait en ma maison mal content retirer.
En mon étude seul j'ai voulu demeurer.
Enfin la solitude a causé mon dommage.

J'ai voulu naviguer, enfin le navigage
Entre vie et trépas m'a fait désespérer.
J'ai voulu pour plaisir la terre labourer,
Enfin j'ai méprisé l'état du labourage.

J'ai voulu pratiquer la science et les arts,
Enfin je n'ai rien su ; j'ai couru le hasard
Des combats carnassiers, la guerre ore m'offense :

O imbécillité de l'esprit curieux
Qui mécontent de tout de tout est désireux,
Et douteux n'a de rien parfaite connaissance.

FRANÇOIS DE MAYNARD (1582 - 1646). — « Souverain maître de la Rime », selon Scarron, Malherbe loua son habileté à versifier. Secrétaire de Marguerite de Navarre, il ne put devenir protégé de Richelieu, et retourna en Languedoc. A « *La Belle Vieille* », toujours cité, j'ai préféré ce sonnet mélancolique.

Je donne à mon désert les restes de ma vie
Pour ne dépendre plus que du Ciel et de moi.
Le temps et la raison m'ont fait perdre l'envie
D'encenser la faveur, et de suivre le Roi.

Forêt, je suis ravi des bois où je demeure.
J'y trouve la santé de l'esprit et du corps.

1. Tournant.
2. Vessie enflée.

Approuve ma retraite ; et permets que je meure
Dans le même village où mes pères sont morts.

J'ai fréquenté la Cour où ton conseil m'appelle,
Et sous le Grand Henry je la trouvais si belle,
Que ce fut à regret que je lui dis adieu.

Mais les ans m'ont changé. Le Monde m'importune,
Et j'aurais de la peine à vivre dans un lieu,
Où toujours la Vertu se plaint de la Fortune.

RACAN (1589 - 1670). — Honorat de Bueil, marquis de Racan, fut un disciple de Malherbe. De l'Académie Française, dès sa fondation (1635), il écrit un drame champêtre, des « *Psaumes* et des « *Odes sacrées* » Ses « *Stances* » aux vers un peu trop bien frappés, lui assurent une place de choix auprès des amateurs.

STANCES

Thirsis, il faut penser à faire la retraite :
La course de nos jours est plus qu'à demi faite.
L'âge insensiblement nous conduit à la mort.
Nous avons assez vu sur la mer de ce monde
Errer au gré des flots notre nef vagabonde ;
Il est temps de jouir des délices du port.

Le bien de la fortune est un bien périssable ;
Quand on bâtit sur elle on bâtit sur le sable.
Plus on est élevé, plus on court de dangers :
Les grands pins sont en butte aux coups de la tempête,
Et la rage des vents brise plutôt le faîte
Des maisons de nos rois que des toits des bergers.

O bienheureux celui qui peut de sa mémoire
Effacer pour jamais ce vain espoir de gloire
Dont l'inutile soin traverse nos plaisirs,
Et qui, loin, retiré de la foule importune,
Vivant dans sa maison content de sa fortune,
A selon son pouvoir mesuré ses désirs !

Il laboure le champ que labourait son père ;
Il ne s'informe point de ce qu'on délibère
Dans ces graves conseils d'affaires accablés ;
Il voit sans intérêt la mer grosse d'orages,
Et n'observe des vents les sinistres présages
Que pour le soin qu'il a du salut de ses blés.

Roi de ses passions, il a ce qu'il désire,
Son fertile domaine est son petit empire ;
Sa cabane est son Louvre et son Fontainebleau ;
Ses champs et ses jardins sont autant de provinces,
Et, sans porter envie à la pompe des princes,
Se contente chez lui de les voir en tableau.
. . . .

THEOPHILE DE VIAU (1590 - 1626). — Qui écrira la vie passionnée de Théophile de Viau ? Ce protestant libertin, emprisonné, exilé, brûlé en effigie, connut les faveurs — et l'inconstance — du Prince. En dépit de Malherbe, dont il fut l'ortie, ses contemporains l'admirèrent. En son temps, sa spontanéité, sa diversité furent sans égales. Léger, jeune, libre, insolent, prenant ses risques, il était fait pour être aimé. A 36 ans, il en mourut.

ODE

. . . .
Un corbeau devant moi croasse,
Une ombre offusque mes regards ;
Deux belettes et deux renards
Traversent l'endroit où je passe ;
Les pieds faillent à mon cheval,
Mon laquais tombe du haut mal ;
J'entends craqueter le tonnerre ;
Un esprit se présente à moi ;
J'ois Charon qui m'appelle à soi,
Je vois le centre de la terre.

Ce ruisseau remonte en sa source ;
Un bœuf gravit sur un clocher ;
Le sang coule de ce rocher ;
Un aspic s'accouple d'une ourse ;
Sur le haut d'une vieille tour
Un serpent déchire un vautour ;
Le feu brûle dedans la glace ;
Le soleil est devenu noir ;
Je vois la lune qui va choir ;
Cet arbre est sorti de sa place.

ODE

. . . .
Les zéphirs se donnent aux flots,
Les flots se donnent à la lune,
Les navires aux matelots,
Les matelots à la fortune.
Tout ce que l'univers conçoit
Nous apporte ce qu'il reçoit,
Pour rendre notre vie aisée ;

L'abeille ne prend point du ciel
Les doux présents de la rosée
Que pour nous en donner le miel.

Les rochers qui sont le tableau
Des stérilités de nature,
Afin de nous donner de l'eau
Fendent-ils pas leur masse dure ?
Et les champs les plus impuissants
Nous donnent l'ivoire et l'encens ;
Les déserts les plus inutiles
Donnent de grands titres aux rois,
Et les arbres les moins fertiles
Nous donnent de l'ombre et du bois.
. . . .

ÉLÉGIE A UNE DAME

. . . .
Je veux faire des vers qui ne soient pas contraints,
Promener mon esprit par de petits desseins,
Chercher des lieux secrets où rien ne me déplaise,
Méditer à loisir, rêver tout à mon aise,
Employer toute une heure à me mirer dans l'eau,
Ouir, comme en songeant, la course d'un ruisseau,
Écrire dans les bois, m'interrompre, me taire,
Composer un quatrain sans songer à le faire...

LE BON CONSEIL

. . . .
Tandis que l'âge vous le permet, jeunes gens, jouissez comme moi de la vie et que tous les jours de votre printemps filés par la main de soie de l'amour vous préparent un agréable automne, afin qu'un délicieux souvenir vous retrace les plaisirs passés, vous aide à supporter le poids de l'ennuyeuse vieillesse.

(Larissa).

SAINT-AMANT

(1594 - 1661). — Protégé par le comte d'Harcourt, il fit de nombreux voyages. Il n'entendait ni le grec, ni le latin, mais l'anglais, l'italien, l'espagnol. Et aussi « l'usage du monde et fort bien la fable ». On a vu en lui le créateur de la poésie burlesque, mais ce poète de cabaret, devenu académicien, préfigure surtout une inquiétude romantique.

LA SOLITUDE

O ! que j'aime la solitude !
Que ces lieux sacrés à la nuit,

Éloignés du monde et du bruit,
Plaisent à mon inquiétude !
Mon Dieu ! Que mes yeux sont contents
De voir ces bois qui se trouvèrent
A la nativité du Temps
Et que tous les Siècles révèrent,
Être encore aussi beaux et verts
Qu'aux premiers jours de l'Univers !

Un gai zéphire les caresse
D'un mouvement doux et flatteur,
Rien que leur extrême hauteur
Ne fait remarquer leur vieillesse :
Jadis Pan et ses Demi-Dieux
Y vinrent chercher du refuge,
Quand Jupiter ouvrit les Cieux
Pour nous envoyer le Déluge,
Et se sauvant sur leurs rameaux,
A peine virent-ils les Eaux.

Que sur cette Epine fleurie,
Dont le Printemps est amoureux,
Philomèle au chant langoureux
Entretient bien ma rêverie !
Que je prends de plaisir à voir
Ces monts pendants en précipices,
Qui pour les coups du désespoir
Sont aux Malheureux si propices,
Quand la cruauté de leur sort
Les force à rechercher la mort !

Que je trouve doux le ravage
De ces fiers Torrents vagabonds
Qui se précipitent par bonds
Dans ce Vallon frais et sauvage !
Puis glissant sous les Arbrisseaux
Ainsi que des Serpents sur l'herbe,
Se changent en plaisants Ruisseaux
Où quelque Naïade superbe
Règne comme en son lit natal,
Dessus un trône de cristal !

Que j'aime ce Marais paisible !
Il est tout bordé d'Aliziers
D'Aulnes, de Saules et d'Osiers,
A qui le fer n'est pas nuisible :
Les Nymphes y cherchant le frais,
S'y viennent fournir de quenouilles,
De pipeaux, de joncs et de glais,
Où l'on voit sauter les grenouilles,
Qui de frayeur s'y vont cacher
Sitôt qu'on veut s'en approcher.
. . . .

TRISTAN L'HERMITE (1601 - 1655). — Poète précieux et charmant, il subit l'influence de *« L'Astrée »*. La fantaisie de son récit autobiographique *« Le Page disgracié »* annonce Lesage. *« Le Promenoir des Deux Amants »* connut un durable succès, dû à un accent mélancolique, sincère et tendre.

AUX CONQUERANTS AMBITIEUX

Vous que l'ambition dispose à des efforts
Que n'oserait tenter un courage vulgaire :
Et qui vous conduiriez jusqu'au séjour des morts
Afin d'y rencontrer de quoi vous satisfaire.

Voulez-vous butiner de plus riches trésors
Que n'en ont tous les lieux que le soleil éclaire ?
Sans courir l'océan ni ravager ses bords,
Venez voir ma Princesse et tâchez de lui plaire.

Vous pourriez conquérir, s'il plaisait au Destin,
Les terres du Couchant, les climats du Matin,
Et l'Ile dont la Rose est la Reine de l'onde.

Vous pourriez asservir l'État des fleurs de lis,
Vous pourriez imposer des lois à tout le monde,
Mais tout cela vaut moins qu'un baiser de Philis.

LE NAVIRE

Je fus, Plante superbe, en Vaisseau transformée.
Si je crus sur un Mont, je cours dessus les eaux :
Et porte de Soldats une nombreuse armée,
Après avoir logé des Escadrons d'Oiseaux.

En rames, mes rameaux se trouvent convertis ;
Et mes feuillages verts, en orgueilleuses voiles :
J'ornai jadis Cybèle, et j'honore Thétis
Portant toujours le front jusqu'auprès des Etoiles.

Mais l'aveugle Fortune a de bizarres lois :
Je suis comme un jouet en ses volages doigts,
Et les quatre Eléments me font toujours la guerre.

Souvent l'Air orageux traverse mon dessein,
L'Onde s'enfle à tous coups pour me crever le sein ;
Je dois craindre le Feu, mais beaucoup plus la Terre.

(La Lyre).

PROSOPOPEE D'UN COURTISAN

Ebloui de l'éclat de la splendeur mondaine,
Je me flattai toujours d'une espérance vaine,
Faisant le chien couchant auprès d'un grand seigneur.

Je me vis toujours pauvre et tâchant de paraître.
Je vécus dans la peine, attendant le bonheur,
Et mourus sur un coffre en attendant mon maître.

(Les Vers Héroïques).

PIERRE CORNEILLE (1606 - 1684). — L'œuvre du dramaturge éclipse celle du poète lyrique. Il traduisit, en vers l'*« Imitation de Jésus-Christ »* et *« Les Louanges de la Vierge »*. Vigoureux, tendre, solide, un peu trop peut-être, il dresse des plans et échafaude en architecte de la raison. Orgueil et noblesse, certes, mais où l'ineffable invention, l'approche feutrée, la poésie ?

STANCES A MARQUISE[1]

Marquise, si mon visage
A quelques traits un peu vieux
Souvenez-vous qu'à mon âge
Vous ne vaudrez guère mieux.

Le temps aux plus belles choses
Se plaît à faire un affront
Et saura faner vos roses
Comme il a ridé mon front.

Le même cours des planètes
Règle nos jours et nos nuits :
On m'a vu ce que vous êtes ;
Vous serez ce que je suis.

Cependant j'ai quelques charmes
Qui sont assez éclatants
Pour n'avoir pas trop d'alarmes
De ces ravages du temps.

Vous en avez qu'on adore ;
Mais ceux que vous méprisez
Pourraient bien durer encore
Quand ceux-là seront usés.

Ils pourront sauver la gloire
Des yeux qui me semblent doux,
Et dans mille ans faire croire
Ce qui me plaira de vous.

Chez cette race nouvelle
Où j'aurai quelque crédit
Vous ne passerez pour belle
Qu'autant que je l'aurai dit.

1. L'un des prénoms de Mlle du Parc.

Pensez-y, belle Marquise :
Quoi qu'un grison fasse effroi,
Il vaut bien qu'on le courtise
Quand il est fait comme moi.

EXCUSE A ARISTE

... Je sais ce que je vaux, et crois ce qu'on m'en dit.
Pour me faire admirer je ne fais point de ligue :
J'ai peu de voix pour moi, mais je les ai sans brigue ;
Et mon ambition, pour faire plus de bruit,
Ne les va point quêter de réduit en réduit ;
Mon travail sans appui monte sur le théâtre ;
Chacun en liberté l'y blâme ou l'idolâtre.
Là, sans que mes amis prêchent leurs sentiments,
J'arrache quelquefois trop d'applaudissements ;
Là, content du succès que le mérite donne,
Par d'illustres avis je n'éblouis personne ;
Je satisfais ensemble et Peuple et Courtisans ;
Et mes vers en tous lieux sont mes seuls partisans ;
Par leur seule beauté ma plume est estimée ;
Je ne dois qu'à moi seul toute ma renommée,
Et pense, toutefois, n'avoir point de rival
A qui je fasse tort en le traitant d'égal...

BONAVENTURE DE FOURCROY

(1610 ? - 1691). — Il écrivit vingt et un Sonnets contre le Cardinal Mazarin et un Sonnet à Monsieur le Prince de Conti.

L'HOMME LIBRE

Je me ris des honneurs que tout le monde envie,
Je méprise des grands le plus charmant accueil,
J'évite les palais comme on fait un écueil
Où pour peu de sauvés mille ont perdu la vie.

Je fuis la cour des rois autant qu'elle est suivie,
Le Louvre me paraît un funeste cercueil,
La pompe qui le suit, une pompe de deuil
Où chacun va pleurant sa liberté ravie.

Loin de ce grand écueil, loin de ce grand tombeau,
En moi-même, je trouve un empire plus beau ;
Rois, cour, honneurs, palais, tout est en ma puissance.

Pouvant ce que je veux, voulant ce que je puis,
Je tiens tout sous la loi de mon indépendance.
Enfin les rois sont rois : je suis ce que je suis.

ISAAC DE BENSERADE

(1612 - 1691). — Très connu en son temps pour ses Ballets et ses Allégories mythologiques. Madame de Sévigné en faisait l'égal de La Fontaine. Qu'il ne manque pas de pointe, on en jugera.

SONNET

Madame, je vous donne un oiseau pour étrenne
Duquel on ne saurait estimer la valeur ;
S'il vous vient quelque ennui, maladie ou douleur,
Il vous rendra soudain à votre aise et bien saine.

Il n'est mal d'estomac, colique ni migraine
Qu'il ne puisse guérir, mais sur tout il a l'heur
Que contre l'accident de la pâle couleur
Il porte avecque soi la drogue souveraine.

Une dame le vit dans ma main, l'autre jour
Qui me dit que c'était un perroquet d'amour,
Et dès lors m'en offrit bon nombre de monnoie.

Des autres perroquets il diffère pourtant :
Car eux fuient la cage, et lui, il l'aime tant
Qu'il n'y est jamais mis qu'il n'en pleure de joie.

SAVINIEN DE CYRANO DE BERGERAC

(1619-1655). — L'esprit le plus subversif de son temps. Il vint, de son Périgord, servir à Paris, dans une compagnie de mousquetaires gascons. Blessé, il se fit auteur comique, homme de théâtre, « *La Mort d'Agrippine* », « *Le Pédant joué* », et philosophe. Singulier en tout, épris de sciences, il est un poète par sa fantaisie et le style de ses inventions. Son « *Histoire comique des Etats et Empires de la Lune et du Soleil* » est un « voyage extraordinaire » sans égal dans notre littérature.

. . . .

Trois grands Fleuves arrosent les campagnes brillantes de ce monde embrasé. Le premier et le plus large se nomme la Mémoire ; le second, plus étroit, mais plus creux, l'Imagination ; le troisième, plus petit que les autres, s'appelle Jugement.

Sur les rives de la Mémoire, on entend jour et nuit un ramage importun de geais, de perroquets, de pies, d'étourneaux, de linottes, de pinsons et de toutes les espèces qui gazouillent ce qu'elles ont appris. La nuit, ils ne disent mot, car ils sont pour lors occupés à s'abreuver de la vapeur épaisse qu'exhalent ces lieux aquatiques. Mais leur estomac cacochyme la digère si mal, qu'au matin, quand ils pensent l'avoir convertie en leur substance, on la voit tomber de leur bec aussi pure qu'elle était dans la rivière. L'eau de ce Fleuve paraît gluante et roule avec beaucoup de bruit ; les échos qui se forment dans ses cavernes répètent la parole jusqu'à plus de mille fois ; elle engendre de certains monstres, dont le visage approche du visage de femme. Il s'y en voit d'autres plus furieux qui ont la tête cornue et carrée et à peu près semblable à celle de nos pédants. Ceux-là ne s'occupent qu'à crier et ne disent pourtant que ce qu'ils se sont entendus dire les uns aux autres.

Le Fleuve de l'Imagination coule plus doucement ; sa liqueur, légère et brillante, étincelle de tous côtés. Il semble, à regarder cette eau d'un torrent de bluettes humides, qu'elles n'observent en voltigeant aucun ordre certain. Après l'avoir considérée plus attentivement, je pris garde que l'humeur qu'elle roulait dans sa couche était de pur or potable, et son écume de l'huile de talc. Le poisson qu'elle nourrit, ce sont des remores[1], des sirènes et des salamandres ; on y trouve, au lieu de gravier, de ces cailloux dont parle Pline, avec lesquels on devient pesant, quand on les touche par l'envers, et léger, quand on se les applique par l'endroit. J'y en remarquai de ces autres encore, dont Gigès avait un anneau, qui rendent invisibles ; mais surtout un grand nombre de pierres philosophales éclatent parmi son sable. Il y avait sur les rivages force arbres fruitiers, principalement de ceux que trouva Mahomet en Paradis ; les branches fourmillaient de phénix, et j'y remarquai des sauvageons de ce fruitier[2] où la Discorde cueillit la pomme qu'elle jeta aux pieds des trois Déesses : on avait enté dessus des greffes du jardin des Hespérides. Chacun de ces deux larges Fleuves se divise en une infinité de bras qui s'entrelacent ; et j'observai que, quand un grand ruisseau de la Mémoire en approchait un plus petit de l'Imagination, il éteignait aussitôt celui-là ; mais qu'au contraire si le ruisseau de l'Imagination était plus vaste, il tarissait celui de la Mémoire. Or, comme ces trois Fleuves, soit dans leur canal, soit dans leurs bras, coulent toujours à côté l'un de l'autre, partout où la Mémoire est forte, l'Imagination diminue ; et celle-ci grossit, à mesure que l'autre s'abaisse.

Proche de là coule d'une lenteur incroyable la Rivière du Jugement ; son canal est profond, son humeur semble froide ; et, lorsqu'on en répand sur quelque chose, elle sèche, au lieu de mouiller. Il croît, parmi la vase de son lit, des plantes d'ellébore dont la racine, qui s'étend en longs filaments, nettoie l'eau de sa bouche. Elle nourrit des serpents, et, dessus l'herbe molle qui tapisse ses rivages, un million d'éléphants se reposent. Elle se distribue, comme ses deux germaines, en une infinité de petits rameaux ; elle grossit en coulant ; et, quoiqu'elle gagne toujours pays, elle va et revient éternellement sur elle-même.

De l'humeur de ces trois Rivières, tout le Soleil est arrosé ; elle sert à détremper les atomes brûlants de ceux qui meurent dans ce grand Monde.

. . . .

1. La fable leur attribuait jadis le pouvoir d'arrêter les navires.
2. Arbre fruitier.

JEAN DE LA FONTAINE

(1621 - 1695). — Paul Eluard l'a exclu, parce qu'il plaidait, dit-il « pour le droit du plus fort ». Mais pour avoir écrit :

Jusqu'au sombre plaisir d'un cœur mélancolique

Jean de la Fontaine ne mérite-t-il pas qu'on le sauve des Fables et récitations ? Rarement le bonheur d'écrire fut-il atteint avec autant d'aisance, la fluidité parut aussi donnée. La politique, les drames, la religion, il feint de les ignorer pour sourire à la vie quotidienne. Libertin, il meurt en bon chrétien, après une vie qui parait être bordée par les églantiers des délices.

HYMNE DE LA VOLUPTÉ[1]

Ô douce Volupté, sans qui, dès notre enfance,
Le vivre et le mourir nous deviendraient égaux ;
Aimant universel de tous les animaux,
Que tu sais attirer avecque violence !
Par toi tout se meut ici-bas.
C'est pour toi, c'est pour tes appas,
Que nous courons après la peine :
Il n'est soldat, ni capitaine,
Ni ministre d'État, ni prince, ni sujet,
Qui ne t'ait pour unique objet.
Nous autres nourrissons, si, pour fruit de nos veilles,
Un bruit délicieux ne charmait nos oreilles,
Si nous ne nous sentions chatouillés de ce son,
Ferions-nous un mot de chanson ?
Ce qu'on appelle gloire en termes magnifiques,
Ce qui servait de prix dans les Jeux Olympiques,
N'est que toi proprement, divine Volupté.
Et le plaisir des sens n'est-il de rien compté ?
Pour quoi sont faits les dons de Flore,
Le Soleil couchant et l'Aurore,
Pomone et ses mets délicats,
Bacchus, l'âme des bons repas,
Les forêts, les eaux, les prairies,
Mères des douces rêveries ?
Pour quoi tant de beaux arts, qui tous sont tes enfants ?
Mais pour quoi les Chloris aux appas triomphants,
Que pour maintenir ton commerce ?
J'entends innocemment : sur son propre désir
Quelque rigueur que l'on exerce,
Encore y prend-on du plaisir.

Volupté, Volupté, qui fut jadis maîtresse
Du plus bel esprit de la Grèce,
Ne me dédaigne pas, viens-t'en loger chez moi ;
Tu n'y seras pas sans emploi :
J'aime le jeu, l'amour, les livres, la musique,
La ville et la campagne, enfin tout ; il n'est rien
Qui ne me soit souverain bien,

1. Les Amours de Psyché et de Cupidon.

Jusqu'au sombre plaisir d'un cœur mélancolique.
Viens donc ; et de ce bien, ô douce Volupté,
Veux-tu savoir au vrai la mesure certaine ?
Il m'en faut tout au moins un siècle bien compté ;
Car trente ans, ce n'est pas la peine.

LA JEUNE VEUVE

La perte d'un époux ne va point sans soupirs,
On fait beaucoup de bruit ; et puis on se console :
Sur les ailes du Temps la tristesse s'envole,
Le Temps ramène les plaisirs.
Entre la veuve d'une année
Et la veuve d'une journée
La différence est grande ; on ne croirait jamais
Que ce fût la même personne :
L'une fait fuir les gens, et l'autre a mille attraits.
Aux soupirs vrais ou faux celle-là s'abandonne ;
C'est toujours même note et pareil entretien ;
On dit qu'on est inconsolable ;
On le dit, mais il n'en est rien,
Comme on verra par cette fable,
Ou plutôt par la vérité.
L'époux d'une jeune beauté
Partait pour l'autre monde. A ses côtés, sa femme
Lui criait : « Attends-moi, je te suis ; et mon âme
Aussi bien que la tienne, est prête à s'envoler. »
Le mari fait seul le voyage.
La belle avait un père, homme prudent et sage
Il laissa le torrent couler.
A la fin, pour la consoler :
« Ma fille, lui dit-il, c'est trop verser de larmes
Qu'a besoin le défunt, que vous noyiez vos charmes
Puisqu'il est des vivants, ne songez plus aux morts.
Je ne dis pas que tout à l'heure
Une condition meilleure
Change en des noces ces transports ;
Mais, après certain temps souffrez qu'on vous propose
Un époux beau, bien fait, jeune, et tout autre chose
Que le défunt. — Ah ! dit-elle aussitôt,
Un cloître est l'époux qu'il me faut. »
Le père lui laissa digérer sa disgrâce.
Un mois de la sorte se passe ;
L'autre mois, on l'emploie à changer tous les jours
Quelque chose à l'habit, au linge, à la coiffure :
Le deuil enfin sert de parure,
En attendant d'autres atours
Toute la bande des amours
Revient au colombier ; les jeux, les ris, la danse,

Ont aussi leur tour à la fin :
On se plonge soir et matin
Dans la fontaine de Jouvence.
Le père ne craint plus ce défunt tant chéri ;
Mais comme il ne parlait de rien à notre belle :
« Où donc est le jeune mari
Que vous m'avez promis ? » dit-elle.

ÉPITAPHE D'UN PARESSEUX

Jean s'en alla comme il était venu.
Mangea le fonds avec le revenu.
Tint les trésors chose peu nécessaire.
Quant à son temps. bien le sut dispenser :
Deux parts en fit, dont il soulait[1] passer
L'une à dormir et l'autre à ne rien faire.

ETIENNE PAVILLON (1632 - 1705). — Regardé comme le continuateur de Voiture, il fut d'abord avocat général au Parlement d'Aix-en-Provence. Il revint ensuite à Paris, où il était né. Son esprit lui valut le succès. Ce vers, écrit au milieu du XVIIe siècle

Faire un nouveau soleil dans le monde chimique

ne laisse pas aujourd'hui, à l'ère atomique, de nous faire rêver.

PRODIGES DE L'ESPRIT HUMAIN

Tirer du ver l'éclat et l'ornement des Rois,
Rendre par les couleurs une toile parlante,
Emprisonner le temps dans sa course volante,
Graver sur le papier l'image de la voix ;

Donner aux corps de bronze une âme foudroyante,
Sur les cordes d'un luth faire parler les doigts
Savoir apprivoiser jusqu'aux monstres des bois,
Brûler avec un verre une ville flottante ;

Fabriquer l'univers d'atomes assemblés,
Lire du firmament les chiffres étoilés,
Faire un nouveau soleil dans le monde chimique ;

Dompter l'orgueil des flots, et pénétrer partout,
Assujettir l'enfer dans un cercle magique,
C'est ce qu'entreprend l'homme, et dont il vient à bout.

1. Il avait coutume.

NICOLAS BOILEAU-DESPREAUX (1636 - 1711). — On lui doit des sentences et un « *Art poétique* » projeté dans l'esprit des écoles comme l'ombre des grilles d'un cachot. Et cependant, s'il prône l'artisanat, le labeur, il a mis aussi le don à son rang : le premier. Il ne croit pas à l'alchimie des mots, mais au bon sens. Cependant, quand il écrit : « *Que faire, il faut partir, les matelots sont prêts* » il est meilleur poète qu'à travers ses conseils. Il vante la raison ? C'est quand il lui échappe qu'il nous est le plus proche. Comme Malherbe. « *Il réduisit la Muse aux règles du devoir* » mais sans doute aimait-il en secret cette servante. Il a peut-être manqué de musicalité, de mystère. Mais, après Mathurin Régnier, il a bien conté, avec saveur.

LES EMBARRAS DE PARIS

Qui frappe l'air, bon Dieu ! de ces lugubres cris ?
Est-ce donc pour veiller qu'on se couche à Paris ?
Et quel fâcheux démon, durant des nuits entières,
Rassemble ici les chats de toutes les gouttières ?
J'ai beau sauter du lit, plein de trouble et d'effroi,
Je pense qu'avec eux tout l'enfer est chez moi :
L'un miaule en grondant comme un tigre en furie ;
L'autre roule sa voix comme un enfant qui crie.
Ce n'est pas tout encor : les souris et les rats
Semblent, pour m'éveiller, s'entendre avec les chats,
Plus importuns pour moi, durant la nuit obscure,
Que jamais, en plein jour, ne fut l'abbé de Pure.

Tout conspire à la fois à troubler mon repos,
Et je me plains ici du moindre de mes maux :
Car à peine les coqs, commençant leur ramage,
Auront de cris aigus frappé le voisinage
Qu'un affreux serrurier, laborieux Vulcain,
Qu'éveillera bientôt l'ardente soif du gain,
Avec un fer maudit, qu'à grand bruit il apprête,
De cent coups de marteau me va fendre la tête.
J'entends déjà partout les charrettes courir,
Les maçons travailler, les boutiques s'ouvrir :
Tandis que dans les airs mille cloches émues
D'un funèbre concert font retentir les nues ;
Et, se mêlant au bruit de la grêle et des vents,
Pour honorer les morts font mourir les vivants.

Encore je bénirais la bonté souveraine,
Si le ciel à ces maux avait borné ma peine ;
Mais si, seul en mon lit, je peste avec raison,
C'est encor pis vingt fois en quittant la maison ;
En quelque endroit que j'aille, il faut fendre la presse
D'un peuple d'importuns qui fourmillent sans cesse.
L'un me heurte d'un ais dont je suis tout froissé ;
Je vois d'un autre coup mon chapeau renversé.
Là, d'un enterrement la funèbre ordonnance
D'un pas lugubre et lent vers l'église s'avance ;
Et plus loin des laquais l'un l'autre s'agaçant,

Font aboyer les chiens et jurer les passants.
Des paveurs en ce lieu me bouchent le passage ;
Là, je trouve une croix de funeste présage,
Et des couvreurs grimpés au toit d'une maison
En font pleuvoir l'ardoise et la tuile à foison.
Là, sur une charrette une poutre branlante
Vient menaçant de loin la foule qu'elle augmente ;
Six chevaux attelés à ce fardeau pesant
Ont peine à l'émouvoir sur le pavé glissant.
D'un carrosse en tournant il accroche une roue,
Et du choc le renverse en un grand tas de boue :
Quand un autre à l'instant s'efforçant de passer,
Dans le même embarras se vient embarrasser.
Vingt carrosses bientôt arrivant à la file
Y sont en moins de rien suivis de plus de mille ;
Et, pour surcroît de maux, un sort malencontreux
Conduit en cet endroit un grand troupeau de bœufs ;
Chacun prétend passer ; l'un mugit, l'autre jure.
Des mulets en sonnant augmentent le murmure.
Aussitôt cent chevaux dans la foule appelés
De l'embarras qui croît ferment les défilés,
Et partout les passants enchaînant les brigades,
Au milieu de la paix font voir les barricades.
On n'entend que des cris poussés confusément :
Dieu, pour s'y faire ouïr, tonnerait vainement.
Moi donc, qui dois souvent en certain lieu me rendre,
Le jour déjà baissant, et qui suis las d'attendre,
Ne sachant plus tantôt à quel saint me vouer,
Je me mets au hasard de me faire rouer.
Je saute vingt ruisseaux, j'esquive, je me pousse ;
Guénaud sur son cheval en passant m'éclabousse.
Et, n'osant plus paraître en l'état où je suis,
Sans songer où je vais, je me sauve où je puis.

Tandis que dans un coin en grondant je m'essuie,
Souvent, pour m'achever, il survient une pluie :
On dirait que le ciel, qui se fond tout en eau,
Veuille inonder ces lieux d'un déluge nouveau.
Pour traverser la rue, au milieu de l'orage,
Un ais sur deux pavés forme un étroit passage ;
Le plus hardi laquais n'y marche qu'en tremblant :
Il faut pourtant passer sur ce pont chancelant ;
Et les nombreux torrents qui tombent des gouttières,
Grossissant les ruisseaux, en ont fait des rivières.
J'y passe en trébuchant ; mais malgré l'embarras
La frayeur de la nuit précipite mes pas.

Car, sitôt que du soir les ombres pacifiques
D'un double cadenas font fermer les boutiques ;
Que, retiré chez lui, le paisible marchand
Va revoir ses billets et compter son argent ;

Que dans le Marché-Neuf tout est calme et tranquille,
Les voleurs à l'instant s'emparent de la ville.
Le bois le plus funeste et le moins fréquenté
Est, au prix de Paris, un lieu de sûreté.
Malheur donc à celui qu'une affaire imprévue
Engage un peu trop tard au détour d'une rue !
Bientôt quatre bandits lui serrant les côtés :
La bourse !... Il faut se rendre ; ou bien non, résistez,
Afin que votre mort, de tragique mémoire,
Des massacres fameux aille grossir l'histoire.
Pour moi, fermant ma porte et cédant au sommeil,
Tous les jours je me couche avecque le soleil ;
Mais en ma chambre à peine ai-je éteint la lumière,
Qu'il ne m'est plus permis de fermer la paupière.

Des filous effrontés, d'un coup de pistolet,
Ébranlent ma fenêtre et percent mon volet ;
J'entends crier partout : Au meurtre ! On m'assassine !
Ou : le feu vient de prendre à la maison voisine !
Tremblant et demi-mort, je me lève à ce bruit
Et souvent sans pourpoint je cours toute la nuit.
Car le feu, dont la flamme en ondes se déploie,
Fait de notre quartier une seconde Troie,
Où maint Grec affamé, maint avide Argien,
Au travers des charbons va piller le Troyen.
Enfin sous mille crocs la maison abîmée
Entraîne aussi le feu qui se perd en fumée.
Je me retire donc, encor pâle d'effroi ;
Mais le jour est venu quand je rentre chez moi.
Je fais pour reposer un effort inutile :
Ce n'est qu'à prix d'argent qu'on dort en cette ville.
Il faudrait, dans l'enclos d'un vaste logement,
Avoir loin de la rue un autre appartement.

Paris est pour un riche un pays de Cocagne :
Sans sortir de la ville, il trouve la campagne ;
Il peut dans son jardin, tout peuplé d'arbres verts,
Receler le printemps au milieu des hivers ;
Et, foulant le parfum de ces plantes fleuries,
Aller entretenir ses douces rêveries.

Mais moi, grâce au destin, qui n'ai ni feu ni lieu,
Je me loge où je puis et comme il plaît à Dieu.

CLAUDE LE PETIT (1638 - 1664). — Un des premiers poètes *maudits*. Il fut pendu et brûlé en place de Grève pour avoir écrit une satire irrévérencieuse, « *Chronique scandaleuse ou Paris ridicule* », qu'un prêtre ramassa. Auparavant, il avait, paraît-il, assassiné un moine... Il était aussi avocat au Parlement de Paris, et, dit-on, l'auteur du « *Bordel des Muses* ».

LE POÈTE CROTTÉ

Quand vous verrez un homme avecque gravité
En chapeau de clabaud promener sa savate
Et le col étranglé d'une sale cravate,
Marcher arrogamment dessus la chrétienté,

Barbu comme un sauvage et jusqu'aux reins crotté,
D'un haut de chausse noir sans ceinture et sans patte,
Et de quelques lambeaux d'une vieille buratte
En tous temps constamment couvrir sa nudité,

Envisager chacun d'un œil hagard et louche
Et mâchant dans les dents quelque terme farouche,
Se ronger jusqu'au sang la corne de ses doigts,

Quand, dis-je, avec ces traits vous trouverez un homme,
Dites assurément : c'est un poète françois !
Si quelqu'un vous dément, je l'irai dire à Rome.

JEAN RACINE

(1639 - 1699). — Boileau fut pour lui « le meilleur ami et le meilleur homme qu'il y eût au monde ». Entre 1667 et 1677, il donne huit chefs-d'œuvre au patrimoine dramatique français. Il passe de Port-Royal, où il a été élevé, à la vie profane, au théâtre. A 37 ans, il renonce au théâtre et à la poésie et devient historiographe du roi.

Mais le poète ? Il est présent à chaque portée de ses vers, il est à la fois fureur et musique, mystère et clarté. Poésie de théâtre, sans doute, mais aussi bien liée à la voix et au cœur qu'aux sortilèges du langage.

PHÈDRE

(I - Sc. III)

PHÈDRE

Ariane, ma sœur ! de quel amour blessée
Vous mourûtes aux bords où vous fûtes laissée !

OENONE

Que faites-vous, madame ? et quel mortel ennui
Contre tout votre sang vous anime aujourd'hui ?

PHÈDRE

Puisque Vénus le veut, de ce sang déplorable
Je péris la dernière et la plus misérable.

OENONE

Aimez-vous ?

PHÈDRE

De l'amour j'ai toutes les fureurs.

OENONE

Pour qui ?

PHÈDRE

Tu vas ouïr le comble des horreurs.
J'aime… A ce nom fatal, je tremble, je frissonne,
J'aime…

OENONE

Qui ?

PHÈDRE

Tu connais ce fils de l'Amazone,
Ce prince si longtemps par moi-même opprimé…

OENONE

Hippolyte ? Grands Dieux !

PHÈDRE

C'est toi qui l'as nommé !

OENONE

Juste ciel, tout mon sang dans mes veines se glace !
O désespoir ! ô crime ! ô déplorable race !
Voyage infortuné ! Rivage malheureux,
Fallait-il approcher de tes bords dangereux ?

PHÈDRE

Mon mal vient de plus loin. A peine au fils d'Egée
Sous les lois de l'hymen je m'étais engagée,
Mon repos, mon bonheur semblait être affermi ;
Athènes me montra mon superbe ennemi :
Je le vis, je rougis, je pâlis à sa vue ;
Un trouble s'éleva dans mon âme éperdue ;
Mes yeux ne voyaient plus, je ne pouvais parler ;

Je sentis tout mon corps et transir et brûler,
Je reconnus Vénus et ses feux redoutables,
D'un sang qu'elle poursuit tourments inévitables.
Par des vœux assidus je crus les détourner.
Je lui bâtis un temple, et pris soin de l'orner ;
De victimes moi-même à toute heure entourée,
Je cherchais dans leurs flancs ma raison égarée ;
D'un incurable amour remèdes impuissants !
En vain sur les autels ma main brûlait l'encens :
Quand ma bouche implorait le nom de la déesse
J'adorais Hippolyte ; et le voyant sans cesse,
Même au pied des autels que je faisais fumer,
J'offrais tout à ce dieu que je n'osais nommer.
Je l'évitais partout. O comble de misère !
Mes yeux le retrouvaient dans les traits de son père.
Contre moi-même enfin j'osai me révolter ;
J'excitai mon courage à le persécuter.
Pour bannir l'ennemi dont j'étais idolâtre,
J'affectai les chagrins d'une injuste marâtre ;
Je pressai son exil ; et mes cris éternels
L'arrachèrent du sein et des bras paternels.
Je respirais, Oenone ; et depuis son absence
Mes jours moins agités coulaient dans l'innocence :
Soumise à mon époux, et cachant mes ennuis,
De son fatal hymen, je cultivais les fruits.
Vaines précautions ! Cruelle destinée !
Par mon époux lui-même à Trézène amenée,
J'ai revu l'ennemi que j'avais éloigné :
Ma blessure trop vive aussitôt a saigné.
Ce n'est plus une ardeur dans mes veines cachée ;
C'est Vénus tout entière à sa proie attachée.
J'ai conçu pour mon crime une juste terreur ;
J'ai pris la vie en haine, et ma flamme en horreur ;
Je voulais en mourant prendre soin de ma gloire,
Et dérober au jour une flamme si noire :
Je n'ai pu soutenir tes larmes, tes combats ;
Je t'ai tout avoué ; je ne m'en repens pas,
Pourvu que de ma mort respectant les approches
Tu ne m'affliges plus par d'injustes reproches
Et que tes vains secours cessent de rappeler
Un reste de chaleur tout prêt à s'exhaler.

ABBE CLAUDE CHERRIER (Mort en juillet 1738, à plus de 80 ans). — Est connu pour être l'auteur de « *Polissoniana ou recueil de Turlupinades* », (Amsterdam, 1722, nouvelle édition, 1725). Cet ouvrage est un recueil de rébus, calembours et non de plaisanteries indécentes comme le titre semblerait l'indiquer : cependant l'abbé Claude Chérrier n'y mit pas son nom. On lui attribue encore « *L'homme inconnu ou les Equivoques de la langue* », dédié à Bacha Bilboquet (Dijon, 1713), réimprimé à la suite de « *Polissoniana* ». Son ouvrage « *Le chapeau pointu* » qui lui valut à ses débuts des démêlés avec la police, a complètement disparu. Vers 1725, il devint censeur de la police, chargé d'examiner les livres facétieux...

DESCRIPTION CHIMÉRIQUE D'UN ÊTRE DE RAISON, FABRIQUÉ DE PIÈCES RAPPORTÉES, HABILLÉ D'UNE ÉTOFFE A DOUBLE SENS, LEQUEL FUT CONSTRUIT PAR UNE ASSEMBLÉE D'ÉQUIVOQUES, ASSISTÉES DU GÉNIE BURLESQUE (1713)

Il a un corps de garde,
Des membres de période,
Une tête d'Armée,
Une face de théâtre,
Des traits d'arbalète,
Le front d'un bataillon,
Des yeux de bœuf,
Deux temples de Jupiter,
Un nez de Bachot,
Des joues de Peson,
Une bouche du Danube,
Une langue étrangère,
Des dents de scie,
Une haleine de savetier,
Des oreilles d'écuelle,
Une ouïe de carpe,
Une chevelure d'arbre,
Une barbe d'épic,
Un cou de tonnerre,
Une gorge de montagne,
Des bras de mer,
Un poing d'Espagne,
Des mains de papier,
Des côtes de Barbarie,
Des cuisses de noix,
Des jambes étrières,
Des pieds d'estaux,
Un dos de fauteuil,
Un cul de sac,
Des parties d'Apothicaire,
Un cœur d'Opéra,
Les entrailles de la terre,
Des os de Noël,
Des veines de marbre,

Une âme de soufflet.

. . . .

Il a une mine de plomb,
Un air de Cadmus,
Un port de mer,
Une voie d'eau,
Un champ de bataille,
Un accent circonflexe,
Un creux de puits,
Une taille de plume,
Un regard de fontaine,
Un ris de veau,
La gravité de l'air,
Une justice subalterne,
Un esprit de vin,
Une lumière de canon,
Un jugement téméraire,
Une justesse de contrepoids,
Une ruse de guerre,
Une expérience de Physique.
Je vous dirai de plus qu'il était d'un accès de fièvre quatre,
D'une douceur de miel,
D'un caractère gothique,
Qu'il avait de belles inclinations de tête,
Le pas de Calais;
Et la diligence de Lyon.
Tous ces faits mémorables prouvent qu'il était brave comme
 une mariée.

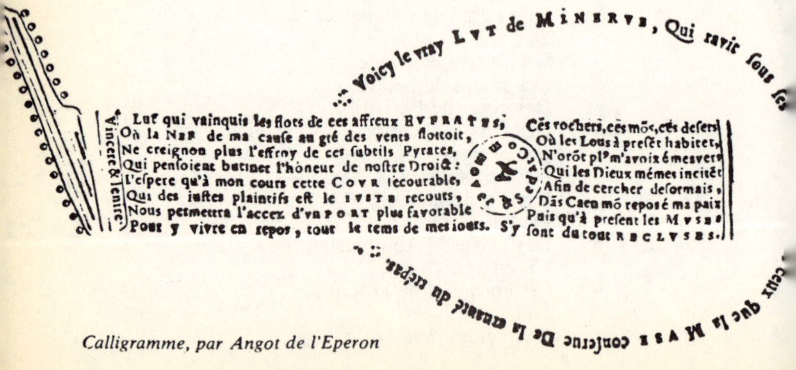

Calligramme, par Angot de l'Eperon

XVIIIe SIECLE

ANONYME (Début XVIIIe siècle). — L'une des plus belles chansons d'un prestige poétique inégalé. Elle apparut dans les livrets de colportage du XVIIIe siècle, sous le titre *« Johé Flamand »* et par amputations et modifications successives, elle devint *« Sur les Marches du Palais »*, sommet de la chanson française.

SUR LES MARCHES DU PALAIS

(chanson)

Sur les march' du palais
Sur les march' du palais
Y a un' tant belle fille
Lon la
Y a un' tant belle fille

Elle a tant d'amoureux
Elle a tant d'amoureux
Qu'elle ne sait lequel prendre
Lon la
Qu'elle ne sait lequel prendre

C'est un p'tit cordonnier
C'est un p'tit cordonnier
Qu'a eu sa préférence
Lon la
Qu'a eu sa préférence

C'est en lui chaussant l'pied
C'est en lui chaussant l'pied
Qu'il lui fit sa demande
Lon la
Qu'il lui fit sa demande

La bell' si tu voulais
La bell' si tu voulais
Nous dormirions ensemble
Lon la
Nous dormirions ensemble

Dans un grand lit carré
Dans un grand lit carré
Aux belles taies blanches
Lon la
Aux belles taies blanches

Aux quatre coins du lit
Aux quatre coins du lit
Quat' bouquets de pervenches
Lon la
Quat' bouquets de pervenches

Dans le mitan du lit
Dans le mitan du lit
La rivière est profonde
Lon la
La rivière est profonde

Tous les chevaux du Roi
Tous les chevaux du Roi
Pourraient y boire ensemble
Lon la
Pourraient y boire ensemble

Nous y pourrions dormir
Nous y pourrions dormir
Jusqu'à la fin du monde
Lon la
Jusqu'à la fin du monde.

ANONYME (Début XVIIIe siècle). — On notera la parenté avec la poésie idyllique, à la mode alors dans les milieux lettrés.

LA BELLE EST AU JARDIN D'AMOUR

(chanson)

La belle est au jardin d'amour,
Voilà un mois ou six semaines.
Son père la cherche partout
Et son amant qu'en est en peine.

Faut demander à ce berger
S'il ne l'a vue dans la plaine.

— Berger, berger, n'as-tu point vu
Passer ici la beauté même ?

— Comment est-elle donc vêtue ?
Est-ce de soie ou bien de laine ?
— Elle est vêtue de satin blanc
Dont la doublure est de futaine.

— Elle est là-bas dans ce vallon,
Assise au bord d'une fontaine ;
Entre ses mains tient un oiseau,
La belle lui conte ses peines.

— Petit oiseau, tu es heureux
D'être entre les mains de ma belle !
Et moi qui suis son amoureux,
Je ne puis pas m'approcher d'elle.

— Faut-il être auprès du ruisseau,
Sans pouvoir boire à la fontaine ?
— Buvez, mon cher amant, buvez,
Car cette eau-là est souveraine.

— Faut-il être auprès du rosier,
Sans en pouvoir cueillir la rose ?
— Cueillez, mon cher amant, cueillez,
Car c'est pour vous qu'elle est éclose.

DIDEROT

(1713 - 1784). — En un siècle qui ne fut guère poète, il prophétise le suivant, qui le sera éminemment. Il apparaît comme l'ancêtre du Romantisme. La poésie, pour lui, est sœur de la Nature, de la Passion, de l'Imagination et même du Délire. Il lance un appel, auquel Nerval, cent ans plus tard, répondra : « Soyez ténébreux ». Et peut-être Rimbaud : « La poésie veut quelque chose d'énorme, de barbare et de sauvage ».

L'endroit était solitaire et sauvage. On avait en perspective quelques hameaux répandus dans la plaine au-delà, une chaîne de montagnes inégales et déchirées qui terminaient en partie l'horizon. On était à l'ombre des chênes, et l'on entendait le bruit sourd d'une eau souterraine qui coulait aux environs. C'était la saison où la terre est couverte des biens qu'elle accorde au travail et à la sueur des hommes. Dorval était arrivé le premier. J'approchai de lui sans qu'il m'aperçût. Il s'était abandonné au spectacle de la nature. Il avait la poitrine élevée. Il respirait avec force. Ses yeux attentifs se portaient sur tous les objets. Je suivais sur son visage les impressions diverses qu'il en éprouvait ; et je commençais à partager son transport, lorsque je m'écriai, presque sans le vouloir : « Il est sous le charme. »

Il m'entendit, et me répondit d'une voix altérée : « Il est vrai. C'est ici que l'on voit la nature. Voici le séjour sacré de l'enthousiasme. Un homme a-t-il reçu du génie ? Il quitte la ville et ses habitants. Il aime, selon l'attrait de son cœur, à mêler ses pleurs au cristal d'une fontaine ; à porter des fleurs sur un tombeau ; à fouler d'un pied léger l'herbe tendre de la prairie ; à traverser, à pas lents, des campagnes fertiles ; à contempler les travaux des hommes ; à fuir au fond des forêts. Il aime leur horreur secrète. Il erre. Il cherche un antre qui l'inspire. Qui est-ce qui mêle sa voix au torrent qui tombe de la montagne ? Qui est-ce qui sent le sublime d'un lieu désert ? Qui est-ce qui s'écoute dans le silence de la solitude ? C'est lui. Notre poète habite sur les bords d'un lac. Il promène sa vue sur les eaux, et son génie s'étend. C'est là qu'il est saisi de cet esprit, tantôt tranquille et tantôt violent, qui soulève son âme ou qui l'apaise à son gré... O Nature, tout ce qui est bien est renfermé dans ton sein ! Tu es la source féconde de toutes vérités !...

Il n'y a dans ce monde que la vertu et la vérité qui soient dignes de m'occuper... L'enthousiasme naît d'un objet de la nature. Si l'esprit l'a vu sous des aspects frappants et divers, il en est occupé, agité, tourmenté. L'imagination s'échauffe ; la passion s'émeut, on est successivement étonné, attendri, indigné, courroucé. Sans l'enthousiasme, ou si l'idée véritable ne se présente point, ou si, par hasard, on la rencontre, on ne peut la poursuivre... Le poète sent le moment de l'enthousiasme ; c'est après qu'il a médité. Il s'annonce en lui par un frémissement qui part de sa poitrine, et qui passe, d'une manière délicieuse et rapide, jusqu'aux extrémités de son corps. Bientôt ce n'est plus un frémissement ; c'est une chaleur forte et permanente qui l'embrase, qui le fait haleter, qui le consume, qui le tue, mais qui donne l'âme, la vie à tout ce qu'il touche. Si cette chaleur s'accroissait encore, les spectres se multiplieraient devant lui. Sa passion s'élèverait presque au degré de la fureur. Il ne connaîtrait de soulagement qu'à verser au dehors un torrent d'idées qui se pressent, se heurtent et se chassent. »

★

....

La poésie veut quelque chose d'énorme, de barbare et de sauvage.

....

Quand verra-t-on naître des poètes ? Ce sera après les temps de désastres et de grands malheurs, lorsque les peuples harassés commenceront à respirer. Alors les imaginations ébranlées par des spectacles terribles, peindront des choses inconnues à ceux qui n'en ont pas été les témoins. N'avons-nous pas éprouvé, dans quelques circonstances, une sorte de terreur qui nous était étrangère ? Pourquoi n'a-t-elle rien produit ? N'avons-nous plus de génie ?

....

NICOLAS LÉONARD

(1744 - 1793). — Né à La Guadeloupe. Auteur de « *Au-delà des Saisons* » des « *Idylles morales* » et du « *Voyage aux Antilles* », il est un pré-romantique sincère. Si ses tableaux exotiques font penser à des paravents de salon, au moins il sait les peindre.

LA JOURNÉE DE PRINTEMPS

....
J'aime à me rappeler, en voyant ces ombrages,
Les îles du Tropique et leurs forêts sauvages ;
Lieux charmants, que mon cœur ne saurait oublier !
Je crois sentir encor le baume de vos plaines,
Dont les vents alisés parfument leurs haleines,
Et qui va sur les mers saisir le nautonier ;
Je crois me retrouver sur ces rives lointaines,
Où le rouge ananas et le vin du palmier
Rafraîchissaient mon sang allumé dans mes veines.
O champs de ma patrie ! agréables déserts !
Antille merveilleuse où les brunes Dryades
A ma muse naissante ont inspiré des vers !
Ne reverrai-je plus tes bruyantes cascades
Des coteaux panachés descendre dans les mers ?
N'irai-je plus m'asseoir à l'ombre des grenades,
Du jasmin virginal qui formait ces arcades,
Et du pâle oranger vacillant dans les airs ?
Là, le soleil brillant n'attend point que l'aurore
Ouvre devant son char les barrières du jour ;
Il part, comme un géant, des rivages qu'il dore,
Atteint, du premier pas, la moitié de son tour,
Et commande aux vents frais, qui composent sa cour,
De souffler sur ces lieux que sa flamme dévore.
Là, des bois sont couverts d'un feuillage éternel,
Et des fleuves, roulant dans un vaste silence,
Baignent des régions qui, loin de l'œil mortel,
Etalent vainement leur superbe opulence.
D'antiques animaux habitent ces déserts :
Peuple heureux ! de nos traits il ignore l'atteinte ;
Et tandis que sa race a végété sans crainte,
Des siècles écoulés ont changé l'univers.
. . . .

BERTIN (1752 - 1790). — Le Chevalier Antoine de Bertin, capitaine de cavalerie, ami de Parny, est né à l'Ile Bourbon (La Réunion), et il est mort à Saint-Domingue. Comme Nicolas Léonard, au-delà du poète « galant » qu'on reconnaît dans les « *Amours* », il annonce les romantiques. Par sa naissance il échappe à la rhétorique glacée, aux papillottes de la poésie du XVIIIe siècle.

ÉLÉGIE

(fragment)

O tristesse ! ô regrets ! ô jours de mon enfance,
Hélas ! un sort plus doux m'était alors promis.
Né dans ces beaux climats et sous les cieux amis
Qu'au sein des mers de l'Inde embrase le tropique.

Elevé dans l'orgueil du luxe asiatique,
La pourpre, le satin, ces cotons précieux
Que lave aux bords du Gange un peuple industrieux,
Cet émail si brillant que la Chine colore,
Ces tapis dont la Perse est plus jalouse encore,
Sous mes pieds étendus, insultés dans mes jeux,
De leur richesse à peine avaient frappé mes yeux.
Je croissais, jeune roi de ces rives fécondes ;
Le roseau savoureux, fragile amant des ondes,
Le manguier parfumé, le dattier nourrissant,
L'arbre heureux où mûrit le café rougissant,
Des cocotiers enfin la race antique et fière,
Montrant au-dessus d'eux sa tête tout entière,
Comme autant de sujets attentifs à mes goûts,
Me portaient à l'envi les tributs les plus doux.
Pour moi d'épais troupeaux blanchissaient les campagnes,
Mille chevreaux erraient suspendus aux montagnes ;
Et l'océan, au loin se perdant sous les cieux,
Semblait offrir encor, pour amuser mes yeux,
Dans leur cours différent cent barques passagères
Qu'emportaient ou la rame ou les voiles légères.
Que fallait-il de plus ? Dociles à ma voix,
Cent esclaves choisis entouraient ma jeunesse ;
Et mon père, éprouvé par trente ans de sagesse,
Au créole orgueilleux dictant de justes lois,
Chargé de maintenir l'autorité des rois,
Semblait dans ces beaux lieux égaler leur richesse.
Tout s'est évanoui. Trésors, gloire, splendeur,
Tout a fui, tel qu'un songe à l'aspect de l'aurore,
Ou qu'un brouillard léger qui dans l'air s'évapore.
A cet éclat d'un jour succède un long malheur.

EVARISTE PARNY (1753 - 1814). — Evariste Désiré de Forges, chevalier puis vicomte de Parny, est né à l'Ile Bourbon (La Réunion). Ses « *Poésies érotiques* » (1778) immortalisèrent le nom d'Eléonore, sa jeune amie créole. Mais dans son œuvre poétique, je préfère choisir des extraits des « *Chansons Madécasses* » traduites du malgache, d'après l'auteur.

CHANSONS MADECASSES

« L'Ile de Madagascar est divisée en une infinité de petits territoires qui appartiennent à autant de princes. Ces princes sont toujours armés les uns contre les autres, et le but de toutes ces guerres est de faire des prisonniers pour les vendre aux Européens. Ainsi, sans nous, ce peuple serait tranquille et heureux. Il joint l'adresse à l'intelligence. Il est bon et hospitalier. Ceux qui habitent les côtes se méfient avec raison des étrangers, et prennent dans leurs traités toutes les précautions que dicte la prudence, et même la finesse. Les Madécasses sont naturellement gais. Les hommes vivent dans l'oisiveté, et les femmes travaillent. Ils aiment avec passion la musique et la danse. J'ai recueilli et traduit quelques chansons qui peuvent donner une idée de leurs usages et de leurs mœurs. Ils n'ont point de vers ; leur poésie n'est qu'une prose soignée : leur musique est simple, douce, et toujours mélancolique. »

CHANSON II

Belle Nélahé, conduis cet étranger dans la case voisine ; étends une natte sur la terre, et qu'un lit de feuilles s'élève sur cette natte ; laisse tomber ensuite le pagne qui entoure tes jeunes attraits. Si tu vois dans ses yeux un amoureux désir ; si sa main cherche la tienne, et t'attire doucement vers lui ; s'il te dit : Viens, belle Nélahé, passons la nuit ensemble ; alors assieds-toi sur ses genoux. Que sa nuit soit heureuse, que la tienne soit charmante ; et ne reviens qu'au moment où le jour renaissant te permettra de lire dans ses yeux tout le plaisir qu'il aura goûté.

CHANSON V

Méfiez-vous des blancs, habitants du rivage. Du temps de nos pères, des blancs descendirent dans cette île ; on leur dit : voilà des terres ; que vos femmes les cultivent. Soyez justes, soyez bons, et devenez nos frères.

Les blancs promirent, et cependant ils faisaient des retranchements. Un fort menaçant s'éleva ; le tonnerre fut renfermé dans des bouches d'airain ; leurs prêtres voulurent nous donner un Dieu que nous ne connaissions pas ; ils parlèrent enfin d'obéissance et d'esclavage : plutôt la mort ! le carnage fut long et terrible ; mais malgré la foudre qu'ils vomissaient, et qui écrasait des armées entières, ils furent tous exterminés. Méfiez-vous des blancs.

Nous avons vu de nouveaux tyrans, plus forts et plus nombreux, planter leur pavillon sur le rivage : le ciel a combattu pour nous : il a fait tomber sur eux les pluies, les tempêtes et les vents empoisonnés. Ils ne sont plus, et nous vivons, et nous vivons libres. Méfiez-vous des blancs, habitants du rivage.

JOUBERT

(1754 - 1824). — Il est sans doute, des auteurs de sa génération, celui qui a exprimé, sur la poésie, les idées les plus nuancées et plus particulièrement à l'égard du langage poétique. Ce langage doit être à la fois impromptu et clair ; doit ranimer des vocables usés ; être prépondérant sur sa signification ; recéler en lui-même sa beauté et son harmonie ; impliquer une pluralité de sens ; conserver quelque chose d'obscur à la simple raison ; donner aux métaphores une vertu de connaissance ; cacher « sous un désordre apparent un ordre réel », etc. Il y a plus de cent ans, Joubert manifestait ainsi les opinions les plus actuelles sur la poésie.

DE LA POÉSIE

Qu'est-ce donc que la poésie ? Je n'en sais rien en ce moment ; mais je soutiens qu'il se trouve, dans tous les mots employés par le vrai poète, pour les yeux un certain phosphore, pour le goût un certain nectar, pour l'attention une ambroisie qui n'est point dans les autres mots.

★

L'esprit n'a point de part à la véritable poésie ; elle est un don du Ciel qui l'a mise en nous ; elle sort de l'âme seule ; elle vient dans la rêverie ; mais, quoi qu'on fasse, la réflexion ne la trouve jamais.

L'esprit cependant, la prépare, en offrant à l'âme les objets que la réflexion déterre, en quelque sorte.

L'émotion et le savoir, voilà sa cause, et voilà sa matière. La matière sans cause ne sert à rien ; la cause sans matière vaudrait mieux : une belle disposition qui demeure oisive, se fait au moins sentir à celui qui l'a, et le rend heureux.

★

Les beaux vers sont ceux qui s'exhalent comme des sons ou des parfums.

Tous les vers excellents sont comme des impromptus faits à loisir. On peut dire de ceux qui ne sont pas nés comme d'eux-mêmes, et sortis tout à coup des flancs d'une paisible rêverie : *Prolem sine matre creatam.* Ils ont tous quelque chose d'imparfait et de non achevé.

★

Il y a des vers qui, par leur caractère, semblent appartenir au règne minéral : ils ont de la ductilité et de l'éclat ; d'autres enfin, au règne végétal : ils ont de la sève ; d'autres, enfin, au règne animal ou animé, et ils ont de la vie.

Les plus beaux vers sont ceux qui ont de l'âme ; ils appartiennent aux trois règnes, mais à la muse encore plus.

★

Le poète ne doit point traverser au pas un intervalle qu'il peut franchir d'un saut.

★

La poésie construit avec peu de matière, avec des feuilles, avec des grains de sable, avec de l'air, avec des riens.

Mais qu'elle soit transparente ou solide, sombre ou lumineuse, sourde ou sonore, la matière poétique doit toujours être artistement travaillée. Le poète peut donc construire avec de l'air ou des métaux, avec de la lumière ou des sons, avec du fer ou du marbre, avec de la brique ou même de l'argile : il fera toujours un bon ouvrage s'il sait être décorateur dans les détails et architecte dans l'ensemble.

★

Les mots du poète conservent du sens, même lorsqu'ils sont détachés des autres, et plaisent isolés comme de beaux sons. On dirait des paroles lumineuses, de l'or, des perles, des diamants et des fleurs.

★

Il faut que les mots, pour être poétiques, soient chauds du souffle de l'âme, ou humides de son haleine.

ANDRÉ CHÉNIER

(1762 - 1794). — Né à Constantinople, d'une mère grecque et d'un père français, il meurt sur l'échafaud. Une de ses amies l'a dépeint : « rempli de charme et fort laid, avec de gros traits et une tête énorme ». Adolescent fougueux, jeune homme ardent et comblé, il vit entre la fureur d'aimer et la fièvre d'écrire. Entre dix-neuf et vingt-huit ans, il écrit ses « *Bucoliques* », ses « *Idylles* » et ses « *Elégies* ».

En 1790, son « *Avis au peuple français sur ses véritables ennemis* » et ses articles parus ensuite, le désignent au ressentiment de la Convention. Arrêté par hasard, dans la rue, en mars 1794, il est impliqué dans la Conspiration des Prisons. Condamné à mort par le Tribunal révolutionnaire, il est exécuté le 7 Thermidor, deux jours avant la chute de Robespierre.

L'INVENTION

Ce n'est qu'aux inventeurs que la vie est promise.
Nous voyons les enfants de la fière Tamise,
De toute servitude ennemis indomptés :
Mieux qu'eux, par votre exemple, à vous vaincre excités,
Osons ; de votre gloire éclatante et durable
Essayons d'épuiser la source inépuisable.
Mais inventer n'est pas, en un brusque abandon,
Blesser la vérité, le bon sens, la raison ;
Ce n'est pas entasser, sans dessein et sans forme,
Des membres ennemis en un colosse énorme ;
Ce n'est pas, élevant des poissons dans les airs,
A l'aile des vautours ouvrir le sein des mers ;
Ce n'est pas sur le front d'une nymphe brillante
Hérisser d'un lion la crinière sanglante.
Délires insensés ! fantômes monstrueux !
Et d'un cerveau malsain rêves tumultueux !
Ces transports déréglés, vagabonde manie,
Sont l'accès de la fièvre et non pas du génie ;
D'Ormus et d'Ariman ce sont les noirs combats.

Où, partout confondus, la vie et le trépas,
Les ténèbres, le jour, la forme et la matière,
Luttent sans être unis ; mais l'esprit de lumière
Fait naître en ce chaos la concorde et le jour :
D'éléments divisés il reconnaît l'amour,
Les rappelle, et partout, en d'heureux intervalles,
Sépare et met en paix les semences rivales.
Ainsi donc, dans les arts, l'inventeur est celui
Qui peint ce que chacun peut sentir comme lui ;
Qui, fouillant des objets les plus sombres retraites,
Etale et fait briller leurs richesses secrètes ;
Qui, par des nœuds certains, imprévus et nouveaux,
Unissant des objets qui paraissaient rivaux,
Montre et fait adopter à la nature mère
Ce qu'elle n'a point fait, mais ce qu'elle a pu faire ;
C'est le fécond pinceau qui, sûr dans ses regards,
Retrouve un seul visage en vingt belles épars,
Les fait renaître ensemble, et, par un art suprême,
Des traits de vingt beautés forme la beauté même.

....

Qui que tu sois enfin, ô toi, jeune poète,
Travaille, ose achever cette illustre conquête.
De preuves, de raisons, qu'est-il encor besoin ?
Travaille. Un grand exemple est un puissant témoin.
Montre ce qu'on peut faire en le faisant toi-même.
Si pour toi la retraite est un bonheur suprême,
Si chaque jour les vers de ces maîtres fameux
Font bouillonner ton sang et dressent tes cheveux,
Si tu sens chaque jour, animé de leur âme,
Ce besoin de créer, ces transports, cette flamme,
Travaille. A nos censeurs, c'est à toi de montrer
Tous ces trésors nouveaux qu'ils veulent ignorer.
Il faudra bien les voir, il faudra bien se taire
Quand ils verront enfin cette gloire étrangère
De rayons inconnus ceindre ton front brillant
Aux antres de Paros, le bloc étincelant
N'est aux vulgaires yeux qu'une pierre insensible ;
Mais le docte ciseau, dans son sein invisible,
Voit, suit, trouve la vie, et l'âme, et tous ses traits.
Tout l'Olympe respire en ses détours secrets.
Là vivent de Vénus les beautés souveraines ;
Là des muscles nerveux, là de sanglantes veines
Serpentent ; là des flancs invaincus aux travaux,
Pour soulager Atlas des célestes fardeaux.
Aux volontés du fer leur enveloppe énorme
Cède, s'amollit, tombe ; et de ce bloc informe
Jaillissent, éclatants, des dieux pour nos autels.
C'est Apollon lui-même, honneur des immortels ;
C'est Alcide vainqueur des monstres de Némée ;

C'est du vieillard troyen la mort envenimée ;
C'est des Hébreux errants le chef, le défenseur :
Dieu tout entier habite en ce marbre penseur.
Ciel ! n'entendez-vous pas de sa bouche profonde
Eclater cette voix créatrice du monde ?

IAMBES

Comme un dernier rayon, comme un dernier zéphyre
Animent la fin d'un beau jour
Au pied de l'échafaud j'essaye encor ma lyre.
Peut-être est-ce bientôt mon tour.
Peut-être avant que l'heure en cercle promenée
Ait posé sur l'émail brillant,
Dans les soixante pas où sa route est bornée,
Son pied sonore et vigilant ;
Le sommeil du tombeau pressera ma paupière.
Avant que de ses deux moitiés
Ce vers que je commence ait atteint la dernière.
Peut-être en ces murs effrayés
Le messager de mort, noir recruteur des ombres.
Escorté d'infâmes soldats,
Ebranlant de mon nom ces longs corridors sombres,
Où seul dans la foule à grands pas
J'erre, aiguisant ces dards persécuteurs du crime.
Du juste trop faibles soutiens,
Sur mes lèvres soudain va suspendre la rime ;
Et chargeant mes bras de liens,
Me traîner, amassant en foule à mon passage
Mes tristes compagnons reclus,
Qui me connaissaient tous avant l'affreux message,
Mais qui ne me connaissent plus.
Eh bien ! j'ai trop vécu. Quelle franchise auguste,
De mâle constance et d'honneur,
Quels exemples sacrés, doux à l'âme du juste,
Pour lui quelle ombre de bonheur,
Quelle Thémis terrible aux têtes criminelles,
Quels pleurs d'une noble pitié,
Des antiques bienfaits quels souvenirs fidèles,
Quels beaux échanges d'amitié,
Font digne de regrets l'habitacle des hommes ?
La peur fugitive est leur Dieu,
La bassesse, la feinte. Ah ! lâches que nous sommes
Tous, oui, tous. Adieu, terre, adieu.
Vienne, vienne la mort ! — Que la mort me délivre !
Ainsi donc mon cœur abattu
Cède au poids de ses maux ? Non, non. Puissé-je vivre !
Ma vie importe à la vertu.
Car l'honnête homme enfin, victime de l'outrage,
Dans les cachots, près du cercueil,

Relève plus altier son front et son langage,
Brillants d'un généreux orgueil.
S'il est écrit aux cieux que jamais une épée
N'étincellera dans mes mains ;
Dans l'encre et l'amertume une autre arme trempée
Peut encor servir les humains.
Justice, Vérité, si ma main, si ma bouche,
Si mes pensers les plus secrets
Ne froncèrent jamais votre sourcil farouche,
Et si les infâmes progrès,
Si la risée atroce, ou, plus atroce injure,
L'encens de hideux scélérats
Ont pénétré vos cœurs d'une longue blessure ;
Sauvez-moi. Conservez un bras
Qui lance votre foudre, un amant qui vous venge.
Mourir sans vider mon carquois
Sans percer, sans fouler, sans pétrir dans leur fange
Ces bourreaux barbouilleurs de lois !
Ces vers cadavéreux de la France asservie,
Egorgée ! O mon cher trésor,
O ma plume ! fiel, bile, horreur, Dieux de ma vie !
Par vous seuls je respire encor :
Comme la poix brûlante agitée en ses veines
Ressuscite un flambeau mourant,
Je souffre ; mais je vis. Par vous, loin de mes peines,
D'espérance un vaste torrent
Me transporte. Sans vous, comme un poison livide,
L'invisible dent du chagrin,
Mes amis opprimés, du menteur homicide
Les succès, le sceptre d'airain ;
Des bons proscrits par lui la mort ou la ruine,
L'opprobre de subir sa loi,
Tout eût tari ma vie ; ou, contre ma poitrine
Dirigé mon poignard. Mais quoi !
Nul ne resterait donc pour attendrir l'histoire
Sur tant de justes massacrés .
Pour consoler leurs fils, leurs veuves, leur mémoire,
Pour que des brigands abhorrés
Frémissent aux portraits noirs de leur ressemblance ?
Pour descendre jusqu'aux enfers
Nouer le triple fouet, le fouet de la vengeance,
Déjà levé sur ces pervers ?
Pour cracher sur leurs noms, pour chanter leur supplice ?
Allons, étouffe tes clameurs ;
Souffre, ô cœur gros de haine, affamé de justice :
Toi, Vertu, pleure, si je meurs.

ANONYME (XVIIIᵉ).

CHANSON

En revenant de noces, j'étais bien fatiguée,
Au bord d'une fontaine, je me suis reposée
Et l'eau était si claire, que je m'y suis baignée :
A la feuille du chêne, je me suis essuyée...

Sur la plus haute branche, le rossignol chantait :
Chante, rossignol, chante, toi qui as le cœur gai !
Le mien n'est pas de même, il est bien affligé !
C'est de mon ami Pierre, qui ne veut plus m'aimer,
Pour un bouton de rose, que je lui refusai.

Je voudrais que la rose fût encor au rosier,
Et que mon ami Pierre fût encor à m'aimer.

ANONYME (XVIIIᵉ)

LES MENSONGES

Oh, j'ai vu, j'ai vu
Compèr' qu'as-tu vu ?
J'ai vu une vache
Qui dansait sur la glace
A la Saint Jean d'été
Compèr' vous mentez.

Ah, j'ai vu, j'ai vu
Compèr' qu'as-tu vu ?
J'ai vu une grenouille
Qui faisait la patrouille
Le sabre au côté
Compèr' vous mentez.

Ah, j'ai vu, j'ai vu
Compèr' qu'as-tu vu ?
Ah, j'ai vu un loup
Qui vendait des choux
Sur la place Labourée,
Compèr' vous mentez.

Ah, j'ai vu, j'ai vu
Compèr' qu'as-tu vu ?
J'ai vu une anguille
Qui coiffait une fille
Pour s'aller marier,
Compèr' vous mentez.

BEAUMARCHAIS (1732 - 1799). — Horloger, musicien et professeur de harpe des sœurs de Louis XVI, mêlé à des intrigues politiques, à de retentissants procès, ses « Mémoires » sont condamnés au feu en 1778. Exilé pendant la Révolution, il rentre en 1796. Ecrivain de verve, sa gloire littéraire repose sur le « Barbier de Séville » (1775) et le « Mariage de Figaro » (1784).

ROMANCE DE CHÉRUBIN

Mon coursier hors d'haleine
(Que mon cœur, mon cœur a de peine !)
J'errais de plaine en plaine,
Au gré du destrier.

Au gré du destrier,
Sans varlet, n'écuyer.
Là, près d'une fontaine,
(Que mon cœur, mon cœur a de peine !)
Songeant à ma marraine,
Sentais mes pleurs couler.

Sentais mes pleurs couler,
Prêt à me désoler.
Je gravais sur un frêne,
(Que mon cœur, mon cœur a de peine !)
Sa lettre sans la mienne ;
Le roi vint à passer.

Le roi vint à passer,
Ses barons, son clergier.
— Beau page, dit la reine,
(Que mon cœur, mon cœur a de peine !)
Qui vous met à la gêne ?
Qui vous fait tant plorer ?

Qui vous fait tant plorer ?
Nous faut le déclarer.
— Madame et Souveraine,
(Que mon cœur, mon cœur a de peine !)
J'avais une marraine,
Que toujours adorai.

Que toujours adorai :
Je sens que j'en mourrai.
— Beau page, dit la reine,
(Que mon cœur, mon cœur a de peine !)
N'est-il qu'une marraine ?
Je vous en servirai.

Je vous en servirai,
Mon page vous ferai ;
Puis à ma jeune Hélène,
(Que mon cœur, mon cœur a de peine !)
Fille d'un capitaine,
Un jour vous marirai.

Un jour vous marirai.
— Nenni, n'en faut parler !
Je veux, traînant ma chaîne,
(Que mon cœur, mon cœur a de peine !)
Mourir de cette peine,
Mais non m'en consoler.

XIXe SIECLE ET XXe SIECLE

CHATEAUBRIAND (1768 - 1848). — Des « *Natchez* » au « *Génie du Christianisme* », des « *Martyrs* » à la « *Vie de Rancé* », celui qui fut sans doute le plus prestigieux des prosateurs français sut diriger dans ses écrits, un mystérieux orchestre. Musique, composition, puissance, inventions, animent chez lui cette matière vivante et chantante de la langue française. Périodes oratoires mises à part, Chateaubriand fait lever mieux que personne la pâte du langage. Cette prose somptueuse, ce goût pourpré des échos lui assuraient d'office une place de choix dans le Livre d'Or de notre Poésie.

. . . .

Plus la saison était triste, plus elle était en rapport avec moi : le temps des frimas, en rendant les communications moins faciles, isole les habitants des campagnes : on se sent mieux à l'abri des hommes.

Un caractère moral s'attache aux scènes de l'automne : ces feuilles qui tombent comme nos ans, ces fleurs qui se fanent comme nos heures, ces nuages qui fuient comme nos illusions, cette lumière qui s'affaiblit comme notre intelligence, ce soleil qui se refroidit comme nos amours, ces fleuves qui se glacent comme notre vie, ont des rapports secrets avec nos destinées.

Je voyais avec un plaisir indicible le retour de la saison des tempêtes, le passage des cygnes et des ramiers, le rassemblement des corneilles dans la prairie de l'étang, et leur perchée à l'entrée de la nuit sur les plus hauts chênes du grand Mail. Lorsque le soir élevait une vapeur bleuâtre au carrefour des forêts, que les complaintes ou les lais du vent gémissaient dans les mousses flétries, j'entrais en pleine possession des sympathies de ma nature. Rencontrai-je quelque laboureur au bout d'un guéret, je m'arrêtais pour regarder cet homme germé à l'ombre des épis parmi lesquels il devait être moissonné, et qui retournant la terre de sa tombe avec le soc de la charrue, mêlait ses sueurs brûlantes aux pluies glacées de l'automne : le sillon qu'il creusait était le monument destiné à lui survivre. Que faisait à cela mon élégante démone ? Par sa magie, elle me transportait au bord du Nil, me montrait la pyramide égyptienne noyée dans le sable, comme un jour le sillon armoricain caché sous la bruyère : je m'applaudissais d'avoir placé les fables de ma félicité hors du cercle des réalités humaines.

Le soir je m'embarquais sur l'étang, conduisant seul mon bateau au milieu des joncs et des larges feuilles flottantes du nénuphar. Là, se réunissaient les hirondelles prêtes à quitter nos climats. Je ne perdais pas un seul de leurs gazouillis : Tavernier enfant était moins attentif au récit d'un voyageur. Elles se jouaient sur l'eau au tomber du soleil, poursuivaient les insectes, s'élançaient ensemble dans les airs, comme pour éprouver leurs ailes, se rabattaient à la surface du lac, puis se venaient suspendre aux roseaux que leur poids courbait à peine, et qu'elles remplissaient de leur ramage confus.

La nuit descendait ; les roseaux agitaient leurs champs de quenouilles et de glaives, parmi lesquels la caravane emplumée, poules d'eau, sarcelles, martins-pêcheurs, bécassines, se taisait ; le lac battait ses bords ; les grandes voix de l'automne sortaient des marais et des bois : j'échouais mon bateau au rivage et retournais au château. Dix heures sonnaient. A peine retiré dans ma chambre, ouvrant mes fenêtres, fixant mes regards au ciel, je commençais une incantation. Je montais avec ma magicienne sur les nuages : roulé dans ses cheveux et dans ses voiles, j'allais, au gré des tempêtes, agiter la cime des forêts, ébranler le sommet des montagnes, ou tourbillonner sur les mers. Plongeant dans l'espace, descendant du trône de Dieu aux portes de l'abîme, les mondes étaient livrés à la puissance de mes amours. Au milieu du désordre des éléments, je mariais avec ivresse la pensée du danger à celle du plaisir. Les souffles de l'aquilon ne m'apportaient que les soupirs de la volupté ; le murmure de la pluie m'invitait au sommeil sur le sein d'une femme. Les paroles que j'adressais à cette femme auraient rendu des sens à la vieillesse, et réchauffé le marbre des tombeaux. Ignorant tout, sachant tout, à la fois vierge et amante, Eve innocente, Eve tombée, l'enchanteresse par qui me venait ma folie était un mélange de mystères et de passions : je la plaçais sur un autel et je l'adorais. L'orgueil d'être aimé d'elle augmentait encore mon amour. Marchait-elle ? Je me prosternais pour être foulé sous ses pieds, ou pour en baiser la trace. Je me troublais à son sourire ; je tremblais au son de sa voix, je frémissais de désir, si je touchais ce qu'elle avait touché. L'air exhalé de sa bouche humide pénétrait dans la moelle de mes os, coulait dans mes veines au lieu de sang. Un seul de ses regards m'eût fait voler au bout de la terre ; quel désert ne m'eût suffi avec elle ! A ses côtés, l'antre des lions se fût changé en palais, et des millions de siècles eussent été trop courts pour épuiser les feux dont je me sentais embrasé.

A cette fureur se joignait une idolâtrie morale : par un autre jeu de mon imagination, cette Phryné qui m'enlaçait dans ses bras était aussi pour moi la gloire et surtout l'honneur ; la vertu lorsqu'elle accomplit ses plus nobles sacrifices, le génie lorsqu'il enfante la pensée la plus rare, donneraient à peine une idée de cette autre sorte de bonheur. Je trouvais à la fois dans ma création merveilleuse toutes les blandices des sens et toutes les jouissances de l'âme. Accablé et comme submergé de ces doubles délices, je ne savais plus quelle était ma véritable existence ; j'étais homme et n'étais pas homme ; je devenais le nuage, le vent, le bruit : j'étais un pur esprit, un être aérien, chantant la souveraine félicité. Je me dépouillais de ma nature pour me fondre avec la fille de mes désirs, pour me transformer en elle, pour toucher plus intimement la beauté, pour être à la fois la passion reçue et donnée, l'amour et l'objet de l'amour.

Tout à coup, frappé de ma folie, je me précipitais sur ma couche ; je me roulais dans ma douleur ; j'arrosais mon lit de larmes cuisantes, que personne ne voyait, et qui coulaient, misérables, pour un néant.

Bientôt, ne pouvant plus restér dans ma tour, je descendais à travers les ténèbres, j'ouvrais furtivement la porte du perron comme un meurtrier, et j'allais errer dans le grand bois.

Après avoir marché à l'aventure, agitant mes mains, embrassant les vents qui m'échappaient ainsi que l'ombre, objet de mes poursuites, je m'appuyais contre le tronc d'un hêtre ; je regardais les corbeaux que je faisais envoler d'un arbre pour se poser sur un autre, ou la lune se traînant sur la cime dépouillée de la futaie : j'aurais voulu habiter ce monde mort, qui réfléchissait la pâleur du sépulcre. Je ne sentais ni le froid, ni l'humidité de la nuit ; l'haleine glaciale de l'aube ne m'aurait pas même tiré du fond de mes pensées, si à cette heure la cloche du village ne s'était fait entendre.

Dans la plupart des villages de la Bretagne, c'est ordinairement à la pointe du jour que l'on sonne pour les trépassés. Cette sonnerie compose, de trois notes répétées, un petit air monotone, mélancolique et champêtre. Rien ne convenait mieux à mon âme malade et blessée, que d'être rendue aux tribulations de l'existence par la cloche qui en annonçait la fin. Je me représentais le pâtre expiré dans sa cabane inconnue, ensuite déposé dans un cimetière non moins ignoré. Qu'était-il venu faire sur la terre ? Moi-même, que faisais-je dans ce monde ? Puisque enfin je devais passer, ne valait-il pas mieux partir à la fraîcheur du matin, arriver de bonne heure, que d'achever le voyage sous le poids et pendant la chaleur du jour ? Le rouge du désir me montait au visage ; l'idée de n'être plus me saisissait le cœur à la façon d'une joie subite. Au temps des erreurs de ma jeunesse, j'ai souvent souhaité ne pas survivre au bonheur : il y avait dans le premier succès un degré de félicité qui me faisait aspirer à la destruction.

De plus en plus garrotté à mon fantôme, ne pouvant jouir de ce qui n'existait pas, j'étais comme ces hommes mutilés qui rêvent des béatitudes pour eux insaisissables, et qui se créent un songe dont les plaisirs égalent les tortures de l'enfer. J'avais en outre le pressentiment des misères de mes futures destinées : ingénieux à me forger des souffrances, je m'étais placé entre deux désespoirs ; quelquefois je ne me croyais qu'un être nul, incapable de s'élever au-dessus du vulgaire ; quelquefois il me semblait sentir en moi des qualités qui ne seraient jamais appréciées. Un secret instinct m'avertissait qu'en avançant dans le monde, je ne trouverais rien de ce que je cherchais.

(Mémoires d'outre-tombe).

CHARLES NODIER

(1780 - 1844). — Il semble qu'on puisse écarter les poèmes en vers de Charles Nodier au profit de la poésie de certaines de ses pages en prose. Avant Nerval et Lautréamont, il a retracé la grande aventure du rêve et de la folie et donné au romantisme sa voie « surnaturelle ». Ses évocations — qui sont parfois des incantations — sont authentique poésie.

...Il y a des privilèges attachés aux maisons qu'habitent les follets ! Elles sont préservées des accidents de l'orage et des ravages de l'incendie, car le lutin attentif n'oublie jamais, quand tout le monde est livré au repos, de faire sa ronde nocturne autour du domaine hospitalier qui lui donne un asile contre le froid des hivers. Il resserre les chaumes du toit à mesure qu'un vent obstiné les divise, ou bien il fait rentrer dans ses gonds ébranlés une porte agitée par la tempête. Obligé à nourrir pour lui la chaleur agréable du foyer, il détourne de temps en temps la cendre qui s'amoncèle ; il ranime d'un souffle léger une étincelle qui s'étend peu à peu sur un charbon prêt à s'éteindre, et finit par embraser toute sa noire surface. Il ne lui en faut pas davantage pour se réchauffer ; mais il paie généreusement le loyer de ce bienfait, en veillant à ce qu'une flamme furtive ne vienne pas à se développer pendant le sommeil insouciant de ses hôtes ; il interroge du regard tous les recoins du manoir, toutes les fentes de la cheminée antique ; il retourne le fourrage dans la crèche, la paille sur la litière ; et sa sollicitude ne se borne pas aux soins de l'étable ; il protège aussi les habitants pacifiques de la basse-cour et de la volière auxquels la Providence n'a donné que des cris pour se plaindre, et qu'elle a laissés sans armes pour se défendre. Souvent le chatpard, altéré de sang, qui était descendu des montagnes en amortissant sur les mousses discrètes son pas qui les foule à peine, en contenant son miaulement de tigre, en voilant ses yeux ardents qui brillent dans la nuit comme des lumières errantes ; souvent la martre voyageuse qui tombe inattendue sur sa proie, qui la saisit sans la blesser, l'enveloppe comme une coquette d'embrassements gracieux, l'enivre de parfums enchanteurs et lui imprime sur le cou un baiser qui donne la mort ; souvent le renard même a été trouvé sans vie à côté du nid tranquille des oiseaux nouveaux-nés, tandis qu'une mère immobile dormait la tête cachée sous l'aile, en rêvant à l'heureuse histoire de sa couvée tout éclose, où il n'a pas manqué un seul œuf. Enfin l'aisance de Dougal avait été fort augmentée par la pêche de ces jolis poissons bleus qui ne se laissaient prendre que dans ses filets ; et depuis le départ de Trilby, les poissons bleus avaient disparu...

. . . .

...C'était un peu moins d'un an après le rigoureux bannissement du follet. L'hiver n'était point commencé, mais l'été finissait. Les feuilles, saisies par le froid matinal, se roulaient à la pointe des branches inclinées, et leurs bouquets bizarres, frappés d'un rouge éclatant, ou jaspés d'un fauve doré, semblaient orner la tête des arbres de fleurs plus fraîches ou de fruits plus brillants que les fleurs et les fruits qu'ils ont reçus de la nature. On aurait cru qu'il y avait des bouquets de grenades dans les bouleaux, et que des grappes mûres pendaient à la pâle verdure des frênes, surprises de briller entre les fines découpures de leur feuillage léger. Il y a dans ces jours de décadence de l'automne quelque chose d'inexplicable qui ajoute à la solennité de tous les sentiments. Chaque pas que fait le temps imprime alors sur les champs qui se dépouillent, ou au front des arbres qui jaunissent, un nouveau signe de caducité plus grave et plus imposant. On entend sortir du fond des bois une sorte de rumeur menaçante qui se compose du cri des branches sèches, du frôlement des feuilles qui tombent, de la plainte confuse des bêtes de proie que la prévoyance d'un hiver rigoureux alarme sur leurs petits, de rumeurs, de soupirs, de gémissements, quelquefois semblables à des voix humaines, qui étonnent l'oreille et saisissent le cœur. Le voyageur n'échappe pas même à l'abri des temples aux sensations qui le poursuivent. Les voûtes des vieilles églises rendent les mêmes bruits que les profondeurs des vieilles forêts, quand le pied du passant solitaire interroge les échos sonores de la nef, et que l'air extérieur qui se glisse entre les ais mal joints ou qui agite le plomb des vitraux rompus, marie des accords bizarres au sourd retentissement de sa marche. On dirait quelquefois le chant grêle d'une jeune vierge cloîtrée qui répond au mugissement majestueux de l'orgue ; et ces impressions se confondent si naturellement en automne, que l'instinct même des animaux y est souvent trompé. On a vu des loups errer sans défiance, à travers les colonnes d'une chapelle abandonnée, comme entre les fûts blanchissants des hêtres ; une volée d'oiseaux étourdis descend indistinctement sur le faîte des grands arbres, ou sur le clocher pointu des églises gothiques. A l'aspect de ce mât élancé, dont la forme et la matière sont dérobées à la forêt natale, le milan resserre peu à peu les orbes de son vol circulaire, et s'abat sur sa pointe aiguë comme sur un pal d'armoiries...

(Trilby).

MARCELINE DESBORDES-VALMORE

(1786-1859).— On retrouve en elle l'écho des troubadours ; enfin reviennent la spontanéité, la musique, la fraîcheur. La passion aussi, qui la brûla toute sa vie. Et l'invention, le jaillissement poétique. Verlaine n'a pas ignoré ses rythmes impairs. On a choisi d'en faire la bouquetière inspirée des « *Roses de Saadi* » mais cette même femme rappelle d'Aubigné et annonce Hugo, avec ses poèmes épiques sur « *La Révolte des Canuts* ».
Un amour malheureux, cinq maternités, une misère permanente, un courage inébranlable, une tendresse et une mélodie sans égales font de cette femme, qui mena la vie errante de l'actrice « la poésie même », comme l'a dit Victor Hugo.

QU'EN AVEZ-VOUS FAIT ?

Vous aviez mon cœur,
Moi, j'avais le vôtre :
Un cœur pour un cœur ;
Bonheur pour bonheur !

Le vôtre est rendu ;
Je n'en ai plus d'autre,
Le vôtre est rendu
Le mien est perdu.

La feuille et la fleur
Et le fruit lui-même,
La feuille et la fleur,
L'encens, la couleur :

Qu'en avez-vous fait,
Mon maître suprême ?
Qu'en avez-vous fait,
De ce doux bienfait ?

Comme un pauvre enfant,
Quitté par sa mère,
Comme un pauvre enfant,
Que rien ne défend :

Vous me laissez là,
Dans ma vie amère ;
Vous me laissez là,
Et Dieu voit cela !

Savez-vous qu'un jour,
L'homme est seul au monde ?
Savez-vous qu'un jour,
Il revoit l'amour ?

Vous appellerez,
Sans qu'on vous réponde,
Vous appellerez :
Et vous songerez !...

Vous viendrez rêvant,
Sonner à ma porte ;
Ami comme avant,
Vous viendrez rêvant.

Et l'on vous dira :
« Personne... elle est morte. »
On vous le dira :
Mais, qui vous plaindra !

(Pauvres Fleurs, 1839).

A MONSIEUR A. L.

....

Quand le sang inondait cette ville éperdue,
Quand la bombe et le plomb balayant chaque rue,
Excitaient les sanglots des tocsins effrayés,
Quand le rouge incendie aux longs bras déployés,
Étreignait dans ses nœuds les enfants et les pères,
Refoulés sous leurs toits par les feux militaires,
J'étais là ! quand brisant les caveaux ébranlés,
Pressant d'un pied cruel les combles écroulés,
La mort disciplinée et savante au carnage,
Etouffait lâchement le vieillard, le jeune âge,
Et la mère en douleurs près d'un vierge berceau,
Dont les flancs refermés se changeaient en tombeau.

J'étais là : j'écoutais mourir la ville en flammes :
J'assistais vive et morte au départ de ces âmes.
Que le plomb déchirait et séparait des corps.
Fête affreuse où tintaient de funèbres accords :
Les clochers haletants, les tambours et les balles ;
Les derniers cris du sang répandu sur les dalles :
C'était hideux à voir : et toutefois mes yeux
Se collaient à la vitre et cherchaient par les cieux.
Si quelque âme visible en quittant sa demeure,
Planait sanglante encor sur ce monde qui pleure ;
J'écoutais si mon nom, vibrant dans quelque adieu,
N'excitait point ma vie à se sauver vers Dieu :
Mais le nid qui pleurait ! mais le soldat farouche,
Ilote, outrepassant son horrible devoir,
Tuant jusqu'à l'enfant qui regardait sans voir,
Et rougissant le lait encor chaud dans sa bouche...
Oh ! devinez pourquoi dans ces jours étouffants,
J'ai retenu mon vol aux cris de mes enfants :
Devinez ! devinez dans cette horreur suprême,
Pourquoi, libre de fuir sous le brûlant baptême,
Mon âme qui pliait dans mon corps à genoux,
Brava toutes ces morts qu'on inventait pour nous !

Savez-vous que c'est grand tout un peuple qui crie !
Savez-vous que c'est triste une ville meurtrie,
Appelant de ses sœurs la lointaine pitié,
Et cousant au linceul sa livide moitié,
Ecrasée au galop de la guerre civile !
Savez-vous que c'est froid le linceul d'une ville !
Et qu'en nous revoyant debout sur quelques seuils
Nous n'avions plus d'accents pour lamenter nos deuils !
. . . .

Pauvres Fleurs (1839).

DANS LA RUE
par un jour funèbre de Lyon

LA FEMME

Nous n'avons plus d'argent pour enterrer nos morts :
Le prêtre est là, marquant le prix des funérailles ;
Et les corps étendus, troués par les mitrailles,
Attendent un linceul, une croix, un remords.

Le meurtre se fait roi. Le vainqueur siffle et passe.
Où va-t-il ? Au Trésor, toucher le prix du sang.
Il en a bien versé... mais sa main n'est pas lasse ;
Elle a, sans le combattre, égorgé le passant.

Dieu l'a vu. Dieu cueillait comme des fleurs froissées
Les femmes, les enfants qui s'envolaient aux cieux.

Les hommes… les voilà dans le sang jusqu'aux yeux.
L'air n'a pu balayer tant d'âmes courroucées.

Elles ne veulent pas quitter leurs membres morts.
Le prêtre est là, marquant le prix des funérailles ;
Et les corps étendus, troués par les mitrailles,
Attendent un linceul, une croix, un remords.

Les vivants n'osent plus se hasarder à vivre.
Sentinelle isolée au milieu du chemin,
La mort est un soldat qui vise et qui délivre
Le témoin révolté qui parlerait demain…

DES FEMMES

Prenons nos rubans noirs, pleurons toutes nos larmes ;
On nous a défendu d'emporter nos meurtris :
Ils n'ont fait qu'un monceau de leurs pâles débris :
Dieu ! bénissez-les tous ; ils étaient tous sans armes !

Lyon, 4 avril 1834.

LES ROSES DE SAADI

J'ai voulu, ce matin, te rapporter des roses ;
Mais j'en avais tant pris dans mes ceintures closes
Que les nœuds trop serrés n'ont pu les contenir.

Les nœuds ont éclaté. Les roses envolées
Dans le vent, à la mer s'en sont toutes allées.
Elles ont suivi l'eau pour ne plus revenir.

La vague en a paru rouge et comme enflammée :
Ce soir ma robe encore en est tout embaumée :
Respires-en sur moi l'odorant souvenir.

(Poésies inédites, 1860).

ALPHONSE DE LAMARTINE (1790 - 1869). — En 1820, à 30 ans, il publie « *Les Méditations Poétiques* » qui le rendent célèbre, suivies des « *Harmonies Poétiques et Religieuses* » (1830), du « *Voyage en Orient* » (1835), de « *Jocelyn* » et d'autres volumes. En 1848, il est le porte-lyre de la révolution. Il triomphe et tombe bientôt, pour mourir pauvre, à près de 80 ans, presque oublié. Gentilhomme campagnard torrentueux, prodigieux orateur, combattant intrépide, poète musicien, amant comblé, la poésie française lui doit quelques-uns de ses plus nobles — et mélancoliques — accents.

L'ISOLEMENT

Souvent sur la montagne, à l'ombre du vieux chêne,
Au coucher du soleil, tristement je m'assieds ;
Je promène au hasard mes regards sur la plaine,
Dont le tableau changeant se déroule à mes pieds.

Ici gronde le fleuve aux vagues écumantes ;
Il serpente et s'enfonce en un lointain obscur ;
Là le lac immobile étend ses eaux dormantes
Où l'étoile du soir se lève dans l'azur.

Au sommet de ces monts couronnés de bois sombres,
Le crépuscule encor jette un dernier rayon ;
Et le char vaporeux de la reine des ombres
Monte, et blanchit déjà les bords de l'horizon.

Cependant, s'élançant de la flèche gothique,
Un son religieux se répand dans les airs :
Le voyageur s'arrête, et la cloche rustique
Aux derniers bruits du jour mêle de saints concerts.

Mais à ces doux tableaux mon âme indifférente
N'éprouve devant eux ni charme ni transports ;
Je contemple la terre ainsi qu'une ombre errante :
Le soleil des vivants n'échauffe plus les morts.

De colline en colline en vain portant ma vue,
Du sud à l'aquilon, de l'aurore au couchant,
Je parcours tous les points de l'immense étendue,
Et je dis : « Nulle part le bonheur ne m'attend. »

Que me font ces vallons, ces palais, ces chaumières,
Vains objets dont pour moi le charme est envolé ?
Fleuves, rochers, forêts, solitudes si chères,
Un seul être vous manque, et tout est dépeuplé !

Que le tour du soleil ou commence ou s'achève,
D'un œil indifférent je le suis dans son cours ;
En un ciel sombre ou pur qu'il se couche ou se lève,
Qu'importe le soleil ? Je n'attends rien des jours.

Quand je pourrais le suivre en sa vaste carrière,
Mes yeux verraient partout le vide et les déserts :
Je ne désire rien de tout ce qu'il éclaire ;
Je ne demande rien à l'immense univers.

Mais peut-être au-delà des bornes de sa sphère,
Lieux où le vrai soleil éclaire d'autres cieux,
Si je pouvais laisser ma dépouille à la terre,
Ce que j'ai tant rêvé paraîtrait à mes yeux !

Là, je m'enivrerais à la source où j'aspire :
Là, je retrouverais et l'espoir et l'amour,
Et ce bien idéal que toute âme désire,
Et qui n'a pas de nom au terrestre séjour !

Que ne puis-je, porté sur le char de l'Aurore,
Vague objet de mes vœux, m'élancer jusqu'à toi !
Sur la terre d'exil pourquoi resté-je encore ?
Il n'est rien de commun entre la terre et moi.

Quand la feuille des bois tombe dans la prairie,
Le vent du soir s'élève et l'arrache aux vallons :
Et moi, je suis semblable à la feuille flétrie :
Emportez-moi comme elle, orageux aquilons.

(Premières Méditations poétiques).

LE VALLON

Mon cœur lassé de tout, même de l'espérance,
N'ira plus de ses vœux importuner le sort ;
Prêtez-moi seulement, vallons de mon enfance,
Un asile d'un jour pour attendre la mort.

Voici l'étroit sentier de l'obscure vallée ;
Du flanc de ces coteaux pendent des bois épais,
Qui, courbant sur mon front leur ombre entremêlée,
Me couvrent tout entier de silence et de paix.

Là deux ruisseaux cachés sous des ponts de verdure
Tracent en serpentant les contours du vallon ;
Ils mêlent un moment leur onde et leur murmure,
Et non loin de leur source ils se perdent sans nom.

La source de mes jours comme eux s'est écoulée :
Elle a passé sans bruit, sans nom et sans retour :
Mais leur onde est limpide, et mon âme troublée
N'aura pas réfléchi les clartés d'un beau jour.

La fraîcheur de leurs lits, l'ombre qui les couronne,
M'enchaînent tout le jour sur les bords des ruisseaux :
Comme un enfant bercé par un chant monotone
Mon âme s'assoupit au murmure des eaux.

Ah ! c'est là qu'entouré d'un rempart de verdure,
D'un horizon borné qui suffit à mes yeux,
J'aime à fixer mes pas, et seul dans la nature,
A n'entendre que l'onde, à ne voir que les cieux.

J'ai trop vu, trop senti, trop aimé dans ma vie ;
Je viens chercher vivant le calme du Léthé.
Beaux lieux soyez pour moi ces bords où l'on oublie
L'oubli seul désormais est ma félicité.

Mon cœur est en repos, mon âme est en silence ;
Le bruit lointain du monde expire en arrivant,
Comme un son éloigné qu'affaiblit la distance,
A l'oreille incertaine apporté par le vent.

D'ici je vois la vie, à travers un nuage,
S'évanouir pour moi dans l'ombre du passé
L'amour seul est resté, comme une grande image
Survit seule au réveil dans un songe effacé.

Repose-toi, mon âme, en ce dernier asile,
Ainsi qu'un voyageur qui, le cœur plein d'espoir,
S'assied, avant d'entrer, aux portes de la ville,
Et respire un moment l'air embaumé du soir.

Comme lui, de nos pieds secouons la poussière ;
L'homme par ce chemin ne repasse jamais.
Comme lui, respirons au bout de la carrière
Ce calme avant-coureur de l'éternelle paix.

Tes jours sombres et courts comme les jours d'automne
Déclinent comme l'ombre au penchant des coteaux
L'amitié te trahit, la pitié t'abandonne,
Et, seule, tu descends le sentier des tombeaux.

Mais la nature est là qui t'invite et qui t'aime ;
Plonge-toi dans son sein qu'elle t'ouvre toujours ;
Quand tout change pour toi, la nature est la même,
Et le même soleil se lève sur tes jours.

De lumière et d'ombrage elle t'entoure encore ;
Détache ton amour des faux biens que tu perds ;
Adore ici l'écho qu'adorait Pythagore,
Prête avec lui l'oreille aux célestes concerts.

Suis le jour dans le ciel, suis l'ombre sur la terre ;
Dans les plaines de l'air vole avec l'aquilon ;
Avec le doux rayon de l'astre du mystère
Glisse à travers les bois dans l'ombre du vallon.

Dieu pour le concevoir a fait l'intelligence ;
Sous la nature enfin découvre son auteur.
Une voix à l'esprit parle dans son silence ;
Qui n'a pas entendu cette voix dans son cœur ?

(Premières Méditations poétiques).

LE LAC

Ainsi toujours poussés vers de nouveaux rivages,
Dans la nuit éternelle emportés sans retour,
Ne pourrons-nous jamais sur l'océan des âges
Jeter l'ancre un seul jour ?

O lac ! l'année à peine a fini sa carrière,
Et, près des flots chéris qu'elle devait revoir,
Regarde ! je viens seul m'asseoir sur cette pierre
Où tu la vis s'asseoir !

Tu mugissais ainsi sous ces roches profondes ;
Ainsi tu te brisais sur leurs flancs déchirés ;
Ainsi le vent jetait l'écume de tes ondes
Sur ses pieds adorés.

Un soir, t'en souvient-il ? nous voguions en silence ;
On n'entendait au loin, sur l'onde et sous les cieux,
Que le bruit des rameurs qui frappaient en cadence
Tes flots harmonieux.

Tout à coup des accents inconnus à la terre
Du rivage charmé frappèrent les échos ;
Le flot fut attentif, et la voix qui m'est chère
Laissa tomber ces mots :

« O temps suspends ton vol, et vous heures propices,
Suspendez votre cours !
Laissez-nous savourer les rapides délices
Des plus beaux de nos jours !

« Assez de malheureux ici-bas vous implorent :
Coulez, coulez pour eux ;
Prenez avec leurs jours les soins qui les dévorent ;
Oubliez les heureux.

« Mais je demande en vain quelques moments encore,
Le temps m'échappe et fuit ;
Je dis à cette nuit : « Sois plus lente », et l'aurore
Va dissiper la nuit.

« Aimons donc, aimons donc ! de l'heure fugitive,
Hâtons-nous, jouissons.
L'homme n'a point de port, le temps n'a point de rive ;
Il coule et nous passons ! »

Temps jaloux, se peut-il que ces moments d'ivresse,
Où l'amour à longs flots nous verse le bonheur ;
S'envolent loin de nous de la même vitesse
Que les jours de malheur ?

Hé quoi ! n'en pourrons-nous fixer au moins la trace ?
Quoi ! passés pour jamais ? quoi ! tout entiers perdus ?
Ce temps qui les donna, ce temps qui les efface,
Ne nous les rendra plus ?

Eternité, néant, passé, sombres abîmes,
Que faites-vous des jours que vous engloutissez ?
Parlez : nous rendrez-vous ces extases sublimes
Que vous nous ravissez ?

O lac ! rochers muets ! grottes ! forêt obscure !
Vous que le temps épargne ou qu'il peut rajeunir,
Gardez de cette nuit, gardez, belle nature,
Au moins le souvenir !

Qu'il soit dans ton repos, qu'il soit dans tes orages,
Beau lac, et dans l'aspect de tes riants coteaux,
Et dans ces noirs sapins, et dans ces rocs sauvages
Qui pendent sur tes eaux !

Qu'il soit dans le zéphir qui frémit et qui passe,
Dans les bruits de tes bords par tes bords répétés,
Dans l'astre au front d'argent qui blanchit ta surface
De ses molles clartés !

Que le vent qui gémit, le roseau qui soupire,
Que les parfums légers de ton air embaumé,
Que tout ce qu'on entend, l'on voit ou l'on respire ;
Tout dise : « Ils ont aimé ! »

(Premières Méditations poétiques).

ALFRED DE VIGNY (1797 - 1863). — Fils d'aristocrates ruinés par la Révolution, il est à quatorze ans, familier de la Bible, et élève-lauréat de son lycée. Au retour de Louis XVIII, il est gendarme de la Maison du Roi. Jusqu'en 1825, de garnison en garnison, il fit « *Servitude et Grandeur militaires* ». Fier et ombrageux, il a déjà écrit ses plus beaux poèmes et un roman, « *Cinq-Mars* ». Lié à Victor Hugo, il fait partie du Cénacle avec Delacroix, Sainte-Beuve, Balzac, Dumas, Musset. Il est célèbre avec « *Chatterton* » (1835). Créateur de types et de mythes, romantique et classique, poète philosophe, pessimiste et héroïque, l'auteur des « *Poèmes* » (1822) s'arrêta de publier à quarante ans, amer, sa célébrité lui paraissant de mauvais aloi. « *Les Destinées* » ne furent éditées qu'un an après sa mort.

Tout homme qui dit bien les vers les *chante* en quelque sorte.

★

La poésie est à la fois une science et une passion.

★

La Poésie, c'est l'*Enthousiasme cristallisé*.

LA MORT DU LOUP

I

Les nuages couraient sur la lune enflammée
Comme sur l'incendie on voit fuir la fumée,
Et les bois étaient noirs jusques à l'horizon.
Nous marchions, sans parler, dans l'humide gazon,
Dans la bruyère épaisse et dans les hautes brandes,
Lorsque, sous des sapins pareils à ceux des Landes,
Nous avons aperçu les grands ongles marqués
Par les loups voyageurs que nous avions traqués.
Nous avons écouté, retenant notre haleine
Et le pas suspendu. — Ni le bois ni la plaine
Ne poussaient un soupir dans les airs ; seulement
La girouette en deuil criait au firmament ;
Car le vent, élevé bien au-dessus des terres,
N'effleurait de ses pieds que les tours solitaires,
Et les chênes d'en bas, contre les rocs penchés,
Sur leurs coudes semblaient endormis et couchés.
Rien ne bruissait donc, lorsque, baissant la tête,
Le plus vieux des chasseurs qui s'était mis en quête
A regardé le sable en s'y couchant ; bientôt,
Lui que jamais ici l'on ne vit en défaut,
A déclaré tout bas que ces marques récentes
Annonçaient la démarche et les griffes puissantes
De deux grands loups-cerviers et de deux louveteaux.
Nous avons tous alors préparé nos couteaux,
Et, cachant nos fusils et leurs lueurs trop blanches,
Nous allons pas à pas en écartant les branches.
Trois s'arrêtent, et moi, cherchant ce qu'ils voyaient,
J'aperçois tout à coup deux yeux qui flamboyaient,
Et je vois au-delà quatre formes légères
Qui dansaient sous la lune au milieu des bruyères,
Comme font chaque jour, à grand bruit sous nos yeux,
Quand le maître revient, les lévriers joyeux.
Leur forme était semblable et semblable la danse ;
Mais les enfants du Loup se jouaient en silence,
Sachant bien qu'à deux pas, ne dormant qu'à demi,
Se couche dans ses murs l'homme, leur ennemi.
Le père était debout, et, plus loin, contre un arbre,
Sa louve reposait comme celle de marbre
Qu'adoraient les Romains, et dont les flancs velus
Couvaient les demi-dieux Rémus et Romulus.
Le Loup vient et s'assied, les deux jambes dressées,
Par leurs ongles crochus dans le sable enfoncées.
Il s'est jugé perdu, puisqu'il était surpris,
Sa retraite coupée et tous ses chemins pris ;
Alors il a saisi, dans sa gueule brûlante,
Du chien le plus hardi la gorge pantelante,
Et n'a pas desserré ses mâchoires de fer,

Malgré nos coups de feu, qui traversaient sa chair,
Et nos couteaux aigus qui, comme des tenailles,
Se croisaient en plongeant dans ses larges entrailles,
Jusqu'au dernier moment où le chien étranglé,
Mort longtemps avant lui, sous ses pieds a roulé.
Le Loup le quitte alors et puis il nous regarde.
Les couteaux lui restaient au flanc jusqu'à la garde,
Le clouaient au gazon tout baigné dans son sang ;
Nos fusils l'entouraient en sinistre croissant.
Il nous regarde encore, ensuite il se recouche,
Tout en léchant le sang répandu sur sa bouche,
Et, sans daigner savoir comment il a péri,
Refermant ses grands yeux, meurt sans jeter un cri.

II

J'ai reposé mon front sur mon fusil sans poudre,
Me prenant à penser, et n'ai pu me résoudre
A poursuivre sa Louve et ses fils, qui, tous trois,
Avaient voulu l'attendre, et, comme je le crois,
Sans ses deux louveteaux, la belle et sombre veuve
Ne l'eût pas laissé seul subir la grande épreuve ;
Mais son devoir était de les sauver, afin
De pouvoir leur apprendre à bien souffrir la faim,
A ne jamais entrer dans le pacte des villes
Que l'homme a fait avec les animaux serviles
Qui chassent devant lui, pour avoir le coucher,
Les premiers possesseurs du bois et du rocher.

III

Hélas ! ai-je pensé, malgré ce grand nom d'Hommes,
Que j'ai honte de nous, débiles que nous sommes !
Comment on doit quitter la vie et tous ses maux,
C'est vous qui le savez, sublimes animaux !
A voir ce que l'on fut sur terre et ce qu'on laisse,
Seul le silence est grand ; tout le reste est faiblesse.
— Ah ! je t'ai bien compris, sauvage voyageur,
Et ton dernier regard m'est allé jusqu'au cœur !
Il disait : « Si tu peux, fais que ton âme arrive,
A force de rester studieuse et pensive,
Jusqu'à ce haut degré de stoïque fierté
Où, naissant dans les bois, j'ai tout d'abord monté.
Gémir, pleurer, prier, est également lâche.
Fais énergiquement ta longue et lourde tâche
Dans la voie où le sort a voulu t'appeler,
Puis, après, comme moi, souffre et meurs sans parler. »

(Les Destinées).

VICTOR HUGO (Né à Besançon le 26 février 1802). — Son œuvre couvre à elle seule presque un siècle de poésie. Immense et diverse, elle n'est pas de celle qu'un seul mot résume, serait-ce celui de romantisme.

Du lyrisme amoureux au souffle de l'épopée, de la simple chanson à l'hymne cosmique, Hugo semble fuir toute définition. On lui doit quelques-uns des plus beaux vers de notre langue, il prophétise parfois la poésie pure. « Mage inclément », charitable pour tout ce qui est humble et vaincu, implacable pour toutes les formes d'oppression, il n'a pas fait de la solennité son unique demeure. De la complainte à l'épopée, il est réellement le grand poète qui mourut le 22 mai 1885, couvert de gloire officielle et de l'affection populaire : ce fut le seul poète moderne à connaître une telle fin, mais il avait mérité l'une et l'autre.

LES DJINNS

Et comme les grues qui font dans l'air de longues files vont chantant leur plainte, ainsi je vis venir traînant les gémissements, les ombres emportées par cette tempête.

DANTE.

Murs, ville
Et port,
Asile
De mort,
Mer grise
Où brise
La brise
Tout dort.

Dans la plaine
Naît un bruit.
C'est l'haleine
De la nuit.
Elle brame
Comme une âme
Qu'une flamme
Toujours suit.

La voix plus haute
Semble un grelot.
D'un nain qui saute
C'est le galop.
Il fuit, s'élance,
Puis en cadence
Sur un pied danse
Au bout d'un flot.

La rumeur approche.
L'écho la redit.
C'est comme la cloche
D'un couvent maudit,
Comme un bruit de foule

Qui tonne et qui roule,
Et tantôt s'écroule
Et tantôt grandit.

Dieu ! la voix sépulcrale
Des Djinns !... — Quel bruit ils font !
Fuyons sous la spirale
De l'escalier profond !
Déjà s'éteint ma lampe,
Et l'ombre de la rampe,.
Qui le long du mur rampe,
Monte jusqu'au plafond.

C'est l'essaim des Djinns qui passe,
Et tourbillonne en sifflant.
Les ifs, que leur vol fracasse,
Craquent comme un pin brûlant,
Leur troupeau lourd et rapide,
Volant dans l'espace vide,
Semble un nuage livide
Qui porte un éclair au flanc.

Ils sont tout près ! — Tenons fermée
Cette salle où nous les narguons
Quel bruit dehors ! Hideuse armée
De vampires et de dragons !
La poutre du toit descellée
Ploie ainsi qu'une herbe mouillée,
Et la vieille porte rouillée,
Tremble, à déraciner ses gonds.

Cris de l'enfer ! voix qui hurle et qui pleure !
L'horrible essaim, poussé par l'aquilon,
Sans doute, ô ciel ! s'abat sur ma demeure.
Le mur fléchit sous le noir bataillon.
La maison crie et chancelle penchée,
Et l'on dirait que, du sol arrachée,
Ainsi qu'il chasse une feuille séchée,
Le vent la roule avec leur tourbillon !

Prophète ! si ta main me sauve
De ces impurs démons des soirs,
J'irai prosterner mon front chauve
Devant tes sacrés encensoirs !
Fais que sur ces portes fidèles
Meure leur souffle d'étincelles,
Et qu'en vain l'ongle de leurs ailes
Grince et crie à ces vitraux noirs !

Ils sont passés ! — Leur cohorte
S'envole et fuit, et leurs pieds

Cessent de battre ma porte
De leurs coups multipliés.
L'air est plein d'un bruit de chaînes,
Et dans les forêts prochaines
Frissonnent tous les grands chênes,
Sous leur vol de feu pliés !

De leurs ailes lointaines
Le battement décroît,
Si confus dans les plaines,
Si faible, que l'on croit
Ouïr la sauterelle
Crier d'une voix grêle,
Ou pétiller la grêle,
Sur le plomb d'un vieux toit.

D'étranges syllabes
Nous viennent encor :
Ainsi, des Arabes
Quand sonne le cor,
Un chant sur la grève
Par instants s'élève,
Et l'enfant qui rêve
Fait des rêves d'or.

Les Djinns funèbres,
Fils du trépas,
Dans les ténèbres
Pressent leurs pas ;
Leur essaim gronde ;
Ainsi, profonde,
Murmure une onde
Qu'on ne voit pas.

Ce bruit de vague
Qui s'endort,
C'est la vague
Sur le bord ;
C'est la plainte
Presque éteinte
D'une sainte
Pour un mort.

On doute
La nuit…
J'écoute : —
Tout fuit,
Tout passe ;
L'espace
Efface
Le bruit.

(Les Orientales).

GUITARE

Comment, disaient-ils,
Avec nos nacelles,
Fuir les alguazils ?
— Ramez, disaient-elles.

Comment, disaient-ils,
Oublier querelles,
Misère et périls ?
— Dormez, disaient-elles.

Comment, disaient-ils,
Enchanter les belles
Sans philtres subtils ?
— Aimez, disaient-elles.

TRISTESSE D'OLYMPIO

Les champs n'étaient point noirs, les cieux n'étaient pas mornes ;
Non, le jour rayonnait dans un azur sans bornes
Sur la terre étendu,
L'air était plein d'encens et les prés de verdures
Quand il revit ces lieux où par tant de blessures
Son cœur s'est répandu.

L'automne souriait ; les coteaux vers la plaine
Penchaient leurs bois charmants qui jaunissaient à peine ;
Le ciel était doré ;
Et les oiseaux, tournés vers celui que tout nomme,
Disant peut-être à Dieu quelque chose de l'homme,
Chantaient leur chant sacré.

Il voulut tout revoir, l'étang près de la source,
La masure où l'aumône avait vidé leur bourse,
Le vieux frêne plié,
Les retraites d'amour au fond des bois perdues,
L'arbre où dans les baisers leurs âmes confondues
Avaient tout oublié.

Il chercha le jardin, la maison isolée,
La grille d'où l'œil plonge en une oblique allée,
Les vergers en talus.
Pâle, il marchait. — Au bruit de son pas grave et sombre
Il voyait à chaque arbre, hélas ! se dresser l'ombre
Des jours qui ne sont plus.

Il entendait frémir dans la forêt qu'il aime
Ce doux vent qui, faisant tout vibrer en nous-même,
Y réveille l'amour,
Et, remuant le chêne ou balançant la rose,

Semble l'âme de tout qui va sur chaque chose
Se poser tour à tour !

Les feuilles qui gisaient dans le bois solitaire,
S'efforçant sous ses pas de s'élever de terre,
Couraient dans le jardin ;
Ainsi, parfois, quand l'âme est triste, nos pensées
S'envolent un moment sur leurs ailes blessées,
Puis retombent soudain.

Il contempla longtemps les formes magnifiques
Que la nature prend dans les champs pacifiques ;
Il rêva jusqu'au soir ;
Tout le jour il erra le long de la ravine,
Admirant tour à tour le ciel, face divine,
Le lac, divin miroir.

Hélas ! se rappelant ses douces aventures,
Regardant, sans entrer, par-dessus les clôtures,
Ainsi qu'un paria,
Il erra tout le jour. Vers l'heure où la nuit tombe,
Il se sentit le cœur triste comme une tombe,
Alors il s'écria :

— « Ô douleur ! j'ai voulu, moi dont l'âme est troublée,
Savoir si l'urne encor conservait la liqueur,
Et voir ce qu'avait fait cette heureuse vallée
De tout ce que j'avais laissé là de mon cœur !

« Que peu de temps suffit pour changer toutes choses !
Nature au front serein, comme vous oubliez !
Et comme vous brisez dans vos métamorphoses
Les fils mystérieux où nos cœurs sont liés !

« Nos chambres de feuillage en halliers sont changées ;
L'arbre où fut notre chiffre est mort ou renversé ;
Nos roses dans l'enclos ont été ravagées
Par les petits enfants qui sautent le fossé.

« Un mur clôt la fontaine où, par l'heure échauffée,
Folâtre, elle buvait en descendant des bois ;
Elle prenait de l'eau dans sa main, douce fée,
Et laissait retomber des perles de ses doigts !

« On a pavé la route âpre et mal aplanie,
Où, dans le sable pur se dessinant si bien,
Et de sa petitesse étalant l'ironie,
Son pied charmant semblait rire à côté du mien !

« La borne du chemin, qui vit des jours sans nombre,
Où jadis pour m'attendre elle aimait à s'asseoir,

S'est usée en heurtant, lorsque la route est sombre,
Les grands chars gémissants qui reviennent le soir.

« La forêt ici manque et là s'est agrandie.
De tout ce qui fut nous presque rien n'est vivant ;
Et, comme un tas de cendre éteinte et refroidie,
L'amas des souvenirs se disperse à tout vent !

« N'existons-nous donc plus ? Avons-nous eu notre heure ?
Rien ne la rendra-t-il à nos cris superflus ?
L'air joue avec la branche au moment où je pleure ;
Ma maison me regarde et ne me connaît plus.

« D'autres vont maintenant passer où nous passâmes.
Nous y sommes venus, d'autres vont y venir ;
Et le songe qu'avaient ébauché nos deux âmes,
Ils le continueront sans pouvoir le finir !

« Car personne ici-bas ne termine et n'achève ;
Les pires des humains sont comme les meilleurs ;
Nous nous réveillons tous au même endroit du rêve,
Tout commence en ce monde et tout finit ailleurs.

« Oui, d'autres à leur tour viendront, couples sans tache,
Puiser dans cet asile heureux, calme, enchanté,
Tout ce que la nature à l'amour qui se cache
Mêle de rêverie et de solennité !

« D'autres auront nos champs, nos sentiers, nos retraites.
Ton bois, ma bien-aimée, est à des inconnus.
D'autres femmes viendront, baigneuses indiscrètes,
Troubler le flot sacré qu'ont touché tes pieds nus.

« Quoi donc ! c'est vainement qu'ici nous nous aimâmes !
Rien ne nous restera de ces coteaux fleuris
Où nous fondions notre être en y mêlant nos flammes !
L'impassible nature a déjà tout repris.

« Oh ! dites-moi, ravins, frais ruisseaux, treilles mûres,
Rameaux chargés de nids, grottes, forêts, buissons
Est-ce que vous ferez pour d'autres vos murmures ?
Est-ce que vous direz à d'autres vos chansons ?

« Nous vous comprenions tant ! doux, attentifs, austères,
Tous nos échos s'ouvraient si bien à votre voix !
Et nous prêtions si bien, sans troubler vos mystères,
L'oreille aux mots profonds que vous dites parfois !

« Répondez, vallon pur, répondez, solitude,
Ô nature abritée en ce désert si beau,

Lorsque nous dormirons tous deux dans l'attitude
Que donne aux morts pensifs la forme du tombeau ;

« Est-ce que vous serez à ce point insensible
De nous savoir couchés, morts avec nos amours,
Et de continuer votre fête paisible,
Et de toujours sourire et de chanter toujours ?

« Est-ce que, nous sentant errer dans vos retraites,
Fantômes reconnus par vos morts et vos bois,
Vous ne nous direz pas de ces choses secrètes
Qu'on dit en revoyant des amis d'autrefois ?

« Est-ce que vous pourrez, sans tristesse et sans plainte,
Voir nos ombres flotter où marchèrent nos pas,
Et la voir m'entraîner, dans une morne étreinte,
Vers quelque source en pleurs qui sanglote tout bas ?

« Et s'il est quelque part, dans l'ombre où rien ne veille,
Deux amants sous vos fleurs abritant leurs transports,
Ne leur irez-vous pas murmurer à l'oreille :
— Vous qui vivez, donnez une pensée aux morts !

« Dieu nous prête un moment les prés et les fontaines,
Les grands bois frissonnants, les rocs profonds et sourds,
Et les cieux azurés et les lacs et les plaines,
Pour y mettre nos cœurs, nos rêves, nos amours ;

« Puis il nous les retire, il souffle notre flamme.
Il plonge dans la nuit l'antre où nous rayonnons ;
Et dit à la vallée, où s'imprima notre âme,
D'effacer notre trace et d'oublier nos noms.

« Eh bien ! oubliez-nous, maison, jardin, ombrages !
Herbe, use notre seuil ! ronce, cache nos pas !
Chantez, oiseaux ! ruisseaux, coulez ! croissez, feuillages !
Ceux que vous oubliez ne vous oublieront pas.

« Car vous êtes pour nous l'ombre de l'amour même !
Vous êtes l'oasis qu'on rencontre en chemin !
Vous êtes, ô vallon, la retraite suprême
Où nous avons pleuré nous tenant par la main !

« Toutes les passions s'éloignent avec l'âge,
L'une emportant son masque et l'autre son couteau,
Comme un essaim chantant d'histrions en voyage
Dont le groupe décroît derrière le coteau.

« Mais toi, rien ne t'efface, amour ! toi qui nous charmes !
Toi qui, torche ou flambeau, luis dans notre brouillard !

Tu nous tiens par la joie, et surtout par les larmes ;
Jeune homme on te maudit, on t'adore, vieillard.

« Dans ces jours où la tête au poids des ans s'incline,
Où l'homme, sans projets, sans but, sans visions,
Sent qu'il n'est déjà plus qu'une tombe en ruine
Où gisent ses vertus et ses illusions ;

« Quand notre âme en rêvant descend dans nos entrailles,
Comptant dans notre cœur, qu'enfin la glace atteint,
Comme on compte les morts sur un champ de batailles,
Chaque douleur tombée et chaque songe éteint,

« Comme quelqu'un qui cherche en tenant une lampe,
Loin des objets réels, loin du monde rieur,
Elle arrive à pas lents par une obscure rampe
Jusqu'au fond désolé du gouffre intérieur ;

« Et là, dans cette nuit qu'aucun rayon n'étoile,
L'âme, en un repli sombre où tout semble finir,
Sent quelque chose encor palpiter sous un voile... —
C'est toi qui dors dans l'ombre, ô sacré souvenir ! »

(Les Rayons et les Ombres).

BOOZ ENDORMI

Booz s'était couché de fatigue accablé ;
Il avait tout le jour travaillé dans son aire ;
Puis avait fait son lit à sa place ordinaire ;
Booz dormait auprès des boisseaux pleins de blé.

Ce vieillard possédait des champs de blés et d'orge ;
Il était, quoique riche, à la justice enclin ;
Il n'avait pas de fange en l'eau de son moulin ;
Il n'avait pas d'enfer dans le feu de sa forge.

Sa barbe était d'argent comme un ruisseau d'avril.
Sa gerbe n'était point avare ni haineuse ;
Quand il voyait passer quelque pauvre glaneuse :
« Laissez tomber exprès des épis », disait-il.

Cet homme marchait pur loin des sentiers obliques
Vêtu de probité candide et de lin blanc ;
Et, toujours du côté des pauvres ruisselant,
Ses sacs de grains semblaient des fontaines publiques.

Booz était bon maître et fidèle parent ;
Il était généreux, quoiqu'il fût économe ;

Les femmes regardaient Booz plus qu'un jeune homme,
Car le jeune homme est beau. mais le vieillard est grand.

Le vieillard. qui revient vers la source première.
Entre aux jours éternels et sort des jours changeants ;
Et l'on voit de la flamme aux yeux des jeunes gens.
Mais dans l'œil du vieillard on voit de la lumière.

Donc. Booz dans la nuit dormait parmi les siens.
Près des meules. qu'on eût prises pour des décombres.
Les moissonneurs couchés faisaient des groupes sombres ;
Et ceci se passait dans des temps très anciens.

Les tribus d'Israël avaient pour chef un juge ;
La terre. où l'homme errait sous la tente. inquiet
Des empreintes de pieds de géants qu'il voyait.
Etait encor mouillée et molle du déluge.

Comme dormait Jacob. comme dormait Judith.
Booz. les yeux fermés. gisait sous la feuillée ;
Or. la porte du ciel s'étant entrebâillée
Au-dessus de sa tête. un songe en descendit.

Et ce songe était tel. que Booz vit un chêne
Qui. sorti de son ventre. allait jusqu'au ciel bleu ;
Une race y montait comme une longue chaîne ;
Un roi chantait en bas. en haut mourait un Dieu.

Et Booz murmurait avec la voix de l'âme :
« Comment se pourrait-il que de moi ceci vînt ?
Le chiffre de mes ans a passé quatre-vingt.
Et je n'ai pas de fils. et je n'ai plus de femme.

« Voilà longtemps que celle avec qui j'ai dormi
Ô Seigneur ! a quitté ma couche pour la vôtre ;
Et nous sommes encor tout mêlés l'un à l'autre.
Elle à demi vivante et moi mort à demi.

« Une race naîtrait de moi ! Comment le croire ?
Comment se pourrait-il que j'eusse des enfants ?
Quand on est jeune. on a des matins triomphants.
Le jour sort de la nuit comme d'une victoire ;

« Mais. vieux. on tremble ainsi qu'à l'hiver le bouleau.
Je suis veuf. je suis seul. et sur moi le soir tombe.
Et je courbe. ô mon Dieu ! mon âme vers la tombe.
Comme un bœuf ayant soif penche son front vers l'eau. »

Ainsi parlait Booz dans le rêve et l'extase.
Tournant vers Dieu ses yeux par le sommeil noyés :

Le cèdre ne sent pas une rose à sa base,
Et lui ne sentait pas une femme à ses pieds.

Pendant qu'il sommeillait, Ruth, une Moabite,
S'était couchée aux pieds de Booz, le sein nu,
Espérant on ne sait quel rayon inconnu,
Quand viendrait du réveil la lumière subite.

Booz ne savait point qu'une femme était là,
Et Ruth ne savait point ce que Dieu voulait d'elle :
Un frais parfum sortait des touffes d'asphodèle :
Les souffles de la nuit flottaient sur Galgala.

L'ombre était nuptiale, auguste et solennelle ;
Les anges y volaient sans doute obscurément,
Car on voyait passer dans la nuit, par moment,
Quelque chose de bleu qui paraissait une aile.

La respiration de Booz qui dormait
Se mêlait au bruit sourd des ruisseaux sur la mousse.
On était dans le mois où la nature est douce,
Les collines ayant des lys sur leur sommet.

Ruth songeait et Booz dormait ; l'herbe était noire ;
Les grelots des troupeaux palpitaient vaguement ;
Une immense bonté tombait du firmament ;
C'était l'heure tranquille où les lions vont boire.

Tout reposait dans Ur et dans Jérimadeth ;
Les astres émaillaient le ciel profond et sombre ;
Le croissant fin et clair parmi ces fleurs de l'ombre
Brillait à l'occident, et Ruth se demandait,

Immobile, ouvrant l'œil à moitié sous ses voiles,
Quel dieu, quel moissonneur de l'éternel été,
Avait, en s'en allant, négligemment jeté
Cette faucille d'or dans le champ des étoiles.

(La Legende des Siecles).

IL Y A DES HOMMES OCÉANS

Il y a des hommes océans, en effet.

Ces ondes, ce flux et ce reflux, ce va-et-vient terrible, ce bruit de tous les souffles, ces noirceurs et ces transparences, ces végétations propres au gouffre, cette démagogie des nuées en plein ouragan, ces aigles dans l'écume, ces merveilleux levers d'astres répercutés dans on ne sait quel mystérieux tumulte par des millions de cimes lumineuses, têtes confuses de l'innombrable, ces grandes foudres errantes qui semblent guetter, ces sanglots énormes, ces monstres entrevus, ces nuits de ténèbres coupées de rugissements, ces furies, ces frénésies, ces tourmentes, ces roches, ces naufrages, ces flottes qui se heurtent, ces tonnerres humains mêlés aux tonnerres divins, ce sang dans l'abîme ; puis ces grâces, ces douceurs, ces fêtes, ces gaies voiles blanches, ces bateaux de pêche, ces chants dans le fracas, ces ports splendides, ces fumées de la terre, ces villes à l'horizon, ce bleu profond de l'eau et du ciel, cette âcreté utile, cette amertume qui fait l'assainissement de l'univers, cet âpre sel sans lequel tout pourrirait ; ces colères et ces apaisements, ce Tout dans Un, cet inattendu dans l'immuable, ce vaste prodige de la monotonie inépuisablement variée, ce niveau après ce bouleversement, ces enfers et ces paradis de l'immensité éternellement émue, cet insondable, tout cela peut être dans un esprit, et alors cet esprit s'appelle génie, et vous avez Eschyle, vous avez Isaïe, vous avez Juvénal, vous avez Dante, vous avez Michel-Ange, vous avez Shakespeare, et c'est la même chose de regarder ces âmes ou de regarder l'Océan.

(William Shakespeare).

A L'HOMME

(fragment)

. . . .

C'est parce que je roule en moi ces choses sombres,
C'est parce que je vois l'aube dans les décombres,
Sur les trônes le mal, sur les autels la nuit,
Bravant tout ce qui règne, aimant tout ce qui souffre,
J'interroge l'abîme, étant moi-même gouffre ;
C'est parce que je suis parfois, mage inclément,
Sachant que la clarté trompe et que le bruit ment,
Tenté de reprocher aux cieux visionnaires
Leur crachement d'éclairs et leur toux de tonnerres ;
C'est parce que mon cœur, qui cherche son chemin,
N'accepte le divin qu'autant qu'il est humain ;
C'est à cause de tous ces songes formidables
Que je m'en vais, sinistre, aux lieux inabordables,
Au bord des mers, au haut des monts, au fond des bois,
Là, j'entends mieux crier l'âme humaine aux abois :
Là, je suis pénétré plus avant par l'idée
Terrible, et cependant de rayons inondée.
Méditer, c'est le grand devoir mystérieux ;
Les rêves dans nos cœurs s'ouvrent comme des yeux ;
Je rêve et je médite, et c'est pourquoi j'habite,
Comme celui qui guette une lueur subite,
Le désert, et non pas les villes ; c'est pourquoi,
Sauvage serviteur du droit contre la loi,
Laissant derrière moi les molles cités pleines
De femmes et de fleurs qui mêlent leurs haleines,
Et les palais remplis de rires, de festins,
De danses, de plaisirs, de feux jamais éteints,
Je fuis, et je préfère à toute cette fête

La rive du torrent farouche, où le prophète
Vient boire dans le creux de sa main en été,
Pendant que le lion boit de l'autre côté.

(La Légende des Siècles, (11 octobre 1876).

POÈME

(fragment)

....

Ô jeunes gens ! Elus ! Fleurs du monde vivant,
Maîtres du mois d'avril et du soleil levant,
N'écoutez pas ces gens qui disent : soyez sages !
La sagesse est de fuir tous ces mornes visages !
Soyez jeunes, gais, vifs, amoureux, soyez fous !
Ô doux amis, vivez, aimez ! Défiez-vous
De tous ces conseillers douceâtres et sinistres.
Vous avez l'air joyeux, ce qui déplaît aux cuistres.
Des cheveux en forêt, noirs, profonds, abondants,
Le teint frais, le pied sûr, l'œil clair, toutes vos dents :
Eux, ridés, épuisés, flétris, édentés, chauves,
Hideux ; l'envie en deuil clignote en leurs yeux fauves.
Oh ! comme je les hais, ces solennels grigous !
Ils composent, avec leur fiel et leurs dégoûts,
Une sagesse pleine et d'ennui et de jeûnes,
Et, faite pour les vieux, osent l'offrir aux jeunes !

ALOYSIUS BERTRAND

(1807 - 1841). — Celui qu'on a nommé « le plus grand des petits romantiques » mena une vie misérable. Il dut exercer maintes besognes mercenaires, tandis qu'il écrivait les poèmes en prose qui forment ce livre que Baudelaire plaçait au-dessus de tout : « *Gaspard de la Nuit, fantaisies à la manière de Rembrandt et de Callot* ». Ce chef-d'œuvre de la prose onirique ne parut qu'après la mort de son auteur, et grâce à l'amitié de Sainte-Beuve.

GASPARD DE LA NUIT

Le maçon

Le maître-maçon :
— Regardez ces bastions, ces contreforts :
On les dirait construits pour l'éternité.

Schiller - Guillaume Tell.

Le maçon Abraham Knupfer chante, la truelle à la main, dans les airs échafaudé, si haut que, lisant les vers gothiques du bourdon, il nivelle de ses pieds et l'église aux trente arcs-boutants, et la ville aux trente églises.

Il voit les tarasques de pierre vomir l'eau des ardoises dans l'abîme confus des galeries, des fenêtres, des pendentifs, des clochetons, des tourelles, des toits et des charpentes, que tache d'un point gris l'aile échancrée et immobile du tiercelet.

Il voit les fortifications qui se découpent en étoile, la citadelle qui se rengorge comme une géline dans un tourteau, les cours des palais où le soleil tarit les fontaines, et les cloîtres des monastères où l'ombre tourne autour des piliers.

Les troupes impériales se sont logées dans le faubourg. Voilà qu'un cavalier tambourine là-bas. Abraham Knupfer distingue son chapeau à trois cornes, ses auguilles de laine rouge, sa cocarde traversée d'une ganse, et sa queue nouée d'un ruban.

Ce qu'il voit encore, ce sont des soudards qui, dans le parc empanaché de gigantesques ramées, sur de larges pelouses d'émeraude, criblent de coups d'arquebuse un oiseau de bois fiché à la pointe d'un mât.

Et le soir, quand la nef harmonieuse de la cathédrale s'endormit couchée les bras en croix, il aperçut de l'échelle, à l'horizon, un village incendié par des gens de guerre, qui flamboyait comme une comète dans l'azur.

(Ecole Flamande, II).

★

« Ma bague, ma bague ! » — Et le cri de la lavandière effraya, dans la souche d'un saule, un rat qui filait sa quenouille.

Encore un tour de Jean des Tilles, l'ondin malicieux et espiègle qui ruisselle, se plaint et rit sous les coups redoublés du battoir !

Comme s'il ne lui suffisait pas de cueillir, aux épais massifs de la rive, les nèfles mûres qu'il noie dans le courant.

« Jean le voleur ! Jean qui pêche et qui sera pêché ! Petit Jean, friture que j'ensevelirai blanc d'un linceul de farine dans l'huile enflammée de la poêle ! »

Mais alors des corbeaux, qui se balançaient à la verte flèche des peupliers, croassèrent dans le ciel moite et pluvieux.

Et les lavandières, troussées comme des piqueurs d'ablettes, enjambèrent le gué jonché de cailloux, d'écume, d'herbes et de glaïeuls.

(Silves).

GERARD DE NERVAL (1808 - 1855). — A Paris, il se pend à quarante-sept ans, rue de la Vieille Lanterne. Obsédé par une autre vie dont seuls les rêves nous rendent compte, sa poésie fut une sorte d'incantation, un appel du langage, à un monde invisible. Esprit ésotérique, il est le poète d'une musicale alchimie, d'une auscultation du mystère. Ses plus beaux livres sont : « *Loreley* », « *Les Filles du Feu* », « *Les Chimères* », « *Les Petits Châteaux de Bohème* », « *Aurélia ou le Rêve et la Vie* ».

LE POINT NOIR

Quiconque a regardé le soleil fixement
Croit voir devant ses yeux voler obstinément
Autour de lui, dans l'air, une tache livide.

Ainsi tout jeune encore et plus audacieux,
Sur la gloire un instant j'osai fixer les yeux :
Un point noir est resté dans mon regard avide.

Depuis, mêlée à tout comme un signe de deuil,
Partout, sur quelque endroit que s'arrête mon œil,
Je la vois se poser aussi, la tache noire !

Quoi, toujours ? Entre moi sans cesse et le bonheur !
Oh ! c'est que l'aigle seul — malheur à nous, malheur ! —
Contemple impunément le Soleil et la Gloire.

FANTAISIE

Il est un air pour qui je donnerais
Tout Rossini, tout Mozart et tout Weber[1],
Un air très vieux, languissant et funèbre,
Qui pour moi seul a des charmes secrets.

Or, chaque fois que je viens à l'entendre,
De deux cents ans mon âme rajeunit : —
C'est sous Louis treize : et je crois voir s'étendre
Un coteau vert, que le couchant jaunit.

Puis un château de brique à coins de pierre,
Aux vitraux teints de rougeâtres couleurs,
Ceint de grands parcs, avec une rivière
Baignant ses pieds, qui coule entre des fleurs :

Puis une dame, à sa haute fenêtre,
Blonde aux yeux noirs, en ses habits anciens,
Que, dans une autre existence peut-être,
J'ai déjà vue... — et dont je me souviens !

LES CYDALISES

Où sont nos amoureuses ?
Elles sont au tombeau !
Elles sont plus heureuses
Dans un séjour plus beau !

1. On prononce *Wèbre*.

Elles sont près des anges,
Dans le fond du ciel bleu,
Et chantent les louanges
De la mère de Dieu !

Ô blanche fiancée !
Ô jeune vierge en fleur !
Amante délaissée,
Que flétrit la douleur !

L'éternité profonde
Souriait dans vos yeux...
Flambeaux éteints du monde,
Rallumez-vous aux cieux !

(Odelettes).

EL DESDICHADO

Je suis le Ténébreux, — le Veuf, — l'Inconsolé,
Le Prince d'Aquitaine à la tour abolie :
Ma seule *Étoile* est morte, et mon luth constellé
Porte le *Soleil noir* de la *Mélancolie*.

Dans la nuit du Tombeau, Toi qui m'as consolé,
Rends-moi le Pausilippe et la mer d'Italie,
La *fleur* qui plaisait tant à mon cœur désolé,
Et la treille où le Pampre à la Rose s'allie.

Suis-je Amour ou Phébus ?... Lusignan ou Biron ?
Mon front est rouge encor du baiser de la Reine ;
J'ai rêvé dans la grotte où nage la Sirène...

Et j'ai deux fois vainqueur traversé l'Achéron :
Modulant tour à tour sur la lyre d'Orphée
Les soupirs de la Sainte et les cris de la Fée.

ARTEMIS

La Treizième revient... C'est encor la première ;
Et c'est toujours la Seule, — ou c'est le seul moment :
Car es-tu Reine, ô toi ! la première ou dernière ?
Es-tu Roi, toi le Seul ou le dernier amant ?...

Aimez qui vous aima du berceau dans la bière ;
Celle que j'aimai seul m'aime encor tendrement :
C'est la Mort — ou la Morte... Ô délice ! ô tourment !
La rose qu'elle tient, c'est la *Rose trémière*.

Sainte Napolitaine aux mains pleines de feux.
Rose au cœur violet, fleur de sainte Gudule :
As-tu trouvé ta croix dans le désert des Cieux ?

Roses blanches, tombez ! vous insultez nos dieux !
Tombez, fantômes blancs, de votre ciel qui brûle :
— La Sainte de l'abîme est plus sainte à mes yeux !

(Les Chimères).

XAVIER FORNERET (1809 - 1884). — Poète, né à Beaune (Côte d'Or). Cet excentrique passa sa vie dans une tour gothique à jouer du violon en attendant sa mort. Il publia ses livres à compte d'auteur : « *Rien* » (1836), « *Vapeurs, ni vers, ni prose* » (1838), « *Sans titre* » *(1838)*, « *Pièces de pièces, temps perdu* » (1840), « *Ombres de poésie* » (1860) et « *Broussailles de la Pensée* » (1870) qui, tous, passèrent inaperçus. Fortuné, il avait pu faire représenter à Paris, en 1834, un drame en cinq actes : « *l'Homme noir, blanc de visage* » qui n'eut aucun succès.

UN PAUVRE HONTEUX

Il l'a tirée
De sa poche percée.
L'a mise sous ses yeux ;
Et l'a bien regardée
En disant : « Malheureux ! »

Il l'a soufflée
De sa bouche humectée ;
Il avait presque peur
D'une horrible pensée
Qui vint le prendre au cœur.

Il l'a mouillée
D'une larme gelée
Qui fondit au hasard ;
Sa chambre était trouée
Encor plus qu'un bazar.

Il l'a frottée,
Ne l'a pas réchauffée.
A peine il la sentait :
Car, par le froid pincée
Elle se retirait.

Il l'a pesée
Comme on pèse une idée.

En l'appuyant sur l'air.
Puis il l'a mesurée
Avec du fil de fer.

Il l'a touchée
De sa lèvre ridée.
D'un frénétique effroi
Elle s'est écriée :
Adieu, embrasse-moi !

Il l'a baisée.
Et après l'a croisée
Sur l'horloge du corps.
Qui rendait, mal montée,
De mats et lourds accords.

Il l'a palpée
D'une main décidée
A la faire mourir.
— Oui, c'est une bouchée
Dont on peut se nourrir.

Il l'a pliée,
Il l'a cassée,
Il l'a placée,
Il l'a coupée,
Il l'a lavée,
Il l'a portée,
Il l'a grillée,
Il l'a mangée.

— Quand il n'était pas grand, on lui avait dit : — Si tu as faim, mange une de tes mains.

ALFRED DE MUSSET

(1810 - 1857). — Né à Paris, il est le poète de la jeunesse de tous les temps. Bien des générations après lui ont connu son *mal du siècle*. Romantique, ironique et discret, il annonce cependant le spleen baudelairien. A sa fantaisie se mêle l'amertume. On l'a trop souvent connu léger et rêveur, alors qu'il fut lyrique avec passion. Poète de l'amour, il fut aussi l'un des meilleurs poètes du théâtre. Des *Contes d'Espagne et d'Italie* (1829) aux *Comédies et Proverbes*, toute son œuvre, sous sa désinvolture et son élégance, révèle un poète toujours présent.

LE SAULE

(fragment)

I

. . . .

Il se fit tout à coup le plus profond silence,
Quand Georgina Smolen se leva pour chanter.
Miss Smolen est très pâle. — Elle arrive de France,
Et regrette le sol qu'elle vient de quitter.
On dit qu'elle a seize ans. — Elle est américaine ;
Mais, dans ce beau pays dont elle parle à peine,
Jamais deux yeux plus doux n'ont du ciel le plus pur
Sondé la profondeur et réfléchi l'azur.
Faible et toujours souffrante, ainsi qu'un diadème
Elle laisse à demi, sur son front orgueilleux,
En longues tresses d'or tomber ses longs cheveux.
Elle est de ces beautés dont on dit qu'on les aime
Moins qu'on ne les admire ; — un noble, un chaste cœur :
La volupté, pour mère, y trouva la pudeur.
Bien que sa voix soit douce, elle a sur le visage,
Dans les gestes, l'abord, et jusque dans ses pas,
Un signe de hauteur qui repousse l'hommage,
Soit tristesse ou dédain, mais qui ne blesse pas.
Dans un âge rempli de crainte et d'espérance,
Elle a déjà connu la triste indifférence,
Cette fille du temps. — Qui pourrait cependant
Se lasser d'admirer ce front triste et charmant
Dont l'aspect seul éloigne et guérit toute peine ?
Tant sont puissants, hélas ! sur la misère humaine
Ces deux signes jumeaux de paix et de bonheur,
Jeunesse de visage et jeunesse de cœur !
Chose étrange à penser, il paraît difficile
Au regard le plus dur et le plus immobile
De soutenir le sien. — Pourquoi ? Qui le dira ?
C'est un mystère encor. — De ce regard céleste,
L'atteinte, allant au cœur, est sans doute funeste,
Et devra coûter cher à qui la recevra.
Miss Smolen commença ; — l'on ne voyait plus qu'elle.
On connaît ce regard qu'on veut en vain cacher,
Si prompt, si dédaigneux, quand une femme est belle !...
Mais elle ne parut le fuir ni le chercher.

Elle chanta cet air qu'une fièvre brûlante
Arrache, comme un triste et profond souvenir,
D'un cœur plein de jeunesse et qui se sent mourir ;
Cet air qu'en s'endormant Desdemona tremblante,
Posant sur son chevet son front chargé d'ennuis,
Comme un dernier sanglot, soupire au sein des nuits.

D'abord ses accents purs, empreints d'une tristesse
Qu'on ne peut définir, ne semblèrent montrer
Qu'une faible langueur, et cette douce ivresse
Où la bouche sourit, et les yeux vont pleurer.
Ainsi qu'un voyageur couché dans sa nacelle,
Qui se laisse au hasard emporter au courant,
Qui ne sait si la rive est perfide ou fidèle,
Si le fleuve à la fin devient lac ou torrent ;
Ainsi la jeune fille écoutant sa pensée,
Sans crainte, sans effort, et par sa voix bercée,
Sur les flots enchantés du fleuve harmonieux
S'éloignait du rivage en regardant les cieux...

Quel charme elle exerçait ! Comme tous les visages
S'animaient tout à coup d'un regard de ses yeux !
Car, hélas ! que ce soit, la nuit dans les orages,
Un jeune rossignol pleurant au fond des bois,
Que ce soit l'archet d'or, la harpe éolienne,
Un céleste soupir, une souffrance humaine,
Quel est l'homme, aux accents d'une mourante voix,
Qui, lorsque pour entendre il a baissé la tête,
Ne trouve dans son cœur, même au sein d'une fête,
Quelque larme à verser, — quelque doux souvenir
Qui s'allait effacer et qu'il sent revenir ?

Déjà le jour s'enfuit, — le vent souffle, — silence
La terreur brise, étend, précipite les sons.
Sous les brouillards du soir le meurtrier s'avance,
Invisible combat de l'homme et des démons !
A l'action, Iago ! Cassio meurt sur la place.
Est-ce un pêcheur qui chante, est-ce le vent qui passe ?
Ecoute, moribonde ! il n'est pire douleur
Qu'un souvenir heureux dans les jours de malheur.

Mais lorsqu'au dernier chant la redoutable flamme
Pour la troisième fois vient repasser sur l'âme
Déjà prête à se fondre, et que dans sa frayeur
Elle presse en criant sa harpe sur son cœur...

La jeune fille alors sentit que son génie
Lui demandait des sons que la terre n'a pas ;
Soulevant par sanglots des torrents d'harmonie,
Mourante, elle oubliait l'instrument dans ses bras.
O Dieu ! mourir ainsi, jeune et pleine de vie...
Mais tout avait cessé, le charme et les terreurs,
Et la femme en tombant ne trouva que des pleurs.
Pleure, le ciel te voit ! pleure, fille adorée !
Laisse une douce larme au bord de tes yeux bleus
Briller, en s'écroulant, comme une étoile aux cieux !
Bien des infortunés dont la cendre est pleurée
Ne demandaient pour vivre et pour bénir leurs maux
Qu'une larme, — une seule, et de deux yeux moins beaux !

Échappant aux regards de la foule empressée,
Miss Smolen s'éloignait, la rougeur sur le front :
Sur le bord du balcon elle resta penchée.
Oh ! qui l'a bien connu, ce mouvement profond,
Ce charme irrésistible, intime, auquel se livre
Un cœur dans ces moments de lui-même surpris,
Qu'aux premiers battements un doux mystère enivre,
Jeune fleur qui s'entr'ouvre à la fraîcheur des nuits !
Fille de la douleur ! harmonie ! harmonie !
Langue que pour l'amour inventa le génie !
Qui nous vins d'Italie, et qui lui vins des cieux !
Douce langue du cœur, la seule où la pensée,
Cette vierge craintive et d'une ombre offensée,
Passe en gardant son voile, et sans craindre les yeux !
Qui sait ce qu'un enfant peut entendre et peut dire
Dans tes soupirs divins nés de l'air qu'il respire,
Tristes comme son cœur et doux comme sa voix ?
On surprend un regard, une larme qui coule :
Le reste est un mystère ignoré de la foule,
Comme celui des flots, de la nuit et des bois !...

Oh ! quand tout a tremblé, quand l'âme tout entière
Sous le démon divin se sent encore frémir,
Pareille à l'instrument qui ne peut plus se taire,
Et qui d'avoir chanté semble longtemps gémir...
Et quand la faible enfant, que son délire entraîne,
Mais qui ne sait d'amour que ce qu'elle en rêva,
Vint à lever les yeux... la belle Américaine
Qui dérobait les siens, enfin les souleva.

Sur qui ? — Bien des regards, ainsi qu'on peut le croire,
Comme un regard de reine avaient cherché le sien,
Que de fronts orgueilleux qui s'en seraient fait gloire !
Sur qui donc ? — Pauvre enfant, le savait-elle bien ?

Ce fut sur un jeune homme à l'œil dur et sévère,
Qui la voyait venir et ne la cherchait pas ;
Qui, lorsqu'elle emportait une assemblée entière,
N'avait pas dit un mot, ni fait vers elle un pas.
Il était seul, debout, — un étrange sourire, —
Sous de longs cheveux blonds des traits efféminés : —
A ceux qui l'observaient son regard semblait dire :
On ne vous croira pas si vous me devinez.
Son costume annonçait un fils de l'Angleterre :
Il est, dit-on, d'Oxford. — Né dans l'adversité,
Il habite le toit que lui laissa son père,
Et prouve un noble sang par l'hospitalité.
Il se nomme Tiburce. On dit que la nature
A mis dans sa parole un charme singulier,
Mais surtout dans ses chants : que sa voix triste et pure

A des sons pénétrants qu'on ne peut oublier.
Mais à compter du jour où mourut son vieux père,
Quoi qu'on fît pour l'entendre, il n'a jamais chanté.

D'où la connaissait-il ? ou quel secret mystère
Tient sur cet étranger son regard arrêté ?
Quel souvenir ainsi les met d'intelligence ?
S'il la connaît, pourquoi ce bizarre silence ?

S'il ne la connaît pas, pourquoi cette rougeur ?
On ne sait. — Mais son œil rencontra l'œil timide
De la vierge tremblante, et le sien plus rapide
Sembla comme une flèche aller chercher le cœur.
Ce ne fut qu'un éclair. L'invisible étincelle
Avait jailli de l'âme, et Dieu seul l'avait vu !
Alors, baissant la tête, il s'avança vers elle,
Et lui dit : « M'aimes-tu, Georgette, m'aimes-tu ? »
. . . .

Glisse au sein de la nuit, beau brick de l'*Espérance !*
Terre d'Écosse, adieu ! Glisse, fils des forêts !
— Que l'on tienne les yeux, que l'on veille de près
Sur ce jeune homme en deuil qui seul, dans le silence,
De la poupe, en chantant, se penche sur les flots.
Ses yeux sont égarés. Deux fois les matelots
L'ont reçu dans leurs bras, prêt à perdre la vie,
Et cependant il chante, et l'oreille est ravie,
Des sons mystérieux qu'il mêle au bruit des vents.
« Le saule… — au pied du saule… » — il parle comme en rêve
« Barbara ! — Barbara ! » Sa voix baisse, s'élève,
Et des flots tour à tour suit les doux mouvements.
— Enfants, veillez sur lui ! — la force l'abandonne !
Sa voix tombe et s'éteint, — pourtant il chante encore.
Quel peut être le mal qui cause ainsi sa mort ?
Couchez-le sur un lit, enfants, la mer est dure !
—Enseigne, répondit la voix des matelots,
Son manteau recouvrait une large blessure,
D'où son sang goutte à goutte est tombé dans les flots. »
. . . .

1830

VENISE

Dans Venise la rouge,
Pas un bateau qui bouge ;
Pas un pêcheur dans l'eau,
Pas un falot.

Seul, assis à la grève,
Le grand lion soulève,

Sur l'horizon serein.
    Son pied d'airain.

Autour de lui. par groupes.
Navires et chaloupes.
Pareils à des hérons
    Couchés en ronds.

Dorment sur l'eau qui fume.
Et croisent dans la brume.
En légers tourbillons.
    Leurs pavillons.

La lune qui s'efface
Couvre son front qui passe
D'un nuage étoilé
    Demi voilé.

Ainsi. la dame abbesse
De Sainte-Croix rabaisse
Sa cape aux larges plis
    Sur son surplis.

Et les palais antiques.
Et les graves portiques.
Et les blancs escaliers
    Des chevaliers.

Et les ponts. et les rues.
Et les mornes statues.
Et le golfe mouvant
    Qui tremble au vent.

Tout se tait. fors les gardes
aux longues hallebardes.
Qui veillent aux créneaux
    Des arsenaux.

— Ah ! maintenant plus d'une
Attend. au clair de lune.
Quelque jeune muguet.
    L'oreille au guet.

Pour le bal qu'on prépare,
Plus d'une qui se pare.
Met devant son miroir
    Le masque noir.

Sur sa couche embaumée.
La Vanina pâmée

Presse encore son amant
En s'endormant :

Et Narcisa, la folle,
Au fond de sa gondole,
S'oublie en un festin
Jusqu'au matin.

Et qui, dans l'Italie,
N'a son grain de folie ?
Qui ne garde aux amours
Ses plus beaux jours ?

Laissons la vieille horloge,
Au palais du vieux doge,
Lui compter de ses nuits
Les longs ennuis.

Comptons plutôt, ma belle,
Sur ta bouche rebelle
Tant de baisers donnés...
Ou pardonnés.

Comptons plutôt tes charmes,
Comptons les douces larmes,
Qu'à nos yeux a coûté
La volupté !

(Premières Poésies).

TRISTESSE

J'ai perdu ma force et ma vie,
Et mes amis et ma gaîté ;
J'ai perdu jusqu'à la fierté
Qui faisait croire à mon génie.

Quand j'ai connu la Vérité,
J'ai cru que c'était une amie ;
Quand je l'ai comprise et sentie,
J'en étais déjà dégoûté.

Et pourtant elle est éternelle
Et ceux qui se sont passés d'elle
Ici-bas ont tout ignoré.

Dieu parle, il faut qu'on lui réponde.
Le seul bien qui me reste au monde
Est d'avoir quelquefois pleuré.

CHARLES MARIE LECONTE DE LISLE

(1818-1894). —Né à Saint-Paul (Ile de la Réunion), il publia ses premiers poèmes dans « *La Phalange* » et fut l'un des premiers à se féliciter des mouvements révolutionnaires de 1848. Vibrant d'enthousiasme, il se brouilla avec sa famille pour avoir publié un article contre l'esclavage. Il vécut alors pauvrement et se détourna peu à peu de la politique pour se consacrer tout entier à des adaptations : Homère, Eschyle, Sophocle, Euripide et Hésiode. De ce contact avec la poésie grecque devait naître sa propre conception d'un lyrisme « objectif ». Ses « *Poèmes antiques* » parurent en 1852. Les « *Poèmes barbares* » (1862), plus abrupts encore, valurent à Leconte de Lisle l'admiration d'un petit groupe de jeunes poètes, le groupe s'intitula bientôt « *Le Parnasse* » du nom du recueil qui avait groupé leurs vers, en 1866. Nommé sous-bibliothécaire au Sénat, après la Commune, Leconte de Lisle publia en 1884, ses « *Poèmes tragiques* ».

LES ÉLÉPHANTS

Le sable rouge est comme une mer sans limite.
Et qui flambe. muette. affaissée en son lit.
Une ondulation immobile remplit
L'horizon aux vapeurs de cuivre où l'homme habite.

Nulle vie et nul bruit. Tous les lions repus
Dorment au fond de l'antre éloigné de cent lieues.
Et la girafe boit dans les fontaines bleues.
Là-bas. sous les dattiers des panthères connus.

Pas un oiseau ne passe en fouettant de son aile
L'air épais où circule un immense soleil.
Parfois quelque boa. chauffé dans son sommeil.
Fait onduler son dos où l'écaille étincelle.

Tel l'espace enflammé brûle sous les cieux clairs,
Mais, tandis que tout dort aux mornes solitudes,
Les éléphants rugueux. voyageurs lents et rudes.
Vont au pays natal à travers les déserts.

D'un point de l'horizon. comme des masses brunes.
Ils viennent. soulevant la poussière. et l'on voit.
Pour ne point dévier du chemin le plus droit.
Sous leur pied large et sûr crouler au loin les dunes.

Celui qui tient la tête est un vieux chef. Son corps
Est gercé comme un tronc que le temps ronge et mine :
Sa tête est comme un roc et l'arc de son échine
Se voûte puissamment à ses moindres efforts.

Sans ralentir jamais et sans hâter sa marche.
Il guide au but certain ses compagnons poudreux :
Et, creusant par derrière un sillon sablonneux,
Les pèlerins massifs suivent leur patriarche.

L'oreille en éventail, la trompe entre les dents,
Ils cheminent, l'œil clos. Leur ventre bat et fume,
Et leur sueur dans l'air embrasé monte en brume,
Et bourdonnent autour mille insectes ardents.

Mais qu'importent la soif et la mouche vorace,
Et le soleil cuisant leur dos noir et plissé ?
Ils rêvent en marchant du pays délaissé,
Des forêts de figuiers où s'abrita leur race.

Ils reverront le fleuve échappé des grands monts,
Où nage en mugissant l'hippopotame énorme,
Où, blanchis par la lune et projetant leur forme,
Ils descendaient pour boire en écrasant les joncs.

Aussi, pleins de courage et de lenteur, ils passent
Comme une ligne noire, au sable illimité ;
Et le désert reprend son immobilité
Quand les lourds voyageurs à l'horizon s'effacent.

(Poèmes barbares).

CHARLES BAUDELAIRE (1821 - 1867). — Son père, le peintre, Joseph-François Baudelaire mourut en 1827. Dès l'année suivante, sa mère épousait en secondes noces le commandant Aupick, que le jeune Charles détesta rapidement. Baudelaire fit ses études au lycée Louis-le-Grand, puis s'inscrivit à l'Ecole de Droit. Vers sa dix-septième année, il commença d'écrire ses premiers vers et de fréquenter les cabarets littéraires. En 1841, son beau-père décida de tuer dans l'œuf ce goût de la bohême : il le fit embarquer à bord d'un paquebot en partance pour les Indes. Le 4 novembre 1841, Baudelaire refusa de poursuivre le voyage et rentra en France avec, dans ses bagages, le sonnet « *A une créole* ». A son retour, il put enfin entrer en possession de l'héritage paternel, et vivre à sa guise. Il s'installa alors à l'Hôtel Pimodan, dans l'île Saint-Louis, rencontra Jeanne Duval, femme de couleur qui tenait des rôles obscurs dans un petit théâtre, et mena une vie fastueuse de dandy jusqu'en septembre 1844, date à laquelle le général Aupick réunit le conseil de famille, qui désigna un conseil judiciaire chargé de veiller aux dépenses du poète. Peu après, Baudelaire publia sa première plaquette, « *Le Salon de 1845* ». Il s'y révélait critique de génie. La brochure passa inaperçue. Il donna ensuite deux brefs essais « *Choix de Maximes consolantes sur l'amour* » et « *Conseils aux jeunes littérateurs* », ainsi qu'un second « *Salon* ». En 1846, l'année suivante, il découvrit l'œuvre d'Edgar Poe, qu'il décida de traduire et de présenter au public français. Il devait travailler dix-sept années à cette traduction. En 1848, il publia quelques articles dans « *Le Salut public* ». Une étude sur Edgar Poe paraîtra en tête des deux volumes d'« *Histoires extraordinaires* », en 1856. Entre-temps, Baudelaire s'était épris de Mme Sabatier qui lui inspira plusieurs poèmes des « *Limbes* », les futures « *Fleurs du mal* ». Le livre fut imprimé en 1857. « *Les Fleurs du Mal* » furent jugées « obscènes » par la justice et leur auteur condamné à 300 francs d'amende. Pauvre et fatigué, Baudelaire devait encore écrire « *Les Paradis artificiels* ». « *Richard Wagner et Tannhaüser* », « *L'Œuvre et la Vie d'Eugène Delacroix* » et surtout les poèmes en prose du « *Spleen de Paris* ». C'est en Belgique, en 1866, que Baudelaire fut terrassé par la paralysie. Ramené à Paris, le 1er juillet de la même année, Baudelaire ne fut bientôt plus qu'un infirme privé de l'usage de la parole. Il conserva pourtant sa lucidité jusqu'à sa mort, survenue le 31 août 1867.

CORRESPONDANCES

La Nature est un temple où de vivants piliers
Laissent parfois sortir de confuses paroles ;
L'homme y passe à travers des forêts de symboles
Qui l'observent avec des regards familiers

Comme de longs échos qui de loin se confondent
Dans une ténébreuse et profonde unité,
Vaste comme la nuit et comme la clarté,
Les parfums, les couleurs et les sons se répondent.

Il est des parfums frais comme des chairs d'enfants,
Doux comme les hautbois, verts comme les prairies,
— Et d'autres, corrompus, riches et triomphants,

Ayant l'expansion des choses infinies,
Comme l'ambre, le musc, le benjoin et l'encens,
Qui chantent les transports de l'esprit et des sens.

L'ENNEMI

Ma jeunesse ne fut qu'un ténébreux orage,
Traversé çà et là par de brillants soleils ;
Le tonnerre et la pluie ont fait un tel ravage,
Qu'il reste en mon jardin bien peu de fruits vermeils.

Voilà que j'ai touché l'automne des idées,
Et qu'il faut employer la pelle et les râteaux
Pour rassembler à neuf les terres inondées,
Où l'eau creuse des trous grands comme des tombeaux.

Et qui sait si les fleurs nouvelles que je rêve
Trouveront dans ce sol lavé comme une grève
Le mystique aliment qui ferait leur vigueur ?

— Ô douleur ! ô douleur ! Le Temps mange la vie,
Et l'obscur ennemi qui nous ronge le cœur
Du sang que nous perdons croît et se fortifie !

LES BIJOUX

La très chère était nue, et, connaissant mon cœur,
Elle n'avait gardé que ses bijoux sonores,
Dont le riche attirail lui donnait l'air vainqueur
Qu'ont dans leurs jours heureux les esclaves des Mores.

Quand il jette en dansant son bruit vif et moqueur.
Ce monde rayonnant de métal et de pierre
Me ravit en extase, et j'aime à la fureur
Les choses où le son se mêle à la lumière.

Elle était donc couchée et se laissait aimer.
Et du haut du divan elle souriait d'aise
A mon amour profond et doux comme la mer,
Qui vers elle montait comme vers sa falaise.

Les yeux fixés sur moi, comme un tigre dompté.
D'un air vague et rêveur elle essayait des poses.
Et la candeur unie à la lubricité
Donnait un charme neuf à ses métamorphoses ;

Et son bras et sa jambe, et sa cuisse et ses reins,
Polis comme de l'huile, onduleux comme un cygne
Passaient devant mes yeux clairvoyants et sereins ;
Et son ventre et ses seins, ces grappes de ma vigne.

S'avançaient plus câlins que les Anges du mal,
Pour troubler le repos où mon âme était mise,
Et pour la déranger du rocher de cristal
Où, calme et solitaire, elle s'était assise.

Je croyais voir unis par un nouveau dessin
Les hanches de l'Antiope au buste d'un imberbe.
Tant sa taille faisait ressortir son bassin.
Sur ce teint fauve et brun, le fard était superbe !

— Et la lampe s'étant résignée à mourir.
Comme le foyer seul illuminait la chambre,
Chaque fois qu'il poussait un flamboyant soupir,
Il inondait de sang cette peau couleur d'ambre !

PARFUM EXOTIQUE

Quand, les deux yeux fermés, en un soir chaud d'automne.
Je respire l'odeur de ton sein chaleureux,
Je vois se dérouler des rivages heureux
Qu'éblouissent les feux d'un soleil monotone ;

Une île paresseuse où la nature donne
Des arbres singuliers et des fruits savoureux ;
Des hommes dont le corps est mince et vigoureux,
Et des femmes dont l'œil par sa franchise étonne.

Guidé par ton odeur vers de charmants climats,
Je vois un port rempli de voiles et de mâts
Encor tout fatigués par la vague marine.

Pendant que le parfum des verts tamariniers,
Qui circule dans l'air et m'enfle la narine,
Se mêle dans mon âme au chant des mariniers.

LA CHEVELURE

O toison, moutonnant jusque sur l'encolure !
O boucles ! O parfum chargé de nonchaloir !
Extase ! Pour peupler ce soir l'alcôve obscure
Des souvenirs dormant dans cette chevelure,
Je la veux agiter dans l'air comme un mouchoir !

La langoureuse Asie et la brûlante Afrique,
Tout un monde lointain, absent, presque défunt,
Vit dans tes profondeurs, forêt aromatique !
Comme d'autres esprits voguent sur la musique,
Le mien, ô mon amour ! nage sur ton parfum.

J'irai là-bas où l'arbre et l'homme, pleins de sève,
Se pâment longuement sous l'ardeur des climats ;
Fortes tresses, soyez la houle qui m'enlève !
Tu contiens, mer d'ébène, un éblouissant rêve
De voiles, de rameurs, de flammes et de mâts :

Un port retentissant où mon âme peut boire
A grands flots le parfum, le son et la couleur ;
Où les vaisseaux, glissant dans l'or et dans la moire,
Ouvrent leurs vastes bras pour embrasser la gloire
D'un ciel pur où frémit l'éternelle chaleur.

Je plongerai ma tête amoureuse d'ivresse
Dans ce noir océan où l'autre est enfermé ;
Et mon esprit subtil que le roulis caresse
Saura vous retrouver, ô féconde paresse,
Infinis bercements du loisir embaumé !

Cheveux bleus, pavillon de ténèbres tendues,
Vous me rendez l'azur du ciel immense et rond ;
Sur les bords duvetés de vos mèches tordues
Je m'enivre ardemment des senteurs confondues
De l'huile de coco, du musc et du goudron.

Longtemps ! toujours ! ma main dans ta crinière lourde
Sèmera le rubis, la perle et le saphir,
Afin qu'à mon désir tu ne sois jamais sourde !
N'es-tu pas l'oasis où je rêve, et la gourde
Où je hume à longs traits le vin du souvenir ?

XXXIX

Je te donne ces vers afin que si mon nom
Aborde heureusement aux époques lointaines,
Et fait rêver un soir les cervelles humaines,
Vaisseau favorisé par un grand aquilon,

Ta mémoire, pareille aux fables incertaines,
Fatigue le lecteur ainsi qu'un tympanon,
Et par un fraternel et mystique chaînon
Reste comme pendue à mes rimes hautaines ;

Etre maudit à qui, de l'abîme profond
Jusqu'au plus haut du ciel, rien, hors moi, ne répond !
— O toi qui, comme une ombre à la trace éphémère,

Foules d'un pied léger et d'un regard serein
Les stupides mortels qui t'ont jugée amère,
Statue aux yeux de jais, grand ange au front d'airain !

L'INVITATION AU VOYAGE

Mon enfant, ma sœur,
Songe à la douceur
D'aller là-bas vivre ensemble !
Aimer à loisir,
Aimer et mourir
Au pays qui te ressemble !
Les soleils mouillés
De ces ciels brouillés
Pour mon esprit ont les charmes
Si mystérieux
De tes traîtres yeux,
Brillant à travers leurs larmes.

Là, tout n'est qu'ordre et beauté,
Luxe, calme et volupté.

Des meubles luisants,
Polis par les ans,
Décoreraient notre chambre ;
Les plus rares fleurs
Mêlant leurs odeurs
Aux vagues senteurs de l'ambre,
Les riches plafonds,
Les miroirs profonds,
La splendeur orientale,
Tout y parlerait
A l'âme en secret
Sa douce langue natale.

Là, tout n'est qu'ordre et beauté,
Luxe, calme et volupté.

Vois sur ces canaux
Dormir ces vaisseaux
Dont l'humeur est vagabonde ;
C'est pour assouvir
Ton moindre désir
Qu'ils viennent du bout du monde.
— Les soleils couchants
Revêtent les champs,
Les canaux, la ville entière,
D'hyacinthe et d'or ;
Le monde s'endort
Dans une chaude lumière.

Là, tout n'est qu'ordre et beauté,
Luxe, calme et volupté.

LA MUSIQUE

La musique souvent me prend comme une mer !
Vers ma pâle étoile,
Sous un plafond de brume ou dans un vaste éther,
Je mets à la voile !

La poitrine en avant et les poumons gonflés
Comme de la toile,
J'escalade le dos des flots amoncelés
Que la nuit me voile ;

Je sens vibrer en moi toutes les passions
D'un vaisseau qui souffre ;
Le bon vent, la tempête et ses convulsions

Sur l'immense gouffre
Me bercent. D'autres fois, calme plat, grand miroir
De mon désespoir !

LA MORT DES AMANTS

Nous aurons des lits pleins d'odeurs légères,
Des divans profonds comme des tombeaux,
Et d'étranges fleurs sur des étagères,
Ecloses pour nous sous des cieux plus beaux.

Usant à l'envi leurs chaleurs dernières,
Nos deux cœurs seront deux vastes flambeaux,

Qui réfléchiront leurs doubles lumières
Dans nos deux esprits, ces miroirs jumeaux.

Un soir fait de rose et de bleu mystique,
Nous échangerons un éclair unique,
Comme un long sanglot, tout chargé d'adieux ;

Et plus tard un Ange, entr'ouvrant les portes,
Viendra ranimer, fidèle et joyeux,
Les miroirs ternis et les flammes mortes.

L'ÉTRANGER

— Qui aimes-tu le mieux, homme énigmatique, dis ? ton père, ta mère, ta sœur ou ton frère ?

— Je n'ai ni père, ni mère, ni sœur, ni frère.

— Tes amis ?

— Vous vous servez là d'une parole dont le sens m'est resté jusqu'à ce jour inconnu.

— Ta patrie ?

— J'ignore sous quelle latitude elle est située.

— La beauté ?

— Je l'aimerais volontiers, déesse et immortelle.

— L'or ?

— Je le hais comme vous haïssez Dieu.

— Eh ! qu'aimes-tu donc, extraordinaire étranger ?

— J'aime les nuages... les nuages qui passent... là-bas... là-bas... les merveilleux nuages !

NOTES SUR LA POÉSIE

Pendant l'époque désordonnée du romantisme, l'époque d'ardente effusion, on faisait souvent usage de cette formule : *La poésie du cœur !* On donnait ainsi plein droit à la passion ; on lui attribuait une sorte d'infaillibilité. Combien de contre-sens et de sophismes peut imposer à la langue française une erreur d'esthétique ! Le cœur contient la passion, le cœur contient le dévouement, le crime ; l'imagination seule contient la poésie.

(Sur Théophile Gautier.)

... Tout homme bien portant peut se passer de manger pendant deux jours, — de poésie jamais.

« Conseils aux jeunes littérateurs ».

La poésie est ce qu'il y a de plus réel, c'est ce qui n'est complètement vrai que dans un *autre monde*.

« Puisque réalisme il y a ».

La poésie touche à la musique par une prosodie dont les racines plongent plus avant dans l'âme humaine que ne l'indique aucune théorie classique.

Tout poète, qui ne sait pas au juste combien chaque mot comporte de rimes, est incapable d'exprimer une idée quelconque.

(Projet de préface aux « Fleurs du Mal »)

Une foule de gens se figurent que le but de la poésie est un enseignement quelconque, qu'elle doit tantôt fortifier la conscience, tantôt perfectionner les mœurs, tantôt enfin *démontrer* quoi que ce soit d'utile...

La poésie, pour peu qu'on veuille descendre en soi-même, interroger son âme, rappeler ses souvenirs d'enthousiasme, n'a pas d'autre but qu'elle-même ; elle ne peut pas en avoir d'autre, et aucun poème ne sera si grand, si noble, si véritablement digne du nom de poème, que celui qui aura été écrit uniquement pour le plaisir d'écrire un poème.

La poésie ne peut pas, sous peine de mort ou de défaillance, s'assimiler à la science ou à la morale ; elle n'a pas la Vérité pour objet, elle n'a qu'Elle-même.

(Notice sur Edgar Poe).

CHARLES CROS

(1842 - 1888). — Né à Fabrezan (Aude). Il étudia seul le sanscrit et l'hébreu, se passionna pour les sciences et la littérature et devint, en 1860, répétiteur et professeur de chimie à l'Institut parisien des Sourds-Muets. Ayant perdu sa situation, en 1863, il se consacra à des recherches scientifiques et présenta à l'Exposition de 1867 un modèle de télégraphe automatique. Il publia ses premiers vers dans l'« *Artiste* » et le « *Parnasse contemporain* (1871), puis successivement : « *Le Coffret de santal* » (1873), « *Le Fleuve* » (1874) et « *La Vision du Grand Canal des Deux Mers* » (1888). Sans négliger ses recherches scientifiques (il inventa entre autres le phonographe avant Edison, mais n'en tira ni gloire ni profit), Charles Cros s'engagea dans toutes les querelles poétiques de son temps. Un recueil de ses derniers poèmes a paru en 1908 sous le titre de « *Le collier de griffes* ».

LE HARENG SAUR

A Guy.

Il était un grand mur blanc — nu, nu, nu,
Contre le mur une échelle — haute, haute, haute,
Et, par terre, un hareng saur — sec, sec, sec.

Il vient, tenant dans ses mains — sales, sales, sales,
Un marteau lourd, un grand clou — pointu, pointu, pointu,
Un peloton de ficelle — gros, gros, gros.

Alors il monte à l'échelle — haute, haute, haute,
Et plante le clou pointu — toc, toc, toc,
Tout en haut du grand mur blanc — nu, nu, nu.

Il laisse aller le marteau — qui tombe, qui tombe, qui tombe,
Attache au clou la ficelle — longue, longue, longue,
Et, au bout le hareng saur — sec, sec, sec.

Il redescend de l'échelle — haute, haute, haute,
L'emporte avec le marteau — lourd, lourd, lourd,
Et puis, il s'en va ailleurs — loin, loin, loin.

Et, depuis, le hareng saur — sec, sec, sec,
Au bout de cette ficelle — longue, longue, longue,
Très lentement se balance — toujours, toujours, toujours.

J'ai composé cette histoire — simple, simple, simple,
Pour mettre en fureur les gens — graves, graves, graves,
Et amuser les enfants — petits, petits, petits.

SONNET

Je sais faire des vers perpétuels. Les hommes
Sont ravis à ma voix qui dit la vérité.
La suprême raison dont j'ai, fier, hérité
Ne se payerait pas avec toutes les sommes.

J'ai tout touché : le feu, les femmes et les pommes ;
J'ai tout senti : l'hiver, le printemps et l'été ;
J'ai tout trouvé, nul mur ne m'ayant arrêté.
Mais Chance, dis-moi donc de quel nom tu te nommes ?

Je me distrais à voir à travers les carreaux
Des boutiques, les gants, les truffes et les chèques
Où le bonheur est un suivi de six zéros.

Je m'étonne, valant bien les rois, les évêques,
Les colonels et les receveurs généraux,
De n'avoir pas de l'eau, du soleil, des pastèques.

EN COUR D'ASSISES

A Edouard Dubus.

Je suis l'expulsé des vieilles pagodes
Ayant un peu ri pendant le Mystère ;
Les anciens ont dit : Il fallait se taire
Quand nous récitions, solennels, nos odes.

Assis sur mon banc, j'écoute les codes
Et ce magistrat, sous sa toge, austère
Qui guigne la dame aux yeux de panthère,
Au corsage orné comme les géodes.

Il y a du monde en cette audience,
Il y a des gens remplis de science,
Ça ne manque pas de l'élément femme.

Flétri, condamné, traité de poète,
Sous le couperet je mettrai ma tête
Que l'opinion publique réclame !

STEPHANE MALLARME

(1842 - 1898). — La poésie devint très vite pour lui, un véritable refuge contre le réel. Après avoir subi l'influence des Romantiques, il s'éprit des formes rigides des Parnassiens dont il conservera toujours le goût. Dès sa sortie du collège, il dut gagner sa vie et entra comme surnuméraire à l'Enregistrement de Sens. Ses premiers poèmes parurent à partir de 1862 dans des publications régionales. La même année, Mallarmé fit un voyage en Angleterre. A son retour, sa connaissance de la langue britannique était suffisante pour lui permettre de quitter l'administration et d'obtenir sa nomination de professeur suppléant au collège de Tournon. Il mena dès lors, la vie des petits professeurs de province, déchiré entre les nécessités de son emploi et son rêve d'une existence « recluse en poésie ». En 1864, il commença une tragédie « *Hérodiade* » dont il fit un poème au terme d'un long et douloureux combat contre « la blancheur de la feuille ». Mallarmé sortit de ce poème transformé. Sa conception de l'art devint plus exigeante encore. Il rêva d'opposer au néant une œuvre fermée « aux inspirations du hasard, fussent-elles merveilleuses ». En 1866, Mallarmé quitta le collège de Tournon pour aller enseigner à Besançon, puis à Avignon où il se lia avec Mistral et Aubanel. Muté enfin à Paris, en 1871, il sortit de sa solitude, publia des poèmes dans l'« *Art Libre* » et dans diverses revues, rencontra Rimbaud et Hugo et, trois ans plus tard, s'installa dans un appartement de la rue de Rome où il put recevoir ses amis et ses premiers disciples. Il fit alors paraître une revue dont il était l'unique rédacteur : « *La Dernière Mode,* gazette du monde et de la famille », sans doute pour augmenter ses ressources. « *L'après-midi d'un faune* » parut en 1876. Ce chef-d'œuvre fut suivi d'un ouvrage de philologie : « *Les Mots Anglais* » (1878) et d'une étude sur les mythologies : « *Les Dieux antiques* » (1880). Deux hommages révélèrent alors le nom de Mallarmé : l'étude que lui consacra Verlaine dans ses « *Poètes maudits* » (1883) et les allusions de Huysmans dans son roman : « *A rebours* » (1884). Non sans habileté, Mallarmé publia l'année suivante, sa « *Prose pour des Esseintes* » qui prolongea le succès du livre et fit de lui le personnage le plus fascinant du symbolisme naissant. Mallarmé donna en 1887 un recueil de ses « *Poésies complètes* ». Toute sa vie les difficultés matérielles et surtout le manque de temps l'avaient contraint à négliger l'œuvre dont il rêvait, le « *Livre* » universel qui, dans son esprit, devait être la synthèse de tous les arts. Mallarmé put seulement réunir l'ensemble de ses écrits en deux volumes : « *Vers et proses* » (1893) et « *Divagations* » (1897) puis il donna « *Un coup de dés jamais n'abolira le hasard* » (1897), poème « pulvérisé », suprême indication de la tentative avortée du « Livre », et testament du poète. Mallarmé mourut l'année suivante, après avoir demandé que l'on détruisît ses notes. (Les poèmes cités ont été publiés par les Editions Gallimard.)

BRISE MARINE

La chair est triste, hélas ! et j'ai lu tous les livres.
Fuir ! là-bas fuir ! Je sens que des oiseaux sont ivres
D'être parmi l'écume inconnue et les cieux !

Rien, ni les vieux jardins reflétés par les yeux
Ne retiendra ce cœur qui dans la mer se trempe
O nuit ! ni la clarté déserte de ma lampe
Sur le vide papier que la blancheur défend
Et ni la jeune femme allaitant son enfant.
Je partirai ! Steamer balançant ta mâture,
Lève l'ancre pour une exotique nature !
Un Ennui, désolé par les cruels espoirs,
Croit encore à l'adieu suprême des mouchoirs !
Et, peut-être, les mâts, invitant les orages
Sont-ils de ceux qu'un vent penche sur les naufrages
Perdus, sans mâts, sans mâts, ni fertiles îlots...
Mais, ô mon cœur, entends le chant des matelots !

HERODIADE

I

SCENE

La nourrice, Hérodiade

N.

Tu vis ! ou vois-je ici l'ombre d'une princesse ?
A mes lèvres tes doigts et leurs bagues et cesse
De marcher dans un âge ignoré...

H.

Reculez.
Le blond torrent de mes cheveux immaculés
Quand il baigne mon corps solitaire le glace
D'horreur, et mes cheveux que la lumière enlace
Sont immortels, ô femme, un baiser me tuerait
Si la beauté n'était la mort...
Par quel attrait
Menée et quel matin oublié des prophètes
Verse, sur les lointains mourants, ses tristes fêtes,
Le sais-je ? tu m'as vue, ô nourrice d'hiver,
Sous la lourde prison de pierres et de fer
Où de mes vieux lions traînent les siècles fauves
Entrer, et je marchais, fatale, les mains sauves,
Dans le parfum désert de ces anciens rois :
Mais encore as-tu vu quels furent mes effrois ?
Je m'arrête rêvant aux exils, et j'effeuille,
Comme près d'un bassin dont le jet d'eau m'accueille,
Les pâles lys qui sont en moi, tandis qu'épris
De suivre du regard les languides débris
Descendre, à travers ma rêverie, en silence,

Les lions, de ma robe écartent l'indolence
Et regardent mes pieds qui calmeraient la mer.
Calme, toi, les frissons de ta sénile chair,
Viens et ma chevelure imitant les manières,
Trop farouches qui font votre peur des crinières,
Aide-moi, puisqu'ainsi tu n'oses plus me voir,
A me peigner nonchalamment dans un miroir.

N.

Sinon la myrrhe gaie en ses bouteilles closes,
De l'essence ravie aux vieillesses des roses,
Voulez-vous, mon enfant, essayer la vertu
Funèbre ?

H.

Laisse là ces parfums ! ne sais-tu
Que je les hais, nourrice, et veux-tu que je sente
Leur ivresse noyer ma tête languissante ?
Je veux que mes cheveux qui ne sont pas des fleurs
A répandre l'oubli des humaines douleurs,
Mais de l'or, à jamais vierge des aromates,
Dans leurs éclairs cruels et dans leurs pâleurs mates,
Observent la froideur stérile du métal,
Vous ayant reflétés, joyaux du mur natal,
Armes, vases depuis ma solitaire enfance.

N.

Pardon ! l'âge effaçait, reine, votre défense
De mon esprit pâli comme un vieux livre ou noir...

H.

Assez ! Tiens devant moi ce miroir.
O miroir !
Eau froide par l'ennui dans ton cadre gelée
Que de fois et pendant des heures, désolée
Des songes et cherchant mes souvenirs qui sont
Comme des feuilles sous ta glace au trou profond,
Je m'apparus en toi comme une ombre lointaine,
Mais, horreur ! des soirs, dans ta sévère fontaine,
J'ai de mon rêve épars connu la nudité !

Nourrice, suis-je belle ?

N.

Un astre, en vérité
Mais cette tresse tombe...

H.

Arrête dans ton crime
Qui refroidit mon sang vers sa source, et réprime
Ce geste, impiété fameuse : ah ! conte-moi
Quel sûr démon te jette en le sinistre émoi,
Ce baiser, ces parfums offerts et, le dirai-je ?
O mon cœur, cette main encore sacrilège,
Car tu voulais, je crois, me toucher, sont un jour
Qui ne finira pas sans malheur sur la tour…
O jour qu'Hérodiade avec effroi regarde !

N.

Temps bizarre, en effet, de quoi le ciel vous garde !
Vous errez, ombre seule et nouvelle fureur,
Et regardant en vous précoce avec terreur :
Mais toujours adorable autant qu'une immortelle,
O mon enfant, et belle affreusement et telle
Que…

H.

Mais n'allais-tu pas me toucher ?

N.

… J'aimerais
Être à qui le destin réserve vos secrets.

H.

Oh ! tais-toi !

N.

Viendra-t-il parfois ?

H.

Étoiles pures,
N'entendez pas !

N.

Comment, sinon parmi d'obscures
Épouvantes, songer plus implacable encor
Et comme suppliant le dieu que le trésor
De votre grâce attend ? et pour qui, dévorée

D'angoisses, gardez-vous la splendeur ignorée
Et le mystère vain de votre être ?

H.

Pour moi.

N.

Triste fleur qui croît seule et n'a pas d'autre émoi
Que son ombre dans l'eau vue avec atonie.

H.

Va, garde ta pitié comme ton ironie.

N.

Toutefois expliquez : oh ! non, naïve enfant,
Décroîtra, quelque jour, ce dédain triomphant...

H.

Mais qui me toucherait, des lions respectée ?
Du reste, je ne veux rien d'humain et, sculptée,
Si tu me vois les yeux perdus au paradis,
C'est quand je me souviens de ton lait bu jadis.

N.

Victime lamentable à son destin offerte !

H.

Oui, c'est pour moi, pour moi, que je fleuris, déserte !
Vous le savez, jardins d'améthyste, enfouis
Sans fin dans de savants abîmes éblouis,
Ors ignorés, gardant votre antique lumière
Sous le sombre sommeil d'une terre première,
Vous, pierres où mes yeux comme de purs bijoux
Empruntent leur clarté mélodieuse, et vous
Métaux qui donnez à ma jeune chevelure
Une splendeur fatale et sa massive allure !
Quant à toi, femme née en des siècles malins
Pour la méchanceté des antres sibyllins,
Qui parles d'un mortel ! selon qui, des calices
De mes robes, arôme aux farouches délices,
Sortirait le frisson blanc de ma nudité,
Prophétise que si le tiède azur d'été,
Vers lui nativement la femme se dévoile,
Me voit dans ma pudeur grelottante d'étoile,

Je meurs !
J'aime l'horreur d'être vierge et je veux
Vivre parmi l'effroi que me font mes cheveux
Pour, le soir, retirée en ma couche, reptile
Inviolé sentir en la chair inutile
Le froid scintillement de ta pâle clarté
Toi qui te meurs, toi qui brûles de chasteté,
Nuit blanche de glaçons et de neige cruelle !

Et sa sœur solitaire, ô ma sœur éternelle
Mon rêve montera vers toi : telle déjà
Rare limpidité d'un cœur qui le songea,
Je me crois seule en ma monotone patrie
Et tout, autour de moi, vit dans l'idolâtrie
D'un miroir qui reflète en son calme dormant
Hérodiade au clair regard de diamant...
O charme dernier, oui ! je le sens, je suis seule.

N.

Madame, allez-vous donc mourir ?

H.

Non, pauvre aïeule,
Sois calme et, t'éloignant, pardonne à ce cœur dur
Mais avant, si tu veux, clos les volets, l'azur
Séraphique sourit dans les vitres profondes,
Et je déteste, moi, le bel azur !

Des ondes
Se bercent et, là-bas, sais-tu pas un pays
Où le sinistre ciel ait les regards haïs
De Vénus qui, le soir, brûle dans le feuillage ;
J'y partirais.

Allume encore, enfantillage
Dis-tu, ces flambeaux où la cire au feu léger
Pleure parmi l'or vain quelque pleur étranger
Et...

N.

Maintenant ?

H.

Adieu.
Vous mentez, ô fleur nue
De mes lèvres !
J'attends une chose inconnue

Ou peut-être, ignorant le mystère et vos cris,
Jetez-vous les sanglots suprêmes et meurtris
D'une enfance sentant parmi les rêveries
Se séparer enfin ses froides pierreries.

SAINTE

A la fenêtre recélant
Le santal vieux qui se dédore
De sa viole étincelant
Jadis avec flûte ou mandore,

Est la Sainte pâle, étalant
Le livre vieux qui se déplie
Du Magnificat ruisselant
Jadis selon vêpre et complie :

A ce vitrage d'ostensoir
Que frôle une harpe par l'Ange
Formée avec son vol du soir
Pour la délicate phalange

Du doigt que, sans le vieux santal
Ni le vieux livre, elle balance
Sur le plumage instrumental,
Musicienne du silence.

AU SEUL SOUCI DE VOYAGER...

Au seul souci de voyager
Outre une Inde splendide et trouble
— Ce salut soit le messager
Du temps, cap que ta poupe double

Comme sur quelque vergue bas
Plongeante avec la caravelle
Ecumait toujours en ébats
Un oiseau d'annonce nouvelle

Qui criait monotonement
Sans que la barre ne varie
Un inutile gisement
Nuit, désespoir et pierrerie

Par son chant reflété jusqu'au
Sourire du pâle Vasco.

JOSÉ-MARIA DE HÉRÉDIA (1842 - 1905). — Né à Santiago-de-Cuba (Cuba). De mère française, il vint très tôt à Paris où il fit ses études et se fixa. Il se rallia très vite aux théories parnassiennes et collabora au « *Parnasse contemporain* » (1866). Son unique recueil « *Les Trophées* » parut en 1893. Le volume obtint un succès considérable. Elu à l'Académie Française en 1895, Hérédia fut nommé à la fin de sa vie administrateur de la Bibliothèque de l'Arsenal. On lui doit aussi la traduction du célèbre journal de Bernard Diaz « *La Conquête du Mexique* ».

LES CONQUÉRANTS

Comme un vol de gerfauts hors du charnier natal,
Fatigués de porter leurs misères hautaines,
De Palos, de Moguer, routiers et capitaines,
Partaient, ivres d'un rêve héroïque et brutal.

Ils allaient conquérir le fabuleux métal
Que Cipango mûrit dans ses mines lointaines,
Et les vents alizés inclinaient leurs antennes
Aux bords mystérieux du monde Occidental.

Chaque soir, espérant des lendemains épiques,
L'azur phosphorescent de la mer des Tropiques
Enchantait leur sommeil d'un mirage doré ;

Ou penchés à l'avant des blanches caravelles,
Ils regardaient monter en un ciel ignoré
Du fond de l'Océan des étoiles nouvelles.

PAUL VERLAINE (1844 - 1896). — Né à Metz. Ses premiers poèmes parurent dans la « *Revue du Progrès* », et le « *Parnasse contemporain* » (1863). Il rencontra alors Banville, Baudelaire et Hugo. Ce fut grâce à l'appui financier de sa cousine Elisa Debrée que son recueil : « *Poèmes saturniens* » put paraître, en 1866. Sa réputation grandit encore lorsque parurent « *Les Fêtes galantes* » (1869). Alors fiancé à Mathilde Mauté, Verlaine rédige « *La Bonne Chanson* ». Leur mariage est célébré en 1870, quelques heures après la déclaration de guerre. Verlaine est mobilisé dans la Garde nationale. Il vient de s'installer chez ses beaux-parents, rue Nicolet, lorsqu'il reçoit avec stupeur les poèmes d'un adolescent inconnu, Arthur Rimbaud. Peu de temps après la parution de « *La Bonne Chanson* », Verlaine quitte sa famille pour aller vivre avec Rimbaud, rue Campagne-Première. Dès lors commence la folle équipée qui devait conduire Verlaine et Rimbaud en Belgique et en Angleterre. En juillet 1872, Verlaine abandonne Rimbaud à Londres et part pour Bruxelles. Mais il ne peut vivre plus longtemps sans son ami et le presse de le rejoindre. L'entrevue est orageuse. C'est au cours de celle-ci que Verlaine tire sur Rimbaud deux coups de revolver. Arrêté peu après, il est condamné à deux ans de prison. Il se convertit alors, et compose les

« *Romances sans Paroles* » (1874) et « *Sagesse* ». Libéré en 1875, il tente de se refaire une réputation en exerçant les fonctions de professeur dans une école anglaise, puis chez les Jésuites de Rethel. Verlaine rentre ensuite à Paris. Il y publie « *Sagesse* » et vit quelque temps de cours donnés en banlieue. Il publie plus tard chez Vanier ses premières études sur « *Les Poètes| Maudits* ı», puis « *Jadis et naguère* ». Sa femme, entre-temps, a obtenu le divorce en sa faveur. Après la mort de sa mère (1886) le poète sombre dans la misère et dans la déchéance. Il vit dans de sombres garnis, entre deux séjours à l'hôpital. Les vers qu'il donne encore : « *Chansons pour Elle* », « *Elégies* », « *Amour* », « *Parallèlement* », etc. malgré leur science, ne peuvent rivaliser avec les chefs-d'œuvre de sa jeunesse. Par un curieux paradoxe, c'est à cette époque qu'un rayon de gloire le touche. Les jeunes poètes le reconnaissent comme un maître, on lui demande des conférences, on se presse dans les cafés où il vient boire l'absinthe. Il meurt le 8 janvier 1896.

NEVERMORE

Souvenir, souvenir, que me veux-tu ? L'automne
Faisait voler la grive à travers l'air atone,
Et le soleil dardait un rayon monotone
Sur le bois jaunissant où la bise détone.

Nous étions seul à seule et marchions en rêvant,
Elle et moi, les cheveux et la pensée au vent.
Soudain, tournant vers moi son regard émouvant :
« Quel fut ton plus beau jour ? » fit sa voix d'or vivant.

Sa voix douce et sonore, au frais timbre angélique.
Un sourire discret lui donna la réplique,
Et je baisai sa main blanche, dévotement.

— Ah ! les premières fleurs qu'elles sont parfumées
Et qu'il bruit avec un murmure charmant
Le premier *oui* qui sort de lèvres bien-aimées !

MON RÊVE FAMILIER

Je fais souvent ce rêve étrange et pénétrant
D'une femme inconnue, et que j'aime, et qui m'aime,
Et qui n'est, chaque fois, ni tout à fait la même
Ni tout à fait une autre, et m'aime et me comprend.

Car elle me comprend, et mon cœur, transparent
Pour elle seule, hélas ! cesse d'être un problème
Pour elle seule, et les moiteurs de mon front blême,
Elle seule les sait rafraîchir, en pleurant.

Est-elle brune, blonde ou rousse ? — Je l'ignore.
Son nom ? Je me souviens qu'il est doux et sonore
Comme ceux des aimés que la Vie exila.

Son regard est pareil au regard des statues,
Et, pour sa voix lointaine, et calme, et grave, elle a
L'inflexion des voix chères qui se sont tues.

(Poèmes Saturniens).

CHANSON D'AUTOMNE

Les sanglots longs
Des violons
De l'automne
Blessent mon cœur
D'une langueur
Monotone.

Tout suffoquant
Et blême, quand
Sonne l'heure,
Je me souviens
Des jours anciens
Et je pleure ;

Et je m'en vais
Au vent mauvais
Qui m'emporte
Deçà, delà,
Pareil à la
Feuille morte.

(Poèmes Saturniens.)

CLAIR DE LUNE

Votre âme est un paysage choisi
Que vont charmant masques et bergamasques,
Jouant du luth et dansant et quasi
Tristes sous leurs déguisements fantasques.

Tout en chantant sur le mode mineur
L'amour vainqueur et la vie opportune.

Ils n'ont pas l'air de croire à leur bonheur
Et leur chanson se mêle au clair de lune,

Au calme clair de lune triste et beau,
Qui fait rêver les oiseaux dans les arbres
Et sangloter d'extase les jets d'eau,
Les grands jets d'eau sveltes parmi les marbres.

COLLOQUE SENTIMENTAL

Dans le vieux parc solitaire et glacé
Deux formes ont tout à l'heure passé.

Leurs yeux sont morts et leurs lèvres sont molles,
Et l'on entend à peine leurs paroles.

Dans le vieux parc solitaire et glacé
Deux spectres ont évoqué le passé.

— Te souvient-il de notre extase ancienne ?
— Pourquoi voulez-vous donc qu'il m'en souvienne ?

— Ton cœur bat-il toujours à mon seul nom ?
Toujours vois-tu mon âme en rêve ? — Non.

— Ah ! les beaux jours de bonheur indicible
Où nous joignions nos bouches ! — C'est possible.

— Qu'il était bleu, le ciel, et grand l'espoir !
— L'espoir a fui, vaincu, vers le ciel noir.

Tels ils marchaient dans les avoines folles,
Et la nuit seule entendit leurs paroles.

(Fêtes Galantes.)

★

Il pleut doucement sur la ville.
Arthur Rimbaud.

Il pleure dans mon cœur
Comme il pleut sur la ville,
Quelle est cette langueur
Qui pénètre mon cœur ?

O bruit doux de la pluie
Par terre et sur les toits !
Pour un cœur qui s'ennuie,
O le chant de la pluie !

Il pleure sans raison
Dans ce cœur qui s'écœure.
Quoi ! nulle trahison ?
Ce deuil est sans raison.

C'est bien la pire peine
De ne savoir pourquoi,
Sans amour et sans haine,
Mon cœur a tant de peine !

★

Dans l'interminable
Ennui de la plaine,
La neige incertaine
Luit comme du sable.

Le ciel est de cuivre
Sans lueur aucune,
On croirait voir vivre
Et mourir la lune.

Comme des nuées
Flottent gris les chênes
Des forêts prochaines
Parmi les buées.

Le ciel est de cuivre
Sans lueur aucune.
On croirait voir vivre
Et mourir la lune.

Corneille poussive
Et vous, les loups maigres,
Par ces bises aigres
Quoi donc vous arrive ?

Dans l'interminable
Ennui de la plaine
La neige incertaine
Luit comme du sable.

(Romances sans paroles.)

★

Les faux beaux jours ont lui tout le jour, ma pauvre âme,
Et les voici vibrer aux cuivres du couchant.
Ferme les yeux, pauvre âme, et rentre sur-le-champ ;
Une tentation des pires. Fuis l'Infâme.

Ils ont lui tout le jour en longs grêlons de flamme,
Battant toute vendange aux collines, couchant
Toute moisson de la vallée, et ravageant
Le ciel tout bleu, le ciel chanteur qui te réclame.

Ô pâlis, et va-t'en, lente et joignant les mains.
Si ces hiers allaient manger nos beaux demains ?
Si la vieille folie était encore en route ?

Ces souvenirs, va-t-il falloir les retuer ?
Un assaut furieux, le suprême sans doute !
Ô, va prier contre l'orage, va prier.

★

L'espoir luit comme un brin de paille dans l'étable.
Que crains-tu de la guêpe ivre de son vol fou ?
Vois, le soleil toujours poudroie à quelque trou.
Que ne t'endormais-tu, le coude sur la table ?

Pauvre âme pâle, au moins cette eau du puits glacée,
Bois-la. Puis dors après. Allons, tu vois, je reste,
Et je dorloterai les rêves de ta sieste,
Et tu chantonneras comme un enfant bercé.

Midi sonne. De grâce, éloignez-vous, madame.
Il dort. C'est étonnant comme les pas de femme
Résonnent au cerveau des pauvres malheureux.

Midi sonne. J'ai fait arroser dans la chambre.
Va, dors ! L'espoir luit comme un caillou dans un creux.
Ah ! quand refleuriront les roses de septembre !

★

Le ciel est, par-dessus le toit,
Si bleu, si calme !
Un arbre, par-dessus le toit,
Berce sa palme.

La cloche, dans le ciel qu'on voit,
Doucement tinte.
Un oiseau sur l'arbre qu'on voit
Chante sa plainte.

Mon Dieu, mon Dieu, la vie est là,
Simple et tranquille.
Cette paisible rumeur-là
Vient de la ville.

— Qu'as-tu fait, ô toi que voilà
Pleurant sans cesse,
Dis, qu'as-tu fait, toi que voilà,
De ta jeunesse ?

(Sagesse.)

ART POÉTIQUE

A Charles Morice.

De la musique avant toute chose,
Et pour cela préfère l'Impair,
Plus vague et plus soluble dans l'air,
Sans rien en lui qui pèse ou qui pose.

Il faut aussi que tu n'ailles point
Choisir tes mots sans quelque méprise :
Rien de plus cher que la chanson grise
Où l'Indécis au Précis se joint.

C'est des beaux yeux derrière des voiles,
C'est le grand jour tremblant de midi,
C'est, par un ciel d'automne attiédi,
Le bleu fouillis des claires étoiles !

Car nous voulons la Nuance encor,
Pas la Couleur, rien que la nuance !
Oh ! la nuance seule fiance
Le rêve au rêve et la flûte au cor !

Fuis du plus loin la Pointe assassine,
L'Esprit cruel et le Rire impur,
Qui font pleurer les yeux de l'Azur,
Et tout cet ail de basse cuisine !

Prends l'éloquence et tords-lui son cou !
Tu feras bien, en train d'énergie,
De rendre un peu la Rime assagie.
Si l'on n'y veille, elle ira jusqu'où ?

Oh ! qui dira les torts de la Rime !
Quel enfant sourd ou quel nègre fou
Nous a forgé ce bijou d'un sou
Qui sonne creux et faux sous la lime ?

De la musique encore et toujours !
Que ton vers soit la chose envolée
Qu'on sent qui fuit d'une âme en allée
Vers d'autres cieux à d'autres amours,

Que ton vers soit la bonne aventure
Eparse au vent crispé du matin
Qui va fleurant la menthe et le thym...
Et tout le reste est littérature.

(Jadis et Naguère.)

IMPRESSION FAUSSE

Dame souris trotte,
Noire dans le gris du soir,
Dame souris trotte,
Grise dans le noir.

On sonne la cloche :
Dormez, les bons prisonniers,
On sonne la cloche :
Faut que vous dormiez.

Pas de mauvais rëve :
Ne pensez qu'à vos amours,
Pas de mauvais rêve :
Les belles toujours !

Le grand clair de lune !
On ronfle ferme à côté.
Le grand clair de lune
En réalité !

Un nuage passe,
Il fait noir comme en un four.
Un nuage passe
Tiens, le petit jour !

Dame souris trotte,
Rose dans les rayons bleus,
Dame souris trotte :
Debout, paresseux !

(Parallèlement.)

Je suis venu, calme orphelin,
Riche de mes seuls yeux tranquilles,
Vers les hommes des grandes villes :
Ils ne m'ont pas trouvé malin.

A vingt ans un trouble nouveau,
Sous le nom d'amoureuse flamme,
M'a fait trouver belles les femmes :
Elles ne m'ont pas trouvé beau.

Bien que sans patrie et sans roi
Et très brave ne l'étant guère,
J'ai voulu mourir à la guerre :
La mort n'a pas voulu de moi.

Suis-je né trop tôt ou trop tard ?
Qu'est-ce que je fais en ce monde ?
Ô vous tous, ma peine est profonde !
Priez pour le pauvre Gaspard !

(Sagesse.)

TRISTAN CORBIERE (1845 - 1875). — Poète, né au Manoir de Coat Congar, près de Morlaix. Fils du romancier « maritime » Jean-Antoine Edouard Corbière (1793-1875), il eut une vie brève, totalement obscure et livrée aux échecs. Atteint de rhumatisme, dès l'âge de quinze ans, il ne put satisfaire sa grande passion : être marin. Amoureux, il dut se contenter d'une passion sordide. Poète enfin, il n'eut aucun succès et son génie ne fut reconnu qu'après sa mort. Corbière fit pourtant paraître son unique recueil « *Les Amours Jaunes* » dans lequel il avait mis, en plus de son génie, son amour de la mer et son rire grinçant. Il mourut à trente ans, le 1er mars 1875, au bout d'une solitude sans faille.

ÉPITAPHE

Sauf les amoureux commençans ou finis qui veulent commencer par la fin il y a tant de choses qui finissent par le commencement, que le commencement commence à finir par être à la fin, la fin en sera que les amoureux et autres finiront par commencer à recommencer par ce commencement qui aura fini par n'être que la fin retournée ce qui commencera par être égal à l'éternité qui n'a ni fin ni commencement et finira par être aussi finalement égal à la rotation de la terre où l'on aura fini par ne distinguer plus où commence la fin d'où finit le commencement ce qui est toute fin de tout commencement égale à tout commencement final de l'infini défini par l'indéfini. — Egale une épitaphe égale une préface et réciproquement.

Sagesse des Nations.

Il se tua d'ardeur, ou mourut de paresse,
S'il vit, c'est par l'oubli ; voici ce qu'il se laisse :
Son seul regret fut de n'être pas sa maîtresse.

Il ne naquit par aucun bout,
Fut toujours poussé vent-de-bout,
Et fut un arlequin-ragoût,
Mélange adultère de tout.
Du *je-ne-sais-quoi*, — mais ne sachant où ;
De l'or, — mais avec pas le sou ;
Des nerfs, — sans nerf ; vigueur sans force ;
De l'élan, — avec une entorse ;
De l'âme, — et pas de violon ;
De l'amour, — mais pire étalon.
— Trop de noms pour avoir un nom. —

Coureur d'idéal, — sans idée ;
Rime riche, — et jamais rimée ;
Sans avoir été, — revenu ;
Se retrouvant partout perdu.

Poète, en dépit de ses vers ;
Artiste sans art, — à l'envers ;
Philosophe, — à tort à travers

Un drôle sérieux, — pas drôle.
Acteur : il ne sut pas son rôle ;
Peintre : il jouait de la musette ;
Et musicien : de la palette.

Une tête ! — mais pas de tête ;
Trop fou pour savoir être bête ;
Prenant pour un trait le mot *très*.
— Ses vers faux furent ses seuls vrais.

Oiseau rare — et de pacotille ;
Très mâle... et quelquefois très *fille ;*

Capable de tout, — bon à rien ;
Gâchant bien le mal, mal le bien.

Prodigue comme était l'enfant
Du Testament, — sans testament.
Brave, et souvent, par peur dù plat,
Mettant ses deux pieds dans le plat.

Coloriste enragé, — mais blême ;
Incompris... — surtout de lui-même ;
Il pleura, chanta juste faux ;
— Et fut un défaut sans défauts.

Ne fut *quelqu'un,* ni quelque chose.
Son naturel était la *pose*.
Pas poseur, posant pour *l'unique* ;
Trop naïf, étant trop cynique ;
Ne croyant à rien, croyant tout.
— Son goût était dans le dégoût.

Trop crû, — parce qu'il fut trop cuit,
Ressemblant à rien moins qu'à lui,
Il s'amusa de son ennui,
Jusqu'à s'en reveiller la nuit.
Flâneur au large, — à la dérive,
Épave qui jamais n'arrive...

Trop *Soi* pour se pouvoir souffrir,
L'esprit à sec et la tête ivre,
Fini, mais ne sachant finir,
Il mourut en s'attendant vivre
Et vécut s'attendant mourir.

Ci-gît, — cœur sans cœur, mal planté,
Trop réussi — comme *raté*.

COMTE DE LAUTRÉAMONT

(1846 - 1870). — Né à Montevideo (Uruguay).

Aucune vie n'est plus mystérieuse que celle de Lautréamont, dont nous ne connaissons même pas les traits. Entre deux ombres, Lautréamont a pourtant trouvé la force de proférer quelques paroles éclatantes qui n'ont pas fini de nous éclairer. Que sait-on de lui ? Il était fils d'un chancelier du consulat de France en Uruguay qui s'empressa de se débarrasser de lui, dès qu'il eut atteint quatorze ans, en l'envoyant en France poursuivre ses études. Admis au lycée de Tarbes en 1860, puis à celui de Pau, il y demeura jusqu'en 1867, date à laquelle il se fixa à Paris dans l'intention de se présenter aux examens de l'Ecole Polytechnique. En fait, il semble surtout s'être promené dans le Paris nocturne, ne rentrant dans sa chambre d'hôtel que pour écrire. L'année suivante, il fait imprimer une mince plaquette qui contient le début des « *Chants de Maldoror* ». « *Les Chants de Maldoror* » parurent en 1869, chez Lacroix, sous le pseudonyme de Lautréamont. Effrayé par l'audace de ce texte, Lacroix refusa de le mettre en vente. Quelques mois plus tard, le poète publie sous son nom une « *Préface à un livre futur* » (1870) où il paraît renier ses premiers chants, et il meurt le 24 novembre 1870 dans la solitude de sa chambre, à l'âge de vingt-quatre ans. Parfaitement inconnu de son vivant, il ne fut découvert que vers 1910. L'épopée du mal qu'a écrite en traits de feu cet inquiétant génie est incontestablement une œuvre très importante. Un langage nouveau, plus près des sources profondes de l'inconscient, est né de ces pages révoltées que tourne avec nous la main d'encre de « l'ange du bizarre ».

LES CHANTS DE MALDOROR

. . . .

Je me propose, sans être ému, de déclamer à grande voix la strophe sérieuse et froide que vous allez entendre. Vous, faites attention à ce qu'elle contient, et gardez-vous de l'impression pénible qu'elle ne manquera pas de laisser, comme une flétrissure, dans vos imaginations troublées. Ne croyez pas que je sois sur le point de mourir, car je ne suis pas encore un squelette, et la vieillesse n'est pas collée à mon front. Ecartons en conséquence toute idée de comparaison avec le cygne, au moment où son existence s'envole, et ne voyez devant vous qu'un monstre, dont je suis heureux que vous ne puissiez pas apercevoir la figure ; mais moins horrible est-elle que son âme. Cependant, je ne suis pas un criminel... Assez sur ce sujet. Il n'y a pas longtemps que j'ai revu la mer et foulé le pont des vaisseaux, et mes souvenirs sont vivaces comme si je l'avais quittée la veille. Soyez néanmoins, si vous le pouvez aussi calmes que moi, dans cette lecture que je me repens déjà de vous offrir, et ne rougissez pas à la pensée de ce qu'est le cœur humain. O poulpe au regard de soie ! toi, dont l'âme est inséparable de la mienne ; toi, le plus beau des habitants du globe terrestre, et qui commandes à un sérail de quatre cents ventouses ; toi, en qui siègent noblement, comme dans leur résidence naturelle, par un commun accord, d'un lien indestructible, la douce vertu communicative et les grâces divines, pourquoi n'es-tu pas avec moi, ton ventre de mercure contre ma poitrine d'aluminium, assis tous les deux sur quelque rocher du rivage, pour contempler ce spectacle que j'adore !

Vieil océan, aux vagues de cristal, tu ressembles proportionnellement à ces marques azurées que l'on voit sur le dos meurtri des mousses ; tu es un immense bleu, appliqué sur le corps de la terre : j'aime cette comparaison. Ainsi, à ton premier aspect, un souffle prolongé de tristesse, qu'on croirait être le murmure de ta brise suave, passe, en laissant des ineffaçables traces, sur l'âme profondément ébranlée, et tu rappelles au souvenir de tes amants, sans qu'on s'en rende toujours compte, les rudes commencements de l'homme où il fait connaissance avec la douceur, qui ne le quitte plus. Je te salue, vieil océan !

Vieil océan, ta forme harmonieusement sphérique, qui réjouit la face grave de la géométrie, ne me rappelle que trop les petits yeux de l'homme, pareils à ceux du sanglier pour la petitesse, et à ceux des oiseaux de nuit pour la perfection circulaire du contour. Cependant, l'homme s'est cru beau dans tous les siècles. Moi, je suppose plutôt que l'homme ne croit à sa beauté que par amour-propre ; mais, qu'il n'est pas beau réellement et qu'il s'en doute car, pourquoi regarde-t-il la figure de son semblable, avec tant de mépris ? Je te salue, vieil océan !

Vieil océan, tu es le symbole de l'identité : toujours égal à toi-même Tu ne varies pas d'une manière essentielle, et si tes vagues sont quelque part en furie, plus loin, dans quelque autre zone, elles sont dans le calme le plus complet. Tu n'es pas comme l'homme qui s'arrête dans la rue, pour voir deux bouledogues s'empoigner au cou, mais qui ne s'arrête pas, quand un enterrement passe ; qui est ce matin accessible, et ce soir de mauvaise humeur ; qui rit aujourd'hui et pleure demain. Je te salue, vieil océan !

. . . .

Vieil océan, ô grand célibataire, quand tu parcours la solitude solennelle de tes royaumes flegmatiques, tu t'enorgueillis à juste titre de ta magnificence native, et des éloges vrais que je m'empresse de te donner. Balancé voluptueusement par les molles effluves de ta lenteur majestueuse, qui est le plus grandiose parmi les attributs dont le souverain pouvoir t'a gratifié, tu. déroules, au milieu d'un sombre mystère, sur toute ta surface sublime, tes vagues incomparables, avec le sentiment calme de ta puissance éternelle. Elles se suivent parallèlement, séparées par de courts intervalles. A peine l'une diminue, qu'une autre va à sa rencontre en grandissant, accompagnées du bruit mélancolique de l'écume qui se fond, pour nous avertir que tout est écume. (Ainsi, les êtres humains, ces vagues vivantes, meurent l'un après l'autre, d'une manière monotone ; mais sans laisser de bruit écumeux.) L'oiseau de passage se repose sur elles avec confiance, et se laisse abandonner à leurs mouvements, pleins d'une grâce fière, jusqu'à ce que les os de ses ailes aient retrouvé leur vigueur accoutumée pour continuer leur pèlerinage aérien. Je voudrais que la majesté humaine ne fût que l'incarnation du reflet de la tienne. Je demande beaucoup, et ce souhait sincère est glorieux pour toi. Ta grandeur morale, image de l'infini, est immense comme la réflexion du philosophe, comme l'amour de la femme, comme la beauté divine de l'oiseau, comme les méditations du poète. Tu es plus beau que la nuit. Réponds-moi, océan, veux-tu être mon frère ? Remue-toi avec impétuosité… plus… plus encore, si tu veux que je te compare à la vengeance de Dieu ; allonge tes griffes livides en te frayant un chemin sur ton propre sein… c'est bien. Déroule tes vagues épouvantables, océan hideux, compris par moi seul, et devant lequel je tombe, prosterné à tes genoux. La majesté de l'homme est empruntée ; il ne m'imposera point : toi, oui. Oh ! quand tu t'avances, la tête haute et terrible, entouré de tes replis tortueux comme d'une cour, magnétiseur et farouche, roulant tes ondes les unes sur les autres, avec la conscience de ce que tu es, pendant que tu pousses, des profondeurs de ta poitrine, comme accablé d'un remords intense que je ne puis pas découvrir, ce sourd mugissement perpétuel que les hommes redoutent tant, même quand ils te contemplent, en sûreté, tremblants sur le rivage, alors je vois qu'il ne m'appartient pas, le droit insigne de me dire ton égal. C'est pourquoi, en présence de ta supériorité, je te donnerais tout mon amour (et nul ne sait la quantité d'amour que contiennent mes aspirations vers le beau), si tu ne me faisais douloureusement penser à mes semblables, qui forment avec toi le plus ironique contraste, l'antithèse la plus bouffonne que l'on ait jamais vue dans la création : je ne puis pas t'aimer, je te déteste. Pourquoi reviens-je à toi, pour la millième fois, vers tes bras amis, qui s'entrouvrent, pour caresser mon front brûlant, qui voit disparaître la fièvre à leur contact ! Je ne connais pas ta destinée cachée ; tout ce qui te concerne m'intéresse. Dis-moi donc si tu es la demeure du prince des ténèbres. Dis-le-moi... dis-le-moi, océan (à moi seul, pour ne pas attrister ceux qui n'ont connu que les illusions), et si le souffle de Satan crée les tempêtes qui soulèvent tes eaux salées jusqu'aux nuages. Il faut que tu me le dises, parce que je me réjouirais de savoir l'enfer si près de l'homme. Je veux que celle-ci soit la dernière strophe de mon invocation. Par conséquent, une seule fois encore, je veux te saluer et te faire mes adieux ! Vieil océan, aux vagues de cristal... Mes yeux se mouillent de larmes abondantes, je n'ai pas la force de poursuivre ; car, je sens que le moment est venu de revenir parmi les hommes, à l'aspect brutal ; mais... courage ! Faisons un grand effort, et accomplissons, avec le sentiment du devoir, notre destinée sur cette terre. Je te salue ! vieil océan !

. . . .

(Extrait du Chant Premier.)

ARISTIDE BRUANT (1851 - 1925). — Chansonnier, célèbre sur la Butte où il tenait cabaret, il a réuni dans ses recueils : « *Dans la Rue* » (1889) et « *Sur la Route* » (1897) des chansons dont certaines sont devenues des complaintes qui ont pris leur place dans la poésie populaire.

ROSE BLANCHE

Alle avait, sous sa toque d'martre,
Sur la butt' Montmartre,
Un p'tit air innocent ;
On l'app'lait Rose, alle était belle,
A sentait bon la fleur nouvelle,
Ru' Saint-Vincent.

All' n'avait pas connu son père,
A n'avait pas d'mère,
Et depuis mil neuf cent,
A d'meurait chez sa vieille aïeule
Où qu'a s'él'vait, comm'ça, tout'seule,
Ru' Saint-Vincent.

A travaillait, déjà, pour vivre,
Et les soirs de givre,
Sous l'froid noir et glaçant,
Son p'tit fichu sur les épaules,
A rentrait, par la ru'des Saules,
Ru'Saint-Vincent.

A voyait, dans les nuits d'gelée,
La nappe étoilée,
Et la lune, en croissant,
Qui brillait, blanche et fatidique,
Sur la p'tit' croix d'la basilique,
Ru' Saint-Vincent.

L'été, par les chauds crépuscules,
A rencontré Jules
Qu'était si caressant
Qu'a restait, la soirée entière,
Avec lui, près du vieux cimetière,
Ru' Saint-Vincent.

Mais le p'tit Jul' était d'la tierce
Qui soutient la gerce,
Aussi, l'adolescent
Voyant qu'a n'marchait pas au pante,
D'un coup d'surin lui troua l'ventre,
Ru' Saint-Vincent.

Quand ils l'ont couché' sous la planche,
Alle était tout' blanche
Mêm' qu'en l'ensev'lissant,
Les croqu'-morts disaient qu'la pauv' gosse
Était claqué' l'jour de sa noce,
Ru' Saint-Vincent.

(Dans la rue.)

GERMAIN NOUVEAU

(1852 - 1920). — Poète, né à Pourrières (Var).

Venu à Paris en 1872 pour échapper à une carrière de pharmacien qu'ambitionnait pour lui sa famille, il s'était fait connaître, grâce à des poèmes publiés sous divers pseudonymes. Il mène alors une vie aventureuse et sa route recoupe à maintes reprises celle du Pauvre Lélian. A partir de 1878, il entre au Ministère de l'Instruction Publique et écrit les poèmes qui formeront « *Doctrine de l'Amour* » (publiés sous le pseudonyme d'Humilis). En 1883, il reprend ses voyages, devient professeur de dessin au lycée Jeanson-de-Sailly, puis est interné à Bicêtre au cours d'une crise de folie. L'asile joue dans la vie de Germain Nouveau le même rôle que la prison dans celle de Verlaine : il lui rend la foi. Un an plus tard, lorsqu'il quitte l'asile, Nouveau est devenu un chrétien affamé de pénitence qui ne cessera d'errer en mendiant jusqu'à la fin de ses jours. Publiés pour la plupart à titre posthume, les poèmes de Germain Nouveau prennent peu à peu dans l'histoire de la poésie française la place qui leur fut longtemps marchandée. Les fragments cités font partie des œuvres éditées par les Editions Gallimard. Il faut ajouter à ces quelques lignes que G. Nouveau, après Verlaine, fit un court voyage, avec Arthur Rimbaud, en Angleterre.

★

....

On m'a mis au collège (oh ! les parents, c'est lâche !)
en province, dans la vieille ville de H...
J'ai quinze ans, et l'ennui du latin pluvieux !
Je vis, fumant d'affreux cigares dans les lieux ;
et je réponds, quand on me prive de sortie :
« Chouette alors ! » préférant le bloc à la partie
d'écarté, chez le maire, où le soir, au salon,
honteux d'un liséré rouge à mon pantalon,
j'écoute avec stupeur ma tante (une nature !)
causer du dernier bal à la sous-préfecture.

LES MAINS

Aimez vos mains afin qu'un jour vos mains soient belles,
Il n'est pas de parfum trop précieux pour elles.

Soignez-les. Taillez bien les ongles douloureux
Il n'est pas d'instruments trop délicats pour eux.

C'est Dieu qui fit les mains fécondes en merveilles,
Elles ont pris leur neige aux lys des Séraphins
Au jardin de la chair, ce sont deux fleurs pareilles,
Et le sang de la rose est sous leurs ongles fins.

Il circule un printemps mystique dans les veines
Où court la violette, où le bleuet sourit,
Aux lignes de la paume ont dormi les verveines :
Les mains disent aux yeux les secrets de l'esprit.

Les peintres les plus grands furent amoureux d'elles,
Et les peintres des mains sont les peintres modèles.

Comme deux cygnes blancs l'un vers l'autre nageant,
Deux voiles sur la mer fondant leurs pâleurs mates,

Livrez vos mains à l'eau dans les bassins d'argent,
Préparez-leur le linge avec les aromates.

. . . .

ARTHUR RIMBAUD

(1854 - 1891). — Né à Charleville.

A dix ans, Rimbaud entre au collège de Charleville, ville qu'il déteste, où il se révèle un brillant élève. Il a pour professeur de rhétorique Georges Izambard qui l'aide à se former en lui prêtant des livres. Le 29 août 1870, Rimbaud fait sa première fugue. Il se rend à Paris, connait un bref emprisonnement pour avoir voyagé sans billet, puis rentre à Charleville. Dix jours plus tard, il reprend la route pour Charleroi, puis pour Bruxelles. Au cours de ces vagabondages naissent de nombreux poèmes, dont « *Le Dormeur du Val* ». De retour à Charleville, il tente d'oublier la sombre réalité de la ville qui l'emprisonne. En 1871, il reprend le train pour Paris qu'il trouve aux prises avec la guerre. Il n'y reste qu'une quinzaine de jours, rentre au logis maternel et précise sa conception de l'« horrible travail » poétique dans la lettre dite « du voyant ». Dès lors, il travaille à « se faire voyant » pour atteindre à la réalité de la poésie. Un ami de Verlaine met en rapport les deux poètes. On sait ce que fut le premier séjour de l'adolescent chez les Verlaine. Il y met le désordre avec une conscience satanique. Tandis que Verlaine passe insensiblement de l'admiration à la passion pour l'enfant prodige, celui-ci se détache de plus en plus du monde. En 1872, au cours d'un nouveau séjour à Charleville, il écrit : « *La comédie de la soif* », puis regagne Paris. Trois mois plus tard, il entraîne Verlaine en Belgique, puis en Angleterre. La vie commune devient rapidement intolérable à Verlaine qui s'enfuit à Bruxelles, en 1873, laissant son ami sans ressources. En mai de la même année, Rimbaud le rejoint. C'est là que Verlaine blesse le jeune homme d'un coup de revolver. Demeuré seul, Rimbaud achève « *Une saison en enfer* », qu'il fait imprimer. Il abandonne l'édition chez l'imprimeur. L'année suivante, il fait la connaissance de Germain Nouveau avec qui il part une nouvelle fois pour l'Angleterre, puis gagne l'Allemagne où Verlaine le rencontre pour la dernière fois. En 1876, Rimbaud s'engage dans l'armée coloniale hollandaise et part pour Batavia. Là, il déserte et rentre en France. Après de nombreux voyages en Europe, il part (1880) pour Aden où une maison de commerce l'engage. Il mène en Ethiopie une vie aventureuse d'import-export et de trafiquant. En 1891, une tumeur au genou droit le force à interrompre ses activités pour rentrer en France. A Marseille, on doit l'amputer. Il y meurt à l'hôpital, le 10 novembre 1891. Auteur de deux minces ouvrages « *Une Saison en Enfer* » et « *Les Illuminations* », Rimbaud est avec Baudelaire et Lautréamont le plus « moderne », des poètes de son siècle. Sa prose hallucinante, semée d'éclairs et de révélations géniales conserve le reflet d'une des tentatives spirituelles les plus audacieuses qu'un homme ait tentées pour « changer la vie ». « La morale est la faiblesse de la cervelle... » « Je est un autre » a-t-il écrit.

MA BOHÈME

(fantaisie)

Je m'en allais, les poings dans mes poches crevées ;
Mon paletot aussi devenait idéal ;
J'allais sous le ciel, Muse ! et j'étais ton féal :
Oh ! là ! là ! que d'amours splendides j'ai rêvées !

Mon unique culotte avait un large trou.
— Petit Poucet rêveur, j'égrenais dans ma course

Des rimes. Mon auberge était à la Grande-Ourse.
— Mes étoiles au ciel avaient un doux frou-frou

Et je les écoutais, assis au bord des routes,
Ces bons soirs de septembre où je sentais des gouttes
De rosée à mon front, comme un vin de vigueur ;

Où, rimant au milieu des ombres fantastiques,
Comme des lyres, je tirais les élastiques
De mes souliers blessés, un pied près de mon cœur !

LE BATEAU IVRE

Comme je descendais des Fleuves impassibles,
Je ne me sentis plus guidé par les haleurs :
Des Peaux-Rouges criards les avaient pris pour cibles,
Les ayant cloués nus aux poteaux de couleurs.

J'étais insoucieux de tous les équipages,
Porteurs de blés flamands ou de cotons anglais.
Quand avec mes haleurs ont fini ces tapages,
Les Fleuves m'ont laissé descendre où je voulais.

Dans les clapotements furieux des marées,
Moi, l'autre hiver, plus sourd que les cerveaux d'enfants
Je courus ! Et les Péninsules démarrées
N'ont pas subi tohu-bohus plus triomphants.

La tempête a béni mes éveils maritimes.
Plus léger qu'un bouchon j'ai dansé sur les flots
Qu'on appelle rouleurs éternels de victimes,
Dix nuits, sans regretter l'œil niais des falots !

Plus douce qu'aux enfants la chair des pommes sures,
L'eau verte pénétra ma coque de sapin
Et des taches de vins bleus et des vomissures
Me lava, dispersant gouvernail et grappin.

Et dès lors, je me suis baigné dans le Poème
De la Mer, infusé d'astres, et lactescent,
Dévorant les azurs verts, où flottaison blême
Et ravie, un noyé pensif parfois descend :

Où, teignant tout à coup des bleuités, délires
Et rythmes lents sous les rutilements du jour,
Plus fortes que l'alcool, plus vastes que nos lyres,
Fermentent les rousseurs amères de l'amour !

Je sais les cieux crevant en éclairs, et les trombes
Et les ressacs et les courants : je sais le soir,
L'Aube exaltée ainsi qu'un peuple de colombes,
Et j'ai vu quelquefois ce que l'homme a cru voir !

J'ai vu le soleil bas, taché d'horreurs mystiques,
Illuminant de longs figements violets,
Pareils à des acteurs de drames très-antiques
Les flots roulant au loin leurs frissons de volets !

J'ai rêvé la nuit verte aux neiges éblouies,
Baiser montant aux yeux des mers avec lenteurs,
La circulation des sèves inouïes,
Et l'éveil jaune et bleu des phosphores chanteurs !

J'ai suivi, des mois pleins, pareille aux vacheries
Hystériques, la houle à l'assaut des récifs,
Sans songer que les pieds lumineux des Maries
Pussent forcer le mufle aux Océans poussifs !

J'ai heurté, savez-vous, d'incroyables Florides
Mêlant aux fleurs des yeux de panthères à peaux
D'homme ! Des arcs-en-ciel tendus comme des brides
Sous l'horizon des mers, à de glauques troupeaux !

J'ai vu fermenter les marais énormes, nasses
Où pourrit dans les joncs tout un Léviathan !
Des écroulements d'eaux au milieu des bonaces,
Et les lointains vers les gouffres cataractant !

Glaciers, soleils d'argent, flots nacreux, cieux de braises !
Echouages hideux au fond des golfes bruns
Où les serpents géants dévorés des punaises
Choient, des arbres tordus, avec de noirs parfums !

J'aurais voulu montrer aux enfants ces dorades
Du flot bleu, ces poissons d'or, ces poissons chantants.
— Des écumes de fleurs ont bercé mes dérades
Et d'ineffables vents m'ont ailé par instants.

Parfois, martyr lassé des pôles et des zones,
La mer dont le sanglot faisait mon roulis doux
Montait vers moi ses fleurs d'ombre aux ventouses jaunes
Et je restais, ainsi qu'une femme à genoux...

Presqu'île, ballottant sur mes bords les querelles
Et les fientes d'oiseaux clabaudeurs aux yeux blonds.
Et je voguais, lorsqu'à travers mes liens frêles
Des noyés descendaient dormir, à reculons !...

Or moi, bateau perdu sous les cheveux des anses,
Jeté par l'ouragan dans l'éther sans oiseau,
Moi dont les Monitors et les voiliers des Hanses
N'auraient pas repêché la carcasse ivre d'eau ;

Libre, fumant, monté de brumes violettes,
Moi qui trouais le ciel rougeoyant comme un mur
Qui porte, confiture exquise aux bons poètes,
Des lichens de soleil et des morves d'azur ;

Qui courais, tâché de lunules électriques,
Planche folle, escorté des hippocampes noirs,
Quand les juillets faisaient crouler à coups de triques
Les cieux ultramarins aux ardents entonnoirs ;

Moi qui tremblais, sentant geindre à cinquante lieues
Le rut des Béhémots et les Maelstroms épais,
Fileur éternel des immobilités bleues,
Je regrette l'Europe aux anciens parapets !

J'ai vu des archipels sidéraux ! et des îles
Dont les cieux délirants sont ouverts au vogueur :
— Est-ce en ces nuits sans fond que tu dors et t'exiles,
Million d'oiseaux d'or, ô future Vigueur ? —

Mais, vrai, j'ai trop pleuré ! Les Aubes sont navrantes.
Toute lune est atroce et tout soleil amer :
L'âcre amour m'a gonflé de torpeurs enivrantes.
Ô que ma quille éclate ! Ô que j'aille à la mer !

Si je désire une eau d'Europe, c'est la flache
Noire et froide où vers le crépuscule embaumé
Un enfant accroupi plein de tristesses, lâche
Un bateau frêle comme un papillon de mai.

Je ne puis plus, baigné de vos langueurs, ô lames,
Enlever leur sillage aux porteurs de cotons,
Ni traverser l'orgueil des drapeaux et des flammes,
Ni nager sous les yeux horribles des pontons.

VOYELLES

A noir, E blanc, I rouge, U vert, O bleu : voyelles.
Je dirai quelque jour vos naissances latentes :
A, noir corset velu des mouches éclatantes,
Qui bombinent autour des puanteurs cruelles,

Golfes d'ombre ; E, candeurs des vapeurs et des tentes,
Lances des glaciers fiers, rois blancs, frissons d'ombelles ;

I, pourpre, sang craché, rire des lèvres belles
Dans la colère ou les ivresses pénitentes ;

U, cycles, vibrements divins des mers virides,
Paix des pâtis semés d'animaux, paix des rides
Que l'alchimie imprime aux grands fronts studieux ;

O, suprême Clairon plein de strideurs étranges,
Silences traversés des Mondes et des Anges :
— O l'Omega, rayon violet de Ses Yeux !

DÉLIRES

II

Alchimie du verbe

A moi. L'histoire d'une de mes folies.

Depuis longtemps je me vantais de posséder tous les paysages possibles, et trouvais dérisoires les célébrités de la peinture et de la poésie moderne.

J'aimais les peintures idiotes, dessus de portes, décors, toiles de saltimbanques, enseignes, enluminures populaires ; la littérature démodée, latin d'église, livres érotiques sans orthographe, romans de nos aïeules, contes de fées, petits livres de l'enfance, opéras vieux, refrains niais, rythmes naïfs.

Je rêvais croisades, voyages de découvertes dont on n'a pas de relations, républiques sans histoires, guerres de religion étouffées, révolutions de mœurs, déplacements de races et de continents : je croyais à tous les enchantements.

J'inventai la couleur des voyelles ! — A noir, E blanc, I rouge, O bleu, U vert. — Je réglai la forme et le mouvement de chaque consonne, et, avec des rythmes instinctifs, je me flattai d'inventer un verbe poétique accessible, un jour ou l'autre, à tous les sens. Je réservais la traduction.

Ce fut d'abord une étude. J'écrivais des silences, des nuits, je notais l'inexprimable. Je fixais des vertiges.

Loin des oiseaux, des troupeaux, des villageoises,
Que buvais-je, à genoux dans cette bruyère
Entourée de tendres bois de noisetiers,
Dans un brouillard d'après-midi tiède et vert ?

Que pouvais-je boire dans cette jeune Oise,
— Ormeaux sans voix, gazon sans fleurs, ciel couvert ! —
Boire à ces gourdes jaunes, loin de ma case
Chérie ? Quelque liqueur d'or qui fait suer.

Je faisais une louche enseigne d'auberge.
— Un orage vint chasser le ciel. Au soir

L'eau des bois se perdait sur les sables vierges,
Le vent de Dieu jetait des glaçons aux mares ;

Pleurant, je voyais de l'or — et ne pus boire.

★

A quatre heures du matin, l'été,
Le sommeil d'amour dure encore.
Sous les bocages s'évapore
L'odeur du soir fêté.

Là-bas, dans leur vaste chantier
Au soleil des Hespérides,
Déjà s'agitent — en bras de chemise —
Les Charpentiers.

Dans leurs Déserts de mousse, tranquilles,
Ils préparent les lambris précieux
Où la ville
Peindra de faux cieux.

Ô, pour ces Ouvriers, charmants
Sujets d'un roi de Babylone,
Vénus ! quitte un instant les Amants
Dont l'âme est en couronne.

Ô Reine des Bergers,
Porte aux travailleurs l'eau-de-vie,
Que leurs forces soient en paix
En attendant le bain dans la mer à midi.

★

La vieillerie poétique avait une bonne part dans mon alchimie du verbe.

Je m'habituai à l'hallucination simple : je voyais très franchement une mosquée à la place d'une usine, une école de tambours faite par des anges, des calèches sur les routes du ciel, un salon au fond d'un lac ; les monstres, les mystères ; un titre de vaudeville dressait des épouvantes devant moi.

Puis j'expliquai mes sophismes magiques avec l'hallucination des mots !

Je finis par trouver sacré le désordre de mon esprit. J'étais oisif, en proie à une lourde fièvre : j'enviais la félicité des bêtes, — les chenilles, qui représentent l'innocence des limbes, les taupes, le sommeil de la virginité !

Mon caractère s'aigrissait. Je disais adieu au monde dans d'espèces de romances :

Chanson de la plus haute tour

Qu'il vienne, qu'il vienne,
Le temps dont on s'éprenne.

J'ai tant fait patience
Qu'à jamais j'oublie.
Craintes et souffrances
Aux cieux sont parties.
Et la soif malsaine
Obscurcit mes veines.

Qu'il vienne, qu'il vienne,
Le temps dont on s'éprenne.

Telle la prairie
A l'oubli livrée,
Grandie, et fleurie
D'encens et d'ivraies,
Au bourdon farouche
Des sales mouches.

Qu'il vienne, qu'il vienne,
Le temps dont on s'éprenne.

J'aimais le désert, les vergers brûlés, les boutiques fanées, les boissons tiédies. Je me traînais dans les ruelles puantes et, les yeux fermés, je m'offrais au soleil, dieu de feu.

« Général, s'il reste un vieux canon sur tes remparts en ruines, bombarde-nous avec des blocs de terre sèche. Aux glaces des magasins splendides ! dans les salons ! Fais manger sa poussière à la ville. Oxyde les gargouilles. Emplis les boudoirs de poudre de rubis brûlante… »

Oh ! le moucheron enivré à la pissotière de l'auberge, amoureux de la bourrache, et que dissout un rayon !

Faim

Si j'ai du goût, ce n'est guère
Que pour la terre et les pierres.
Je déjeûne toujours d'air,
De roc, de charbons, de fer.

Mes faims, tournez. Paissez, faims,
        Le pré des sons.
Attirez le gai venin
        Des liserons.

Mangez les cailloux qu'on brise,
Les vieilles pierres d'églises ;
Les galets des vieux déluges,
Pains semés dans les vallées grises.

★

Le loup criait sous les feuilles
En crachant les belles plumes
De son repas de volailles :
Comme lui je me consume.

Les salades, les fruits
N'attendent que la cueillette ;
Mais l'araignée de la haie
Ne mange que des violettes.

Que je dorme ! que je bouille
Aux autels de Salomon.
Le bouillon court sur la rouille,
Et se mêle au Cédron.

Enfin, ô bonheur, ô raison, j'écartais du ciel l'azur, qui est du noir, et je vécus, étincelle d'or de la lumière *nature*. De joie, je prenais une expression bouffonne et égarée au possible :

Elle est retrouvée !
Quoi ? l'éternité.
C'est la mer mêlée
    Au soleil.

Mon âme éternelle,
Observe ton vœu
Malgré la nuit seule
Et le jour en feu.

Donc tu te dégages
Des humains suffrages, ,
Des communs élans !
Tu voles selon…

— Jamais l'espérance,
Pas *d'orietur*.
Science et patience,
Le supplice est sûr.

Plus de lendemain,
Braises de satin,
Votre ardeur
Est le devoir.

Elle est retrouvée !
— Quoi ? — l'Eternité.
C'est la mer mêlée
    Au soleil.

★

Je devins un opéra fabuleux : je vis que tous les êtres ont une fatalité de bonheur : l'action n'est pas la vie, mais une façon de gâcher quelque force, un énervement. La morale est la faiblesse de la cervelle.

A chaque être, plusieurs *autres* vies me semblaient dues. Ce monsieur ne sait ce qu'il fait : il est un ange. Cette famille est une nichée de chiens. Devant plusieurs hommes, je causai tout haut avec un moment d'une de leurs autres vies. — Ainsi, j'ai aimé un porc.

Aucun des sophismes de la folie, — la folie qu'on enferme — n'a été oublié par moi : je pourrais les redire tous, je tiens le système.

Ma santé fut menacée. La terreur venait. Je tombais dans des sommeils de plusieurs jours, et, levé, je continuais les rêves les plus tristes. J'étais mûr pour le trépas, et par une route de dangers ma faiblesse me menait aux confins du monde et de la Cimmérie, patrie de l'ombre et des tourbillons.

Je dus voyager, distraire les enchantements assemblés sur mon cerveau. Sur la mer, que j'aimais comme si elle eût dû me laver d'une souillure, je voyais se lever la croix consolatrice. J'avais été damné par l'arc-en-ciel. Le Bonheur était ma fatalité, mon remords, mon ver : ma vie serait toujours trop immense pour être dévouée à la force et à la beauté.

Le Bonheur ! Sa dent, douce à la mort, m'avertissait au chant du coq, — *ad matutinum*, au *Christus venit*, — dans les plus sombres villes :

Ô saisons, ô châteaux !
Quelle âme est sans défauts ?

J'ai fait la magique étude
Du bonheur, qu'aucun n'élude.

Salut à lui, chaque fois
Que chante le coq gaulois.

Ah ! je n'aurai plus d'envie :
Il s'est chargé de ma vie.

Ce charme a pris âme et corps
Et dispersé les efforts.

Ô saisons, ô châteaux !

L'heure de sa fuite, hélas !
Sera l'heure du trépas.

Ô saisons, ô châteaux !

Cela s'est passé. Je sais aujourd'hui saluer la beauté.

(Une Saison en Enfer.)

GEORGES RODENBACH (1855 - 1898). — Ce poète belge qui est l'un des plus marquants parmi les symbolistes, devient avec *Bruges la morte* (1892) le poète du silence, des béguinages et des brumes. Une mélancolique douceur flamande imprègne ses vers dans *Jeunesse blanche, Les Vies encloses, Le Miroir du ciel natal* et d'autres recueils.

PAYSAGES DE VILLE

Quelques vieilles cités déclinantes et seules,
De qui les clochers sont de moroses aïeules,
Ont tout autour une ceinture de remparts.
Ceinture de tristesse et de monotonie,
Ceinture de fossés taris, d'herbe jaunie
Où sonnent des clairons comme pour des départs,
Vibrations de cuivre incessamment décrues ;
Tandis qu'au loin, sur les talus, quelques recrues
Vont et viennent dans la même ombre au battement
Monotone d'un seul tambour mélancolique…
Remparts désormais nuls ! citadelle qui ment !
Glacis démantelés, (ah ! ce nom symbolique !)
Car c'est vraiment glacé, c'est vraiment glacial
Ces manœuvres sur les glacis des villes vieilles,
Au rythme d'un tambour à peine martial
Et qui semble une ruche où meurent les abeilles !

Le dimanche est toujours tel que dans notre enfance :
Un jour vide, un jour triste, un jour pâle, un jour nu ;
Un jour long comme un jour de jeûne et d'abstinence
Où l'on s'ennuie ; où l'on se semble revenu
D'un beau voyage en un pays de gaîté verte,
Encore dérouté dans sa maison rouverte
Et se cherchant de chambre en chambre tout le jour…
Or le dimanche est ce premier jour de retour !

Un jour où le silence, en neige immense, tombe ;
Un jour comme anémique, un jour comme orphelin,
Ayant l'air d'une plaine avec un seul moulin
Géométriquement en croix comme une tombe.
Il se remontre à moi tel qu'il s'étiolait
Naguère, ô jour pensif qui pour mes yeux d'enfance
Apparaissait sous la forme d'une nuance :
Je le voyais d'un pâle et triste violet,
Le violet du demi-deuil et des évêques,
Le violet des chasubles du temps pascal.
Dimanches d'autrefois ! Ennui dominical
Où les cloches, tintant comme pour des obsèques,
Propageaient dans notre âme une peur de mourir.

Or toujours le dimanche est comme aux jours d'enfance :
Un étang sans limite, où l'on voit dépérir

Des nuages parmi des moires de silence ;
Dimanche : une tristesse, un émoi sans raison…
Impression d'un blanc bouquet mélancolique
Qui meurt ; impression tristement angélique
D'une petite sœur malade en la maison…

JEAN-BAPTISTE CLEMENT

(1836 - 1903). — Partisan de la Commune de Paris, il consacra la plus grande partie de sa vie à la propagande socialiste révolutionnaire et fit, dans les Ardennes et à Paris, figure de tribun.

« *Le Temps des Cerises* », fut composé en 1866 et édité à Bruxelles, en 1867, avec la musique de Renard.

En 1885, il publia un premier recueil de chansons : « *Chansons du morceau de pain* », puis un second recueil en 1898.

Jean-Baptiste Clément est en outre l'auteur de : « *Dansons la Capucine* », « *La Marjolaine* », « *Bonjour Printemps* », etc.

LE TEMPS DES CERISES

(chanson)

A la vaillante citoyenne Louise,
l'ambulancière de la rue Fontaine-au-Roi, le dimanche 28 mai 1871.

Quand nous en serons au temps des cerises,
Et gai rossignol et merle moqueur
Seront tous en fête.
Les belles auront la folie en tête
Et les amoureux du soleil au cœur.
Quand nous en serons au temps des cerises,
Sifflera bien mieux le merle moqueur.

Mais il est bien court le temps des cerises,
Où l'on s'en va deux cueillir en rêvant
Des pendants d'oreilles,
Cerises d'amour aux robes pareilles
Tombant sous la feuille en gouttes de sang.
Mais il est bien court le temps des cerises,
Pendants de corail qu'on cueille en rêvant.

Quand vous en serez au temps des cerises,
Si vous avez peur des chagrins d'amour
Evitez les belles.
Moi qui ne crains pas les peines cruelles,

Je ne vivrai pas sans souffrir un jour.
Quand vous en serez au temps des cerises,
Vous aurez aussi des chagrins d'amour.

J'aimerai toujours le temps des cerises :
C'est de ce temps-là que je garde au cœur
    Une plaie ouverte,
Et dame Fortune, en m'étant offerte,
Ne saurait jamais calmer ma douleur.
J'aimerai toujours le temps des cerises
Et le souvenir que je garde au cœur.

(Paris-Montmartre, 1886.)

Puisque cette chanson a couru les rues, j'ai tenu à la dédier, à titre de souvenir et de sympathie, à une vaillante fille qui, elle aussi, a couru les rues à une époque où il fallait un grand dévouement et un fier courage !

Le fait suivant est de ceux qu'on n'oublie jamais :

Le dimanche 28 mai 1871, alors que tout Paris était au pouvoir de la réaction victorieuse, quelques hommes luttaient encore dans la rue Fontaine-au-Roi.

Il y avait là, mal retranchés derrière une barricade, une vingtaine de combattants, parmi lesquels se trouvaient les deux frères Ferré, le citoyen Gambon, des jeunes gens de dix-huit à vingt ans et des barbes grises qui avaient déjà échappé aux fusillades de 48 et aux massacres du coup d'Etat.

Entre onze heures et midi, nous vîmes venir à nous une jeune fille de vingt à vingt-deux ans qui tenait un panier à la main.

Nous lui demandâmes d'où elle venait, ce qu'elle venait faire et pourquoi elle s'exposait ainsi ?

Elle nous répondit avec la plus grande simplicité, qu'elle était ambulancière et que la barricade de la rue Saint-Maur étant prise, elle venait voir si nous n'avions pas besoin de ses services.

Un vieux de 48, qui n'a pas survécu à 71, la prit par le cou et l'embrassa.

C'était en effet admirable de dévouement !

Malgré notre refus motivé de la garder avec nous, elle insista et ne voulut pas nous quitter.

Du reste, cinq minutes plus tard, elle nous était utile.

Deux de nos camarades tombaient frappés l'un, d'une balle dans l'épaule, l'autre au milieu du front.

J'en passe ! !...

Quand nous décidâmes de nous retirer, s'il en était temps encore, il fallut supplier la vaillante fille pour qu'elle consentît à quitter la place.

Nous sûmes seulement qu'elle s'appelait Louise et qu'elle était ouvrière.

Naturellement, elle devait être avec les révoltés et les las-de-vivre.

Qu'est-elle devenue ?

A-t-elle été, avec tant d'autres, fusillée par les Versaillais ?

N'était-ce pas à cette héroïne obscure que je devais dédier ma chanson la plus populaire ?

EMILE VERHAEREN

(1855 - 1916). — Le Walt Whitman belge naquit dans une famille de drapiers flamands. Il fit ses études de droit et s'inscrivit comme avocat stagiaire au Barreau de Bruxelles, avant de prendre conscience de sa vocation poétique. En 1883, il publia un recueil plein de truculence : « *Les Flamandes* » qui affirma la vigueur de son talent. Trois ans plus tard, à la suite d'un séjour à la Trappe, il composa « *Les Moines* », recueil gorgé d'une sorte de mysticisme nocturne qui annonçait les sombres cris des « *Soirs* » (1887), des « *Débâcles* » (1888) et des « *Flambeaux noirs* » (1890). Dans « *Les Villes tentaculaires* » (1895) il peignit la grande terreur des campagnes abandonnées au profit du machinisme. Après « *Les Heures Claires* » (1896), il entreprit d'exalter le monde moderne, ses « *Forces tumultueuses* » (1902) et « *La Multiple Splendeur* » des éléments en lutte contre l'homme. Lorsqu'il mourut, écrasé par un train à Rouen (1916) Verhaeren était à l'apogée de sa gloire.

L'EFFORT

Groupes de travailleurs, fiévreux et haletants
Qui vous dressez et qui passez au long des temps
Avec le rêve au front des utiles victoires,
Torses carrés et durs, gestes précis et forts,
Marches, courses, arrêts, violences, efforts,
Quelles lignes fières de vaillance et de gloire
Vous inscrivez tragiquement dans ma mémoire !

Je vous aime, gars des pays blonds, beaux conducteurs
De hennissants et clairs et pesants attelages,
Et vous, bûcherons roux des bois pleins de senteurs,
Et toi, paysan fruste et vieux des blancs villages,
Qui n'aimes que les champs et leurs humbles chemins
Et qui jettes la semence d'une ample main
D'abord en l'air, droit devant toi, vers la lumière,
Pour qu'elle en vive un peu, avant de choir en terre ;

Et vous aussi, marins, qui partez sur la mer
Avec un simple chant, la nuit, sous les étoiles,
Quand se gonflent, aux vents atlantiques, les voiles
Et que vibrent les mâts et les cordages clairs ;
Et vous, lourds débardeurs dont les larges épaules
Chargent ou déchargent, au long des quais vermeils,
Les navires qui vont et vont sous les soleils
S'assujettir les flots jusqu'aux confins des pôles ;

Et vous encor, chercheurs d'hallucinants métaux,
En des plaines de gel, sur des grèves de neige,
Au fond de pays blancs où le froid vous assiège
Et brusquement vous serre en son immense étau ;
Et vous encor, mineurs, qui cheminez sous terre,
Le corps rampant, avec la lampe entre vos dents,
Jusqu'à la veine étroite où le charbon branlant
Cède sous votre effort obscur et solitaire ;

Et vous enfin, batteurs de fer, forgeurs d'airain,
Visages d'encre et d'or trouant l'ombre et la brume,
Dos musculeux tendus ou ramassés, soudain,
Autour de grands brasiers et d'énormes enclumes,
Lamineurs noirs bâtis pour un œuvre éternel
Qui s'étend de siècle en siècle toujours plus vaste,

Sur des villes d'effroi, de misère et de faste,
Je vous sens en mon cœur, puissants et fraternels !

Ô ce travail farouche, âpre, tenace, austère,
Sur les plaines, parmi les mers, au cœur des monts,
Serrant ses nœuds partout et rivant ses chaînons
De l'un à l'autre bout des pays de la terre !
Ô ces gestes hardis, dans l'ombre ou la clarté,
Ces bras toujours ardents et ces mains jamais lasses,
Ces bras, ces mains unis à travers les espaces
Pour imprimer quand même à l'univers dompté
La marque de l'étreinte et de la force humaines
Et recréer les monts et les mers et les plaines,
D'après une autre volonté.

(La Multiple Splendeur.)

JEAN MOREAS (1856 - 1910). — Il s'appelait Jean Papadiamantopoulos. Grec, d'abord symboliste, il fut co-fondateur de l'Ecole Romane, d'où le néo-classicisme est issu. Au « *Pèlerin passionné* » (1890) on peut préférer les « *Stances* » (1899-1905) où la pureté de la langue ne fait qu'un avec le poli des vers.

Ne dites pas : la vie est un joyeux festin ;
Ou c'est d'un esprit sot ou c'est d'une âme basse.
Surtout ne dites point : elle est malheur sans fin ;
C'est d'un mauvais courage et qui trop tôt se lasse.

Riez comme au printemps s'agitent les rameaux,
Pleurez comme la bise ou le flot sur la grève,
Goûtez tous les plaisirs et souffrez tous les maux ;
Et dites : c'est beaucoup et c'est l'ombre d'un rêve.

★

Nuages qu'un beau jour à présent environne,
Au-dessus de ces champs de jeune blé couverts,
Vous qui m'apparaissez sur l'azur monotone,
Semblables aux voiliers sur le calme des mers ;

Vous qui devez bientôt, ayant la sombre face
De l'orage prochain, passer sous le ciel bas,
Mon cœur vous accompagne, ô coureurs de l'espace !
Mon cœur qui vous ressemble et qu'on ne connaît pas.

★

Quand reviendra l'automne avec les feuilles mortes
Qui couvriront l'étang du moulin ruiné,
Quand le vent remplira le trou béant des portes
Et l'inutile espace où la meule a tourné,

Je veux aller encor m'asseoir sur cette borne,
Contre le mur tissé d'un vieux lierre vermeil,
Et regarder longtemps dans l'eau glacée et morne
S'éteindre mon image et le pâle soleil.

(Les Stances.)
Ed. Mercure de France.

JULES LAFORGUE (1860 - 1887). — Né à Montevideo. Entré à l'âge de six ans comme pensionnaire au lycée de Tarbes, il y demeura jusqu'en 1873, date à laquelle ses parents l'emmenèrent à Paris. Il y fréquenta le cénacle des « *Hydropathes* », se lia avec Cros, Rollinat, Bourget et vécut de modestes collaborations aux revues. En 1881, il obtint un poste de lecteur auprès de l'Impératrice Augusta et vécut un moment à Berlin où il écrivit ses « *Complaintes* ». Le recueil parut en 1885, après le retour en France de Laforgue. L'année suivante, le poète épousa une jeune Anglaise, Leah Lee, rencontrée à Berlin. Déjà rongé par la phtisie, Laforgue publia encore : « *Le Concile féerique* » et « *L'Imitation de Notre-Dame la Lune* » avant de mourir à l'âge de vingt-sept ans, suivi dans la tombe, quelques mois plus tard, par sa femme. Ses poèmes posthumes « *Des fleurs de bonne volonté* » furent réunis par ses amis, en 1890. La poésie de Laforgue possède une vibration unique dans notre littérature. Son vers brisé, son humour mélancolique et grinçant annoncent les poètes les plus modernes.

COMPLAINTE DE LA LUNE EN PROVINCE

Ah ! la belle pleine Lune,
Grosse comme une fortune !

La retraite sonne au loin.
Un passant, monsieur l'Adjoint,

Un clavecin joue en face,
Un chat traverse la place,

La province qui s'endort !
Plaquant un dernier accord

Le piano clot sa fenêtre.
Quelle heure peut-il bien être ?

Calme Lune, quel exil !
Faut-il dire : ainsi soit-il ?

Lune, ô dilettante Lune,
A tous les climats commune,

Tu vis hier le Missouri,
Et les remparts de Paris,

Les fjords bleus de la Norwège,
Les pôles, les mers, que sais-je ?

Lune heureuse ! ainsi tu vois,
A cette heure, le convoi

De son voyage de noce !
Ils sont partis pour l'Ecosse.

Quel panneau, si, cet hiver,
Elle eût pris au mot mes vers !

Lune, vagabonde Lune,
Faisons cause et mœurs communes ?

Ô riches nuits ! je me meurs,
La province dans le cœur !

Et la lune a, bonne vieille,
Du coton dans les oreilles.

COMPLAINTE SUR CERTAINS ENNUIS

Un couchant des Cosmogonies !
Ah ! que la Vie est quotidienne…
Et, du plus vrai qu'on se souvienne,
Comme on fut piètre et sans génie…

On voudrait s'avouer des choses,
Dont on s'étonnerait en route,
Qui feraient une fois pour toutes !
Qu'on s'entendrait à travers poses.

On voudrait saigner le Silence,
Secouer l'exil des causeries ;
Et non ! ces dames sont aigries
Par des questions de préséance.

Elles boudent là, l'air capable.
Et, sous le ciel, plus d'un s'explique,
Par quel gâchis suresthétique
Ces êtres-là sont adorables.

Justement, une nous appelle,
Pour l'aider à chercher sa bague,
Perdue (où dans ce terrain vague ?)
Un souvenir D'AMOUR, dit-elle !

Ces êtres-là sont adorables !

LOCUTIONS DES PIERROTS

XVI

Je ne suis qu'un viveur lunaire
Qui fait des ronds dans les bassins,
Et cela, sans autre dessein
Que de devenir légendaire.

Retroussant d'un air de défi
Mes manches de mandarin pâle,
J'arrondis ma bouche et — j'exhale
Des conseils doux de Crucifix.

Ah ! oui, devenir légendaire,
Au seuil des siècles charlatans !
Mais où sont les Lunes d'antan ?
Et que Dieu n'est-il à refaire ?

L'HIVER QUI VIENT

Blocus sentimental ! Messageries du Levant !...
Oh ! tombée de la pluie ! Oh ! tombée de la nuit,
Oh ! le vent !...
La Toussaint, la Noël, et la Nouvelle Année,
Oh ! dans les bruines, toutes mes cheminées !...
D'usines...
On ne peut plus s'asseoir, tous les bancs sont mouillés ;
Crois-moi, c'est bien fini jusqu'à l'année prochaine,
Tous les bancs sont mouillés, tant les bois sont rouillés,
Et tant les cors ont fait ton ton, ont fait ton taine !...

Ah, nuées accourues des côtes de la Manche,
Vous nous avez gâté notre dernier dimanche.

Il bruine ;
Dans la forêt mouillée, les toiles d'araignées
Ploient sous les gouttes d'eau, et c'est leur ruine.
Soleils plénipotentiaires des travaux en blonds Pactoles
Des spectacles agricoles,
Où êtes-vous ensevelis ?

Ce soir un soleil fichu gît au haut du coteau,
Gît sur le flanc, dans les genêts, sur son manteau.
Un soleil blanc comme un crachat d'estaminet
Sur une litière de jaunes genêts,
De jaunes genêts d'automne.
Et les cors lui sonnent !
Qu'il revienne...
Qu'il revienne à lui !
Taïaut ! Taïaut ! et hallali !
Ô triste antienne, as-tu fini !...
Et font les fous !...
Et il gît là, comme une glande arrachée dans un cou,
Et il frissonne, sans personne !...

Allons, allons, et hallali !
C'est l'Hiver bien connu qui s'amène ;
Oh ! les tournants des grandes routes,
Et sans petit Chaperon Rouge qui chemine !...
Oh ! leurs ornières des chars de l'autre mois,
Montant en don quichottesques rails
Vers les patrouilles des nuées en déroute
Que le vent malmène vers les transatlantiques bercails !...
Accélérons, accélérons, c'est la saison bien connue, cette fois.
Et le vent, cette nuit, il en a fait de belles !
O dégâts, ô nids, ô modestes jardinets !
Mon cœur et mon sommeil : ô échos des cognées !...
Tous ces rameaux avaient encor leurs feuilles vertes.

Les sous-bois ne sont plus qu'un fumier de feuilles mortes ,
Feuilles, folioles, qu'un bon vent vous emporte
Vers les étangs par ribambelles,
Ou pour le feu du garde-chasse,
Ou les sommiers des ambulances
Pour les soldats loin de la France.

C'est la saison, c'est la saison, la rouille envahit les masses,
La rouille ronge en leurs spleens kilométriques
Les fils télégraphiques des grandes routes où nul ne passe

Les cors, les cors, les cors — mélancoliques !...
Mélancoliques !...
S'en vont, changeant de ton,
Changeant de ton et de musique.
Ton ton, ton taine, ton ton !...
Les cors, les cors, les cors !...
S'en sont allés au vent du Nord.

Je ne puis quitter ce ton : que d'échos !...
C'est la saison, c'est la saison, adieu vendanges !...
Voici venir les pluies d'une patience d'ange,
Adieu vendanges, et adieu tous les paniers,

Tous les paniers Watteau des bourrées sous les marronniers
C'est la toux dans les dortoirs du lycée qui rentre,
C'est la tisane sans le foyer,
La phtisie pulmonaire attristant le quartier.
Et toute la misère des grands centres.

Mais, lainages, caoutchoucs, pharmacies, rêve,
Rideaux écartés du haut des balcons des grèves
Devant l'océan de toitures des faubourgs,
Lampes, estampes, thé, petits-fours,
Serez-vous pas mes seules amours !...
(Oh ! et puis, est-ce que tu connais, outre les pianos,
Le sobre et vespéral mystère hebdomadaire
Des statistiques sanitaires
Dans les journaux ?)

Non, non ! c'est la saison et la planète falote !
Que l'autan, que l'autan
Effiloche les savates que le Temps se tricote !
C'est la saison, oh déchirements ! c'est la saison !
Tous les ans, tous les ans,
J'essaierai en chœur d'en donner la note.

(Derniers Vers)

SAINT POL ROUX

(1861 - 1940). — Né à Saint-Henri (Bouches-du-Rhône).

Il était déjà l'auteur de deux recueils de vers : « *Lazare* » et « *Le Bouc émissaire* » (1886) lorsque Remy de Gourmont l'introduisit au sein du groupe symboliste. Tout de suite on lui donna le surnom de Saint Pol Roux le Magnifique, à cause de son élégance et, sans doute, de la noblesse de ses propos. Le premier volume de son chef-d'œuvre : « *Les Reposoirs de la Procession* » parut au « *Mercure* » en 1893. Six ans plus tard, le poète donnait avec « *La Dame à la Faux* » l'un des meilleurs ouvrages dramatiques symbolistes. En 1900, ayant écrit le livret de l'opéra de Gustave Charpentier, « *Louise* », Saint Pol Roux se trouva soudain à la tête d'une somme qui lui permit de réaliser son rêve : quitter Paris et aller s'installer lui, méridional, en Bretagne. Il s'établit d'abord à Roscaven, publia : « *La Rose et les Epines du Chemin* » (1901), composa deux drames : « *La Dame en Or* », et « *Les Pêcheurs de sardines* » puis se fit construire un manoir à Camaret où il se retira. L'oubli avait recouvert son nom, lorsque, en 1925, les surréalistes le saluèrent de leur admiration. Le banquet qui lui fut offert bouleversa le vieux poète qui n'abandonna cependant pas son exil breton. Le 23 juin 1940, un soldat allemand s'introduisit dans le manoir, tua la servante du poète et blessa grièvement sa fille, Divine. Saint Pol Roux mourut de chagrin peu de temps après cette tragédie. Les poèmes de Saint Pol Roux ont été édités par le Mercure de France.

POUR DIRE AUX FUNÉRAILLES DES POÈTES

Allez bien doucement, Messieurs les Fossoyeurs.

Allez bien doucement, car ce cercueil n'est pas comme les autres où se trouve un bloc d'argile enlinceulé de langes, celui-ci recèle entre ses planches un trésor que recouvrent deux ailes très blanches comme il s'en ouvre aux épaules fragiles des anges.

Allez bien doucement, Messieurs les Fossoyeurs.

Allez bien doucement, car ce coffre, il est plein d'une harmonie faite de choses variées à l'infini : cigales, parfums, guirlandes, abeilles, nids, raisins, cœurs, épis, fruits, épines, griffes, serres, bêlements, chimères, sphinx, dés, miroirs, coupes, bagues, amphores, trilles, thyrse, arpèges, marotte, paon, carillon, diadème, gouvernail, houlette, joug, besace, férule, glaive, chaînes, flèches, croix, colliers, serpents, deuil, éclairs, boucliers, buccin, trophées, urne, socques, cothurnes, brises, vagues, arc-en-ciel, lauriers, palmes, rosée, sourires, larmes, rayons, baisers, or, tout cela sous un geste trop prompt pourrait s'évanouir ou se briser.

Allez bien doucement, Messieurs les Fossoyeurs.

Allez bien doucement, car si petit qu'il soit de la taille d'un homme, ce meuble de silence renferme une foule sans nombre et rassemble en son centre plus de personnages et d'images qu'un cirque, un temple, un palais, un forum ; ne bousculez pas ces symboles divers pour ne pas déranger la paix d'un univers.

Allez bien doucement, Messieurs les Fossoyeurs.

Allez bien doucement car cet apôtre de lumière, il fut le chevalier de la Beauté qu'il servit galamment à travers le sarcasme des uns et le crachat des autres, et vous feriez dans le mystère sangloter la première des femmes si vous couchiez trop durement son amant dans la terre.

Allez bien doucement, Messieurs les Fossoyeurs.

Allez bien doucement, car s'il eut toutes nos vertus, mes frères, il eut aussi tous nos péchés ; allez bien doucement car vous portez en lui toute l'humanité.

Allez bien doucement, Messieurs les Fossoyeurs.

Allez bien doucement, car il était un dieu peut-être, ce poète, un dieu qu'on a frôlé sans deviner son sceptre, un dieu qui nous offrait la perle et l'hysope du ciel alors qu'on lui jetait le fiel et les écailles de sa table, un dieu dont le départ nous plongera sans doute en la ténèbre redoutable ; et c'est pourquoi vont-ils, vos outils de sommeil, produire tout à l'heure un coucher de soleil.

Allez bien doucement, Messieurs les Fossoyeurs.

Mais non, ce que vous faites là n'est qu'un pur simulacre, n'est-ce pas ? C'est un monceau de roses que l'on a suivi sous l'hypothèse d'un cadavre et que dans cette fosse vous allez descendre, ô trésoriers de cendres, et ces obsèques ne seraient alors qu'une ample apothéose et nous nous trouverions en face d'un miracle. Oh ! dites, ce héros n'a pas cessé de vivre, fossoyeurs, ce héros n'est point mort puisque son âme encore vibre dans ses livres et qu'elle enchantera longtemps le cœur du monde, en dépit des siècles et des tombes !

Allez bien doucement, Messieurs les Fossoyeurs.

Humble, il voulut se soumettre à la règle commune des êtres, rendre le dernier soupir et mourir comme nous, pour ensuite, orgueilleux de ce que l'homme avait le front d'un dieu, ressusciter devant les multitudes à genoux. En vérité je vous le dis, il va céans renaître notre Maître d'entre ces morts que gardent le cyprès avec le sycomore, et sachez qu'en sortant de cet enclos du Temps, nous allons aujourd'hui le retrouver debout dans toutes les mémoires, comme demain, sur les socles épars érigés par la gloire, on le retrouvera sculpté dans la piété robuste des humains.

Allez bien doucement, Messieurs les Fossoyeurs.

MAURICE BARRES (1862 - 1923). — Né à Charmes (Vosges). Romancier, homme politique, l'auteur du « *Culte du moi* » oscilla entre le nihilisme et la défense de la tradition nationale. Du grand souffle lyrique de Chateaubriand, il ne reste, avec Barrès, qu'un certain ton, et une naturelle hauteur. Cependant, cette prose brille souvent d'une phosphorescence poétique, dans « *Le Jardin de Bérénice* » en particulier. L'artiste reprit en lui la première place avec ses deux derniers livres, « *Le Jardin sur l'Oronte* » et le « *Mystère en pleine lumière* ».

. . . .

Viens à Aigues-Mortes, dans son étroit jardin qui ne voit pas la mer. Les murailles closes, cette tour Constance qui n'a plus qu'à garder ses souvenirs, cette plainte féconde seulement en rêves mettent ma Bérénice dans sa vraie lumière, — comme l'oiseau du Paradis n'est vraiment le plus beau des oiseaux que sur les branches suintant de chaleur des mornes forêts du Brésil. Et ses animaux eux-mêmes, de qui son chagrin se plaît à égayer les humbles vies, s'accordent avec elle, avec ces landes, avec ces dures archéologies, et tous se donnent un sens dont je me suis nourri.

Ah ! Simon, si tu étais là et que tu visses Bérénice, ses canards et son âne échangeant, celle-là, des mots sans suite, ceux-ci des cris désordonnés d'enfants et ce dernier, de longs braiements, témoignant chacun d'un violent effort pour se créer un langage commun et se prouvant leurs sympathies par tous les frissons caressants de leurs corps, tu serais touché jusqu'aux larmes. Isolées dans l'immense obscurité que leur est la vie, ces petites choses s'efforcent hors de leur défiance héréditaire. Un désir les porte de créer entre eux tous une harmonie plus haute que n'est aucun de leurs individus.

Viens à Aigues-Mortes et tu découvriras entre ce paysage, ces animaux et ma Bérénice des points de contact, une part commune. Il t'apparaîtra qu'avec des formes si variées, ils sont tous en quelque façon des frères, des réceptacles qui mourront de l'âme éternelle du monde. Ame secrète en eux et pourtant de grande action. Je me suis mis à leur école, car j'ai reconnu que cet effort dans lequel tous ces êtres s'accordent avec des mœurs si opposées, c'est cette poursuite même, mon cher Simon, dont nous nous enorgueillissons, poursuite vers quelque chose qui n'existe pas encore. Ils tendent comme nous à la perfection.

Ainsi, ce que j'ai découvert dans le misérable jardin d'une petite fille, ce sont les assises profondes de l'univers, le désir qui nous anime tous ! Ces canards, mystères dédaignés, qui naviguent tout le jour sur les petits étangs et venaient me presser affectueusement à l'heure des repas, et cet âne, mystère douloureux qui me jetait son cri délirant à la face, puis, s'arrêtant net, contemplait le paysage avec les plus beaux yeux des grandes amoureuses, et cet autre mystère mélancolique, Bérénice, qu'ils entourent, expriment une angoisse, une tristesse sans borne vers un état de bonheur dont ils se composent une imagination bien confuse, qu'ils placent parfois dans le passé, faisant de leur désir un regret, mais qui est en réalité le degré supérieur au leur dans l'échelle des êtres. C'est la même excitation qui nous poussait, toi et moi, Simon, à passer d'une perception à une autre. Oui, cette force qui s'agite en nos veines, ce moi absolu qui tend à sourdre dans le moi déplorable que je suis, cette inquiétude perpétuelle qui est la condition de notre perpétuel devenir, ils la connaissent comme nous, les humbles compagnons que promène Bérénice sur la lande. En chacun est un être supérieur qui veut se réaliser.

La tristesse de tous ces êtres privés de la beauté qu'ils désirent, et aussi leur courage à la poursuivre les parent d'un charme qui fait de cette terre étroite la plus féconde chapelle de méditation.

Dans cette campagne dénudée d'Aigues-Mortes, dans cette région de sel, de sable et d'eau, où la nature moins abondante qu'ailleurs, semble se prêter plus complaisamment à l'observation, comme un prestidigitateur qui décompose lentement ses exercices et simplifie ses trucs pour qu'on les comprenne, cette petite fille toute d'instinct, ces animaux très encouragés à se faire connaître, m'ont révélé le grand ressort du monde, son secret.

Combien la beauté particulière de cette contrée nous offrait les conditions d'un parfait laboratoire, il semble que tous parfois nous le reconnaissions, car il y avait des heures, au lent coucher du soleil sur ces étangs, que les bêtes, Bérénice et moi, derrière les glaces de notre villa, étions remplis d'une silencieuse mélancolie.

Mélancolie ou plutôt stupeur ! devant cet abîme de l'inconscient qui s'ouvrait à l'infini devant moi.

. . . .

(Le Jardin de Bérénice)
Editions Plon.

MAX ELSKAMP

(1862 - 1931). — Poète belge d'expression française, né à Anvers.

Parmi les poètes symbolistes belges, Max Elskamp n'est pas le moins original. « *La Louange de la Vie* » (1892) et « *Chanson de la rue Saint Paul* » (1928) chantent avec force les beautés éparses dans le quotidien. Ses poèmes sont de naïves « *Enluminures* » (1898) fixant un moyen âge de légende.

HUIT CHANSONS REVERDIES DONT QUATRE PLEURENT ET QUATRE RIENT

Le matin

Et la première est d'un matin
Dit tout en bleu, dit tout en blanc,
Et la première est d'un matin
Ici pour le commencement,

De paix d'abord, cloches sonnant,
Et Flandre étant — Vive la Rose —
Douce à chacun à sa façon,
Suivant son bien, suivant ses choses.

Or Mai mettant les fleurs en cause,
Et la première est d'un matin,
Or Mai mettant les fleurs en cause,
Et la première est d'un jardin,

Voici qu'il sent le romarin,
Et qu'on dirait — Vive la Vie —
Voici qu'il sent le romarin,
Et qu'on dirait qu'on se marie,

Et la première est d'un matin
Ainsi de paix et d'ornement,
Avec du pain, avec du vin,
Ici pour le commencement.

L'oiseau

Mais lors voici qu'un oiseau chante,
Dans une pauvre cage en bois,
Mais lors voici qu'un oiseau chante
Sur une ville et tous ses toits.

Et qu'il dit qu'on le voit le monde
Et sur la mer la pluie tomber,
Et des voiles s'en aller rondes,
Sur l'eau si loin qu'on peut aller.

Puis voix dans l'air plus haut montée,
Alors voici que l'oiseau dit
Que tout l'hiver s'en est allé
Et qu'on voit l'herbe qui verdit.

Et sur les chemins la poussière
Déjà, et les bêtes aussi,
Et toits fumant dans la lumière
Que l'on dirait qu'il est midi.

Et puis encore sa voix montée,
Que l'air est d'or et resplendit,
Et puis le bleu du ciel touché
Qu'il est ouvert le paradis.

Le navire

La troisième, elle, est d'un navire
Avec tous ses drapeaux au ciel,
La troisième, elle, est d'un navire
Ainsi qu'ils vont sous le soleil.

Avec leurs mâts avec leurs ancres,
Et leur proue peinte en rouge ou vert,
Avec leurs mâts, avec leurs ancres,
Et tout en haut leur guidon clair.

Or, la troisième, elle, est dans l'air,
Et puis aussi, elle, est dans l'eau,
Or, la troisième sur la mer
Est comme y sont les blancs bateaux,

Et les rochers, et les accores,
Et terre dure ou sable mol,
Et les rochers, et les accores,
Et les îles et les atolls ;

Et la troisième est seule au monde
En large, en long, en vert, en bleu,
Et la troisième est seule au monde
Avec le soleil au milieu.

L'ange

Et puis après, voici un ange,
Un ange en blanc, un ange en bleu,
Avec sa bouche et ses deux yeux,
Et puis après voici un ange,

Avec sa longue robe à manches,
Son réseau d'or pour ses cheveux,
Et ses ailes pliées en deux,
Et puis ainsi voici un ange,

Et puis aussi étant dimanche,
Voici d'abord que doucement
Il marche dans le ciel en long
Et puis aussi étant dimanche,

Voici qu'avec ses mains il prie
Pour les enfants dans les prairies,
Et qu'avec ses yeux il regarde
Ceux de plus près qu'il faut qu'il garde ;

Et tout alors étant en paix
Chez les hommes et dans la vie,
Au monde ainsi de son souhait,
Voici qu'avec sa bouche il rit.

La femme

Mais maintenant vient une femme,
Et lors voici qu'on va aimer,
Mais maintenant vient une femme
Et lors voici qu'on va pleurer,

Et puis qu'on va tout lui donner
De sa maison et de son âme,
Et puis qu'on va tout lui donner
Et lors après qu'on va pleurer

Car à présent vient une femme,
Avec ses lèvres pour aimer,
Car à présent vient une femme
Avec sa chair tout en beauté,

Et des robes pour la montrer
Sur des balcons, sur des terrasses,
Et des robes pour la montrer
A ceux qui vont, à ceux qui passent,

Car maintenant vient une femme
Suivant sa vie pour des baisers,
Car maintenant vient une femme,
Pour s'y complaire et s'en aller.

La vie

Et lors la sixième est aveugle
Comme un pinson tout à chanter,
Et la sixième, elle, est aveugle
Car voici qu'on est à aimer,

Et que des mets sont sur des tables,
Et que du vin coule de nuit,
A bougies brûlant sur des tables
Où sont des fleurs avec des fruits.

Or gestes alors qui se pressent,
Vins bus, paroles échangées,
Lèvres tendues, yeux qui se baissent,
Chair ici qui jette les dés.

C'est temps allé qui se dérobe,
Et la tête de Jean coupée
Qu'emporte saignante en sa robe
Une fois de plus Salomé,

Car la sixième, elle, est aveugle,
Comme un pinson tout à chanter,
Car la sixième, elle, est aveugle,
Et puis voici qu'on a aimé.

Le déboire

Puis c'est l'heure et du temps qui passent
Un jour qui part, un jour qui vient,
Pour à tout faire de la place
Même à la peine ou au chagrin,

Et yeux déjà qui portent larmes
Pour le déboire qu'on attend,
Et fierté ici qui désarme
Lors plaie de cœur et plaie d'argent.

Mais Dieu alors et qu'on le prie
Sous des bougies par à peu près,
Et Vous que l'on salue, Marie,
Pour conjurer les sorts mauvais,

C'est de tous les jours de la vie
Précaires, graves, soucieux,
Dans la maison qu'on s'est bâtie
Que l'on se sent devenir vieux ;

Et trois coups frappés à la porte,
Voici qu'il est entré l'huissier,
Et trois coups frappés à la porte
Que la septième est de regrets.

La nuit

Et maintenant c'est la dernière
Et la voici et toute en noir,
Et maintenant c'est la dernière
Ainsi qu'il fallait la prévoir,

Et c'est un homme au feu du soir
Tandis que le repas s'apprête,
Et c'est un homme au feu du soir
Qui mains croisées, baisse la tête,

Or pour tous alors journée faite
Voici la sienne vide et noire,
Or pour tous alors journée faite,
Voici qu'il songe à son avoir,

Et maintenant la table prête
Que c'est tout seul qu'il va s'asseoir,
Et maintenant la table prête
Que seul il va manger et boire,

Car maintenant c'est la dernière
Et qui finit au banc des lits,
Car maintenant c'est la dernière
Et que cela vaut mieux ainsi.

GREGOIRE LE ROY

(1862 - 1941). — Symboliste, il est surtout le poète de la mélancolie. De « *La Chanson d'un Soir* » (1887) aux « *Chemins dans l'ombre* » (1920) sa poésie rêveuse est comme un écho de lointaines chansons.

VUE DE VILLE

Roucoulements très doux, très lents,
Et plaintes de moutons bêlants,
Et chants de coq et cris de poule,
Et voix de peuple qui se saoule ;

Au haut des toits des paons chantant
Des pleurs d'enfants que l'on entend,

Et cris de mère qui les gronde
Là-bas, dans une cour immonde.

Voix de bêtes et voix de gens,
Et de vendeurs et d'indigents,
Et quelquefois d'une gouttière
De l'eau qui tombe en la rivière ;

Rivière où se mirent très peu
Les maisons au toit rouge ou bleu,
Et les fenêtres sont fleuries
De fleurs malades et flétries.

Et des bruits du matin au soir
De choses que l'on ne peut voir ;
Et des appels de voix sonores
Meurent dans les eaux incolores.

Dans les eaux sales, dans les eaux
Tristes, stagnantes, sans échos,
Ou pleurent, — des maisons croulantes —
Des eaux invisibles, très lentes.

Jamais de barques, des pontons
Vermoulus rivés aux maisons...
C'est un quai de l'ancienne ville,
Ayant cent ans, peut-être mille.

(Mon cœur pleure d'autrefois).

MAURICE MAETERLINCK

(1862 - 1949). — Né à Gand (Flandre).

Dès son premier recueil de poèmes « *Serres chaudes* » (1889) Maeterlinck se révéla comme le premier poète de l'école symboliste belge. Mais le théâtre s'associe vite à la poésie, chez Maeterlinck. Sa première pièce « *La Princesse Maleine* » (1889) fut portée par Mirbeau « au-dessus du meilleur Shakespeare ». Parmi les innombrables drames qu'il donna ensuite, citons : « *l'Intruse* » (1890), « *Pelléas et Mélisande* » (1892) et « *l'Oiseau bleu* » (1908), qui comptent parmi les chefs-d'œuvre du théâtre symboliste. Vers la fin du siècle, d'obsédantes préoccupations métaphysiques l'amenèrent à s'interroger sur le sens de la vie et les promesses de l'au-delà. Il écrivit alors : « *Le Trésor des humbles* », « *La Sagesse et la Destinée* » (1898), « *La Mort* » (1913) et « *Le Grand Secret* » (1921). Parallèlement, il publiait le résultat de ses observations sur la vie des animaux : « *La vie des Abeilles* » (1901), « *La vie des Termites* » (1926) et « *La Vie des Fourmis* » (1930). Prix Nobel 1911, Maeterlinck devait mourir à Nice, le 5 mai 1949.

CHANSON

Les trois sœurs aveugles
(Espérons encore)
Les trois sœurs aveugles
Ont leurs lampes d'or.

Montent à la tour,
(Elles, vous et nous)
Montent à la tour,
Attendent sept jours...

Ah ! dit la première
(Espérons encore)
Ah ! dit la première,
J'entends nos lumières...

Ah ! dit la seconde,
(Elles, vous et nous)
Ah ! dit la seconde,
C'est le roi qui monte...

Non, dit la plus sainte,
(Espérons encore)
Non, dit la plus sainte,
Elles sont éteintes...

(Quinze chansons).

★

Et s'il revenait un jour
Que faut-il lui dire ?
— Dites-lui qu'on l'attendit
Jusqu'à s'en mourir...

Et s'il m'interroge encore
Sans me reconnaître ?
— Parlez-lui comme une sœur,
Il souffre peut-être...

Et s'il demande où vous êtes
Que faut-il répondre ?
— Donnez-lui mon anneau d'or
Sans rien lui répondre...

Et s'il veut savoir pourquoi
La salle est déserte ?
— Montrez-lui la lampe éteinte
Et la porte ouverte...

Et s'il m'interroge alors
Sur la dernière heure ?
— Dites-lui que j'ai souri
De peur qu'il ne pleure...

★

On est venu dire,
(Mon enfant, j'ai peur)
On est venu dire
Qu'il allait partir...

Ma lampe allumée,
(Mon enfant, j'ai peur)
Ma lampe allumée,
Me suis approchée...

A la première porte
(Mon enfant, j'ai peur)
A la première porte,
La flamme a tremblé...

A la seconde porte,
(Mon enfant, j'ai peur)
A la seconde porte,
La flamme a parlé...

A la troisième porte,
(Mon enfant, j'ai peur)
A la troisième porte,
La lumière est morte...

JULES TELLIER (1863 - 1889). — Etudiant pauvre, puis jeune professeur, il publie « *Nos poètes* » et fait connaître Verlaine à Jules Lemaître, qui « lancera dans la gloire l'ivrogne sublime » (Elie Richard). A 24 ans, on lui confie le soin de classer les papiers de Victor Hugo. Ami de Barrès, il est fondateur de la revue « *Les Chroniques* ». Dans « *Les Reliques* », recueil posthume, on peut préférer ses proses poétiques à ses vers.

DISCOURS A LA BIEN-AIMEE

Je suis né, ô bien-aimée, un vendredi treizième jour d'un mois d'hiver, dans un pays brumeux, sur les bords d'une mer septentrionale.

Pourtant, les flots qui battaient ma porte étaient d'un vert pâle, pareils à un espoir incertain, et plusieurs espérèrent en moi dans mon enfance.

Mais ils espéraient encore, que dès longtemps déjà je n'espérais plus. Le vent, en s'engouffrant dans la cheminée, me disait des chansons lugubres, pleines d'un mystérieux ennui, et quand je me promenais les soirs sur la grève, les vagues venaient me saluer l'une après l'autre, monotones et isochrones, avec des bruits toujours aussi tristes, comme une succession de maximes de La Rochefoucauld.

A l'âge où d'autres jouent à la balle, j'ai grandi taciturne, occupé de chimères sombres, et à l'âge où d'autres commencent à songer à leurs cousines, il se trouva que j'avais tant rêvé que le rêve avait comme usé mon âme.

Si bien que le jour où je pus enfin posséder les objets souhaités, je n'en jouissais plus, ayant épuisé à l'avance, en les rêvant, tous les plaisirs qu'ils m'auraient pu donner.

Cependant on me fit étudier sous des maîtres savants ; mais avec de l'oreille, je devins un poète ennuyeux, avec de la faconde, un rhéteur médiocre, et avec de la mémoire, un grammairien détestable.

Et je m'affaissai peu à peu, comme sous un poids invisible ; et un accablement obscur enchaîna mes membres et mon esprit ; et je voyais toutes choses dans un demi-jour vague et triste, comme à la fin d'une après-midi d'hiver.

(Reliques).

STUART MERRILL (1863 - 1915). — Né à Hampstead, dans l'île de Long-Island (USA). Il se fixe définitivement en France en 1890. Poète d'abord symboliste (*Les Gammes*, 1887) il fut un militant socialiste qui prit part à toutes les manifestations où la défense de l'homme et celle de l'art allaient de pair. Cet idéal le rapprochera d'une poésie directe, qui parfois peut faire penser à Walt Whitman *(Une Voix dans la foule).*

A TOMMY ATKINS

Ce fut à Versailles, ô Tommy Atkins, dans la ville du Grand Roi dont le nom te fut inconnu et te fut encore plus inconnue la gloire, que je vis en cette journée de juillet où les bassins du parc sentaient l'eau croupie et le soleil jaunissait les brins d'herbe entre les pavés des anciens boulevards, avancer cahin-caha, au pas d'une haridelle qui dodelinait paresseusement de la caboche, ton convoi funèbre,

Tommy Atkins, ô Tommy Atkins !

Sur un corbillard d'indigent était juché un cercueil en bois blanc que drapaient de leur double gloire les étendards de France et d'Angleterre. Aucune fleur ne s'en effeuillait, odorant souvenir que peut ramasser une fillette dans la foule. Quelques soldats en uniforme jaune te suivaient, puis d'autres en capote bleue et culotte rouge. Et tous tenaient bien serré sous l'aisselle leur fusil incliné vers cette terre où ils te menaient à jamais dormir,

Tommy Atkins, ô Tommy Atkins !

De rares passants rasant les murs que brodait une ombre mince et violette saluaient la dépouille selon la douce coutume de France. Mais leur pensée était ailleurs : commerce, industrie, affaires. Puis ils pensaient peut-être à leurs propres morts. Moi seul, étant un poète à qui Dieu a départi, comme à tous les poètes, d'assumer la douleur d'autrui, j'ai senti sous mes paupières crever des larmes, toi que je n'ai jamais connu,

Tommy Atkins, ô Tommy Atkins !

Aucune donneuse de baisers ne suivait ton cercueil, ni ta mère dont le corps s'entr'ouvrit dans la douleur, il y a une vingtaine de printemps, pour te consacrer à la lumière, ni la sœur dont les paroles, lorsque tu te sentais malheureux, étaient pour toi une bénédiction, ni l'amante qui te livra, une nuit que toutes les étoiles chantaient au ciel, la fleur la plus secrète de sa chair,

Tommy Atkins, ô Tommy Atkins !

Mais il faut comprendre que la route est longue de ton pays au nôtre, aussi longue que de Londres à Tipperary. Et les pauvres hésitent à s'éloigner de leur seuil, car leur bourse est aussi légère que leur cœur est lourd. Mais je sais qu'il est là-bas deux foyers, où trois femmes penchent bien bas la tête, quand l'heure est venue de dénouer leur chevelure et qu'elles ont le loisir de penser à toi, à toi, fils, frère, fiancé,

Tommy Atkins, ô Tommy Atkins !

Je me complais tristement à imaginer ce que fut ta vie. Je voudrais que tu fusses né dans le Kent, le comté qui est le plus cher à mon cœur, à cause simplement d'une femme. C'est là que s'élève, drapée de lierre qui frémit à la brise, la cathédrale de Canterbury, c'est là que glaïeuls, tournesols et roses trémières enjolivent le cours de la Stour, où si souvent tu dus accompagner tes camarades blancs et blonds à la baignade,

Tommy Atkins, ô Tommy Atkins !

Tu n'avais pas ton pareil pour danser la gigue au son des orgues de barbarie qui s'arrêtent dans le brouillard au coin des rues. Et c'était merveille de te voir taper du talon le dur asphalte des trottoirs. Tu avais même appris la valse, et je t'ai vu, empoignant quelque maritorne en châle noir et au vieux chapeau à plumes, tournoyer dans les impasses de Whitechapel,

Tommy Atkins, ô Tommy Atkins !

Mais à force de s'amuser on oublie que la misère est toujours là, prête à vous ployer la nuque. Tu la ployais si bas que tu devins aboyeur de journaux, cireur de bottes le jour ; et, la nuit, tu ouvrais la portière de leurs automobiles, sous la flamboyante électricité des façades de théâtres, aux bourgeois dont les cigares sentent bon. Et, tirant ta casquette et allongeant la main, tu leur donnais du « mylord » sans soupçonner que le vrai lord c'était toi, oui, toi,

Tommy Atkins, ô Tommy Atkins !

Mais la suie de Londres ne nourrit pas son homme, et du brouillard ne suffit pas comme boisson. Et un soir que tu traversais Trafalgar-Square, tu te laissas allécher par les sergents recruteurs qui, la badine aux doigts, font la parade, sous les affiches hautes en couleurs : « Kitchener a besoin de vous. » Bonne solde, quatre repas par jour, un uniforme seyant. Pourquoi pas ? Allons-y. Et tu devins presque sans t'en douter soldat du Roi,

Tommy Atkins, ô Tommy Atkins !

Ton apprentissage fut dur, et tu t'en serais longtemps souvenu, si jamais tu avais été capable de te souvenir de quoi que ce soit. Ah ! ces marches, ces marches, ces marches ! Le soleil sur la nuque, la poussière plein la bouche, la sueur entre les épaules, du feu au fond des yeux, du plomb à la plante des pieds et le délire de la fatigue au cerveau. Elles durent sonner de bien loin, certains soirs, les cloches de Tipperary, n'est-ce pas,

Tommy Atkins, ô Tommy Atkins !

(Prose et Vers).

HENRI DE REGNIER

(1864 - 1936). — Né à Honfleur. Parnassien (*Les Lendemains* », (1885) puis symboliste « *Poèmes anciens et romanesques* », (1887-1890) et « *Tel qu'en songe* », (1892), Henri de Régnier fut le poète des nuances. Son écriture, d'une distinction aussi sensible que raffinée, fait penser au « sans rien en lui qui pèse ou qui pose », de l'art poétique de Verlaine. Ses poèmes ont été édités par le Mercure de France.

ODELETTE

Un petit roseau m'a suffi
Pour faire frémir l'herbe haute
Et tout le pré
Et les doux saules
Et le ruisseau qui chante aussi ;
Un petit roseau m'a suffi
A faire chanter la forêt.

Ceux qui passent l'ont entendu
Au fond du soir, en leurs pensées
Dans le silence et dans le vent,
Clair ou perdu,
Proche ou lointain...
Ceux qui passent en leurs pensées
En écoutant, au fond d'eux-mêmes
L'entendront encore et l'entendent
Toujours qui chante.

Il m'a suffi
De ce petit roseau cueilli
A la fontaine où vint l'Amour
Mirer, un jour,
Sa face grave
Et qui pleurait,
Pour faire pleurer ceux qui passent
Et trembler l'herbe et frémir l'eau ;
Et j'ai du souffle d'un roseau
Fait chanter toute la forêt.

(Les Jeux rustiques et divins).

ODELETTE

Si j'ai parlé
De mon amour, c'est à l'eau lente
Qui m'écoute quand je me penche
Sur elle ; si j'ai parlé
De mon amour, c'est au vent
Qui rit et chuchote entre les branches ;
Si j'ai parlé de mon amour, c'est à l'oiseau
Qui passe et chante
Avec le vent ;
Si j'ai parlé
C'est à l'écho.

Si j'ai aimé de grand amour,
Triste ou joyeux,
Ce sont tes yeux ;
Si j'ai aimé de grand amour,
Ce fut ta bouche grave et douce,
Ce fut ta bouche ;
Si j'ai aimé de grand amour,
Ce furent ta chair tiède et tes mains fraîches,
Et c'est ton ombre que je cherche.

(Les Jeux rustiques et divins).

GEORGES FOUREST (1864 - 1945). — Trois livres pleins d'humour suffisent à assurer la discrète survie de Fourest ; ce sont : « *La négresse blonde* » (satire cocasse des recherches symbolistes) (1909), « *Contes pour les satyres* » (1926) et « *Le géranium ovipare* » (1935), édités par les Editions José Corti.

SARDINES A L'HUILE

Sardines à l'huile fine sans têtes et sans arêtes.

(Réclames des sardiniers. passim.)

Dans leur cercueil de fer-blanc
plein d'huile au puant relent
marinent décapités
ces petits corps argentés
pareils aux guillotinés
là-bas au champ des navets !
Elles ont vu les mers, les
côtes grises de Thulé,
sous les brumes argentées
la Mer du Nord enchantée...
Maintenant dans le fer-blanc
et l'huile au puant relent
de toxiques restaurants
les servent à leurs clients !
Mais loin derrière la nue
leur pauvre âmette ingénue
dit sa muette chanson
au Paradis-des-poissons,
une mer fraîche et lunaire
pâle comme un poitrinaire,
la Mer de Sérénité
aux longs reflets argentés
où durant l'éternité,
sans plus craindre jamais les
cormorans et les filets,
après leur mort nageront
tous les bons petits poissons !...

Sans voix, sans mains, sans genoux[1]
sardines, priez pour nous !...

1. — Tout ce qu'il faut pour prier. (Note de l'Auteur).

PETITS LAPONS

Tous nos malheurs viennent de ne savoir demeurer enfermés dans une chambre.

Blaise Pascal.

Dans leur cahute enfumée
bien soigneusement fermée
les braves petits Lapons
boivent l'huile de poisson !

Dehors on entend le vent
pleurer ; les méchants ours blancs
grondent en grinçant des dents
et depuis longtemps est mort
le pâle soleil du Nord !
Mais dans la hutte enfumée
bien soigneusement fermée
les braves petits Lapons
boivent l'huile de poisson...

Sans rien dire, ils sont assis,
père, mère, aïeul, les six
enfants, le petit dernier
bave en son berceau d'osier ; [1]
leur bon vieux renne au poil roux
les regarde, l'air si doux !

Bientôt ils s'endormiront
et demain ils reboiront
la bonne huile de poisson,
et puis se rendormiront
et puis, un jour, ils mourront !
Ainsi coulera leur vie
monotone et sans envie...
et plus d'un poète envie
les braves petits Lapons
buveurs d'huile de poisson !

1. — Y a-t-il de l'osier en Laponie ? Mystère et botanique. (Note de l'Auteur).

MARCEL SCHWOB (1867 - 1905). — Il fit ses études au lycée Louis-le-Grand où il connut Claudel et Léon Daudet. Grand lettré, érudit, il est curieux des doctrines mystérieuses, de toutes les manifestations fantastiques de l'art, il a bâti une œuvre fort diverse qui comprend : des traductions (« *Moll Flanders* » de De Foe, « *Hamlet* » de Shakespeare), d'admirables contes « *Cœurs doubles* » (1891), « *Le Roi au masque d'or* » (1892), et des « *Vies imaginaires* », admirables biographies inventées. Mais Schwob reste surtout un maître du poème en prose, en particulier avec « *Le Livre de Monelle* », édité par les Editions Stock et ensuite par le Mercure de France.

PATIENCE DE MONELLE

J'arrivai dans un lieu très étroit et obscur, mais parfumé d'une odeur triste de violettes étouffées. Et il n'y avait nul moyen d'éviter cet endroit, qui est comme un long passage. Et, tâtonnant autour de moi, je touchai un petit corps ramassé comme jadis dans le sommeil, et je frôlai des cheveux, et je passai la main sur une figure que je connaissais, et il me parut que la petite figure se fronçait sous mes doigts, et je reconnus que j'avais trouvé Monelle qui dormait seule en ce lieu obscur.

Je m'écriai de surprise, et je lui dis, car elle ne pleurait ni ne riait :

— O Monelle ! es-tu donc venue dormir ici, loin de nous, comme une patiente gerboise dans le creux du sillon ?

Et elle élargit ses yeux et entr'ouvrit ses lèvres, comme autrefois, lorsqu'elle ne comprenait point, et qu'elle implorait l'intelligence de celui qu'elle aimait.

— O Monelle, dis-je encore, tous les enfants pleurent dans la maison vide ; et les jouets se couvrent de poussière, et la petite lampe s'est éteinte, et tous les rires qui étaient dans les coins se sont enfuis, et le monde est retourné au travail. Mais nous te pensions ailleurs. Nous pensions que tu jouais loin de nous, en un lieu où nous ne pouvons parvenir. Et voici que tu dors, nichée comme un petit animal sauvage, au-dessous de la neige que tu aimais pour sa blancheur.

Alors elle parla, et sa voix était la même, chose étrange, en ce lieu obscur, et je ne pus m'empêcher de pleurer, et elle essuya mes larmes avec ses cheveux, car elle était très dénudée.

— O mon chéri ! dit-elle, il ne faut point pleurer ; car tu as besoin de tes yeux pour travailler, tant qu'on vivra en travaillant, et les temps ne sont pas venus. Et il ne faut pas rester en ce lieu froid et obscur.

Et je sanglotai alors et lui dis :

— O Monelle, mais tu craignais les ténèbres ?

— Je ne les crains plus, dit-elle.

— O Monelle, mais tu avais peur du froid comme de la main d'un mort ?

— Je n'ai plus peur du froid, dit-elle.

— Et tu es toute seule ici, toute seule, étant enfant, et tu pleurais quand tu étais seule.

— Je ne suis plus seule, dit-elle ; car j'attends.

— O Monelle, qui attends-tu, dormant roulée en ce lieu obscur ?

— Je ne sais pas, dit-elle : mais j'attends. Et je suis avec mon attente.

Et je m'aperçus alors que tout son petit visage était tendu vers une grande espérance.

— Il ne faut pas rester ici, dit-elle encore, en ce lieu froid et obscur, mon aimé ; retourne vers tes amis.

— Ne veux-tu point me guider et m'enseigner, Monelle, pour que j'aie aussi la patience de ton attente ? Je suis si seul !

— O mon aimé, dit-elle, je serais malhabile à t'enseigner comme autrefois, quand j'étais, disais-tu, une petite bête ; ce sont des choses que tu trouveras sûrement par longue et laborieuse réflexion, ainsi que je les ai vues tout d'un coup pendant que je dors.

— Es-tu nichée ainsi, Monelle, sans le souvenir de ta vie passée, ou te souviens-tu encore de nous ?

— Comment pourrais-je, mon aimé, t'oublier ? Car vous êtes dans mon attente, contre laquelle je dors ; mais je ne puis expliquer. Tu te rappelles, j'aimais beaucoup la terre, et je deracinais les fleurs pour les replanter ; tu te rappelles, je disais souvent « si j'étais un petit oiseau, tu me mettrais dans ta poche, quand tu partirais. » O mon aimé, je suis ici dans la bonne terre, comme une graine noire, et j'attends d'être petit oiseau.

— O Monelle, tu dors avant de t'envoler très loin de nous.

— Non, mon aimé, je ne sais si je m'envolerai ; car je ne sais rien. Mais je suis roulée en ce que j'aimais, et je dors contre mon attente. Et avant de m'endormir j'étais une petite bête, comme tu disais, car j'étais pareille à un vermisseau nu. Un jour nous avons trouvé ensemble un cocon tout blanc, tout soyeux, et qui n'était percé d'aucun trou. Méchant, tu l'as ouvert, et il était vide. Penses-tu que la petite bête ailée n'en était pas sortie ? Mais personne ne peut savoir comment. Et elle avait dormi longtemps. Et avant de dormir elle avait été un petit ver nu ; et les petits vers sont aveugles. Figure-toi, mon aimé (ce n'est pas vrai, mais voilà comme je pense souvent) que j'ai tissé mon petit cocon avec ce que j'aimais, la terre, les jouets, les fleurs, les enfants, les petites paroles, et le souvenir de toi, mon aimé ; c'est une niche blanche et soyeuse, et elle ne me paraît pas froide ni obscure. Mais elle n'est peut-être pas ainsi pour les autres. Et je sais bien qu'elle ne s'ouvrira point et qu'elle restera fermée comme le cocon d'autrefois. Mais je n'y serai plus, mon aimé. Car mon attente est de m'en aller ainsi que la petite bête ailée ; personne ne peut savoir comment. Et où je veux aller, je n'en sais rien ; mais c'est mon attente. Et les enfants aussi, et toi, mon aimé, et le jour où on ne travaillera plus sur terre sont mon attente. Je suis toujours une petite bête, mon aimé ; je ne sais pas mieux expliquer.

— Il faut, il faut, dis-je, que tu sortes avec moi de ce lieu obscur, Monelle ; car je sais que tu ne penses pas ces choses ; et tu t'es cachée pour pleurer ; et puisque je t'ai trouvée enfin toute seule, dormant ici, toute seule, attendant ici, viens avec moi, viens avec moi, hors de ce lieu obscur et étroit.

— Ne reste pas, ô mon aimé, dit Monelle, car tu souffrirais beaucoup ; et moi, je ne peux venir, car la maison que je me suis tissée est toute fermée, et ce n'est point ainsi que j'en sortirai.

Alors Monelle mit ses bras autour de mon cou, et son baiser fut pareil, chose étrange, à ceux d'autrefois, et voilà pourquoi je pleurai encore, et elle essuya mes larmes avec ses cheveux.

— Il ne faut pas pleurer, dit-elle, si tu ne veux m'affliger dans mon attente : et peut-être n'attendrai-je pas si longtemps. Ne sois donc plus désolé. Car je te bénis de m'avoir aidée à dormir dans ma petite niche soyeuse dont la meilleure soie blanche est faite de toi, et où je dors maintenant, roulée sur moi-même.

Et comme autrefois, dans son sommeil, Monelle se pelotonna contre l'invisible et me dit : « Je dors, mon aimé. »

Ainsi, je la trouvai ; mais comment serai-je sûr de la retrouver dans ce lieu très étroit et obscur ?

PAUL-JEAN TOULET (1867 - 1920). — Né à Pau. Sa famille possédait des terres dans l'Ile Maurice, et en 1885, le jeune homme s'embarqua pour cette île parée de tous les prestiges de l'exotisme. Il y demeura trois ans. Après un séjour dans son pays natal, il vint à Paris en 1892 et publia des romans : « *Monsieur du Paur, homme public* » (1898), « *Les Tendres Ménages* » (1904), « *Mon amie Nane* » (1905), « *La Jeune Fille Verte* » (1920). En 1912, la maladie le contraignit à quitter la capitale et à se retirer à Guéthary où il devait mourir en 1920, quelques semaines après avoir publié « *Les contes de Béhanzigue* ». Les poèmes de Toulet furent recueillis après sa mort sous le titre de « *Contrerimes* » (1921). C'est à ses vers que Toulet doit d'être encore lu aujourd'hui. Une ironie tendre, une sensibilité voilée, une éblouissante technique font de Toulet le chef de file de l'école fantaisiste. Les *Contrerimes* ont été éditées par les Editions Emile-Paul.

LV

A Londres je connus Bella,
Princesse moins lointaine
Que son mari le capitaine
Qui n'était jamais là.

Et peut-être aimait-il la mangue ;
Mais Bella, les Français
Tels qu'on le parle : c'est assez
Pour qui ne prend que langue ;

Et la tienne vaut un talbin.
Mais quoi ? Rester rebelle,
Bella, quand te montre si belle
Le désordre du bain ?

LVIII

C'était sur un chemin crayeux
Trois châtes de Provence
Qui s'en allaient d'un pas qui danse
Le soleil dans les yeux.

Une enseigne, au bord de la route,
— Azur et jaune d'œuf, —
Annonçait : Vin de Châteauneuf,
Tonnelles, Casse-croûte.

Et, tandis que les suit trois fois
Leur ombre violette,
Noir pastou, sous la gloriette,
Toi, tu t'en fous : tu bois...

C'était trois châtes de Provence,
Des oliviers poudreux,
Et le mistral brûlant aux yeux
Dans un azur immense.

LX

Pour une dame imaginaire
Aux yeux couleur du temps,
J'ai rimé longtemps, bien longtemps :
J'en étais poitrinaire.

Quand vint un jour où, tout à coup,
Nous rimâmes ensemble.
Rien que d'y penser, il me semble
Que j'ai la corde au cou.

EN ARLES

Dans Arles, où sont les Aliscams,
Quand l'ombre est rouge, sous les roses,
Et clair le temps,

Prends garde à la douceur des choses,
Lorsque tu sens battre sans cause
Ton cœur trop lourd,

Et que se taisent les colombes :
Parle tout bas, si c'est d'amour,
Au bord des tombes.

FRANCIS JAMMES

(1868 - 1938). — Né à Tournay (Hautes-Pyrénées). Il exerça quelque temps la profession de clerc de notaire à Orthez avant de se consacrer entièrement à la poésie. Ses premiers « *Vers* » furent publiés à compte d'auteur en 1891, 1892 et 1893. Ces chansons ne passèrent pas inaperçues. Elles valurent au jeune poète une lettre de Mallarmé et l'amitié d'André Gide. Ce dernier devait d'ailleurs prendre à son compte les frais d'impression d'« *Un jour* » de Jammes qui parut en 1895. Après un bref séjour dans la capitale, Jammes accepta d'aller rejoindre Gide en Afrique du Nord. Mais il reprit rapidement le chemin du retour. Son premier recueil important : « *De l'Angélus de l'aube à l'Angélus du soir* » parut en 1898. Bien accueilli, ce livre répandit le nom de Francis Jammes. Celui-ci donna ensuite un délicieux récit : « *Clara d'Ellebeuse* » (1899), puis « *Le Deuil des Primevères* » (1898-1900), recueil d'élégies douloureuses et de nouvelles proses poétiques : « *Almaide d'Etremont* » (1901) « *Le Roman du Lièvre* » (1903) et « *Pensée des Jardins* » (1906). A partir de « *Clairières dans le ciel* » (1906), la poésie de Jammes prit un accent religieux. S'étant marié peu après, Jammes publia ses « *Géorgiques chrétiennes* » (1912), puis d'innombrables « *cantiques* » parmi lesquels il convient de citer « *Quatrains* » (1923-1925) et « *Ma France Poétique* » (1926). En 1921, Jammes avait quitté Orthez pour aller s'établir à Hasparren dans le pays basque. C'est là qu'il mourut le 2 décembre 1938. Les poèmes cités ont été publiés par le Mercure de France.

LE PAUVRE PION

Le pauvre pion doux si sale m'a dit : j'ai
bien mal aux yeux et le bras droit paralysé.

Bien sûr que le pauvre diable n'a pas de mère
pour le consoler doucement de sa misère.

Il vit comme cela, pion dans une boîte,
et passe parfois sur son front froid sa main moite.

Avec ses bras il fait un coussin sur un banc
et s'assoupit un peu comme un petit enfant.

Mais au lieu de traversin bien blanc, sa vareuse
se mêle à sa barbe dure, grise et crasseuse.

Il économise pour se faire soigner.
Il a des douleurs. C'est trop cher de se doucher.

Alors il enveloppe dans un pauvre linge
tout son pauvre corps misérable de grand singe.

Le pauvre pion doux si sale m'a dit : j'ai
bien mal aux yeux et le bras droit paralysé.

J'AIME L'ÂNE...

J'aime l'âne si doux
marchant le long des houx.

Il prend garde aux abeilles
et bouge ses oreilles ;

et il porte les pauvres
et des sacs remplis d'orge.

Il va, près des fossés,
d'un petit pas cassé.

Mon amie le croit bête
parce qu'il est poète.

Il réfléchit toujours.
Ses yeux sont en velours.

Jeune fille au doux cœur,
tu n'as pas sa douceur :

car il est devant Dieu
l'âne doux du ciel bleu.

Et il reste à l'étable,
fatigué, misérable,

ayant bien fatigué
ses pauvres petits pieds.

Il a fait son devoir
du matin jusqu'au soir.

Qu'as-tu fait jeune fille ?
Tu as tiré l'aiguille...

Mais l'âne s'est blessé :
la mouche l'a piqué.

Il a tant travaillé
que ça vous fait pitié.

Qu'as-tu mangé petite ?
— T'as mangé des cerises.

L'âne n'a pas eu d'orge,
car le maître est trop pauvre.

Il a sucé la corde,
puis a dormi dans l'ombre...

La corde de ton cœur
n'a pas cette douceur.

Il est l'âne si doux
marchant le long des houx.

J'ai le cœur *ulcéré* :
ce mot-là te plairait.

Dis-moi donc, ma chérie,
si je pleure ou je ris ?

Va trouver le vieil âne,
et dis-lui que mon âme

est sur les grands chemins,
comme lui le matin.

Demande-lui, chérie,
si je pleure ou je ris ?

Je doute qu'il réponde :
il marchera dans l'ombre,

crevé par la douceur,
sur le chemin en fleurs.

VIEILLE MARINE...

Vieille marine. Enseigne noir galonné d'or
qui allais observer le passage de Vénus
et qui mettais la fille du planteur nue,
dans l'habitation basse, par les nuits chaudes.

C'était d'une langueur, c'était d'une tiédeur
de fleurs blanches qui, près de vasières, meurent.
La bien-aimée était apathique et songeuse,
avec un collier noir à son cou de tubéreuse.

Elle se donnait ardemment, et vos rendez-vous
avaient lieu dans la petite chambre basse
où étaient tes cartes et tes compas
et le daguerréotype de tes petites sœurs.

Tes livres étaient le manuel d'astronomie,
le guide du marin et l'atlas des végétaux,
achetés à la capitale, dans une librairie
dont le timbre était un chapeau de matelot.

Vos baisers se mêlaient aux cris du large fleuve
où traînent les racines des salsepareilles
qui rendent l'eau salutaire à tous ceux
qu'atteint la syphilis dans ces contrées du soleil !

Vous cherchiez, dans l'obscurité des étoiles,
le frisson langoureux d'une mer pacifique,

et tu ne cherchais plus, dans le ciel magnifique,
l'éclipse mystérieuse et noire.

Un souci, cependant, à ton œil lointain,
ô jeune enseigne ! errait comme un insecte en l'air.
Ce n'était point la crainte des dangers marins
ou le souvenir des dents serrées des matelots aux fers.

Que non. Quelque duel de ces vieilles marines
avait, à tout jamais, empoisonné ton cœur.
Tu avais tué l'ami le plus cher à ton cœur :
tu gardais son mouchoir en sang dans ta poitrine.

Et, dans cette nuit chaude, ta douleur
ne pouvait s'apaiser, bien que, douce et lascive,
la fille du colon, évanouie de langueur,
nouât au tien son corps battu d'amour et ivre.

J'AI VU, DANS DE VIEUX SALONS...

J'ai vu, dans de vieux salons, des tableaux flamands,
où, dans une auberge noire, on voyait un type
qui buvait de la bière, et sa très mince pipe
avait un point rouge et il fumait doucement.

Il avait le nez violet et bonne mine,
c'était peut-être un très heureux négociant
qui avait des vaisseaux très lourds, des bâtiments
pleins de beaux ornements dorés allant en Chine.

Il faisait le commerce des draps recherchés,
des épices, et devait avoir dans sa chambre
des choses drôles, des pipes à gros bout d'ambre,
des vestes de femmes turques, de beaux objets.

Il avait sans doute une femme rouge et blanche
qu'il caressait le soir dans son lit de richard.
Et il vivait considéré, se levant tard,
pour aller se promener, le poing sur la hanche.

Mais parfois ses affaires réclamaient ses soins.
Il était obligé de courir la contrée
pour offrir ses marchandises, mais à l'entrée
de la nuit, il gagnait une auberge bien loin.

Pour le défendre des larrons, sa belle épée
était par lui suspendue au pied de son lit,
près des beaux coffres de fer des Indes, sortis
des grands bazars des capitales fortunées.

Et le peuple l'honorait lorsque, près des quais,
ses beaux bâtiments pleins de belles galeries
gonflaient, comme les belles bannières qui plient,
leurs voiles où les marins luisants étaient gais.

(De l'Angélus de l'aube à l'Angélus du soir)

PAUL CLAUDEL (1868 - 1955). — Ecrivain, auteur dramatique et poète, né à Villeneuve sur Fère (Aisne).
Fils d'un conservateur des hypothèques, il vint à Paris en 1882 pour entrer au Lycée Louis-le-Grand. Il suivit ensuite les cours de la Faculté de Droit et ceux de l'Ecole des Sciences Politiques. Le 25 décembre 1886, il se convertit à Notre-Dame. Longtemps consul en Chine, puis en Allemagne. Ambassadeur en 1917, il prit sa retraite en 1935. Il avait déjà publié ses ouvrages les plus importants : « *Tête d'Or* » (1889), « *La Ville* » (1893), « *La Jeune Fille Violaine* », « *L'Echange* » (1893), « *Partage de Midi* » (1906), « *Cinq Grandes Odes* » (1910), « *L'Otage* » (1911), « *Corona benignitatis anni dei* » (1914) et « *Le Soulier de Satin* » (1928). L'œuvre de Claudel, prière gigantesque, digne d'être considérée jusqu'en ses outrances, ressuscite une force qui semblait perdue depuis Hugo. Avec Segalen et Saint John Perse, il est par son incontestable réussite dans le verset, l'un des pères de la poésie moderne. Ses œuvres ont été publiées par les Editions Gallimard.

VERLAINE

I. — Le faible Verlaine

L'enfant trop grand, l'enfant mal décidé à l'homme, plein de secrets et plein de menaces,
Le vagabond à longues enjambées qui commence, Rimbaud, et qui s'en va de place en place,
Avant qu'il ait trouvé là-bas son enfer aussi définitif que cette terre le lui permet,
Le soleil en face de lui pour toujours et le silence le plus complet
Le voici pour la première fois qui débarque, et c'est parmi ces horribles hommes de lettres et dans les cafés,
N'ayant rien autre chose à révéler, sinon qu'il a retrouvé l'Eternité.
N'ayant rien autre chose à révéler, sinon que nous ne sommes pas au monde !
Un seul homme dans le rire et la fumée et les bocks, tous ces lorgnons et toutes ces barbes immondes,
Un seul a regardé cet enfant et a compris qui c'était,
Il a regardé Rimbaud, et c'est fini pour lui désormais
Du Parnasse Contemporain et de l'échoppe où l'on fabrique
Ces sonnets qui partent tout seuls comme des tabatières à musique !
Ni rien ne lui est plus de rien, tout cassé ! ni sa jeune femme qu'il aime
Pourvu qu'il suive cet enfant, qu'est-ce qu'il dit au milieu des rêves et des blasphèmes ?
Comprenant ce qu'il dit à moitié, mais cette moitié suffit.

L'autre regarde ailleurs d'un œil bleu, innocent de tout ce qu'il entraîne après lui.
Faible Verlaine ! maintenant reste seul, car tu ne peux aller plus loin
Rimbaud part, tu ne le verras plus, et ce qui reste dans un coin,
Ecumant, à demi-fou et compromettant pour la sécurité publique,
Les Belges l'ont soigneusement ramassé et placé dans une prison en briques.
Il est seul. Il est en état parfait d'abaissement et de dépossession.
Sa femme lui notifie un jugement de séparation.
La Bonne Chanson est chantée, le modeste bonheur n'est plus
A un mètre de ses yeux, il n'y a plus que le mur qui est nu.
Dehors le monde qui l'exclut, et, au-dedans, Paul Verlaine,
La blessure, et le goût en lui de ces choses qui sont autres qu'humaines.
La fenêtre est si petite là-haut qu'elle ne permet de voir que l'azur
Il est assis du matin jusqu'au soir et regarde le mur :
L'intérieur où il est de ce lieu qui le préserve du danger,
De ce château par qui toute la misère humaine est épongée.
Pénétré de douleur et de sang comme le linge de la Véronique !
Jusqu'à ce qu'y naisse enfin cette image et cette face qu'il implique
Du fond des âges récidive au devant de sa face hagarde
Cette bouche qui se tait et ses yeux peu à peu qui le regardent,
L'homme étrange peu à peu qui devient mon Dieu et mon Seigneur,
Jésus plus intérieur que la honte, qui lui montre et qui lui ouvre son cœur !

Et si tu tentas d'oublier le pacte à cette heure que tu fis,
Lamentable Verlaine, poète, oh, comme tu t'y es mal pris !
Cet art honorablement de vivre avec tous ses péchés
Qui sont comme s'ils n'étaient pas, du moment où nous les tenons cachés,
Cet art qui nous vient comme de cire d'accommoder l'Evangile avec le monde,
Comme tu n'y as rien compris, espèce de soudard immonde !
Glouton ! que le vin dans ton verre fut court et que la lie en fut profonde !
La mince couche d'alcool dans ton verre et le sucre artificiel,
Comme tu te pressais d'en finir afin de trouver le fiel !
Que le marchand de vins fut court à côté de l'hôpital !
Que la triste débauche fut courte à côté de la pauvreté fondamentale,
Vingt années par les rues latines si grande qu'elle fut un scandale à tous les yeux.
Privation de la terre et du ciel, manque des hommes et manque de Dieu !
Jusqu'à ce que, le fond même de tout, il te fut permis d'y mordre,
D'y mordre et de mourir dessus cette mort qui était selon ton ordre,
Dans cette chambre de prostituée, la face contre la terre,
Aussi nu par terre que l'enfant quand il sort tout nu du ventre de sa mère !

II. — L'irréductible

Il fut ce matelot laissé à terre et qui fait de la peine à la gendarmerie,
Avec ses deux sous de tabac, son casier judiciaire belge et sa feuille de route jusqu'à Paris.
Marin dorénavant sans la mer, vagabond d'une route sans kilomètres,
Domicile inconnu, profession, pas... « Verlaine Paul, homme de lettres »,
Le malheureux fait des vers en effet pour lesquels Anatole France n'est pas tendre :
Quand on écrit en français, c'est pour se faire comprendre.
L'homme tout de même est si drôle avec sa jambe raide qu'il l'a mis dans un roman.
On lui paye parfois une « blanche », il est célèbre chez les étudiants.
Mais ce qu'il écrit, c'est des choses qu'on ne peut lire sans indignation.
Car elles ont treize pieds quelquefois et aucune signification.
Le prix Archon-Despérousses n'est pas pour lui, ni le regard de M. de Monthyon qui est au ciel.
Il est l'amateur dérisoire au milieu des professionnels.
Chacun lui donne de bons conseils ; s'il meurt de faim, c'est sa faute.
On ne se laisse pas faire par ce mystificateur à la côte.
L'argent, on n'en a pas de trop pour Messieurs les Professeurs,
Qui plus tard feront des cours sur lui et qui seront tous décorés de la Légion d'honneur.

Nous ne connaissons pas cet homme et nous ne savons qui il est.

Le vieux Socrate chauve grommelle dans sa barbe emmêlée ;
Car une absinthe coûte cinquante centimes et il en faut au moins quatre pour être saoûl :
Mais il aime mieux être ivre que semblable à aucun de nous.
Car son cœur est comme empoisonné, depuis que le pervertit
Cette voix de femme ou d'enfant — ou d'un ange qui lui parlait dans le paradis !
Que Catulle Mendès garde sa gloire, et Sully Prud'homme ce grand poète !
Il refuse de recevoir sa patente en cuivre avec une belle casquette.
Que d'autres gardent le plaisir avec la vertu, les femmes, l'honneur et les cigares.
Il couche tout nu dans un garni avec une indifférence tartare.
Il connaît les marchands de vins par leur petit nom, il est à l'hôpital comme chez lui :
Mais il vaut mieux être mort que d'être comme les gens d'ici.
Donc célébrons tous d'une seule voix Verlaine, maintenant qu'on nous dit qu'il est mort.
C'était la seule chose qui lui manquait, et ce qu'il y a de plus fort,
C'est que nous comprenons, tous, ses vers maintenant que nos demoiselles nous les chantent, avec la musique
Que de grands compositeurs y ont mise et toute sorte d'accompagnements séraphiques !
Le vieil homme à la côte est parti ; il a rejoint le bateau qui l'a débarqué

Et qui l'attendait en ce port noir, mais nous n'avons rien remarqué,
Rien que la détonation de la grande voile qui se gonfle et le bruit d'une puissante étrave dans l'écume.
Rien qu'une voix, comme une voix de femme ou d'enfant, ou d'un ange qui appelait : Verlaine ! dans la brume.

(Feuilles de Saints).

ANDRE SPIRE (1868 - 1966). — Poète néo-symboliste, il est l'auteur d'une œuvre vigoureuse. Il a mêlé avec science les thèmes d'inspiration biblique aux humbles faits de la vie quotidienne. Les principaux recueils de Spire sont « *La Cité présente* » (1903), « *Et vous riez* » (1905), « *Poèmes Juifs* » (1906), « *Poèmes de Loire* » (1929) et « *Poèmes de là-bas* » (1944). Outre plusieurs essais concernant les « *Problèmes juifs* », André Spire a consacré à l'art poétique une étude très intéressante : « *Plaisir poétique et plaisir musculaire* » (1949).

RETOUR

Et cela s'incline avec une dévotion hypocrite, ou cela se gonfle avec outrecuidance.

Heine.

« Bonjour, monsieur.
Comment va madame votre grand-mère ?
Et l'usine ? Arrivez-vous à trouver les matières premières ?
Avez-vous obtenu des ouvriers militaires ?
En êtes-vous content ?
Ils filent doux, hein, maintenant !
Plus d'inspection du travail, plus de questions de salaires, plus de grèves !
Et s'ils rouspètent qu'on les renvoie au front !
Avez-vous des nouvelles de monsieur votre beau-frère ?
Ne trouve-t-il pas le temps trop long, si loin des siens ?
Est-il en bonne santé, et pas trop exposé ? »
Ainsi me parlent ces gens !
Ces bonnes gens, qui, lorsque j'avais les tempes mieux garnies,
Les yeux plus clairs, le cœur moins essoufflé,
Défendaient à leur fils de me parler.

Moi j'en souffrais. On est bête à cet âge.
Sous la lumière colchique des bougies Jablochkov,
Eux trouvaient des danseuses
Au bal des Femmes de France.
Des filles de juge, d'officier, d'avocat, d'avoué.
Pour dégourdir mes jambes il fallait me rabattre
Sur Clotilde, la fille blonde du professeur

De gymnastique,
Une excentrique qui mettait des gratte-cul
Dans ses cheveux,
Et le souper, j'allais le prendre à la brasserie du Centre,
Avec le gros van Pohr, le fils du ferblantier.
D'avoir bu trop souvent trop de bocks
Van Pohr est mort.
Clotilde est grand-mère.
La place du Beffroi, malgré les obus
Est toujours la même,
« Bonjour, monsieur, me disent-ils devant le café-glacier,
Avec ses quatre-vingt-neuf ans,
Madame votre grand-mère est, ma foi, bien allante ;
Toujours bonne, toujours aimable comme son frère.
Et vos neveux, les voilà maintenant capitaines !
Toujours dans le Nord ? Toujours vaillants.
Et pas trop exposés ?
Cher monsieur, quand venez-vous, chez nous, prendre
Le thé ? »

Innocents ! Ils croient que j'oublie !
Parce que, vers ce pays béat, une guerre me ramène
Comme un gibier chassé revient à son lancé ;
Parce qu'au milieu d'eux j'ai appris à dire :
Mon cher président, mon cher directeur ;
Qu'aux blagues des représentants, je sais m'esclaffer
Et fais queue, dans les antichambres,
Des acheteurs des grands magasins ;

Que je sais serrer un prix de revient,
Glisser dans un marché des clauses ambiguës,
Dicter un courrier, lire un inventaire,
Et même, jeter sur le pavé un pauvre hère ;
Parce que, maintenant, je sais que de l'or,
De l'or, il y en a plein le monde,
Et que ça appartient aux gens raisonnables
Qui couchent tous les soirs avec leurs épouses,
Et, de temps en temps, avec la bonne aussi ;

Parce que je suis gras d'être assis,
Que mes gestes sont lourds sur mes mollets maigres,
Que j'ai le front ridé de petits soucis,
Le teint jaune, les pommettes bouffies, les lèvres pâles,
Et des pochons sous les yeux,
Ils croient que j'oublie.
« Bonjour, monsieur, me disent-ils,
Rue des Beaux-Arts devant la caserne des pompiers.
Mon frère le général est à peu près remis de sa blessure.
Il doit venir passer un ou deux jours ici.
Vous nous ferez, j'espère, le plaisir de dîner chez nous
Avec lui. »

Imbéciles !
Parce que mes yeux sourient,
Ma nuque approuve,
Et ma bouche ne leur jette pas de crachats,
Ils croient que je suis de leur monde,
De leur bande...
Ils croient que j'oublie
Et Clotilde,
Et le gros van Pohr, le fils du ferblantier.

(Nouveaux Poèmes Juifs).
Ed. Albin Michel.

ANDRE GIDE (1869 - 1951). — Né à Paris. Constamment disponible aux nouveautés, à travers ses nombreux livres, Gide a laissé une œuvre mouvante et grave, sensuelle et précieuse où le poète se reconnaît. Dans cette perspective, on retiendra surtout « *Les Nourritures Terrestres* » et « *Les Nouvelles Nourritures* ». Les œuvres d'André Gide ont été publiées par les Editions Gallimard.

RONDE DE LA GRENADE

. . . .

Mais des fruits — des fruits — Nathanaël, que dirai-je ?
— Oh ! que tu ne les aies pas connus,
Nathanaël, c'est bien là ce qui me désespère...
... Leur pulpe était délicieuse et juteuse,
Savoureuse comme la chair qui saigne,
Rouge comme le sang qui sort d'une blessure.
... Ceux-ci ne réclamaient, Nathanaël, aucune soif
particulière :
On les servait dans des corbeilles d'or ;
Leur goût écœurait tout d'abord, étant d'une fadeur
incomparable :
Il n'évoquait celui d'aucun fruit de nos terres ;
Il rappelait le goût des goyaves trop mûres,
Et la chair en semblait passée ;
Elle laissait après, l'âpreté dans la bouche ;
On ne la guérissait qu'en remangeant un fruit nouveau ;
A peine bientôt si seulement durait leur jouissance,
L'instant d'en savourer le suc ;
Et cet instant en paraissait tant plus aimable
Que la fadeur après devenait plus nauséabonde.
La corbeille fut vite vidée...
Et le dernier nous le laissâmes
Plutôt que de le partager...

Hélas ! après, Nathanaël, qui dira de nos lèvres
Quelle fut l'amère brûlure ?

Aucune eau ne les put laver —
Le désir de ces fruits nous tourmenta jusque dans l'âme.

Trois jours durant, dans les marches, nous les cherchâmes ;
La saison en était finie.
Où sont, Nathanaël, dans nos voyages,
De nouveaux fruits pour nous donner d'autres désirs ?

Il y en a que nous mangerons sur des terrasses,
Devant la mer et devant le soleil couchant.
Il y en a que l'on confit dans de la glace
Sucrée avec un peu de liqueur dedans.
Il y en a que l'on cueille sur les arbres
De jardins réservés, enclos de murs,
Et que l'on mange à l'ombre dans la saison tropicale.
On disposera de petites tables —
Les fruits tomberont tout autour de nous
Dès qu'on agitera les branches
Où les mouches engourdies se réveilleront.
Les fruits tombés, on les recueillera dans des jattes
Et leur parfum déjà suffirait à nous charmer...

•

Il y en a dont l'écorce tache les lèvres et que l'on ne mange que lorsqu'on a très soif.
Nous les avons trouvés le long des routes sablonneuses ;
Ils brillaient à travers le feuillage épineux
Qui déchira nos mains lorsque nous voulûmes les prendre ;
Et notre soif n'en fut pas beaucoup étanchée.
Il y en a dont on ferait des confitures
Rien qu'à les laisser cuire au soleil.
Il y en a dont la chair malgré l'hiver demeure sure ;
De les avoir mordus les dents sont agacées.
Il y en a dont la chair paraît toujours froide, même l'été.
On les mange accroupi sur des nattes,
Au fond de petits cabarets.
Il y en a dont le souvenir vaut une soif
Dès qu'on ne peut plus les trouver.

Nathanaël, te parlerai-je des grenades ?
On les vendait pour quelques sous, à cette foire orientale,
Sur des claies de roseaux où elles s'étaient éboulées.
On en voyait qui roulaient loin dans la poussière
Et que des enfants nus ramassaient.
— Leur jus est aigrelet comme celui des framboises pas mûres.
Leur fleur semblait faite de cire ;
Elle est de la couleur du fruit.
Trésor gardé, cloisons de ruches,
Abondance de la saveur.
Architecture pentagonale.

L'écorce se fend. les grains tombent —
Grains de sang dans des coupes d'azur ;
Et d'autres. gouttes d'or. dans des plats de bronze émaillé !

— Chante à présent la figue. Simiane.
Parce que ses amours sont cachées.
Je chante la figue. dit-elle.
Dont les belles couleurs sont cachées.
Sa floraison est repliée.
Figue ! Chambre close où se célèbrent des noces ;
Aucun parfum ne les conte au dehors.
Comme rien ne s'en évapore.
Tout le parfum devient succulence et saveur.
Fleur sans beauté ; fruit de délices ;
Fruit qui n'est que sa fleur mûrie…

J'ai chanté la figue. dit-elle.
Chante à présent toutes les fleurs…
Et l'acide prunelle des haies
Que la neige froide rend douce.
La nèfle. qui ne se mange que pourrie ;
Et la châtaigne de la couleur des feuilles mortes
Qu'on fait éclater près du feu.

(Les Nourritures Terrestres).

PAUL VALÉRY (1871 - 1945). — Né à Sète. Il fit ses études à Montpellier, se lia d'amitié avec Pierre Louys qui le mit en rapport avec Mallarmé. et publia ses premiers poèmes dans « *La Conque* ». Venu s'installer à Paris, il publia deux essais en prose : « *L'Introduction à la Méthode de Léonard de Vinci* » (1895) et « *La soirée avec Monsieur Teste* » (1896) avant de cesser brusquement d'écrire. Pendant ce silence de vingt ans, Valéry entra comme fonctionnaire au ministère de la Guerre, se maria (1900) puis devint le secrétaire particulier d'Edouard Lebey, directeur de l'agence Havas. En 1912, Gide le pressa d'accepter l'édition en volume de ses « *Vers anciens* ». « *La Jeune Parque* » (1917) obtint un tel succès que son auteur dut recommencer le jeu littéraire qu'il abominait, non sans coquetterie peut-être. Après la publication de « *Charmes* » (1922), de « *Eupalinos* » (1923) et de « *l'Ame et la Danse* » (1925), Valéry devint un personnage officiel, académicien (1926) et cependant contraint d'écrire sans arrêt pour gagner sa vie. Parmi les ouvrages de cette période, citons : « *Le Cimetière Marin* » (1926), « *Léonard et le Philosophe* » (1929), « *Regards sur le monde actuel* », « *Pièce sur l'art* » et « *l'Idée Fixe* » (1932).
Nommé professeur de poétique au Collège de France, Valéry publia encore : « *Variété* » (cinq volumes). « *Degas, Danse, Dessin* » (1938), « *Mélange* », « *Tel quel* », « *Mon Faust* » (1941), « *Mauvaises pensées et autres* » (1942) et un dernier poème : « *L'Ange* » (1945). Il mourut le 20 juillet 1945, à Paris. Son corps fut inhumé, selon ses vœux au cimetière de Sète. Tous les poèmes de Paul Valéry ont été édités par les Editions Gallimard.

LA JEUNE PARQUE
(fragment)

A André GIDE.

Depuis bien des années j'avais laissé
l'art des vers ; essayant de m'y astreindre
encore, j'ai fait cet exercice que je te dédie.
1917.

Le Ciel a-t-il formé cet amas de merveilles
Pour la demeure d'un serpent ?

P. Corneille.

Qui pleure là, sinon le vent simple, à cette heure
Seule avec diamants extrêmes ?... Mais qui pleure,
Si proche de moi-même au moment de pleurer ?

Cette main, sur mes traits qu'elle rêve effleurer,
Distraitement docile à quelque fin profonde,
Attend de ma faiblesse une larme qui fonde,
Et que de mes destins lentement divisé,
Le plus pur en silence éclaire un cœur brisé.
La houle me murmure une ombre de reproche,
Ou retire ici-bas, dans ses gorges de roche,
Comme chose déçue et bue amèrement,
Une rumeur de plainte et de resserrement...
Que fais-tu, hérissée, et cette main glacée,
Et quel frémissement d'une feuille effacée
Persiste parmi vous, îles de mon sein nu ?...
Je scintille, liée à ce ciel inconnu...
L'immense grappe brille à ma soif de désastres.
Tout-puissants étrangers, inévitables astres
Qui daignez faire luire au lointain temporel
Je ne sais quoi de pur et de surnaturel ;
Vous qui dans les mortels plongez jusques aux larmes
Ces souverains éclats, ces invincibles armes,
Et les élancements de votre éternité,
Je suis seule avec vous, tremblante, ayant quitté
Ma couche ; et sur l'écueil mordu par la merveille,
J'interroge mon cœur quelle douleur l'éveille,
Quel crime par moi-même ou sur moi consommé ?...
... Ou si le mal me suit d'un songe refermé,
Quand (au velours du souffle envolé l'or des lampes)
J'ai de mes bras épais environné mes tempes,
Et longtemps de mon âme attendu les éclairs ?
Toute ? Mais toute à moi, maîtresse de mes chairs,
Durcissant d'un frisson leur étrange étendue,
Et dans mes doux liens, à mon sang suspendue,

Je me voyais me voir, sinueuse, et dorais
De regards en regards, mes profondes forêts.

J'y suivais un serpent qui venait de me mordre.

Quel repli de désirs, sa traîne !... Quel désordre
De trésors s'arrachant à mon avidité,
Et quelle sombre soif de la limpidité !

O ruse !... A la lueur de la douleur laissée
Je me sentis connue encor plus que blessée...
Au plus traître de l'âme, une pointe me naît ;
Le poison, mon poison, m'éclaire et se connaît :
Il colore une vierge à soi-même enlacée,
Jalouse... Mais de qui, jalouse et menacée ?
Et quel silence parle à mon seul possesseur ?

Dieux ! Dans ma lourde plaie une secrète sœur
Brûle, qui se préfère à l'extrême attentive.

Va ! je n'ai plus besoin de ta race naïve,
Cher Serpent... Je m'enlace, être vertigineux !
Cesse de me prêter ce mélange de nœuds
Ni ta fidélité qui me fuit et devine...
Mon âme y peut suffire, ornement de ruine !
Elle sait, sur mon ombre égarant ses tourments,
De mon sein, dans les nuits, mordre les rocs charmants ;
Elle y suce longtemps le lait des rêveries...
Laisse donc défaillir ce bras de pierreries
Qui menace d'amour mon sort spirituel...
Tu ne peux rien sur moi qui ne soit moins cruel,
Moins désirable... Apaise alors, calme ces ondes,
Rappelle ces remous, ces promesses immondes...
Ma surprise s'abrège, et mes yeux sont ouverts.
Je n'attendais pas moins de mes riches déserts
Qu'un tel enfantement de fureur et de tresse :
Leurs fonds passionnés brillent de sécheresse
Si loin que je m'avance et m'altère pour voir
De mes enfers pensifs les confins sans espoir...
Je sais... Ma lassitude est parfois un théâtre.
L'esprit n'est pas si pur que jamais idolâtre
Sa fougue solitaire aux élans de flambeau
Ne fasse fuir les murs de son morne tombeau.
Tout peut naître ici-bas d'une attente infinie.
L'ombre même le cède à certaine agonie,
L'âme avare s'entrouvre, et du monstre s'émeut —
Qui se tord sur le pas d'une porte de feu...
Mais, pour capricieux et prompt que tu paraisses,
Reptile, ô vifs détours tout courus de caresses,
Si proche impatience et si lourde langueur ?
Qu'es-tu, près de ma nuit d'éternelle longueur ?

Tu regardais dormir ma belle négligence…
Mais avec mes périls, je suis d'intelligence,
Plus versatile, ô Thyrse, et plus perfide qu'eux.
Fuis-moi ! Du noir retour reprends le fil visqueux !
Va chercher des yeux clos pour tes danses massives.
Coule vers d'autres lits tes robes successives,
Couve sur d'autres cœurs les germes de leur mal,
Et que dans les anneaux de ton rêve animal
Halète jusqu'au jour l'innocence anxieuse !…
Moi, je veille. Je sors, pâle et prodigieuse,
Toute humide des pleurs que je n'ai point versés,
D'une absence aux contours de mortelle bercés
Par soi seule… Et brisant une tombe sereine,
Je m'accoude inquiète et pourtant souveraine,
Tant de mes visions parmi la nuit et l'œil,
Les moindres mouvements consultent mon orgueil.

Mais je tremblais de perdre une douleur divine !
Je baisais sur ma main cette morsure fine,
Et je ne savais plus de mon antique corps
Insensible, qu'un feu qui brûlait sur mes bords :

Adieu, pensai-je, MOI, mortelle sœur, mensonge…

Harmonieuse MOI, différente d'un songe,
Femme flexible et ferme aux silences suivis
D'actes purs !… Front limpide, et par ondes ravis,
Si loin que le vent vague et velu les achève,
Longs brins légers qu'au large un vol mêle et soulève,
Dites !… J'étais l'égale et l'épouse du jour,
Seul support souriant que je formais d'amour
A la toute-puissante altitude adorée…

Quel éclat sur mes cils aveuglément dorée,
Ô paupières qu'opprime une nuit de trésor,
Je priais à tâtons dans vos ténèbres d'or !
Poreuse à l'éternel qui me semblait m'enclore,
Je m'offrais dans mon fruit de velours qu'il dévore ;
Rien ne me murmurait qu'un désir de mourir
Dans cette blonde pulpe au soleil pût mûrir :
Mon amère saveur ne m'était point venue.
Je ne sacrifiais que mon épaule nue
A la lumière : et sur cette gorge de miel,
Dont la tendre naissance accomplissait le ciel,
Se venait assoupir la figure du monde.
Puis dans le dieu brillant, captive vagabonde,
Je m'ébranlais brûlante et foulais le sol plein,
Liant et déliant mes ombres sous le lin.
Heureuse ! A la hauteur de tant de gerbes belles,
Qui laissaient à ma robe obéir les ombelles,
Dans les abaissements de leur frêle fierté :

Et si, contre le fil de cette liberté,
Si la robe s'arrache à la rebelle ronce,
L'arc de mon brusque corps s'accuse et me prononce,
Nu sous le voile enflé de vivantes couleurs
Que dispute ma race aux longs liens de fleurs !

Je regrette à demi cette vaine puissance...
Une avec le désir, je fus l'obéissance
Imminente, attachée à ces genoux polis ;
De mouvements si prompts mes vœux étaient remplis
Que je sentais ma cause à peine plus agile !
Vers mes sens lumineux nageait ma blonde argile,
Et dans l'ardente paix des songes naturels,
Tous ces pas infinis me semblaient éternels.
Si ce n'est, ô splendeur, qu'à mes pieds l'Ennemie,
Mon ombre ! la mobile et la souple momie,
De mon absence peinte effleurait sans effort
La terre où je fuyais cette légère mort.
Entre la rose et moi, je la vois qui s'abrite ;
Sur la poudre qui danse, elle glisse et n'irrite
Nul feuillage, mais passe, et se brise partout...
Glisse ! Barque funèbre...
Et moi vive, debout,
Dure, et de mon néant secrètement armée,
Mais, comme par l'amour une joue enflammée,
Et la narine jointe au vent de l'oranger,
Je ne rends plus au jour qu'un regard étranger...
Oh ! combien peut grandir dans ma nuit curieuse
De mon cœur séparé la part mystérieuse,
Et de sombres essais s'approfondir mon art !...
Loin des purs environs, je suis captive, et par
L'évanouissement d'aromes abattue,
Je sens sous les rayons, frissonner ma statue,
Des caprices de l'or, son marbre parcouru.
Mais je sais ce que voit mon regard disparu ;
Mon œil noir est le seuil d'infernales demeures !
Je pense, abandonnant à la brise des heures
Et l'âme sans retour des arbustes amers,
Je pense, sur le bord doré de l'univers,
A ce goût de périr qui prend la Pythonisse
En qui mugit l'espoir que le monde finisse.
Je renouvelle en moi mes énigmes, mes dieux,
Mes pas interrompus de paroles aux cieux,
Mes pauses, sur le pied portant la rêverie,
Qui suit au miroir d'aile un oiseau qui varie,
Cent fois sur le soleil joue avec le néant,
Et brûle, au sombre but de mon marbre béant.

. . . .

CANTIQUE DES COLONNES

A Léon-Paul Fargue.

Douces colonnes, aux
Chapeaux garnis de jour,
Ornés de vrais oiseaux
Qui marchent sur le tour,

Douces colonnes, ô
L'orchestre de fuseaux !
Chacun immole son
Silence à l'unisson.

— Que portez-vous si haut,
Egales radieuses ?
— Au désir sans défaut
Nos grâces studieuses !

Nous chantons à la fois
Que nous portons les cieux !
O seule et sage voix
Qui chantes pour les yeux !

Vois quels hymnes candides !
Quelle sonorité
Nos éléments limpides
Tirent de la clarté !

Si froides et dorées
Nous fûmes de nos lits
Par le ciseau tirées,
Pour devenir ces lys !

De nos lits de cristal
Nous fûmes éveillées,
Des griffes de métal
Nous ont appareillées.

Pour affronter la lune,
La lune et le soleil,
On nous polit chacune
Comme ongle de l'orteil !

Servantes sans genoux,
Sourires sans figures,
La belle devant nous
Se sent les jambes pures,

Pieusement pareilles,
Le nez sous le bandeau

Et nos riches oreilles
Sourdes au blanc fardeau,

Un temple sur les yeux
Noirs pour l'éternité,
Nous allons sans les dieux
A la divinité !

Nos antiques jeunesses,
Chair mate et belles ombres,
Sont fières des finesses
Qui naissent par les nombres !

Filles des nombres d'or,
Fortes des lois du ciel,
Sur nous tombe et s'endort
Un dieu couleur de miel.

Il dort content, le Jour,
Que chaque jour offrons
Sur la table d'amour
Etale sur nos fronts.

Incorruptibles sœurs,
Mi-brûlantes, mi-fraîches,
Nous prîmes pour danseurs
Brises et feuilles sèches.

Et les siècles par dix,
Et les peuples passés,
C'est un profond jadis,
Jadis jamais assez !

Sous nos mêmes amours
Plus lourdes que le monde
Nous traversons les jours
Comme une pierre l'onde !

Nous marchons dans le temps
Et nos corps éclatants
Ont des pas ineffables
Qui marquent dans les fables...

(Charmes).

LE SYLPHE

Ni vu ni connu
Je suis le parfum
Vivant et défunt
Dans le vent venu !

Ni vu ni connu,
Hasard ou génie ?
A peine venu
La tâche est finie !

Ni lu ni compris ?
Aux meilleurs esprits
Que d'erreurs promises !

Ni vu ni connu,
Le temps d'un sein nu
Entre deux chemises !

(Charmes).

Quant à ceux qui de la Poésie ne sentent bien fortement ni la présence ni l'absence, elle n'est, sans doute, pour eux que chose abstraite et mystérieusement admise : chose aussi vaine que l'on veut, — quoiqu'une tradition qu'il est convenable de respecter attache à cette entité une de ces valeurs indéterminées, comme il en flotte quelques-unes dans l'esprit public. La considération que l'on accorde à un titre de noblesse dans une nation démocratique peut ici servir d'exemple.

J'estime de l'essence de la Poésie qu'elle soit, selon les diverses natures des esprits, ou de valeur nulle ou d'importance infinie : ce qui l'assimile à Dieu même.

(Question de poésie).

HENRY BATAILLE (1872 - 1922). — Né à Nîmes (Gard). Auteur de théâtre célèbre en son temps, il fut surtout pour les amateurs de poèmes, l'auteur de « *La Chambre Blanche* » (1895), publié par les Editions Fasquelle.

SOIRS

Il y a de grands soirs où les villages meurent —
Après que les pigeons sont rentrés se coucher.
Ils meurent, doucement, avec le bruit de l'heure
Et le cri bleu des hirondelles au clocher...
Alors, pour les veiller, des lumières s'allument,
Vieilles petites lumières de bonnes sœurs,
Et des lanternes passent, là-bas dans la brume...
Au loin le chemin gris chemine avec douceur...
Les fleurs dans les jardins se sont pelotonnées,
Pour écouter mourir leur village d'antan,
Car elles savent que c'est là qu'elles sont nées...
Puis les lumières s'éteignent, cependant
Que les vieux murs habituels ont rendu l'âme,
Tout doux, tout bonnement, comme de vieilles femmes.

(La Chambre Blanche).

GEORGES FAGUS (1872 - 1933). — Né à Bruxelles. Virtuose de la rime, Fagus a mis en vers légers, tendres et ironiques, les menus événements de sa vie, sans s'inquiéter des découvertes poétiques de son temps. D'où l'aspect anachronique, mais charmant de ses recueils : « *La Danse Macabre* » (1920), « *Jonchée de Fleurs sur le pavé du Roi* », « *Les Ephémères* » (1925) et « *Le Clavecin* » (1926.).

DU PONT DES ARTS, BALCON DE PARIS

— Pourquoi, Seigneur, les hirondelles,
Si bas, puis si haut volent-elles :
Qu'en savent-elles,
Qu'en sais-je ? rien.

Et moi, pourquoi gai, puis morose,
Pourquoi mes vers, pourquoi ma prose,
Pourquoi sous mes doigts cette rose,
Qu'en sais-je ? rien.

★

J'ouvris ma volière de merles,
Tout s'est envolé ;
J'ouvris mon chapelet de perles,
Il s'est défilé :
Toi seul vent d'hiver qui déferles,
Vent des vieux, n'as pas oublié.

PAUL FORT (1872 - 1960). — Né à Reims. Venu très tôt dans la capitale, il y publie à dix-sept ans un manifeste en faveur du théâtre poétique et crée le « *Théâtre d'Art* » qui deviendra le Théâtre de l'Œuvre. Poète avant tout il donne alors, écrits en versets, ses premiers poèmes au Mercure qui paraissent en 1896 sous le titre de « *Ballades françaises* ». Dès lors tout ce qu'écrira Paul Fort prendra place dans cette série qu'il continuera, sans crainte des redites, jusqu'à sa mort. Elu Prince des Poètes en 1912, il a donné au théâtre plusieurs pièces truculentes et lyriques : « *Louis XI, curieux homme* » (1922), « *Ysabeau* » (1924) et « *Les Compères du roi Louis* » (1927). On a pu dire qu'il écrivait des poèmes « comme un pommier produit ses pommes ». Les œuvres de Paul Fort ont été publiées par les Editions Flammarion.

LA RONDE AUTOUR DU MONDE

Si toutes les filles du monde voulaient s'donner la main, tout autour de la mer, elles pourraient faire une ronde.

Si tous les gars du monde voulaient bien êtr' marins, ils f'raient avec leurs barques un joli pont sur l'onde.

Alors on pourrait faire une ronde autour du monde, si tous les gens du monde voulaient s'donner la main.

LE BONHEUR

Le bonheur est dans le pré. Cours-y vite, cours-y vite. Le bonheur est dans le pré. Cours-y vite. Il va filer.

Si tu veux le rattraper, cours-y vite, cours-y vite. Si tu veux le rattraper, cours-y vite. Il va filer.

Dans l'ache et le serpolet, cours-y vite, cours-y vite, dans l'ache et le serpolet, cours-y vite. Il va filer.

Sur les cornes du bélier, cours-y vite, cours-y vite, sur les cornes du bélier, cours-y vite. Il va filer.

Sur le flot du sourcelet, cours-y vite, cours-y vite, sur le flot du sourcelet, cours-y vite. Il va filer.

De pommier en cerisier, cours-y vite, cours-y vite, de pommier en cerisier, cours-y vite. Il va filer.

Saute par-dessus la haie, cours-y vite, cours-y vite, saute par-dessus la haie, cours-y vite. Il a filé !

LE VIEUX MENDIANT

J'ai vu de bonnes gens, j'ai vu de saintes gens, mais je n'ai jamais vu mon chapeau plein d'argent.

Il tremble tout crasseux devant ma mine grise... Une gargouille en vie est tombée de l'église ?

Je grogne. Ô jeune enfant, ton sou neuf me désarme. Pardon si j'ai la gueule argentée de mes larmes.

J'en ai pourtant compris, estimé, vu des choses, hommes-loups, femmes-chiens et la neige et les roses.

Aux socs de mes pieds nus raboteurs des ornières, j'ai vu par grands copeaux se lever la poussière.

J'ai vu la fée un jour au bord de mes vingt ans, et de l'avoir vue fuir je pleure en mon vieux temps.

Que de fois j'aurai vu, tendresse de mon cœur ! — la flamme du fusil abattre un lièvre en fleur.

Hôte de ces bois noirs, souvent j'ai vu l'orage nous balayer le ciel d'un balai de feuillage.

Ah ! tout ce que j'ai vu ! J'ai vu pendant nos guerres saint Michel éclaireur de Jeanne la Guerrière.

Il la baisait au front, torche haute en avant. J'ai vu bien des guirlandes d'Amours dans le vent.

Hier j'ai vu, c'était la Sainte-Niquedouille, à travers l'arc-en-ciel l'averse des grenouilles.

Mais je n'ai jamais vu — pieuses bonnes gens — non, je n'ai jamais vu mon chapeau plein d'argent.

ALFRED JARRY (1873 - 1907). — Condisciple de Léon-Paul Fargue au lycée Henri VI, influencé d'abord par le symbolisme, il est surtout, dès 1896, l'auteur d'Ubu Roi, pièce satirique et burlesque qui demeure objet de scandale. Le personnage d'Ubu deviendra le sien, jusqu'à faire oublier le poète des « Minutes de sable mémorial », écrit et publié à 21 ans. Humour et délire, il est le père spirituel des Pataphysiciens. Il meurt à 34 ans, misère physiologique, alcool, en réclamant… « un cure-dents ».

LA CHANSON DU DECERVELAGE

Je fus pendant longtemps ouvrier ébéniste,
Dans la ru' du Champ d'Mars, d'la paroiss' de Toussaints.
Mon épouse exerçait la profession d' modiste,
Et nous n'avions jamais manqué de rien. —
Quand le dimanch' s'annonçait sans nuage,
Nous exhibions nos beaux accoutrements
Et nous allions voir le décervelage
Ru' d' l'Echaudé, passer un bon moment.
Voyez, voyez la machin' tourner,
Voyez, voyez la cervell' sauter,
Voyez, voyez les Rentiers trembler ;
(Chœur) : *Hourra, cornes-au-cul, vive le Père Ubu !*

Nos deux marmots chéris, barbouillés d' confitures,
Brandissant avec joi' des poupins en papier,
Avec nous s'installaient sur le haut d' la voiture
Et nous roulions gaîment vers l'Echaudé. —
On s' précipite en foule à la barrière,
On s' fich' des coups pour être au premier rang ;
Moi je m' mettais toujours sur un tas d' pierres
Pour pas salir mes godillots dans l' sang.
Voyez, voyez la machin' tourner,
Voyez, voyez la cervell' sauter,
Voyez, voyez les Rentiers trembler ;
(Chœur) : *Hourra, cornes-au-cul, vive le Père Ubu !*

Bientôt ma femme et moi nous somm's tout blancs d' cervelle.
Les marmots en boulott'nt et tous nous trépignons
En voyant l' Palotin qui brandit sa lumelle,
Et les blessur's et les numéros d' plomb. —
Soudain j' perçois dans l' coin, près d' la machine,
La gueul' d'un bonz' qui n' m' revient qu'à moitié.
Mon vieux, que j' dis, je r'connais ta bobine,
Tu m'as volé, c'est pas moi qui t' plaindrai.
Voyez, voyez la machin' tourner,
Voyez, voyez la cervell' sauter,
Voyez, voyez les Rentiers trembler ;
(Chœur) : *Hourra, cornes-au-cul, vive le Père Ubu !*

Soudain, j' me sens tirer la manch' par mon épouse :
Espèc' d'andouill', qu'ell' m'dit, v'là l'moment d'te montrer :
Flanque-lui par la gueule un bon gros paquet d' bouse,
V'là l' Palotin qu'a juste' le dos tourné. —
En entendant ce raisonn'ment superbe,
J'attrap' sus l' coup mon courage à deux mains :
J' flanque au Rentier une gigantesque merdre
Qui s'aplatit sur l' nez du Palotin.
Voyez, voyez la machin' tourner,
Voyez, voyez la cervell' sauter,
Voyez, voyez les Rentiers trembler ;
(Chœur) : *Hourra, cornes-au-cul, vive le Père Ubu !*

Aussitôt j' suis lancé par-dessus la barrière,
Par la foule en fureur je me vois bousculé
Et j'suis précipité la tête la première
Dans l'grand trou noir d'ous qu'on n' revient jamais. —
Voilà c'que c'est qu'd'aller s'prome'ner l'dimanche
Ru' d' l'Echaudé pour voir décerveler,
Marcher l' Pinc'-Porc ou bien l' Démanch'-Comanche.
On part vivant et l'on revient tudé.

Voyez, voyez la machin' tourner,
Voyez, voyez la cervell' sauter,
Voyez, voyez les Rentiers trembler ;

(Chœur) : *Hourra, cornes-au-cul, vive le Père Ubu !*

CHARLES PEGUY (1873 - 1914). — Né à Orléans (Loiret). Orphelin de père, le jeune Péguy réussit à obtenir une bourse pour faire ses « humanités » au lycée d'Orléans. Vers 1895, il commença la rédaction de sa « *Jeanne d'Arc* » et fonda (1900) les héroïques « *Cahiers de la Quinzaine* ». En même temps que ses ouvrages politiques : « *Notre Patrie* » (1905), « *Notre Jeunesse* » (1910), « *Un nouveau Théologien* » (1911), « *L'Argent* » (1913) et « *Clio* » (posthume), Péguy composait ses grandes œuvres poétiques dans lesquelles la foi chrétienne ne perd jamais le contact du sol terrestre : « *Le Mystère de la Charité de Jeanne d'Arc* » (1910), « *Le Porche de la Deuxième Vertu* » (1911), « *La Tapisserie de Notre-Dame* » (1913) et « *Eve* » (1913). Il mourut, au combat, en 1914.
Les poèmes de Péguy ont été publiés par les Editions Gallimard.

PRESENTATION DE PARIS A NOTRE-DAME

Etoile de la mer, voici la lourde nef
Où nous ramons tout nus sous vos commandements ;
Voici notre détresse et nos désarmements ;
Voici le quai du Louvre, et l'écluse, et le bief.

Voici notre appareil et voici notre chef.
C'est un gars de chez nous qui siffle par moments.
Il n'a pas son pareil pour les gouvernements.
Il a la tête dure et le geste un peu bref.

Reine qui vous levez sur tous les océans,
Vous penserez à nous quand nous serons au large.
Aujourd'hui c'est le jour d'embarquer notre charge.
Voici l'énorme grue et les longs meuglements.

S'il fallait le charger de nos pauvres vertus,
Ce vaisseau s'en irait vers votre auguste seuil
Plus creux que la noisette après que l'écureuil
L'a laissée retomber de ses ongles pointus.

Nuls ballots n'entreraient par les panneaux béants,
Et nous arriverions dans la mer de Sargasse
Traînant cette inutile et grotesque carcasse
Et les Anglais diraient : ils n'ont rien mis dedans.

Mais nous saurons l'emplir et nous vous le jurons
Il sera le plus beau dans cet illustre port
La cargaison ira jusque sur le plat-bord
Et quand il sera plein nous le couronnerons.

Nous n'y chargerons pas notre pauvre maïs,
Mais de l'or et du blé que nous emporterons.
Et il tiendra la mer : car nous le chargerons
Du poids de nos péchés payés par votre Fils.

(La Tapisserie de Notre-Dame).

PARIS VAISSEAU DE CHARGE

Double vaisseau de charge aux deux rives de Seine,
Vaisseau de pourpre et d'or, de myrrhe et de cinname,
Vaisseau de blé, de seigle, et de justesse d'âme,
D'humilité, d'orgueil, et de simple verveine ;

Nos pères t'ont comblé d'une si longue peine,
Depuis mille et mille ans que tu viens à la lame,
Que nulle cargaison n'est si lourde à la rame,
Et que nul bâtiment n'a la panse aussi pleine.

Mais nous apporterons un regret si sévère,
Et si nourri d'honneur, et si creusé de flamme,
Que le chef le prendra pour un sac de prière.

Et le fera hisser jusque sous l'oriflamme,
Navire appareillé sous Septime-Sévère,
Double vaisseau de charge aux pieds de Notre-Dame.

(La Tapisserie de Notre-Dame).

TRISTAN KLINGSOR (1874 - 1966). — Né à La Chapelle (Oise). L'un des premiers poètes du vers libre. Il sut l'employer avec un rare bonheur. Ménestrel, conteur, il paraît plus près des fantaisistes que des symbolistes. Son ironie et sa désinvolture sont d'une rare aisance. Ses poèmes ont été publiés par le Mercure de France.

RÊVERIE D'AUTOMNE

Monsieur le professeur Trippe
A son gibus de poil de lièvre
Et la redingote noire qui se fripe
Sous son maigre derrière.

Monsieur le professeur est assis
Sur le banc vert du jardin anglais
Et tourne ses pouces d'encre noircis
Sur son gilet usé à ramages violets.

L'automne mélancolique, ce soir,
Commence à rouiller les feuilles sans sève :
Monsieur le professeur les regarde choir
Une à une, et rêve.

Monsieur le professeur a des lunettes d'or
Sur son nez long d'une aune,
Et des fils d'argent dans ses cheveux jaunes
Et multicolores.

Et pourtant monsieur le professeur fut jeune homme
Probablement, rose au jabot, sourire aux lèvres ;
Mais maintenant monsieur le professeur rêve
Et contemple le soir d'automne.

Monsieur le professeur songe à madame Rose
Sa ménagère au teint rosé de frais lilas ;
Monsieur le professeur rêve et pose
Dans le creux de sa main son front las.

Un espiègle tire son mouchoir à fleurs ;
Un air suranné d'épinette s'achève ;
Au fond du vieux jardin anglais le jet d'eau pleure :
Monsieur le professeur rêve...

HENRY JEAN-MARIE LEVET (1874 - 1906). — Né à Montbrison (Loire). Après avoir publié quelques contes et deux minces plaquettes « *Le Pavillon* » avec, en sous-titre « *La saison de Thomas W. Lance* » et « *Le Drame de l'Allée* » (1897), il quitta la France pour voyager aux Indes et en Indochine. Il y rédigea les curieux poèmes qui composeront « *Cartes Postales* », recueil de vers « cosmopolites » qui annoncent Barnabooth. Il occupa ensuite un poste de chancelier à Manille qu'il abandonna en 1906, pour regagner la France. Il y mourut dès son retour. Ses œuvres ont été recueillies par Valery Larbaud, en 1921, sous le titre de « *Poèmes* », éd. des Amis des Livres. Les Editions Gallimard reprirent ce titre vingt ans après.

OUTWARDS

L'*Armand-Béhic* (des Messageries Maritimes)
File quatorze nœuds sur l'Océan Indien...
Le soleil se couche en des confitures de crimes,
Dans cette mer plate comme avec la main.

Miss Roseway, qui se rend à Adélaïde,
Vers le *Sweet Home* au fiancé australien,
Miss Roseway, hélas, n'a cure de mon spleen ;
Sa lorgnette sur les Laquedives, au loin...

— Je vais me préparer — sans entrain ! — pour la fête
De ce soir : sur le pont, lampions, danses, romances
(Je dois accompagner Miss Roseway qui quête

— Fort gentiment — pour les familles des marins
Naufragés !) Oh, qu'en une valse lente, ses reins
A mon bras droit, je l'entraîne sans violence

Dans un naufrage où Dieu reconnaîtrait les siens...

AFRIQUE OCCIDENTALE

A Léon-Paul Fargue.

Dans la vérandah de sa case, à Brazzaville,
Par un torride clair de lune congolais
Un sous-administrateur des colonies
Feuillette les « Poésies » d'Alfred de Musset...

Car il pense encore à cette jolie Chilienne
Qu'il dut quitter en débarquant, à Loango...
— C'est pourtant vrai qu'elle lui dit « Paul, je vous aime »,
A bord de la « Ville de Pernambuco ».

Sous le panka qui chasse les nombreux moustiques
Il maudit « ce rivage où l'attache sa grandeur ».
Donne un soupir à ses amours transatlantiques,
Se plaint de la brusquerie de M. le Gouverneur,
Et réprouve d'une façon très énergique
La barbarie des officiers envers les noirs...

Et le jeune et sensitif fonctionnaire
Tâche d'oublier et ferme les yeux...

« Regrettez-vous le temps où le ciel sur la terre
Marchait et respirait dans un peuple de dieux,
Où Vénus Astarté, fille de l'onde amère... ? »

ANNA DE NOAILLES (1876 - 1933). — Née à Paris. Douée d'une vive sensibilité et d'une précoce facilité littéraire, elle écrivit ses premiers vers, à l'âge de treize ans. Mais son premier recueil *« Le Cœur Innombrable »* ne parut qu'en 1901. L'auteur passa pour le successeur féminin de Victor Hugo. L'influence de Maurice Barrès devait ajouter au lyrisme ensoleillé de la comtesse une part d'ombre et de mystère très perceptible dans les recueils suivants : *« L'Ombre des Jours »* (1902), *« Les Eblouissements »* (1907), *« Les Vivants et les Morts »* (1913) et surtout *« Les Forces Eternelles »* (1921). Elue à l'Académie Royale de Belgique, Commandeur de la Légion d'Honneur, elle reçut également le Grand Prix de littérature de l'Académie française. Parmi ses œuvres en prose, citons : *« Le Visage Emerveillé »* (1904), *« Les Innocents ou la Sagesse des Femmes »* (1923) et *« Le Livre de ma Vie »*. Les deux derniers recueils qu'elle devait encore publier avant sa mort : *« Le Poème de l'Amour »* (1925) et *« L'Honneur de Souffrir »* (1927) constituent le meilleur de sa production avec *« Le Cœur Innombrable »*.

L'OFFRANDE A LA NATURE

Nature au cœur profond sur qui les cieux reposent.
Nul n'aura comme moi si chaudement aimé
La lumière des jours et la douceur des choses.
L'eau luisante et la terre où la vie a germé.

La forêt, les étangs et les plaines fécondes
Ont plus touché mes yeux que les regards humains.
Je me suis appuyée à la beauté du monde
Et j'ai tenu l'odeur des saisons dans mes mains.

J'ai porté vos soleils ainsi qu'une couronne
Sur mon front plein d'orgueil et de simplicité.
Mes jeux ont égalé les travaux de l'automne
Et j'ai pleuré d'amour aux bras de vos étés.

Je suis venue à vous sans peur et sans prudence
Vous donnant ma raison pour le bien et le mal.
Ayant pour toute joie et toute connaissance
Votre âme impétueuse aux ruses d'animal.

Comme une fleur ouverte où logent des abeilles
Ma vie a répandu des parfums et des chants.
Et mon cœur matineux est comme une corbeille
Qui vous offre du lierre et des rameaux penchants.

Soumise ainsi que l'onde où l'arbre se reflète.
J'ai connu les désirs qui brûlent dans vos soirs
Et qui font naître au cœur des hommes et des bêtes
La belle impatience et le divin vouloir.

Je vous tiens toute vive entre mes bras. Nature.
Ah ! faut-il que mes yeux s'emplissent d'ombre un jour.
Et que j'aille au pays sans vent et sans verdure
Que ne visitent pas la lumière et l'amour...

MAX JACOB (1876 - 1944). — Né à Quimper.
Dès son arrivée à Paris (1901), Max Jacob se lia d'amitié avec Picasso, Apollinaire et Salmon, publia deux livres pour enfants « *Le Roi Kaboul et le Marmiton Gauvin* » (1903) et « *Le Géant du Soleil* » (1904), avant d'aller s'installer rue Ravignan, près du fameux « *Bateau-Lavoir* ». A partir de 1911, Max donna successivement : « *Saint-Matorel* », « *La Côte* », « *Les Œuvres burlesques et mystiques de frère Matorel* » (1912), et ce chef-d'œuvre du poème en prose qu'est « *Le Cornet à Dés* » (1917). En 1909, Max Jacob avait vu l'image du Christ apparaître sur le mur de sa chambre. Baptisé en 1915, il publia encore : « *Le Phanérogame* » (1918), « *Cinématoma* » (1920) « *Le Roi de Béotie* » et « *Le Laboratoire central* » (1921). Puis, il décida de se retirer près de l'église de Saint-Benoit-sur-Loire, afin de « se rapprocher de Dieu ». Il y partageait son temps entre les exercices de la piété et le travail littéraire. C'est ainsi que parurent : « *Le Cabinet Noir* » (1922), « *Le Terrain Bouchaballe* » (1923), « *Filibuth ou la Montre en Or* », « *Les Pénitents en Maillots Roses* » (1925), « *Tableau de la Bourgeoisie* » (1930), « *Bourgeois de France et d'ailleurs* » (1932) et « *Ballades* » (1938). La guerre le contraignit au silence. Arrêté le 24 février 1944 par la Gestapo, Max Jacob mourut au camp de Drancy, le 5 mars de la même année. Les poèmes de Max Jacob ont été publiés par les Editions Gallimard.

ÉTABLISSEMENT D'UNE COMMUNAUTÉ AU BRESIL

On fut reçu par la fougère et l'ananas
L'antilope craintif sous l'ipécacuanha.
Le moine enlumineur quitta son aquarelle
Et le vaisseau n'avait pas replié son aile
Que cent abris légers fleurissaient la forêt.
Les nonnes labouraient. L'une d'elles pleurait
Trouvant dans une lettre un sujet de chagrin
Un moine intempérant s'enivrait de raisin.
Et l'on priait pour le pardon de ce péché
On cueillait des poisons à la cime des branches
Et les moines vanniers tressaient des urnes blanches.
Un forçat évadé qui vivait de la chasse
Fut guéri de ses plaies et touché de la grâce :
Devenu saint, de tous les autres adoré,
Il obligeait les fauves à leur lécher les pieds.
Et les oiseaux du ciel, les bêtes de la terre
Leur apportaient à tous les objets nécessaires.
....

PASTICHE

Avez-vous rencontré la fille au muguet bleu
Qui m'aime sans me vouloir ?

Avez-vous rencontré le lièvre au poil de feu
Qui broute à mes réfectoires ?

Avez-vous rencontré le vieillard chassieux
Qui dit non sans rien savoir ?

Avez-vous rencontré pucelle aux jours heureux
Qui a différé l'écart ?

Avez-vous rencontré gueux devenu plus gueux
Qui a voulu trop savoir ?

Avez-vous rencontré malin malicieux
Qui lance ferraille et pétard ?

Avez-vous rencontré puissant officieux
A savant quêtant savoir ?

Avez-vous, tout compte fait, avez-vous gobé les œufs
Venant de mon poulet noir ?

(Le Laboratoire Central).

LÉON-PAUL FARGUE (1876 - 1947). — Né à Paris. Il publia ses premiers poèmes en 1894. Il publia en 1895 un recueil poétique « *Tancrède* » où s'affirmait l'originalité de sa voix. Un premier recueil de ses « *Poèmes* » parut en 1912. Deux ans plus tard, Fargue réunissait les belles élégies données en 1896, au Mercure de France en un volume intitulé « *Pour la Musique* » (1914). A partir de 1923, il participe à la direction de la revue « *Commerce* » et écrit « *Espaces* » (1929) et « *Sous la Lampe* » (1930). Ensuite il donne ces deux chefs-d'œuvre de prose poétique : « *D'après Paris* » (1932) et « *Le Piéton de Paris* » (1939). La guerre arrache au poète ses plus beaux cris « *Haute Solitude* » (1941). En 1943, une attaque d'hémiplégie contraint Fargue à demeurer immobile. Il écrit alors « *La Lanterne Magique* » (1944), « *Méandres* » (1947) et « *Portraits de Famille* » (1947), où le poète terrassé par la maladie revit son passé. Il meurt le 24 novembre 1947. Les poèmes reproduits ont été édités par les Editions Gallimard.

Un seul être vous manque
Et tout est dépeuplé...

... Depuis, il y a toujours, suspendu dans mon front et qui me fait mal,
Délavé, raidi de salpêtre et sûri, comme une toile d'araignée qui pend dans une cave,
Un voile de larmes toujours prêt à tomber sur mes yeux.
Je n'ose plus remuer la joue ; le plus petit mouvement réflexe, le moindre tic
S'achève en larmes.

Si j'oublie un instant ma douleur,
Tout à coup, au milieu d'une avenue, dans le souffle des arbres.
Dans la masse des rues, dans l'angoisse des gares,
Au bras d'un vieil ami qui parle avec douceur
Ou dans une plainte lointaine,
A l'appel d'un sifflet qui répand du froid sous des hangars,
Ou dans une odeur de cuisine, un soir
Qui rappelle un silence d'autrefois à table...
Amenée par la moindre chose
Ou touchée comme d'un coup sec du doigt de Dieu sur ma cendre,
Elle ressuscite ! Et dégaine ! Et me transperce du coup mortel sorti de l'invisible bataille,
Aussi fort que la catastrophe crève le tunnel !
Aussi lourd que la lame de fond se pétrit d'une mer étale.
Aussi haut que le volcan lance son cœur dans les étoiles
Je t'aurai donc laissé partir sans rien te rendre
De tout ce que tu m'avais mis de toi dans le cœur !
Et je t'avais lassé de moi, et tu m'as quitté,
Et il a fallu cette nuit d'été pour que je comprenne...
Pitié ! Moi qui voulais... Je n'ai pas su... Pardon, à genoux, pardon !
Que je m'écroule enfin, pauvre ossuaire qui s'éboule, oh pauvre sac d'outils dont la vie se débarrasse, d'un coup d'épaule, dans un coin...

Ah je vous vois, mes aimés. Mon père, je te vois. Je te verrai toujours étendu sur ton lit.

Juste et pur devant le Maître, comme au temps de ta jeunesse,

Sage comme la barque amarrée dans le port, voiles carguées, fanaux éteints,

Avec ton sourire mystérieux, contraint, à jamais fixé, fier de ton secret, relevé de tout labeur,

En proie à toutes les mains de lumières droites et durcies dans le plein jour,

Grisé par l'odeur de martyr des cierges,

Avec les fleurs qu'on avait coupées pour toi sur la terrasse ;

Tandis qu'une chanson de pauvre pleurait par-dessus le toit des ateliers dans une cour,

Que le bruit des pas pressés se heurtait et se trompait de toutes parts,

Et que les tambours de la Mort ouvraient et fermaient les portes !

. . . .

(Aeternae Memoriae Patris).

MIRAGES

Il disait : qu'il n'avait pas le temps, qu'il avait sa voiture à la porte, une cuisine roulante bondée de toute sa journée, de sa nuit couveuse d'œufs sanglants, les grandes dames conquises en mangeant des plats nègres, la virée de l'enfer dans le marais salant du jour, le silence de la vieille maison encore endormie retrouvée chaque matin, le râle du concierge dans la loge, le sursaut d'un réveille-matin derrière une porte étrangère ; sa chambre ouverte, la persienne où manque une latte, la vie du jardin qui commence, et le rabat du jour et les colliers d'oiseaux descendent sur son lit ; les trousseaux des laitiers tintent dans l'escalier, la terre sort de son cocon, les horloges sont débordées, les cloches commencent à pondre, et la rumeur grossit jusqu'au midi de la voiture qui part pour l'action, les marchandages, les bureaux de tabac, les courses traversées de souvenirs d'enfance et de tristesses brassées en arrière.

Il parlait au milieu des amis, de quelques intermédiaires à la bouche carrée, des livres qui faisaient le gros dos. Il avait la figure bouleversée, recréée, de l'inventeur sûr de son affaire, et comme deux regards superposés... (Lui vient d'aboutir, il sait, les autres flottent). C'était un tragique battu par les comiques, à l'image de la vie. Au vrai, il avait une vie dramatique, rarement devinée, où il prenait toutes les peines du monde à sauvegarder sa confiance et sa santé, et comme il avait le cœur à vif, il s'y adonnait en maugréant, mais sans marchander, riant et pleurant, portant la tendresse où il le fallait, faisant de son mieux son métier d'homme. Cette vie de plans multiples donnait à son visage une expression des moins tranquilles, mais nous avions foi dans son poème : « Ça y est. J'ai trouvé l'orgasme de l'homme à la terre. J'ai centré les fluides. Cette pierre transparente dont nous avions parlé, pleine de fumées et d'éclairs de lances, où deux cavaleries semblent prises dans la mort, je la fais vivre. (Un soir, dans un brasier, j'ai vu bouger la salamandre. Je vous l'ai dit.) J'avais mis au point le sirop de feu, l'eau frappée de la foudre et pleine de médaillons étranges, la rosée qu'on peut tailler à facettes, les circonstances où la matière n'est plus la matière. Hier j'ai trouvé les zones réservées, les in... inchauspés, les points nerveux du trottoir, les métastases terrestres fixées, les fonds d'artichauts minéraux sensibles. A présent, je suis maître des transformations de force en matière et des réciproques... Il vivait dans cette biodynamique, on le savait assez, comme la pyrale dans les forges...

. . . .

(Epaisseurs).

LA GARE

Gare de la douleur j'ai fait toutes tes routes.
Je ne peux plus aller, je ne peux plus partir.
J'ai traîné sous tes ciels, j'ai crié sous tes voûtes.
Je me tends vers le jour où j'en verrai sortir
Le masque sans regard qui roule à ma rencontre
Sur le crassier livide où je rampe vers lui,
Quand le convoi des jours qui brûle ses décombres
Crachera son repas d'ombres pour d'autres ombres
Dans l'étable de fer où rumine la nuit.

Ville de fiel, orgues brumeuses sous l'abside
Où les jouets divins s'entr'ouvrent pour nous voir,
Je n'entends plus gronder dans ton gouffre l'espoir
Que me soufflaient tes chœurs, que me traçaient tes signes,
A l'heure où les maisons s'allument pour le soir.

Ruche du miel amer où les hommes essaiment,
Port crevé de strideurs, noir de remorqueurs,
Dont la huée enfonce sa clef dans le cœur
Haïssable et hagard des ludions qui s'aiment,
Torpilleur de la chair contre les vieux mirages
Dont la salve défait et refait les visages,
Sombre école du soir où la classe rapporte
L'erreur de s'embrasser, l'erreur de se quitter,
Il y a bien longtemps que je sais écouter
Ton écluse qui souffre à deux pas de ma porte.

. . . .

Gare de ma jeunesse et de ma solitude
Que l'orage parfois saluait longuement,
J'aurai longtemps connu tes regards et tes rampes,
Tes bâillements trempés, tes cris froids, tes attentes,
J'ai suivi tes passants, j'ai doublé tes départs,
Debout contre un pilier, j'en aurai pris ma part
Au moment de buter au heurtoir de l'impasse,
A l'heure qu'il faudra renverser la vapeur

Et que j'embrasserai sur sa bouche carrée
Le masque ardent et dur qui prendra mon empreinte
Dans le long cri d'adieu de tes portes fermées.

(Banalité).

AIR DU POETE

Au pays de Papouasie
J'ai caressé la Pouasie...
La grâce que je vous souhaite
C'est de n'être pas Papouète.

OSCAR VLADISLAS DE LUBICZ-MILOSZ (1877 - 1939). — Poète lithuanien de langue française.

Issu d'une famille noble qui possédait dans la province de Mohilev, de vastes domaines, il vint à Paris où il fit ses études à Janson-de-Sailly, puis à l'Ecole du Louvre. Il parcourut ensuite l'Europe, promenant son désespoir avec une précoce lassitude qu'il magnifia dans les poèmes de sa période symboliste : « *Le Poème des Décadences* » (1899) et « *Les Sept Solitudes* » (1906). Sans jamais se dépouiller tout à fait des couleurs du symbolisme, la poésie de Milosz ne cessa de s'élargir, à partir du recueil : « *Les Eléments* » (1911). Essentiellement mystique, elle atteignit avec les cantiques de « *Mephiboseth* » (1913) son expression la plus universelle, avant de s'obscurcir sous un flot d'allusions esotériques : « *Le Poème des Arcanes* » (1926). On doit d'autre part à Milosz un roman : « *L'Amoureuse Initiation* » (1910), un mystère : « *Miguel Manara* » (1912) et diverses brochures d'exégèse biblique, dont : « *La Clef de l'Apocalypse* » (1938). L'écho de sa poésie, musicienne et mélancolique n'a cessé de grandir. Les œuvres de Milosz sont publiées par les Editions Silvaire.

TOUS LES MORTS SONT IVRES...

Tous les morts sont ivres de pluie vieille et sale
Au cimetière étrange de Lofoten.
L'horloge du dégel tictaque lointaine
Au cœur des cercueils pauvres de Lofoten.

Et grâce aux trous creusés par le noir printemps
Les corbeaux sont gras de froide chair humaine ;
Et grâce au maigre vent à la voix d'enfant
Le sommeil est doux aux morts de Lofoten.

Je ne verrai très probablement jamais
Ni la mer ni les tombes de Lofoten
Et pourtant c'est en moi comme si j'aimais
Ce lointain coin de terre et toute sa peine.

Vous disparus, vous suicidés, vous lointaines
Au cimetière étranger de Lofoten

— Le nom sonne à mon oreille étrange et doux.
Vraiment, dites-moi, dormez-vous, dormez-vous ?

— Tu pourrais me conter des choses plus drôles
Beau claret dont ma coupe d'argent est pleine.
Des histoires plus charmantes ou moins folles ;
Laisse-moi tranquille avec ton Lofoten.

Il fait bon. Dans le foyer doucement traîne
La voix du plus mélancolique des mois.
— Ah ! les morts, y compris ceux de Lofoten —
Les morts, les morts sont au fond moins morts que moi...

(Poésies).
A. Silvaire, Ed.

SYMPHONIE DE SEPTEMBRE

I

Soyez la bienvenue, vous qui venez à ma rencontre
Dans l'écho de mes propres pas, du fond du corridor obscur et froid du temps.
Soyez la bienvenue, solitude, ma mère.
Quand la joie marchait dans mon ombre, quand les oiseaux

Du rire se heurtaient aux miroirs de la nuit, quand les fleurs,
Quand les terribles fleurs de la jeune pitié étouffaient mon amour
Et quand la jalousie baissait la tête et se regardait dans le vin,
Je pensais à vous, solitude, je pensais à vous, délaissée.

Vous m'avez nourri d'humble pain noir et de lait et de miel sauvage ;
Il était doux de manger dans votre main, comme le passereau,
Car je n'ai jamais eu, ô Nourrice, ni père ni mère
Et la folie et la froideur erraient sans but dans la maison.

Quelquefois, vous m'apparaissiez sous les traits d'une femme,
Dans la belle clarté menteuse du sommeil. Votre robe
Avait la couleur des semailles ; et dans mon cœur perdu,
Muet, hostile et froid comme le caillou du chemin,

Une belle tendresse se réveille aujourd'hui encore
A la vue d'une femme vêtue de ce brun pauvre,
Chagrin et pardonnant : la première hirondelle
Vole, vole sur les labours, dans le soleil clair de l'enfance.

Je savais que vous n'aimiez pas le lieu où vous étiez.
Et que, si loin de moi, vous n'étiez plus ma belle solitude.
Le roc vêtu de temps, l'île folle au milieu de la mer
Sont de tendres séjours ; et je sais maint tombeau dont la porte est de rouille et de fleurs.

Mais votre maison ne peut être là-bas où le ciel et la mer
Dorment sur les violettes du lointain, comme les amants.
Non, votre vraie maison n'est pas derrière les collines.
Ainsi, vous avez pensé à mon cœur. Car c'est là que vous êtes née.

C'est là que vous avez écrit votre nom d'enfant sur les murs.
Et, telle une femme qui a vu mourir l'époux terrestre,
Vous revenez avec un goût de sel et de vent sur vos joues blanches
Et cette vieille, vieille odeur de givre de Noël dans vos cheveux.

Comme d'un charbon balancé autour d'un cercueil
De mon cœur où bruit ce rythme mystérieux
Je sens monter l'odeur des midis de l'enfance. Je n'ai pas oublié
Le beau jardin complice où m'appelait Echo, votre second fils, solitude.

Et je reconnaîtrais la place où je dormais jadis
A vos pieds. N'est-ce pas que la moire du vent y court encore
Sur l'herbe triste et belle des ruines, et du bourdon velu
Le son de miel ne s'attarderait plus dans la belle chaleur ?

Et si du saule tremblant et fier vous écartiez
La chevelure d'orphelin : le visage de l'eau
M'apparaîtrait si clair, si pur ! Aussi pur, aussi clair
Que la Lointaine revue dans le beau songe du matin !

Et la serre incrustée d'arc-en-ciel du vieux temps
Sans doute abrite encore le cactus nain et le faible figuier
Venus jadis de quel pays de bonheur ? Et de l'héliotrope mourant
L'odeur délire encore dans les fièvres d'après-midi !

Ô pays de l'enfance ! ô seigneurie ombreuse des ancêtres !
Beau tilleul somnolent cher aux graves abeilles
Es-tu heureux comme autrefois ? et toi, carillon des fleurs d'or,
Charmes-tu l'ombre des collines pour les fiançailles

De la Dormeuse blanche dans le livre moisi
Si doux à feuilleter quand le rayon du soir
Descend sur la poussière du grenier : et autour de nous le silence
Des rouets arrêtés de l'araignée fileuse. — Cœur !

Triste cœur ! le berger vêtu de bure
Souffle dans le long cor d'écorce. Dans le verger
Le doux pivert cloue le cercueil de son amour
Et la grenouille prie dans les roseaux muets. Ô triste cœur !

Tendre églantier malade au pied de la colline, te reverrai-je
Quelque jour ? et sais-tu que ta fleur où riait la rosée
Etait le cœur si lourd de larmes de mon enfance ? ô ami !
D'autres épines que les tiennes m'ont blessé !

Et toi, sage fontaine au regard si calme et si beau,
Où se réfugiait, par les chaleurs sonnantes
Tout ce qui restait d'ombre et de silence sur la terre !
Une eau moins pure coule aujourd'hui sur mon visage.

Mais le soir, de mon lit d'enfant qui sent les fleurs, je vois
La lune follement parée des fins d'été. Elle regarde
A travers la vigne amère, et dans la nuit de senteurs
La meute de la Mélancolie aboie en rêve !

Puis l'Automne venait avec ses bruits d'essieux, de haches et de puits. Comme la fuite
Du lièvre au ventre blanc sur la première neige, le jour rapide
D'étonnement muet frappait nos tristes cœurs. — Tout cela, tout cela
Quand l'amour qui n'est plus n'était pas né encore.

II

Solitude, ma mère, redites-moi ma vie ! Voici
Le mur sans crucifix et la table et le livre
Fermé ! Si l'impossible attendu si longtemps
Frappait à la fenêtre, comme le rouge-gorge au cœur gelé,

Qui donc se lèverait ici pour lui ouvrir ? Appel
Du chasseur attardé dans les marais livides,
Le dernier cri de la jeunesse faiblit et meurt : la chute d'une seule feuille
Remplit d'effroi le cœur muet de la forêt.

Qu'es-tu donc, triste cœur ? une chambre assoupie
Où, les coudes sur le livre fermé, le fils prodigue
Ecoute sonner la vieille mouche bleue de l'enfance ?
Ou un miroir qui se souvient ? ou un tombeau que le voleur a réveillé ?

Lointains heureux portés par le soupir du soir, nuages d'or,
Beaux navires chargés de manne par les anges ! est-ce vrai
Que tous, tous vous avez cessé de m'aimer, que jamais
Jamais, je ne vous verrai plus à travers le cristal

De l'enfance ? que vos couleurs, vos voix et mon amour,
Que tout cela fut moins que l'éclair de la guêpe
Dans le vent, que le son de la larme tombée sur le cercueil,
Un pur mensonge, un battement de mon cœur entendu en rêve ?

Seul devant les glaciers muets de la vieillesse ! seul
Avec l'écho d'un nom ! et la peur du jour et la peur de la nuit
Comme deux sœurs réconciliées dans le malheur
Debout sur le pont du sommeil se font signe, se font signe !

Et comme au fond du lac obscur la pauvre pierre
Des mains d'un bel enfant cruel jadis tombée :

Ainsi repose au plus triste du cœur,
Dans le limon dormant du souvenir, le lourd amour.

(Poésies)
A. Silvaire, Ed.

VICTOR SEGALEN (1878 - 1919). — Ce poète, injustement méconnu, a ouvert à la poésie moderne les portes de l'Extrême-Orient et des magnificences du langage. Un certain « ton », celui de Claudel et de Saint John Perse s'entend déjà dans les poèmes des « *Stèles* » écrits par ce médecin de marine pour qui la Chine et la poésie de l'Asie furent passion. Les œuvres de Segalen ont été publiées par les Editions Plon.

AUX DIX MILLE ANNEES

Ces barbares, écartant le bois, et la brique et la terre, bâtissent dans le roc afin de bâtir éternel !

Ils vénèrent des tombeaux dont la gloire est d'exister encore ; des ponts renommés d'être vieux et des temples de pierre trop dure dont pas une assise ne joue.

Ils vantent que leur ciment durcit avec les soleils ; les lunes meurent en polissant leurs dalles ; rien ne disjoint la durée dont ils s'affublent ces ignorants, ces barbares !

Vous ! fils de Han, dont la sagesse atteint dix mille années et dix mille dix milliers d'années, gardez-vous de cette méprise.

Rien d'immobile n'échappe aux dents affamées des âges. La durée n'est point le sort du solide. L'immuable n'habite pas vos murs, mais en vous, hommes lents, hommes continuels.

Si le temps ne s'attaque à l'œuvre, c'est l'ouvrier qu'il mord. Qu'on le rassasie : ces troncs pleins de sève, ces couleurs vivantes, ces ors que la pluie lave et que le soleil éteint.

Fondez sur le sable. Mouillez copieusement votre argile. Montez les bois pour le sacrifice ; bientôt le sable cèdera, l'argile gonflera, le double toit criblera le sol de ses écailles :

Toute l'offrande est agréée !

Or, si vous devez subir la pierre insolente et le bronze orgueilleux, que la pierre et que le bronze subissent les contours du bois périssable et simulent son effort caduc :

Point de révolte : honorons les âges dans leurs chutes successives et le temps dans sa voracité.

ELOGE ET POUVOIR DE L'ABSENCE

Je ne prétends point être là, ni survenir à l'improviste, ni paraître en habits et chair, ni gouverner par le poids visible de ma personne.

Ni répondre aux censeurs, de ma voix ; aux rebelles, d'un œil implacable : aux ministres fautifs, d'un geste qui suspendrait les têtes à mes ongles.

Je règne par l'étonnant pouvoir de l'absence. Mes deux cent soixante-dix palais tramés entre eux de galeries opaques s'emplissent seulement de mes traces alternées.

Et des musiques jouent en l'honneur de mon ombre ; des officiers saluent mon siège vide ; mes femmes apprécient mieux l'honneur des nuits où je ne daigne pas.

Egal aux Génies qu'on ne peut récuser puisque invisibles, — nulle arme ni poison ne sauva venir où m'atteindre.

DU BOUT DU SABRE

Nous autres, sur nos chevaux, n'entendons rien aux semailles. Mais toute la terre labourable au trot, qui se peut courir dans l'herbe,
Nous l'avons courue.

Nous ne daignons point bâtir murailles ni temples, mais toute ville qui se peut brûler avec ses murs et ses temples,
Nous l'avons brûlée.

Nous honorons précieusement nos femmes qui sont toutes d'un très haut rang. Mais les autres qui se peuvent renverser, écarter et prendre,
Nous les avons prises.

Notre sceau est un fer de lance : notre habit de fête une cuirasse où la rosée cristallise : notre soie est tissée de crins. L'autre, plus douce, qui se peut vendre,
Nous l avons vendue.

Sans frontières, parfois sans nom, nous ne régnons pas, nous allons. Mais tout ce que l'on taille et fend, ce que l'on cloue et qu'on divise...
Tout ce qui peut se faire, enfin du bout du sabre,
Nous l'avons fait.

(Stèles).

LÉO LARGUIER

(1876 - 1950). — Né à la Grand'Combe (Gard). Il mesurait 1,80 m. Il portait de longs cheveux blancs et affichait une élégance à gilet, un peu Barbey d'Aurevilly. A Villeneuve-lès-Avignon, durant la guerre, il était en exil ! En dehors de cet avatar, il n'avait jamais quitté sa rue Saint-Benoît et Saint-Germain-des-Prés (l'ancien...). Il avait fait de la poésie et de la langue française sa passion. Il était bourru, malin, candide. Il devait être très solitaire, mais il régnait.

REVERIE

En soupant lentement sous une treille brune
Dont les beaux muscats blancs luisaient au clair de lune,
Tandis que pour moi seul, dans la nuit, un oiseau
Chantait vers le tilleul, je pensais à Rousseau...
Un soir divin et frais venant après l'orage.
Devant le banc de bois du rustique Ermitage,
Une jeune servante avait mis le couvert.
Quelques gouttes tombaient du feuillage plus vert.
Un vase sur la nappe était plein de pervenche,
Madame d'Epinay portait — c'était dimanche,
Son chapeau de bergère et son corsage ouvert.
Pure fraîcheur du soir ! On apportait la lampe,
Et Jean-Jacques songeait, un doigt contre sa tempe.
La servante heurtait les plats dans la maison,
L'étoile du berger montait à l'horizon,
Et quand mourait au loin le bruit du char qui rentre
On entendait couler la source dans son antre
Et chanter la rainette et le grillon perdu.
Madame d'Epinay caressait son bras nu,
Rose et rond sur la table, et parfois son haleine
Dans son corsage creux enflait sa gorge pleine
Qu'une tremblante et tiède ligne séparait
Un léger vent coulis qui passait murmurait
Dans les arbres du parc une plainte endormie,
Et Rousseau, souriant, regardait son amie,
En feuilletant, distrait, un petit livre gris,
A côté d'un panier plein de cerises blanches,
Un petit livre simple et sans ors sur les tranches
Que Denis Diderot envoyait de Paris.

(La Maison du Poète).
Albin Michel, Ed.

LÉON DEUBEL

(1879 - 1913). — Né à Belfort. Un recueil : « *Régner* » (1913), a suffi à sauver son nom de l'oubli. Pourtant, lorsque ce poète se suicida pour échapper à une misère tenace, il laissait d'autres livres non moins dignes de survivre : « *Léliancolies* » (1910), « *La Lumière Natale* » (1905) et d'envoûtantes « *Lettres d'Italie* ».

DETRESSE

Seigneur ! je suis sans pain, sans rêve et sans demeure.
Les hommes m'ont chassé parce que je suis nu.
Et ces frères en vous ne m'ont pas reconnu
Parce que je suis pâle et parce que je pleure.

Je les aime pourtant comme c'était écrit
Et j'ai connu par eux que la vie est amère,
Puisqu'il n'est pas de femme qui veuille être ma mère
Et qu'il n'est pas de cœur qui entende mes cris.

Je sens, autour de moi, que les bruits sont calmés,
Que les hommes sont las de leur fête éternelle.
Il est bien vrai qu'ils sont sourds à ceux qui appellent
Seigneur ! pardonnez-moi s'ils ne m'ont pas aimé !

Seigneur ! j'étais sans rêve et voici que la lune
Ascende le ciel clair comme une route haute.
Je sens que son baiser m'est une pentecôte,
Et j'ai mené ma peine aux confins de sa dune.

Mais j'ai bien faim de pain, Seigneur ! et de baisers,
Un grand besoin d'amour me tourmente et m'obsède,
Et sur mon banc de pierre rude se succèdent
Les fantômes de Celles qui l'auraient apaisé.

Le vol de l'heure émigre en des infinis sombres,
Le ciel plane, un pas se lève dans le silence,
L'aube indique les fûts dans la forêt de l'ombre,
Et c'est la Vie énorme encor qui recommence !

VINCENT MUSELLI

(1879 - 1956). — Né à Argentan-(Orne). Vincent Muselli se fit connaître en 1914, par un recueil : « *Les Travaux et les Jeux* ». Epris des formes classiques, Muselli fut mieux qu'un excellent artisan du sonnet et de la ballade. La voix qui s'exprime dans « *Les Strophes de Contre-fortune* », les « *Sonnets Moraux* » et « *Les Epigrammes* » (1943) est celle d'un authentique poète dont le parfait métier s'irise parfois d'un reflet d'ironie. Les œuvres poétiques de Vincent Muselli ont été éditées par « Points et Contrepoints » (1957).

LES EPICERIES

Le soleil meurt : son sang ruisselle aux devantures ;
Et la boutique immense est comme un reposoir
Où sont, par le patron, rangés sur le comptoir,
Comme des cœurs de feu, les bols de confitures.

Et, pour mieux célébrer la chute de soleil,
L'épicier triomphal qui descend de son trône,
Porte dans ses bras lourds un bocal d'huile jaune
Comme un calice d'or colossal et vermeil.

L'astre est mort ; ses derniers rayons crevant les nues
Illuminent de fièvre et d'ardeurs inconnues
La timide praline et les bonbons anglais.

Heureux celui qui peut dans nos cités flétries
Contempler un seul soir pour n'oublier jamais
La gloire des couchants sur les épiceries !

(Les Masques).

MAIS CES OISEAUX...

Mais ces oiseaux qui volaient haut dans le soir,
En chantant malgré le vent et malgré l'ombre,
Disaient-ils point, ah, si fiers en ce décombre !
L'inexorable dureté de l'espoir.

La peur entrait dans la bête et dans la plante,
Les angoisses peuplaient l'air alentour, mais
Ces oiseaux, alors, chantèrent à jamais,
Ignorants de la lumière fléchissante.

Déjà le jour noircissait dans les roseaux,
Un deuil froid poignait les choses de la plaine,
Tout mourait, dans quel secret ! et cette peine
Etait longue sur l'étang, mais ces oiseaux...

(Poèmes).

GUILLAUME APOLLINAIRE (1880 - 1918). — Né à Rome. Fils d'une grande dame polonaise et d'un militaire italien (sinon de l'évêque de Monaco, comme il l'affirmait volontiers). Wilhelm fit ses études dans divers collèges de Monaco, Cannes et Nice, villes dans lesquelles sa mère tentait de renflouer sa fortune, au casino. Déjà attiré par la poésie, le jeune homme vint à Paris en 1898, mais n'y demeura que peu de temps. Contraint de travailler pour vivre, il avait dû accepter, en effet, une situation de précepteur en Allemagne. De retour à Paris, il vécut d'abord d'un modeste emploi dans une banque, avant de se lancer dans le journalisme et de compiler d'innombrables travaux de librairies. Ami de Jarry, Rousseau, Max Jacob et Picasso, il avait fondé, entre-temps une revue : *« Le Festin d'Esope »* où parurent les œuvres les plus audacieuses de l'époque. En 1909 paraît *« L'Enchanteur Pourrissant »*, vieille légende modernisée où s'affirme avec bonheur le talent d'artiste de la prose qui caractérise ce poète. L'année suivante voit l'impression de *« L'Hérésiarque et Cie »*, contes fantastiques dont la vigueur de traits annonce les premiers poèmes d'Apollinaire, parus en 1911, sous le titre : *« Le Bestiaire ou Cortège d'Orphée »*. En cette même année 1911, un bref séjour à la Santé trouvera un écho, en 1913, dans les plus beaux poèmes d'*« Alcools »*, son chef-d'œuvre lyrique. Il fonde la revue *« Les Soirées de Paris »* où l'Esprit Nouveau est annoncé.

La guerre vint l'arracher à sa tâche de poète et de critique d'art. Apollinaire, étranger, s'engage et il est grièvement blessé à la tête en mars 1916. Rentré à Paris, il publia encore : « *Le Poète Assassiné* » (1916), assista à la représentation de son drame surréaliste : « *Les Mamelles de Tirésias* », (1918), mourut le 9 novembre 1918 de la « grippe espagnole » et des suites de sa blessure. Quelques jours plus tard, ses amis se pressaient au Théâtre Lara pour y assister à la représentation de son drame « *Couleur du temps* ». « *Calligrammes* », recueil des poèmes écrits par Apollinaire dans les tranchées parut peu de temps après. Introducteur de « l'esprit nouveau » Apollinaire demeure bien vivant au cœur de la poésie moderne. Il constitue, entre tradition et audace, l'irremplaçable chaînon lyrique.
Les poèmes cités sont extraits d'« *Alcools* » et de « *Calligrammes* », parus aux Editions Gallimard.

ZONE

A la fin tu es las de ce monde ancien

Bergère ô tour Eiffel le troupeau des ponts bêle ce matin

Tu en as assez de vivre dans l'antiquité grecque et romaine

Ici même les automobiles ont l'air d'être anciennes
La religion seule est restée toute neuve la religion
Est restée simple comme les hangars de Port-Aviation

Seul en Europe tu n'es pas antique ô Christianisme
L'Européen le plus moderne c'est vous Pape Pie X
Et toi que les fenêtres observent la honte te retient
D'entrer dans une église et de t'y confesser ce matin
Tu lis les prospectus les catalogues les affiches qui chantent tout haut
Voici la poésie ce matin et pour la prose il y a les journaux
Il y a les livraisons à 25 centimes pleines d'aventures policières
Portraits des grands hommes et mille titres divers

J'ai vu ce matin une jolie rue dont j'ai oublié le nom
Neuve et propre du soleil elle était le clairon
Les directeurs les ouvriers et les belles sténo-dactylographes
Du lundi matin au samedi soir quatre fois par jour y passent

Le matin par trois fois la sirène y gémit
Une cloche rageuse y aboie vers midi
Les inscriptions des enseignes et des murailles
Les plaques les avis à la façon des perroquets criaillent
J'aime la grâce de cette rue industrielle
Située à Paris entre la rue Aumont-Thiéville et l'avenue des Ternes

Voilà la jeune rue et tu n'es encore qu'un petit enfant
Ta mère ne t'habille que de bleu et de blanc
Tu es très pieux et avec le plus ancien de tes camarades René Dalize
Vous n'aimez rien tant que les pompes de l'Eglise
Il est neuf heures le gaz est baissé tout bleu vous sortez du dortoir en cachette

Vous priez toute la nuit dans la chapelle du collège
Tandis qu'éternelle et adorable profondeur améthyste
Tourne à jamais la flamboyante gloire du Christ
C'est le beau lys que tous nous cultivons
C'est la torche aux cheveux roux que n'éteint pas le vent
C'est le fils pâle et vermeil de la douloureuse mère
C'est l'arbre toujours touffu de toutes les prières
C'est la double potence de l'honneur et de l'éternité
C'est l'étoile à six branches
C'est Dieu qui meurt le vendredi et ressuscite le dimanche
C'est le Christ qui monte au ciel mieux que les aviateurs
Il détient le record du monde pour la hauteur

Pupille Christ de l'œil
Vingtième pupille des siècles il sait y faire
Et changé en oiseau ce siècle comme Jésus monte dans l'air
Les diables dans les abîmes lèvent la tête pour le regarder
Ils disent qu'il imite Simon Mage en Judée
Ils crient s'il sait voler qu'on l'appelle voleur
Les anges voltigent autour du joli voltigeur
Icare Enoch Elie Apollonius de Thyane
Flottent autour du premier aéroplane
Ils s'écartent parfois pour laisser passer ceux que transporte la Sainte-Eucharistie
Ces prêtres qui montent éternellement en élevant l'hostie
L'avion se pose enfin sans refermer les ailes
Le ciel s'emplit alors de millions d'hirondelles
A tire d'aile viennent les corbeaux les faucons les hiboux
D'Afrique arrivent les ibis les flamands les marabouts
L'oiseau Roc célébré par les conteurs et les poètes
Plane tenant dans les serres le crâne d'Adam la première tête
L'aigle fond de l'horizon en poussant un grand cri
Et d'Amérique vient le petit colibri
De Chine sont venus les pihis longs et souples
Qui n'ont qu'une seule aile et qui volent par couples
Puis voici la colombe esprit immaculé
Qu'escortent l'oiseau-lyre et le paon ocellé
Le phénix ce bûcher qui soi-même s'engendre
Un instant voile tout de son ardente cendre
Les sirènes laissant les périlleux détroits
Arrivent en chantant bellement toutes trois
Et tous aigle phénix et pihis de la Chine
Fraternisent avec la volante machine

Maintenant tu marches dans Paris tout seul parmi la foule
Des troupeaux d'autobus mugissants près de toi roulent
L'angoisse de l'amour te serre le gosier
Comme si tu ne devais jamais plus être aimé
Si tu vivais dans l'ancien temps tu entrerais dans un monastère
Vous avez honte quand vous vous surprenez à dire une prière
Tu te moques de toi et comme le feu de l'Enfer ton rire pétille

Les étincelles de ton rire dorent le fonds de ta vie
C'est un tableau pendu dans un sombre musée
Et quelquefois tu vas la regarder de près

Aujourd'hui tu marches dans Paris les femmes sont ensanglantées
C'était et je voudrais ne pas m'en souvenir c'était au déclin de la beauté

Entourée de flammes ferventes Notre-Dame m'a regardé à Chartres
Le sang de votre Sacré-Cœur m'a inondé à Montmartre
Je suis malade d'ouïr les paroles bienheureuses
L'amour dont je souffre est une maladie honteuse
Et l'image qui te possède te fait survivre dans l'insomnie et dans l'angoisse
C'est toujours près de toi cette image qui passe

Maintenant tu es au bord de la Méditerranée
Sous les citronniers qui sont en fleurs toute l'année
Avec tes amis tu te promènes en barque
L'un est Nissard il y a un Mentonasque et deux Turbiasques
Nous regardons avec effroi les poulpes des profondeurs
Et parmi les algues nagent les poissons images du Sauveur

Tu es dans le jardin d'une auberge aux environs de Prague
Tu te sens tout heureux une rose est sur la table
Et tu observes au lieu d'écrire ton conte en prose
La cétoine qui dort dans le cœur de la rose
Epouvanté tu te vois dessiné dans les agates de Saint-Vit
Tu étais triste à mourir le jour où tu t'y vis
Tu ressembles au Lazare affolé par le jour
Les aiguilles de l'horloge du quartier juif vont à rebours
Et tu recules aussi dans ta vie lentement
En montant au Hradchin et le soir en écoutant
Dans les tavernes chanter des chansons tchèques

Te voici à Marseille au milieu des pastèques

Te voici à Coblence à l'hôtel du Géant

Te voici à Rome assis sous un néflier du Japon

Te voici à Amsterdam avec une jeune fille que tu trouves belle et qui est laide
Elle doit se marier avec un étudiant de Leyde
On y loue des chambres en latin Cubicula locanda
Je m'en souviens j'y ai passé trois jours et autant à Gouda

Tu es à Paris chez le juge d'instruction
Comme un criminel on te met en état d'arrestation

Tu as fait de douloureux et de joyeux voyages
Avant de t'apercevoir du mensonge et de l'âge

Tu as souffert de l'amour à vingt et à trente ans
J'ai vécu comme un fou et j'ai perdu mon temps
Tu n'oses plus regarder tes mains et à tous moments je voudrais sangloter
Sur toi sur celle que j'aime sur tout ce qui t'a épouvanté

Tu regardes les yeux pleins de larmes ces pauvres émigrants
Ils croient en Dieu ils prient les femmes allaitent les enfants
Ils emplissent de leur odeur le hall de la gare Saint-Lazare
Ils ont foi dans leur étoile comme les rois-mages
Ils espèrent gagner de l'argent dans l'Argentine
Et revenir dans leur pays après avoir fait fortune
Une famille transporte un édredon rouge comme vous transportez votre cœur
Cet édredon et nos rêves sont aussi irréels
Quelques-uns de ces émigrants restent ici et se logent
Rue des Rosiers ou rue des Ecouffes dans des bouges
Je les ai vus souvent le soir ils prennent l'air dans la rue
Et se déplacent rarement comme les pièces aux échecs
Il y a surtout des juifs leurs femmes portent perruque
Elles restent assises exsangues au fond des boutiques
Tu es debout devant le zinc d'un bar crapuleux
Tu prends un café à deux sous parmi les malheureux
Tu es la nuit dans un grand restaurant

Ces femmes ne sont pas méchantes elles ont des soucis cependant
Toutes même la plus laide a fait souffrir son amant
Elle est la fille d'un sergent de ville de Jersey

Ses mains que je n'avais pas vues sont dures et gercées
J'ai une pitié immense pour les coutures de son ventre

J'humilie maintenant une pauvre fille au rire horrible ma bouche

Tu es seul le matin va venir
Les laitiers font tinter leurs bidons dans les rues

La nuit s'éloigne ainsi qu'une belle Métive
C'est Ferdine la fausse ou Léa l'attentive

Et tu bois cet alcool brûlant comme ta vie
Ta vie que tu bois comme une eau-de-vie

Tu marches vers Auteuil tu veux aller chez toi à pied
Dormir parmi tes fétiches d'Océanie et de Guinée
Ils sont des Christ d'une autre forme et d'une autre croyance
Ce sont les Christ inférieurs des obscures espérances

Adieu Adieu

Soleil cou coupé

LES COLCHIQUES

Le pré est vénéneux mais joli en automne
Les vaches y paissant
Lentement s'empoisonnent
Le colchique couleur de cerne et de lilas
Y fleurit tes yeux sont comme cette fleur-là
Violâtre comme leur cerne et comme cet automne
Et ma vie pour tes yeux lentement s'empoisonne

Les enfants de l'école viennent avec fracas
Vêtus de hoquetons et jouant de l'harmonica
Ils cueillent les colchiques qui sont comme des mères
Filles de leurs filles et sont couleur de tes paupières
Qui battent comme les fleurs battent au vent dément

Le gardien du troupeau chante tout doucement
Tandis que lentes et meuglant les vaches abandonnent
Pour toujours ce grand pré mal fleuri par l'automne

LE VOYAGEUR

A Fernand Fleuret.

Ouvrez-moi cette porte où je frappe en pleurant

La vie est variable aussi bien que l'Euripe

Tu regardais un banc de nuages descendre
Avec le paquebot orphelin vers les fièvres futures
Et de tous ces regrets de tous ces repentirs
Te souviens-tu

Vagues poissons arqués fleurs surmarines
Une nuit c'était la mer
Et les fleuves s'y répandaient

Je m'en souviens je m'en souviens encore

Un soir je descendis dans une auberge triste
Auprès du Luxembourg
Dans le fond de la salle il s'envolait un Christ
Quelqu'un avait un furet
Un autre un hérisson
L'on jouait aux cartes
Et toi tu m'avais oublié

Te souviens-tu du long orphelinat des gares
Nous traversâmes des villes qui tout le jour tournaient
Et vomissaient la nuit le soleil des journées

Ô matelots ô femmes sombres et vous mes compagnons
Souvenez-vous-en

Deux matelots qui ne s'étaient jamais quittés
Deux matelots qui ne s'étaient parlé
Le plus jeune en mourant tomba sur le côté

Ô vous chers compagnons
Sonneries électriques des gares chant des moissonneuses
Traîneau d'un boucher régiment des rues sans nombre
Cavalerie des ponts nuits livides de l'alcool
Les villes que j'ai vues vivaient comme des folles

Te souviens-tu des banlieues et du troupeau plaintif des paysages

Les cyprès projetaient sous la lune leurs ombres
J'écoutais cette nuit au déclin de l'été
Un oiseau langoureux et toujours irrité
Et le bruit éternel d'un fleuve large et sombre

Mais tandis que mourants roulaient vers l'estuaire
Tous les regards tous les regards de tous les yeux
Les bords étaient déserts herbus silencieux
Et la montagne à l'autre rive était très claire

Alors sans bruit sans qu'on pût voir rien de vivant
Contre le mont passèrent des ombres vivaces
De profil soudain tournant leurs vagues faces
Et tenant l'ombre de leurs lances en avant

Les ombres contre le mont perpendiculaire
Grandissaient ou parfois s'abaissaient brusquement
Et ces ombres barbues pleuraient humainement
En glissant pas à pas sur la montagne claire

Qui donc reconnais-tu sur ces vieilles photographies
Te souviens-tu du jour où une abeille tomba dans le feu
C'était tu t'en souviens à la fin de l'été

Deux matelots qui ne s'étaient jamais quittés
L'aîné portait au cou une chaîne de fer
Le plus jeune mettait ses cheveux blonds en tresse

Ouvrez-moi cette porte où je frappe en pleurant
La vie est variable aussi bien que l'Euripe

L'EMIGRANT DE LANDOR ROAD

A André Billy

Le chapeau à la main il entra du pied droit
Chez un tailleur très chic et fournisseur du roi
Ce commerçant venait de couper quelques têtes
De mannequins vêtus comme il faut qu'on se vête

La foule en tous les sens remuait en mêlant
Des ombres sans amour qui se traînaient par terre
Et des mains vers le ciel plein de lacs de lumière
S'envolaient quelquefois comme des oiseaux blancs

Mon bateau partira demain pour l'Amérique
Et je ne reviendrai jamais
Avec l'argent gagné dans les prairies lyriques
Guider mon ombre aveugle en ces rues que j'aimais

Car revenir c'est bon pour un soldat des Indes
Les boursiers ont vendu tous mes crachats d'or fin
Mais habillé de neuf je veux dormir enfin
Sous des arbres pleins d'oiseaux muets et de singes
Les mannequins pour lui s'étant déshabillés
Battirent leurs habits puis les lui essayèrent
Le vêtement d'un lord mort sans avoir payé
Au rabais l'habilla comme un millionnaire

Au dehors les années
Regardaient la vitrine
Les mannequins victimes
Et passaient enchaînées

Intercalées dans l'an c'étaient les journées veuves
Les vendredis sanglants et lents d'enterrements
De blancs et de tout noirs vaincus des cieux qui pleuvent
Quand la femme du diable a battu son amant

Puis dans un port d'automne aux feuilles indécises
Quand les mains de la foule y feuillolaient aussi
Sur le pont du vaisseau, il posa sa valise
Et s'assit

Les vents de l'Océan en soufflant leurs menaces
Laissaient dans ses cheveux de longs baisers mouillés
Des émigrants tendaient vers le port leurs mains lasses
Et d'autres en pleurant s'étaient agenouillés

Il regarda longtemps les rives qui moururent
Seuls des bateaux d'enfants tremblaient à l'horizon

Un tout petit bouquet flottant à l'aventure
Couvrit l'Océan d'une immense floraison

Il aurait voulu ce bouquet comme la gloire
Jouer dans d'autres mers parmi tous les dauphins
Et l'on tissait dans sa mémoire
Une tapisserie sans fin
Qui figurait son histoire

Mais pour noyer changées en poux
Ces tisseuses têtues qui sans cesse interrogent
Il se maria comme un doge
Aux cris d'une sirène moderne sans époux

Gonfle-toi vers la nuit O Mer Les yeux des squales
Jusqu'à l'aube ont guetté de loin avidement
Des cadavres de jours rongés par les étoiles
Parmi le bruit des flots et les derniers serments

CORS DE CHASSE

Notre histoire est noble et tragique
Comme le masque d'un tyran
Nul drame hasardeux ou magique
Aucun détail indifférent
Ne rend notre amour pathétique

Et Thomas de Quincey buvant
L'opium poison doux et chaste
A sa pauvre Anne allait rêvant
Passons passons puisque tout passe
Je me retournerai souvent

Les souvenirs sont cors de chasse
Dont meurt le bruit parmi le vent

(Alcools).

LA JOLIE ROUSSE

Me voici devant tous un homme plein de sens
Connaissant la vie et de la mort ce qu'un vivant peut connaître

Ayant éprouvé les douleurs et les joies de l'amour
Ayant su quelquefois imposer ses idées
Connaissant plusieurs langages
Ayant pas mal voyagé
Ayant vu la guerre dans l'Artillerie et l'Infanterie
Blessé à la tête trépané sous le chloroforme
Ayant perdu ses meilleurs amis dans l'effroyable lutte

Je sais d'ancien et de nouveau autant qu'un homme seul
pourrait des deux savoir
Et sans m'inquiéter aujourd'hui de cette guerre
Entre nous et pour nous mes amis
Je juge cette longue querelle de la tradition et de l'invention
De l'Ordre et de l'Aventure

Vous dont la bouche est faite à l'image de celle de Dieu
Bouche qui est l'ordre même
Soyez indulgents quand vous nous comparez
A ceux qui furent la perfection de l'ordre
Nous qui quêtons partout l'aventure
Nous ne sommes pas vos ennemis
Nous voulons vous donner de vastes et d'étranges domaines
Où le mystère en fleurs s'offre à qui veut le cueillir
Il y a là des feux nouveaux des couleurs jamais vues
Mille phantasmes impondérables
Auxquels il faut donner de la réalité
Nous voulons explorer la bonté contrée énorme où tout se tait

Il y a aussi le temps qu'on peut chasser ou faire revenir
Pitié pour nous qui combattons toujours aux frontières
De l'illimité et de l'avenir
Pitié pour nos erreurs pitié pour nos péchés

Voici que vient l'été la saison violente
Et ma jeunesse est morte ainsi que le printemps
O soleil c'est le temps de la Raison ardente
Et j'attends
Pour la suivre toujours la forme noble et douce
Qu'elle prend afin que je l'aime seulement
Elle vient et m'attire ainsi qu'un fer l'aimant
Elle a l'aspect charmant
D'une adorable rousse

Ses cheveux sont d'or on dirait
Un bel éclair qui durerait
Ou ces flammes qui se pavanent
Dans les roses-thé qui se fanent

Mais riez riez de moi
Hommes de partout surtout gens d'ici
Car il y a tant de choses que je n'ose vous dire
Tant de choses que vous ne me laisseriez pas dire
Ayez pitié de moi

(Calligrammes).

VALERY LARBAUD (1881 - 1957). — Né à Vichy (Allier). Il eut une enfance comblée, fit ses études au collège de Sainte-Barbe des Champs, à Fontenay-aux-Roses, puis au Lycée Henri IV, obtint sa licence ès-Lettres en 1908, et commença sa vie vagabonde de « voyageur de première classe » par des séjours en Italie, en Allemagne, en Angleterre et en Espagne. En 1908 parurent ses « *Poèmes par un riche amateur* » qui devaient devenir en 1923, « *Les Poésies de A. O. Barnabooth* », suite de poèmes qui s'attachaient à reproduire le rythme syncopé des voyages et de la vie moderne. Il donna ensuite « *Fermina Marquez* » (1911), son premier roman qui est une longue nouvelle, ainsi que les récits qui formeront, en 1918, « *Enfantines* ». Puis ce furent « *A. O. Barnabooth* » (1913) et « *Amants, Heureux Amants* » (1920) qui marquent la fin de l'œuvre du romancier et le début de celle du critique et du traducteur. Larbaud s'attacha à faire connaître au public les grandes œuvres étrangères, dont celle de Joyce. Parmi ses essais, citons encore : « *Ce vice impuni : la lecture* » (1925-1941) et « *Technique* » (1932). Larbaud passa la fin de sa vie active à rédiger son « *Journal* ». Aphasique, paralysé, ses vingt dernières années furent des plus pénibles. Les poèmes de Valery Larbaud ont été publiés par les Editions Gallimard.

ODE

Prête-moi ton grand bruit, ta grande allure si douce,
Ton glissement nocturne à travers l'Europe illuminée,
Ô train de luxe ! et l'angoissante musique
Qui bruit le long de tes couloirs de cuir doré,
Tandis que derrière les portes laquées, aux loquets de cuivre
    lourd,
Dorment les millionnaires.

Je parcours en chantonnant tes couloirs
Et je suis ta course vers Vienne et Budapesth,
Mêlant ma voix à tes cent mille voix,
O Harmonika-Zug !
J'ai senti pour la première fois toute la douceur de vivre,
Dans une cabine du Nord-Express, entre Wirballen et Pskow.
On glissait à travers des prairies où des bergers,
Au pied de groupes de grands arbres pareils à des collines,
Etaient vêtus de peaux de moutons crues et sales...
(Huit heures du matin en automne, et la belle cantatrice
Aux yeux violets chantait dans la cabine à côté.)

Et vous, grandes glaces à travers lesquelles j'ai vu passer
    la Sibérie et les Monts du Samnium,
La Castille âpre et sans fleurs, et la mer de Marmara sous
    une pluie tiède !
Prêtez-moi, ô Orient-Express, Sud-Brenner-Bahn, prêtez-moi
Vos miraculeux bruits sourds et
Vos vibrantes voix de chanterelle ;
Prêtez-moi la respiration légère et facile
Des locomotives hautes et minces, aux mouvements
Si aisés, les locomotives des rapides,
Précédant sans effort quatre wagons jaunes à lettres d'or
Dans les solitudes montagnardes de la Serbie,
Et, plus loin, à travers la Bulgarie pleine de roses

Ah ! il faut que ces bruits et que ce mouvement
Entrent dans mes poèmes et disent
Pour moi ma vie indicible, ma vie
D'enfant qui ne veut rien savoir, sinon
Espérer éternellement des choses vagues.

IMAGES

I

Un jour, à Kharkow, dans un quartier populaire,
(Ô cette Russie méridionale, où toutes les femmes
Avec leur châle blanc sur la tête, ont des airs de Madone !)
Je vis une jeune femme revenir de la fontaine
Portant, à la mode de là-bas, comme du temps d'Ovide,
Deux seaux suspendus aux extrémités d'un bois
En équilibre sur le cou et les épaules.
Et je vis un enfant en haillons s'approcher d'elle et lui parler.
Alors inclinant légèrement son corps à droite,
Elle fit en sorte que le seau plein d'eau pure touchât le pavé
Au niveau des lèvres de l'enfant qui s'était mis à genoux pour boire.

II

Un matin, à Rotterdam, sur le quai des Boompjes.
(C'était le 18 septembre 1900, vers huit heures),
J'observais deux jeunes filles qui se rendaient à leurs ateliers ;
Et en face d'un des grands ponts de fer, elles se dirent au revoir.
Leurs routes n'étant pas les mêmes.
Elles s'embrassèrent tendrement ; leurs mains tremblantes
Voulaient et ne voulaient pas se séparer ; leurs bouches
S'éloignaient douloureusement pour se rapprocher aussitôt
Tandis que leurs yeux fixes se contemplaient…
Ainsi elles se tinrent un long moment tout près l'une de l'autre,
Debout et immobiles au milieu des passants affairés,
Tandis que les remorqueurs grondaient sur le fleuve,
Et que les trains manœuvraient en sifflant sur les ponts de fer.

III

Entre Cordoue et Séville
Est une petite station, où, sans raisons apparentes.

Le Sud-Express s'arrête toujours.
En vain le voyageur cherche des yeux un village
Au-delà de cette petite gare endormie sous les eucalyptus :
Il ne voit que la campagne andalouse : verte et dorée.
Pourtant, de l'autre côté de la voie, en face,
Il y a une hutte faite de branchages noircis et de terre.
Et au bruit du train une marmaille loqueteuse en sort.
La sœur aînée les précède, et s'avance tout près sur le quai
Et, sans dire un mot, mais en souriant,
Elle danse pour avoir des sous.
Ses pieds dans la poussière paraissent noirs ;
Son visage obscur et sale est sans beauté ;
Elle danse, et par les larges trous de sa jupe couleur de
cendre,
On voit, nues, s'agiter ses cuisses maigres,
Et rouler son petit ventre jaune ;
Et chaque fois, pour cela, quelques messieurs ricanent,
Dans l'odeur des cigares, au wagon-restaurant...

Post-scriptum

O mon Dieu, ne sera-t-il jamais possible
Que je connaisse cette douce femme, là-bas, en Petite-
Russie,
Et ces deux amies de Rotterdam,
Et la jeune mendiante d'Andalousie
Et que je me lie avec elles
D'une indissoluble amitié ?
(Hélas, elles ne liront pas ces poèmes,
Elles ne sauront ni mon nom, ni la tendresse de mon
cœur ;
Et pourtant elles existent, elles vivent *maintenant*.)
Ne sera-t-il jamais possible que cette grande joie me soit
donnée,
De les connaître ?
Car, je ne sais pourquoi, mon Dieu, il me semble qu'avec
elles quatre,
Je pourrais conquérir un monde !

(Les poésies d'A. O. Barnabooth).

FRANZ HELLENS (1881 - 1972). — Né à Bruxelles. Il débuta par des recueils de poèmes *« Vers Anciens »* (1905-1915). *« La Femme au Prisme »* (1920), etc, et il ne cessa jamais d'en écrire : *« Miroirs conjugués »* (1950), *« Poèmes Choisis »* (1961). Fondateur de la revue « Le Disque Vert », il se rendit notoire par ses romans et ses contes. Mais il demeure poète avant tout.

La femme se peigne, rassemble à deux mains son ample chevelure répandue sur ses épaules et la rejette devant elle, puis la divise par le milieu, et son visage un moment caché reparaît entre deux masses de cheveux noirs.

Je connais une ville où sur fond blanc les yeux
Verts des horloges clignaient, les toits rouges
Mettaient un air de sang répandu sur l'ovale
Adouci d'une joue, un bassin miroitait
Entre des lèvres de porphyre et tout en haut
S'élançait le fronton d'un brillant édifice.
Des flots de cyprès noirs descendaient des collines.
Le soir rassemble les buissons comme une foule.
Il arrivait parfois des nuages serrés
Qui s'ajoutaient à l'ombre des montagnes
Et la nuit tout à coup se jetait sur la ville
Comme l'ombre de cheveux noirs sur un visage

Mais les plus sombres nuits reçoivent la réplique
Du matin, j'écoutais une horloge dont l'heure
Eclatait comme l'or et souvent en plein soir
La fontaine faisait un trou dans ma tête.
Je vois chaque matin le couteau du soleil
Diviser l'âpre nuit qui pèse sur la ville
Les nuages tranchés s'écartent des montagnes
Les nœuds noirs des buissons un à un se desserrent
Et les cyprès ont l'air de remonter la côte.

(La Femme au Prisme), 1920.

ANDRÉ SALMON (1881 - 1969). — Poète, romancier et mémorialiste.
Compagnon de tous les grands peintres du début du siècle, il n'a pas ménagé son talent pour imposer le cubisme. A son œuvre poétique : « *Prikaz* » (1921), épopée inspirée par la Révolution russe, « *Le Calumet* » (1910), « *Peindre* » (1922), « *Les Etoiles dans l'Encrier* » (1952), et « *Vocalises* » il faut ajouter des romans : « *Tendres Canailles* », « *L'Entrepreneur d'Illuminations* », « *La Négresse du Sacré-Cœur* », « *Le Manuscrit trouvé dans un Chapeau* » et plusieurs volumes de « *Souvenirs sans Fin* ». Il fut, avec Apollinaire, secrétaire de la revue « *Vers et Prose* » de Paul Fort, et lié avec Jean Moréas

LA FÉERIE PERPÉTUELLE

Ils m'ont demandé si j'avais le travail facile,
Ce ne sont pourtant pas des imbéciles,
Et cependant ce qu'ils m'ont demandé est bête,
Comme on voit bien qu'ils n'ont jamais été poètes !

On affirme que saint Louis de Gonzague
Avait si peur du vice qu'il n'osait pas regarder sa mère.
Allons, ne pleure plus, les larmes sont amères,
Je t'achèterai une autre bague.

Je voudrais qu'entre ses doigts pâles une reine
Prît mon front bruissant comme une ruche pleine
D'affreux insectes qui ont tué les abeilles
Et qui pour s'échapper me percent les oreilles.

Lorsque sera le temps d'apprêter le repas,
Tu souffleras le feu qui réjouit les poètes,
Accroupie comme une sorcière et tu te fâcheras,
Croyant que les sorcières sont toujours vieilles et laides.

Tu dis que tu voudrais avoir un piano ?
Je voudrais un domaine, avec un beau jet d'eau
Au milieu du bassin dans un jardin français
Où danseraient des jeunes filles nues sur des airs anglais.
Il y a des jours où l'on n'a même pas envie
De pleurer, on n'a plus de poète favori,
Il reste le loisir de se bien renseigner
Sur les mœurs héroïques de tristes araignées.
Si j'étais roi d'Espagne j'aurais une guitare.
Si j'étais matelot, j'espérerais un phare,
Si j'étais ma maîtresse j'aurais un amant
Qui ne veut pas qu'on l'aime, hélas ! éperdument.

★

O place Clichy
O square d'Anvers
Jeux réfléchis
Du monde à l'envers.
O notre jeunesse
Gageures tenues
Et paris gagnés
Nos heures perdues
O jeunes années !

On faisait un chœur solide
Pour pavoiser la nuit vide
Des airs de notre façon :

Besnard
Bonnard
Vuillard
Vollard

Apollinaire riait dans le creux de sa main,
Kees venu d'Amsterdam pour regarder les filles
Leur prenait du plaisir en prenant sa leçon
Linge, satin et chair qui brille.
Derain qui savait toutes choses
Et Picasso s'émerveillant
Epoque bleue
Epoque rose !
Le ciel frappé des signes d'un décret impérieux
Le ciel où tu lisais, Jacob, comme dans un roman
Le ciel tableau des poids et des mesures
Le ciel enseigne de celui qui nous faisait l'usure
Le ciel marin et ses tempêtes
Où le peintre gréait le vaisseau du poète
Où tant de nefs sombrées, nommées, ressuscitaient,
et tous ces chiffres.
— Trésor réel, notre seul bien —
Que nous comptions sur cette mer de Chypre.
Cyprien !
Apollinaire riait dans le creux de sa main,
Picasso couronnait un enfant merveilleux,
Le plus las s'appuyait sur le bras de Derain
Et Marie Laurencin en robe de mésange
— Diane et Geneviève de Brabant —
D'une chanson rouvrait les yeux des anges
Et du couple perdu endormi sur un banc.
Dieu n'existe qu'on ne l'adore
Le temps n'est rien que l'on n'a point rêvé
Combien d'aurores
Avons-nous fait lever ?

Ô mondes élargis de nos sages ivresses
Ô patries tirées du néant
Ô rue des Abbesses
Ô rue Ravignan !

Ed. Gallimard

CHARLES VILDRAC (1882 - 1972). — Poète et écrivain. Il fut l'un des animateurs du groupe de l'Abbaye et le plus naturellement « unanimiste » parmi les poètes réunis à Créteil et que fréquentait Jules Romains. Ses recueils les plus célèbres sont « *Images et Mirages* » (1908), « *Les Chants du Désespéré* » (1920) et « *Le Livre d'Amour* ». Mais Vildrac obtint ses plus grands succès au théâtre où il donna notamment : « *Le Paquebot Tenacity* » (1920), « *Poncette* » (1925), « *Trois Mois de Prison* » (1929), « *La Brouille* » (1930), et « *Le Jardinier de Samos* » (1930).

SI L'ON GARDAIT...

Si l'on gardait, depuis des temps, des temps,
Si l'on gardait, souples et odorants,
Tous les cheveux des femmes qui sont mortes,
Tous les cheveux blonds, tous les cheveux blancs,
Crinières de nuit, toisons de safran,
Et les cheveux couleur de feuilles mortes,
Si on les gardait depuis bien longtemps,
Noués bout à bout pour tisser les voiles
    Qui vont sur la mer,

Il y aurait tant et tant sur la mer,
Tant de cheveux roux, tant de cheveux clairs,
Et tant de cheveux de nuit sans étoiles,
Il y aurait tant de soyeuses voiles
Luisant au soleil, bombant sous le vent,
Que les oiseaux gris qui vont sur la mer.
Que ces grands oiseaux sentiraient souvent
    Se poser sur eux,
Les baisers partis de tous ces cheveux,
Baisers qu'on sema sur tous ces cheveux,
Et puis en allés parmi le grand vent...

Si l'on gardait, depuis des temps, des temps,
Si l'on gardait, souples et odorants,
Tous les cheveux des femmes qui sont mortes,
Tous les cheveux blonds, tous les cheveux blancs,
Crinières de nuit, toisons de safran
Et les cheveux couleur de feuilles mortes,
Si on les gardait depuis bien longtemps,
Noués bout à bout pour tordre des cordes,
    Afin d'attacher
A de gros anneaux tous les prisonniers
Et qu'on leur permît de se promener
    Au bout de leur corde,

Les liens des cheveux seraient longs, si longs,
Qu'en les déroulant du seuil des prisons,
Tous les prisonniers, tous les prisonniers
    Pourraient s'en aller
    Jusqu'à leur maison...

PIERRE MAC ORLAN (Né à Péronne, 1883 - 1970). — Un essai résume assez bien l'œuvre et la vie de Mac Orlan ; c'est le « *Petit Manuel du Parfait Aventurier* », publié en 1918. L'aventure des ports et du « milieu », celle de la guerre et celle de l'imagination, tel est le mot clé de son œuvre. Ses romans les plus fameux sont : « *La Maison du Retour*

Ecœurant », « *Le Chant de l'Equipage* » (1918), « *La Cavalière Elsa* » (1921), « *Sous la Lumière Froide* » (1926), « *Quai des Brumes* » (1927), « *La Bandera* », « *L'Ancre de Miséricorde* » (1941) et « *Les Dés Pipés* » (1952). Mais Pierre Mac Orlan est avant tout un poète. On lira longtemps son « *Abécédaire* » ou son « *Père Barbançon* ». Les « *Poésies Documentaires Complètes* » de Mac Orlan ont été réunies en 1954 aux Editions Gallimard.

TEL ÉTAIT PARIS...

Tel était Paris avec sa grande tour où, chaque nuit, crépite la chevelure bleue de la T.S.F.
et ses étincelles qui laissent sur le mur de la nuit
des traces d'allumettes chimiques ;
avec ses vieux meubles en pierre de taille,
ses parapets où les suicidés bleus et roses
font des rétablissements sur les poignets et ratent leur numéro ;
avec son grand cirque où le public descend sur la piste,
où les femmes, folles de l'odeur des chevaux,
jaillissent du Moulin Rouge
comme les grains d'une grenade aux muqueuses amarantes.
Et maintenant que les minutes nous échappent
en fine poussière,
maintenant que nous les serrons de toute la force de nos doigts,
Paris dresse sa tour
ainsi qu'une grande girafe inquiète,
sa tour
qui, le soir venu,
craint les fantômes
et promène dans tous les coins les jets de ses projecteurs,
transformant le ciel parisien en un épure adroitement lavée.
Et l'Arc de Triomphe n'est plus qu'un petit banc
où Tamerlan en vareuse kaki
rêve de reboucler ses leggins.
Et l'étudiante attentive hésite
entre le Bouic et la Sorbonne,
non pour le plaisir de se faire remarquer,
mais afin de passer inaperçue,
le temps de terminer son livre.
Oh Paris !
Ici la Reine Dactylo
se mêle comme l'eau tiède au vin généreux des hommes.
Les petites filles d'autrefois
qui rêvaient du prince d'Annam
en traversant les bois peuplés de
satyres médiocres,
ne voient plus,
sur la route tendre de leur avenir en fleurs,
que le bonheur industriel
qu'elles pourront créer de leurs dix doigts
sur l'*Underwood*
d'où sortira la circulaire

qui arrêtera. encore une fois, le sens de nos artères
et le tic-tac familier de la montre ou du cœur.

. . . .

LA CHANSON DE LIMEHOUSE CAUSEWAY

I

Un rat est venu dans ma chambre.
Il a rongé la souricière,
Il a arrêté la pendule
Et renversé le pot à bière.
Je l'ai pris dans mes bras blancs.
Il était chaud comme un enfant.
Je l'ai bercé bien tendrement.
Et je lui chantais doucement :

Refrain

Dors mon rat, mon flic, dors mon vieux bobby.
Ne siffle pas sur les quais endormis
Quand je tiendrai la main de mon chéri.

II

Un Chinois est sorti de l'ombre,
Un Chinois a regardé Londres.
Sa casquette était de marine
Ornée d'une ancre coralline.
Devant la porte de Charly,
A Pennyfields, j'lui ai souri
Dans le silence de la nuit.
En chuchotant, je lui ai dit

Refrain

Je voudrais, je voudrais je n'sais trop quoi.
Je voudrais ne plus entendre ma voix.
J'ai peur, j'ai peur de toi, j'ai peur de moi.

III

Sur son maillot de laine bleue
On pouvait lire en lettres rondes
Le nom d'une vieille Compagnie
Qui, paraît-il, fait l'tour du monde.

Nous sommes entrés chez Charly,
A Pennyfields, loin des soucis
Et j'ai dansé toute la nuit
Avec mon Chin'toc ébloui.

Refrain

Et chez Charly, il faisait jour et chaud.
Tess jouait « Daisy Bell » sur son vieux piano,
Un piano avec des dents de chameau.

IV

J'ai conduit le Chinois dans ma chambre.
Il a mis le rat à la porte.
Il a arrêté la pendule
Et renversé le pot à bière.
Je l'ai pris dans mes bras tremblants
Pour le bercer comme un enfant.
Il s'est endormi sur le dos...
Alors, j'lui ai pris son couteau.

Refrain

C'était un couteau perfide et glacé
Un sale couteau, rouge de vérités
Et de bobards pour Poplar, sur les quais.

Musique de Marceau *1925-1951.*

MARIE NOËL (1883 - 1967). — Saluée par Montherlant et Duhamel, elle a publié de nombreux recueils : « *Les Chansons et les Heures* » (1921), « *Le Rosaire des Joies* » (1930), « *Les Chants de la Merci* » (1930). Son « *Œuvre Poétique* » a été réunie en un seul volume, en 1957. Marie Noël a également écrit des « *Contes* » (1942) et une pièce de théâtre « *Le Jugement de Don Juan* » (1955). Les poèmes de Marie Noël ont été publiés par les Editions Stock.

ATTENTE

J'ai vécu sans le savoir,
Comme l'herbe pousse...
Le matin, le jour, le soir
Tournaient sur la mousse.

Les ans ont fui sous mes yeux
Comme à tire-d'ailes

D'un bout à l'autre des cieux
Fuient les hirondelles...

Mais voici que j'ai soudain
Une fleur éclose.
J'ai peur des doigts qui demain
Cueilleront ma rose,

Demain, demain, quand l'Amour
Au brusque visage
S'abattra comme un vautour
Sur mon cœur sauvage.

Dans l'Amour, si grand, si grand,
Je me perdrai toute
Comme un agnelet errant
Dans un bois sans route.

Dans l'Amour, comme un cheveu
Dans la flamme active,
Comme une noix dans le feu,
Je brûlerai vive.

Dans l'Amour, courant amer,
Las ! comme une goutte,
Une larme dans la mer,
Je me noierai toute.

Mon cœur libre, ô mon seul bien,
Au fond de ce gouffre,
Que serai-je ? Un petit rien
Qui souffre, qui souffre !

Quand deux êtres, mal ou bien,
S'y fondront ensemble,
Que serai-je ? Un petit rien
Qui tremble, qui tremble !

J'ai peur de demain, j'ai peur
Du vent qui me ploie,
Mais j'ai plus peur du bonheur,
Plus peur de la joie

Qui surprend à pas de loup,
Si douce, si forte,
Qu'à la sentir tout d'un coup
Je tomberai morte.

Demain, demain, quand l'Amour
Au brusque visage
S'abattra comme un vautour
Sur mon cœur sauvage...

. . . .

Quand mes veines l'entendront
Sur la route gaie,
Je me cacherai le front
Derrière une haie.

Quand mes cheveux sentiront
Accourir sa fièvre,
Je fuirai d'un saut plus prompt
Que le bond d'un lièvre.

Quand ses prunelles, ô dieux,
Fixeront mon âme,
Je fuirai, fermant les yeux,
Sans voir feu ni flamme.

Quand me suivront ses aveux
Comme des abeilles,
Je fuirai, de mes cheveux
Cachant mes oreilles.

Quand m'atteindra son baiser,
Plus qu'à demi-morte,
J'irai sans me reposer
N'importe où, n'importe

Où s'ouvriront des chemins
Béants au passage,
Eperdue et de mes mains
Couvrant mon visage.

Et, quand d'un geste vainqueur,
Toute il m'aura prise,
Me débattant sur son cœur,
Farouche, insoumise,

Je ferai, dans mon effroi
D'une heure nouvelle
D'un obscur je ne sais quoi,
Je ferai, rebelle,

Quand il croira me tenir
A lui tout entière,
Pour retarder l'avenir,
Vingt pas en arrière !...

S'il allait ne pas venir !...

VISION

I

Quand j'approcherai de la fin du Temps,
Quand plus vite qu'août ne boit les étangs,
J'userai le fond de mes courts instants ;

Quand les écoutant se tarir, en vain
J'en voudrai garder pour le lendemain,
Sans que Dieu le sache, un seul dans ma main ;

Quand la terre ira se rétrécissant
Et que mon chemin déjà finissant
Courra sous mes pieds au dernier versant ;

Quand sans reculer pour gagner un pas,
Quand sans m'arrêter ni quand je suis las,
Ni dans mon sommeil, ni pour mes repas ;

Quand le cœur saisi d'épouvantement,
J'étendrai les mains vers un être aimant
Pour me retenir à son vêtement...

. . . .

Quand mes doigts de tout se détacheront
Et quand mes pensers hagards sous mon front
Se perdront sans cesse et se chercheront ;

Quand sur les chemins, quand sur le plancher,
Mes pieds n'auront plus de joie à marcher ;
Quand je n'irai plus en ville, au marché,

Ni dans mon pays toujours plus lointain,
Ni jusqu'à l'église au petit matin,
Ni dans mon quartier, ni dans mon jardin ;

Quand je n'irai plus même en ma maison,
Quand je n'aurai plus pour seul horizon
Qu'au fond de mon lit toujours la cloison...

. . . .

Quand les voisines sur le pas
De la porte parleront bas,
Parleront et n'entreront pas ;

Quand parents, amis, tour à tour,
Laissant leur logis chaque jour
Dans le mien seront de retour ;

Quand dès l'aube ils viendront me voir
Et sans rien faire que s'asseoir
Dans ma chambre attendront le soir ;

Quand dans l'armoire où j'ai rangé
Mon linge blanc, un étranger
Cherchera de quoi me changer ;

Quand pour le lait qu'il faut payer,
Quelqu'un prendra sans m'éveiller
Ma bourse sous mon oreiller ;

Quand pour boire de loin en loin,
J'attendrai n'en ayant plus soin
Que quelqu'un songe à mon besoin...

. . . .

Quand le soleil et l'horizon
S'enfuiront... quand de la maison
Sortiront l'heure et la saison ;

Quand la fenêtre sur la cour
S'éteindra... quand après le jour
S'éteindra la lampe à son tour ;

Quand sans pouvoir la rallumer
Tous ceux que j'avais pour m'aimer
Laisseront la nuit m'enfermer ;

Quand leurs voix, murmure indistinct,
M'abandonnant à mon destin,
S'évanouiront dans le lointain ;

Quand cherchant en vain mon salut
Dans un son je n'entendrai plus
Qu'au loin un silence confus ;

Quand le froid entre mes draps chauds
Se glissera jusqu'à mes os
Et saisira mes pieds déchaux ;

Quand mon souffle contre un poids sourd
Se débattra... restera court
Sans pouvoir soulever l'air lourd ;

Quand la Mort comme un assassin
Qui précipite son dessein
S'agenouillera sur mon sein ;

Quand ses doigts presseront mon cou,
Quand de mon corps mon esprit fou
Jaillira sans savoir jusqu'où...

Alors, pour traverser la nuit, comme une femme
Emporte son enfant endormie, ô mon Dieu,
Tu me prendras, tu m'emporteras au milieu
Du ciel splendide en ta demeure où peu à peu
Le matin éternel réveillera mon âme.

(Les Chansons et les Heures).

GEORGES DUHAMEL (1884-1966). Né à Paris. — Docteur en médecine, il fut l'un des poètes fondateurs du mouvement poétique de *l'Abbaye*. Son expérience de chirurgien militaire lui inspira en 1917, une « *Vie des Martyrs* », dont la publication le rendit célèbre. Il obtint en 1918, le Prix Goncourt pour son roman « *Civilisation* » et donna peu après « *La Possession du Monde* » (1919). Puis vinrent les deux séries « *Vie et Aventures de Salavin* » (cinq volumes, 1920-1932), et « *La Chronique des Pasquier* » (dix volumes 1933-1945) où Duhamel a mis le meilleur de son don de peintre et de moraliste. Depuis la guerre, il a surtout publié des essais chargés de diffuser sa conception de l'humanisme et des souvenirs : « *Lumières sur ma Vie* ». Cette œuvre ne doit pas faire oublier celle du poète. Les poèmes de Georges Duhamel ont été publiés par le Mercure de France.

XV

Sous un figuier d'Avignon
L'ombre verte était sucrée
Par les larmes d'une figue
Ivre de béatitude.

Je ne voyais point les fruits,
Je n'entendais plus les guêpes
Et le Rhône en vain chantait
L'immortel mépris de nous.

Je regardais dans le ciel
S'éloigner d'un vol farouche
La paix, comme un grand oiseau
Chassé du canton natal.

Un tambour bourdonnait dans le fond d'un village,
Le silence en semblait à jamais offensé ;
Une rumeur nouvelle et barbare insultait
Vos fleurs, ô grenadiers pâmés dans la poussière.

Je n'éprouvais pas ces choses :
C'était assez que d'étreindre

Toutes les années futures
Abreuvées de mille hontes.

C'était assez que d'ouvrir
Des regards désespérés
Sur un monde enseveli
Dans l'insondable tristesse.

C'était assez, sous vos feuilles,
Ô beau figuier d'Avignon,
Que d'appeler le néant
Des suprêmes solitudes.

(Elégies).

JULES SUPERVIELLE (1884 - 1960). — Poète, conteur et auteur dramatique, né à Montevideo. A la fois Uruguayen et Français, ses premiers recueils : « *Poèmes de l'Humour Triste* » (1919) montrèrent un artiste peu sûr de sa voie. A partir de « *Débarcadères* » (1922), enfin, Supervielle atteignit son univers intérieur et commença une œuvre à la fois classique par la forme et originale par sa sensibilité : « *Gravitations* » (1925), « *Le Forçat Innocent* » (1930), « *Les Amis Inconnus* » (1934), « *La Fable du Monde* » (1938), « *Oublieuse Mémoire* » (1949). « *Naissances* » (1951) et « *L'Escalier* » (1956). A cette épopée « cosmique », il faut ajouter plusieurs romans : « *L'Homme de la Pampa* » (1923), « *Le Voleur d'Enfants* » (1927), des contes : « *L'Arche de Noé* » (1938) et de charmantes fantaisies théâtrales : « *Bolivar* » (1936), « *Robinson* » et « *Shéhérazade* » (1948).
Les poèmes de Jules Supervielle ont été publiés par les Editions Gallimard.

LES AMIS INCONNUS

Il vous naît un poisson qui se met à tourner
Tout de suite au plus noir d'une lame profonde,
Il vous naît une étoile au-dessus de la tête,
Elle voudrait chanter mais ne peut faire mieux
Que ses sœurs de la nuit les étoiles muettes.

Il vous naît un oiseau dans la force de l'âge,
En plein vol, et cachant son histoire en son cœur
Puisqu'il n'a que son cri d'oiseau pour la montrer.
Il vole sur les bois, se choisit une branche
Et s'y pose, on dirait qu'elle est comme les autres.

Où courent-ils ainsi ces lièvres, ces belettes,
Il n'est pas de chasseur encor dans la contrée,
Et quelle peur les hante et les fait se hâter,
L'écureuil qui devient feuille et bois dans sa fuite,
La biche et le chevreuil soudain déconcertés ?

Il vous naît un ami, et voilà qu'il vous cherche
Il ne connaîtra pas votre nom ni vos yeux
Mais il faudra qu'il soit touché comme les autres
Et loge dans son cœur d'étranges battements
Qui lui viennent de jours qu'il n'aura pas vécus.

Et vous, que faites-vous, ô visage troublé,
Par ces brusques passants, ces bêtes, ces oiseaux.
Vous qui vous demandez, vous, toujours sans nouvelles,
« Si je croise jamais un des amis lointains
Au mal que je lui fis vais-je le reconnaître ? »

Pardon pour vous, pardon pour eux, pour le silence
Et les mots inconsidérés,
Pour les phrases venant de lèvres inconnues
Qui vous touchent de loin comme balles perdues,
Et pardon pour les fronts qui semblent oublieux.

LE HORS VENU

Il couchait seul dans de grands lits
De hautes herbes et d'orties
Son corps nu toujours éclairé
Dans les défilés de la nuit
Par un soleil encor violent
Qui venait d'un siècle passé
Par monts et par vaux de lumière
A travers mille obscurités.
Quand il avançait sur les routes
Il ne se retournait jamais.
C'était l'affaire de son double
Toujours à la bonne distance
Et qui lui servait d'écuyer.
Quelquefois les astres hostiles
Pour s'assurer que c'était eux
Les éprouvaient d'un cent de flèches
Patiemment empoisonnées.
Quand ils passaient, même les arbres
Etaient pris de vivacité,
Les troncs frissonnaient dans la fibre,
Visiblement réfléchissaient,
Et ne parlons pas du feuillage,
Toujours une feuille en tombait
Même au printemps quand elles tiennent
Et sont dures de volonté.
Les insectes se dépêchaient
Dans leur besogne quotidienne,
Tous, la tête dans les épaules,
Comme s'ils se la reprochaient
La pierre prenait conscience

De ses anciennes libertés ;
Lui, savait ce qui se passait
Derrière l'immobilité,
Et devant la fragilité.
Les jeunes filles le craignaient,
Parfois des femmes l'appelaient
Mais il n'en regardait aucune
Dans sa cruelle chasteté.
Les murs excitaient son esprit,
Il s'en éloignait enrichi
Par une gerbe de secrets
Volés au milieu de leur nuit
Et que toujours il recélait
Dans son cœur sûr, son seul bagage
Avec le cœur de l'écuyer.
Ses travaux de terrassement
Dans les carrières de son âme
Le surprenaient-ils harrassé
Près de bornes sans inscription
Tirant une langue sanglante
Tel un chien aux poumons crevés,
Qu'il regardait ses longues mains
Comme un miroir de chair et d'os
Et aussitôt il repartait.
Ses enjambées étaient célèbres,
Mais seul il connaissait son nom
Que voici : « Plus grave que l'homme
Et savant comme certains morts
Qui n'ont jamais pu s'endormir. »

LE REGRET DE LA TERRE

Un jour, quand nous dirons : « C'était le temps du soleil,
Vous souvenez-vous, il éclairait la moindre ramille,
Et aussi bien la femme âgée que la jeune fille étonnée,
Il savait donner leur couleur aux objets dès qu'il se posait
Il suivait le cheval coureur et s'arrêtait avec lui,
C'était le temps inoubliable où nous étions sur la Terre,
Où cela faisait du bruit de faire tomber quelque chose.
Nous regardions alentour avec nos yeux connaisseurs,
Nos oreilles comprenaient toutes les nuances de l'air
Et lorsque le pas de l'ami s'avançait nous le savions,
Nous ramassions aussi bien une fleur qu'un caillou poli.
Le temps où nous ne pouvions attraper la fumée,
Ah ! c'est tout ce que nos mains sauraient saisir maintenant. »

ROGER ALLARD (1885 - 1960). — Ce poète fut un des fantaisistes les plus nerveux. Ses « *Elégies martiales* » (1918) et ses « *Poésies Légères* » (1930) faisaient souhaiter une œuvre plus abondante qui fut sans doute oblitérée par des travaux quotidiens, dans une maison d'éditions. Roger Allard a été publié par les Editions Gallimard.

BLESSURES DE GUERRE ET D'AILLEURS

En tous les lieux où la guerre nous lie,
Je vois pourrir au soleil, à la pluie,
Les jeunes corps par vos mains caressés :

Ne filez plus, fileuses de leurs deuils,
Ils sont vêtus de rayons et de feuilles
Vos beaux amants et vos doux fiancés.

J'ai vu le peu que c'est de bien mourir,
Que rien ne dure au-delà du désir
Et qu'il n'est pas d'angoisses infinies ;

Heureux celui qui passe avec l'Été
Et dans son sang retrempe sa beauté,
S'il aima mieux sa chance que sa vie !

(Les Elégies Martiales).

JULES ROMAINS (Né en 1885). — Romancier et poète. Il fit ses études à l'Ecole Normale Supérieure et fut l'un des fondateurs du groupe de l'Abbaye dont il devait publier, en 1908, le poème essentiel en même temps que le manifeste : « *La Vie Unanime* ». Sans abandonner tout à fait la poésie, (ses principaux recueils sont : « *Europe* » (1916), « *L'Homme Blanc* » (1937), « *Pierres Levées* » (1957), et « *Maisons* ») il se tourna ensuite vers le roman : « *Mort de Quelqu'un* » (1911), « *Les Copains* » (1914) et vers le théâtre où il donne deux chefs-d'œuvre : « *Monsieur le Trouhadec saisi par la Débauche* » (1923) et « *Knock ou le Triomphe de la Médecine* ». Ayant publié une trilogie romanesque : « *Psyché* » (1922-1930), il se consacra à la fresque des « *Hommes de bonne volonté* » dont les vingt-sept volumes parurent entre 1932 et 1946.

Je ne suis pas heureux
Comme tant d'autres hommes,
Ce soir, bien que mon âme
Ait toute pureté.

Tandis que je rêvais
A maintes infortunes,
J'ai renversé ma lampe
Et l'ai cassée en deux.

Me voilà sans lumière,
Les coudes sur la table,
Dans une amère nuit
Qui ne me connaît pas.

Je regrette un village
Au pied du mont Mézenc :
J'y fus heureux un soir
Lorsque j'avais quinze ans.

C'était un crépuscule
Si calme, si touchant ;
C'était tout un village
Si doux à un enfant ;

Que si j'avais la force
De bien m'en souvenir,
Je pleurerais longtemps,
La main contre mon cœur.

Car à quoi bon les larmes
Si l'on ne pleure pas
D'être seul, sans espoir,
Avec un doux regret,

Et de ne plus avoir
Pour écrire sa peine
Qu'un morceau de buvard
Eclairé par la lune ?

(Odes et Prières).
Ed. Gallimard

★

Nous avons cru en trop de choses,
Nous, les hommes de peu de foi ;
Nous avons espéré trop loin,
Nous, les hommes de peu d'espoir.

Je dis que nous avons menti
Comme un oiseau de cimetière
Qu'un voyageur entend chanter
Sur des tombes qu'il ne voit pas.

L'univers n'a rien de commun
Avec la strophe d'un poète ;
Il n'est ni père ni parent
Du vers qui grandit sous ma main.

Il n'est pas pareil à l'accord
Qu'un piano noir et fécond
Porte comme une fleur subite ;

Ni jumeau du torse de glaise
Que le sculpteur qui se repose
Aime sous les linges mouillés.

Le monde est une explosion
Qui reprend et qui rebondit ;
Il ressemble à l'obus qui fuse,
A la grenade qui éclate ;

Il a pour signe un crachement
De terre, de fonte, de balles,
Et la montée d'une fumée
Irrespirable hors d'un trou,

Je dis que leur joie n'est pas vaine
Ni leur orgueil sans fondement
A tous les servants de canons
Et tous les fouisseurs de mines ;

Car c'est bien eux qui font le signe
Véridique de l'univers.

★

Pourtant j'écoute dans un arbre
Un oiseau qui ne se tait pas ;
Il y a juste au pied de l'arbre,
Beaucoup de tombes serrées.

Il les voit, sans doute ; il les voit
Toutes blanches entre les feuilles ;
Mais il chante le même chant
Que sur une meule de blé.

(Europe).
Ed. Gallimard

FRANCIS CARCO

(1886 - 1958). — Né à Nouméa (Nouvelle-Calédonie).

Peintre de la bohême, Francis Carco a mis beaucoup de poésie dans ses romans : « *Jésus la Caille* » (1914), « *L'Equipe* » (1918), « *L'Homme Traqué* » (1922), « *Rien qu'une Femme* » (1924), « *Rue Pigalle* » (1927), « *Brumes* » (1935), « *Surprenant Procès d'un Bourreau* » (1943), etc... Cependant, au pittoresque de ses descriptions et à l'aspect documentaire des romans de Carco, on peut préférer ses œuvres proprement poétiques : « *La bohême et mon Cœur* » (1912), « *A l'amitié* », « *Mortefontaine* » (1946) et « *Poèmes en prose* » (1948). A ces recueils, le nom de Carco devra sa sur-

vie. Chef de l'Ecole fantaisiste, il met dans ses poèmes une tendre et mélancolique présence, une brume du cœur qui fait penser à Gérard de Nerval. Sans jamais forcer la voix, il touche au plus secret. Francis Carco, poète, a été édité par les Editions Albin Michel.

ADIEU

Si l'humble cabaret, noirci
Par la pluie et le vent d'automne,
M'accueille, tu n'es plus ici...
Je souffre et l'amour m'abandonne.

Je souffre affreusement. Le jour
Où tu partis, j'appris à rire.
J'ai depuis pleuré, sans amour,
Et vécu tristement ma vie.

Au moins, garde le souvenir,
Garde mon cœur, berce ma peine !
Chéris cette tendresse ancienne
Qui voulut, blessée, en finir.

Je rirai contre une autre épaule,
D'autres baisers me suffiront.
Je les marquerai de mes dents.
Mais tu resteras la plus belle...

POÈME FLOU

A une morte.

Où va la pluie, le vent la mène
En tintant sur le toit
Et je me serrais contre toi,
Pour te cacher ma peine.

Le jardin noir aux arbres nus,
Ta petite lampe en veilleuse,
Tes soupirs heureux d'amoureuse
Que sont-ils devenus ?

J'écoute encor tomber la pluie :
Elle n'a plus le même bruit...

L'OMBRE

A André Rousseaux.

Quand je t'attendais, dans ce bar,
La nuit, parmi des buveurs ivres
Qui ricanaient pour avoir l'air de rire,
Il me semblait que tu arrivais tard
Et que quelqu'un te suivait dans la rue.
Je te voyais te retourner avant d'entrer.
Tu avais peur. Tu refermais la porte.
Et ton ombre restait dehors :
C'était elle qui te suivait.

Ton ombre est toujours dans la rue
Près du bar où je t'ai si souvent attendue,
Mais tu es morte
Et ton ombre, depuis, est toujours à la porte.
Quand je m'en vais, c'est à présent moi qu'elle suit
Craintivement, comme une bête.
Si je m'arrête, elle s'arrête.
Si je lui parle, elle s'enfuit.

★

Ton ombre est couleur de la pluie,
De mes regrets, du temps qui passe.
Elle disparaît et s'efface
Mais envahit tout, à la nuit.

Sous le métro de la Chapelle,
Dans ce quartier pauvre et bruyant,
Elle m'attend, derrière les piliers noirs,
Où d'autres ombres fraternelles,
Font aux passants, qu'elles appellent
De grands gestes de désespoir.

Mais les passants ne se retournent pas.
Aucun n'a jamais su pourquoi,
Dans le vent qui fait clignoter les réverbères.
Dans le vent froid, tant de mystère
Soudain se ferme sur ses pas...

Et moi qui cherche où tu peux être,
Moi qui sais que tu m'attends là,
Je passe sans te reconnaître.
Je vais et viens, toute la nuit
Je marche seul, comme autrefois,
Et ton ombre, couleur de pluie,
Que le vent chasse à chaque pas,
Ton ombre se perd dans la nuit
Mais je la sens tout près de moi...

★

Cependant tu n'étais qu'une fille des rues.
Qu'une innocente prostituée.
Comme celle qui apparut,
Dans le quartier de Whitechapel,
Un soir, à Thomas de Quincey
Et qu'il chercha, plus tard, sans jamais la trouver,
De porche en porche et d'hôtel en hôtel...

Il le raconte dans un livre.

C'est là, pour la première fois, que je t'ai rencontrée.
Tu étais lasse et triste, comme les filles de Londres,
Tes cheveux conservaient une odeur de brouillard
Et, lorsqu'ils te voyaient à la porte des bars,
Les dockers ivres t'insultaient
Ou t'escortaient dans la rue sombre.

Je n'ai pas oublié l'effet que tu me fis
Dans ce livre désespéré,
Ni le vent, ni la pluie, ni le pavé qui luit,
Ni les assassins dans la nuit,
Ni les feux des estaminets,
Ni les remous de la Tamise
Entre ses mornes parapets...
Mais c'est après bien des années
Qu'une autre qui te ressemblait
Devait, le long des maisons grises,
Me faire signe et m'accoster.

★

Ce n'est pas toi. C'est tout ce que tu me rappelles :
Comme j'étais triste, avant de te connaître,
Comme je m'enfonçais, avec délices, dans ma tristesse.
En marchant dans les rues, en entrant dans les bars,
En suppliant la nuit les ombres de parler,
Sans cesser d'errer et d'aller...

Mais partout il était trop tard.

Un air d'accordéon s'achevait en hoquet.
On décrochait, l'une après l'autre, les lumières
Et le passant, à qui je demandais du feu,
Me tendait un cigare éteint.
Où me portaient mes pas, c'était la même histoire.
J'allais toujours vers les sifflets des trains,
Sur un grand boulevard trouble et peuplé de fantômes.

Là, j'attendais je ne sais qui, je ne sais quoi…
Mais les trains passaient en hurlant
Et cette attente avait l'air d'un départ.

Tu es venue pour t'en aller.
Je t'ai pourtant conduite en ces lieux désolés
Et tu m'as dit : « Quoi que tu fasses,
C'est moi, dorénavant, que tu verras parmi tous ces fantômes.
Tu me sentiras près de toi,
Tu penseras que je suis morte
Et jamais tu ne m'oublieras. »

★

Je t'écoutais, je te suivais sous les lumières.
Il n'y avait que nous de vivants en ces lieux,
Nous seuls mais je savais que des deux, la première,
Ce serait toi qui me dirais adieu.
Et j'avais beau ne pas vouloir,
Te retenir par ta petite main,
Le cri, le roulement et la fumée des trains,
Les rails et leurs feux en veilleuse,
Le pont noir tout retentissant
Du bruit des lourds wagons entre-choqués,
Par un présage obscur déjà nous séparaient.

★

Une autre fois, dans ce quartier sinistre,
Nous nous sommes assis sur un banc, à la nuit,
Et le vent qui chassait la pluie,
Les globes des hôtels meublés,
Les marlous aux chandails humides,
Les filles qui nous regardaient
Accumulaient, autour de nous, les maléfices
Dont le cercle se rapprochait.
Alors tu t'es mise à pleurer,

A m'expliquer, sans élever la voix,
Qu'un jour tu me délivrerais
De ces larves qui sont en moi…
Tu parlais et la pluie tombait.
C'était la pluie qui te faisait pleurer,
Comme un chagrin que rien n'apaise,
Comme une peine inconsolée.

Et la ronde des ombres et des feux des maisons
Tournait infatigablement

Avec ses voyous et ses filles,
Ses bars, où les phonos grinçaient,
En nous jetant quelquefois, par la porte,
Comme l'appel d'une voix morte...

La ronde que rien ne lassait,
Tournait et m'emportait, avec toi qui es morte,
Tourne et m'emporte encore, avec tout mon passé,
Hors du temps, hors du monde, hors de tout ce qui est
Ou qui n'est pas, mais que toi, dans l'ombre, tu sais...

BLAISE CENDRARS (1887 - 1961). — Né en Suisse, mort à Paris. Grand voyageur, Cendrars abandonna ses études à l'âge de seize ans pour courir le monde, et d'abord la Russie et l'Extrême-Orient. Tour à tour démuni et millionnaire, il brûla sa vie avec une frénésie qu'il a su communiquer à ses poèmes et à ses romans. En 1912, retour d'Amérique, Cendrars publie son poème : « *Les Pâques à New York* », bientôt suivi de cette odyssée chargée d'émerveillement et de spleen, « *La Prose du Transsibérien* » (1913) qui fondait le goût de la poésie moderne pour la vitesse et la projection de l'homme à travers les aventures du vaste monde. Puis c'est la guerre. Suisse par sa naissance, il s'engage dans la Légion Etrangère, se bat héroïquement (« *J'ai Tué* ») et a son bras droit arraché par un obus. En 1918, un nouveau poème paraît : « *Le Panama ou les Aventures de mes Sept Oncles* » qui impose une sorte de sténographie des sensations, écriture syncopée qui prend son bien où elle le trouve : dans le jazz, le bruit des hélices, les instantanés photographiques. De nouveaux voyages devaient encore élargir cette vision du monde et donner naissance aux romans-poèmes : « *L'Or* » (1925), « *Moravagine* » (1926) et « *Rhum* » (1930). Retiré à Aix-en-Provence pendant la guerre, Cendrars inaugure enfin, en 1943, la série de ses souvenirs avec : « *L'Homme Foudroyé* » (1945). Il publie encore : « *La Main Coupée* » (1946), « *Banlieue de Paris* », « *Bourlinguer* » (1948), « *Le Lotissement du Ciel* » (1949). Ses « *Poésies Complètes* » paraissent en 1954 suivies par « *Emmène-moi au Bout du Monde* » (1955), « *Trop, c'est Trop* » (1957). Il meurt en 1961, au terme d'une longue maladie, soutenu par le grand amour qui l'avait toujours accompagné, celui de sa femme Raymone. *Masse poétique étincelante dédiée à l'archipel de l'insomnie,* selon son ami Henry Miller, il a parcouru tous les chemins de la terre et du rêve. Aventurier de l'esprit moderne, grand précurseur d'un nouveau style, poète et reporter, il avait retenu la première place pour le premier voyage dans la lune. Une de ses phrases résume son art poétique et sa vie : « *Tout est couleur, mouvement, explosion, lumière* ». Les poésies complètes de Blaise Cendrars ont été publiées par les Editions Denoel.

PROSE DU TRANSSIBÉRIEN ET DE LA PETITE JEHANNE DE FRANCE

Dédiée aux Musiciens.

En ce temps-là j'étais en mon adolescence
J'avais à peine seize ans et je ne me souvenais déjà plus de mon
enfance
J'étais à seize mille lieux du lieu de ma naissance
J'étais à Moscou, dans la ville des mille et trois clochers et des sept
gares
Et je n'avais pas assez des sept gares et des mille et trois tours

Car mon adolescence était alors si ardente et si folle
Que mon cœur, tour à tour, brûlait comme le temple d'Ephèse ou comme la Place Rouge de Moscou
Quand le soleil se couche.
Et mes yeux éclairaient des voies anciennes.
Et j'étais déjà si mauvais poète
Que je ne savais pas aller jusqu'au bout.

Le Kremlin était comme un immense gâteau tartare
Croustillé d'or,
Avec les grandes amandes des cathédrales toutes blanches
Et l'or mielleux des cloches...
Un vieux moine me lisait la légende de Novgorode
J'avais soif
Et je déchiffrais des caractères cunéiformes
Puis, tout à coup, les pigeons du Saint-Esprit s'envolaient sur la place
Et mes mains s'envolaient aussi, avec des bruissements d'albatros
Et ceci, c'étaient les dernières réminiscences du dernier jour
Du tout dernier voyage
Et de la mer

Pourtant, j'étais fort mauvais poète.
Je ne savais pas aller jusqu'au bout.
J'avais faim.
Et tous les jours et toutes les femmes dans les cafés et tous les verres,
J'aurais voulu les boire et les casser
Et toutes les vitrines et toutes les rues
Et toutes les maisons et toutes les vies
Et toutes les roues des fiacres qui tournaient en tourbillon sur les mauvais pavés
J'aurais voulu les plonger dans une fournaise de glaives
Et j'aurais voulu broyer tous les os
Et arracher toutes les langues
Et liquéfier tous ces grands corps étranges et nus sous les vêtements qui m'affolent...
Je pressentais la venue du grand Christ rouge de la révolution russe...
Et le soleil était une mauvaise plaie
Qui s'ouvrait comme un brasier.

En ce temps-là j'étais en mon adolescence
J'avais à peine seize ans et je ne me souvenais déjà plus de ma naissance
J'étais à Moscou, où je voulais me nourrir de flammes
Et je n'avais pas assez des tours et des gares que constellaient mes yeux
En Sibérie tonnait le canon, c'était la guerre
La faim le froid la peste le choléra
Et les eaux limoneuses de l'Amour charriaient des millions de charognes
Dans toutes les gares je voyais partir tous les derniers trains
Personne ne pouvait plus partir car on ne délivrait plus de billets
Et les soldats qui s'en allaient auraient bien voulu rester...
Un vieux moine chantait la légende de Novgorode.

Moi, le mauvais poète qui ne voulais aller nulle part, je pouvais aller
partout
Et aussi les marchands avaient encore assez d'argent
Pour aller tenter faire fortune
Leur train partait tous les vendredis matin.
On disait qu'il y avait beaucoup de morts.
L'un emportait cent caisses de réveils et de coucous de la Forêt-Noire
Un autre, des boîtes à chapeaux des cylindres et un
assortiment de tire bouchons de Sheffield
Un autre, des cercueils de Malmoë remplis de boîtes de conserve et de
sardines à l'huile
Puis il y avait beaucoup de femmes
Des femmes des entre-jambes à louer qui pouvaient aussi servir
Des cercueils
Elles étaient toutes patentées
On disait qu'il y avait beaucoup de morts là-bas
Elles voyageaient à prix réduits
Et avaient toutes un compte-courant à la banque.

Or, un vendredi matin, ce fut aussi mon tour
On était en décembre
Et je partis moi aussi pour accompagner le voyageur en bijouterie qui se
rendait à Kharbine
Nous avions deux coupés dans l'express et 34 coffres de joailleries de
Pforzheim
De la camelote allemande « Made in Germany »
Il m'avait habillé de neuf et, en montant dans le train, j'avais perdu
un bouton
— Je m'en souviens, je m'en souviens, j'y ai souvent pensé depuis —
Je couchais sur les coffres et j'étais tout heureux de pouvoir jouer avec
le browning nickelé qu'il m'avait aussi donné

J'étais très heureux insouciant
Je croyais jouer aux brigands
Nous avions volé le trésor de Golconde
Et nous allions, grâce au Transsibérien, le cacher de l'autre côté du
monde
Je devais le défendre contre les voleurs de l'Oural qui avaient attaqué
les saltimbanques de Jules Verne
Contre les Khoungouzes, les boxers de la Chine
Et les enragés petits mongols du Grand-Lama
Alibaba et les quarante voleurs
Et les fidèles du terrible Vieux de la montagne
Et surtout, contre les plus modernes
Les rats d'hôtel
Et les spécialistes des express internationaux.

Et pourtant, et pourtant
J'étais triste comme un enfant
Les rythmes du train
La *moelle chemin-de-fer* des psychiatres américains

Le bruit des portes des voix des essieux grinçant sur les rails
congelés
Le ferlin d'or de mon avenir
Mon browning le piano et les jurons des joueurs de cartes dans le compartiment d'à-côté
L'épatante présence de Jeanne
L'homme aux lunettes bleues qui se promenait nerveusement dans le
couloir et qui me regardait en passant
Froissis de femmes
Et le sifflement de la vapeur
Et le bruit éternel des roues en folie dans les ornières du ciel
Les vitres sont givrées
Pas de nature !
Et derrière, les plaines sibériennes le ciel bas et les grandes ombres des
Taciturnes qui montent et qui descendent
Je suis couché dans un plaid
Bariolé
Comme ma vie
Et ma vie ne me tient pas plus chaud que ce châle
Ecossais
Et l'Europe tout entière aperçue au coupe-vent d'un express à toute
vapeur
N'est pas plus riche que ma vie
Ma pauvre vie
Ce châle
Effiloché sur des coffres remplis d'or
Avec lesquels je roule
Que je rêve
Que je fume
Et la seule flamme de l'univers
Est une pauvre pensée...

Du fond de mon cœur des larmes me viennent
Si je pense, Amour, à ma maîtresse ;
Elle n'est qu'une enfant, que je trouvai ainsi
Pâle, immaculée, au fond d'un bordel.

Ce n'est qu'une enfant, blonde, rieuse et triste,
Elle ne sourit pas et ne pleure jamais ;
Mais au fond de ses yeux, quand elle vous y laisse boire,
Tremble un doux lys d'argent, la fleur du poète.

Elle est douce et muette, sans aucun reproche,
Avec un long tressaillement à votre approche ;
Mais quand moi je lui viens, de-ci, de-là, de fête,
Elle fait un pas, puis ferme les yeux — et fait un pas.
Car elle est mon amour, et les autres femmes
N'ont que des robes d'or sur de grands corps de flammes,
Ma pauvre amie est si esseulée
Elle est toute nue, n'a pas de corps — elle est trop pauvre.
Elle n'est qu'une fleur candide, fluette,

La fleur du poète, un pauvre lys d'argent,
Tout froid, tout seul, et déjà si fané
Que les larmes me viennent si je pense à son cœur.

Et cette nuit est pareille à cent mille autres quand un train file dans la nuit
— Les comètes tombent —
Et que l'homme et la femme, même jeunes, s'amusent à faire l'amour.

Le ciel est comme la tente déchirée d'un cirque pauvre dans un petit village de pêcheurs
En Flandres
Le soleil est un fumeux quinquet
Et tout au haut d'un trapèze une femme fait la lune.

La clarinette, le piston, une flûte aigre et un mauvais tambour
Et voici mon berceau
Mon berceau
Il était toujours près du piano quand ma mère comme Madame Bovary jouait les sonates de Beethoven
J'ai passé mon enfance dans les jardins suspendus de Babylone
Et l'école buissonnière, dans les gares devant les trains en partance
Maintenant, j'ai fait courir tous les trains derrière moi
Bâle-Tombouctou
J'ai aussi joué aux courses à Auteuil et à Longchamp
Paris-New York
Maintenant, j'ai fait courir tous les trains tout le long de ma vie
Madrid-Stockholm
Et j'ai perdu tous mes paris
Il n'y a plus que la Patagonie, la Patagonie, qui convienne à mon immense tristesse, la Patagonie, et un voyage dans les mers du Sud
Je suis en route
J'ai toujours été en route
Je suis en route avec la petite Jehanne de France
Le train fait un saut périlleux et retombe sur toutes ses roues
Le train retombe sur ses roues
Le train retombe toujours sur toutes ses roues

« Blaise, dis, sommes-nous bien loin de Montmartre ? »

Nous sommes loin, Jeanne, tu roules depuis sept jours
Tu es loin de Montmartre, de la Butte qui t'a nourrie
Du Sacré-Cœur contre lequel tu t'es blottie

Paris a disparu et son énorme flambée
Il n'y a plus que les cendres continues
La pluie qui tombe
La tourbe qui se gonfle
La Sibérie qui tourne
Les lourdes nappes de neige qui remontent
Et le grelot de la folie qui grelotte comme un dernier désir

dans l'air bleui
Le train palpite au cœur des horizons plombés
Et ton chagrin ricane…

« Dis, Blaise, sommes-nous bien loin de Montmartre ? »

Les inquiétudes
Oublie les inquiétudes
Toutes les gares lézardées obliques sur la route
Les fils téléphoniques auxquels elles pendent
Les poteaux grimaçants qui gesticulent et les étranglent
Le monde s'étire s'allonge et se retire comme un harmonica qu'une main sadique tourmente
Dans les déchirures du ciel, les locomotives en furie
S'enfuient
Et dans les trous
Les roues vertigineuses les bouches les voix
Et les chiens du malheur qui aboient à nos trousses
Les démons sont déchaînés
Ferrailles
Tout est un faux accord
Le broun-roun-roun des roues
Chocs
Rebondissements
Nous sommes un orage sous le crâne d'un sourd

« Dis, Blaise, sommes-nous bien loin de Montmartre ? »

Mais oui, tu m'énerves, tu le sais bien, nous sommes bien loin
La folie surchauffée beugle dans la locomotive
La peste le choléra se lèvent comme des braises ardentes sur notre route
Nous disparaissons dans la guerre en plein dans un tunnel
La faim, la putain, se cramponne aux nuages en débandade
Et fiente des batailles en tas puants de morts
Fais comme elle, fais ton métier…

« Dis, Blaise, sommes-nous bien loin de Montmartre ? »

Oui, nous le sommes, nous le sommes
Tous les boucs émissaires ont crevé dans ce désert
Entends les mauvaises cloches de ce troupeau galeux
Tomsk Tchéliabinsk Kainsk Obi Taïchet Verkné-Oudinsk Kourgane Samara Pensa-Touloune
La mort en Mandchourie
Est notre débarcadère est notre dernier repaire
Ce voyage est terrible
Hier matin
Ivan Oulitch avait les cheveux blancs
Et Kolia Nicolaï Ivanovitch se ronge les doigts depuis quinze jours…
Fais comme elles la Mort la Famine fais ton métier
Ça coûte cent sous, en transsibérien, ça coûte cent roubles

Enfièvre les banquettes et rougeoie sous la table
Le diable est au piano
Ses doigts noueux excitent toutes les femmes
La Nature
Les Gouges
Fais ton métier
Jusqu'à Kharbine...

« Dis, Blaise, sommes-nous bien loin de Montmartre ? »

Non mais... fiche-moi la paix... laisse-moi tranquille
Tu as les hanches angulaires
Ton ventre est aigre, et tu as la chaude pisse
C'est tout ce que Paris a mis en ton giron
C'est aussi un peu d'âme... car tu es malheureuse.

J'ai pitié j'ai pitié viens vers moi sur mon cœur
Les roues sont les moulins à vent du pays de Cocagne
Et les moulins à vent sont les béquilles qu'un mendiant fait tournoyer
Nous sommes les culs-de-jatte de l'espace
Nous roulons sur nos quatre plaies
On nous a rogné les ailes
Les ailes de nos sept péchés
Et tous les trains sont les bilboquets du diable
Basse-cour
Le monde moderne
La vitesse n'y peut mais
Le monde moderne
Les lointains sont par trop loin
Et au bout du voyage c'est terrible d'être un homme avec une femme

« Blaise, dis, sommes-nous bien loin de Montmartre ? »

J'ai pitié j'ai pitié viens vers moi je vais te conter une histoire
Viens dans mon lit
Viens dans mon cœur
Je vais te conter une histoire...

Oh viens ! viens !

Aux Fidji règne l'éternel printemps
La paresse
L'amour pâme les couples dans l'herbe haute et la chaude syphilis rôde
sous les bananiers
Viens dans les îles perdues du Pacifique !
Elles ont nom du Phénix, des Marquises
Bornéo et Java
Et Célèbes a la forme d'un chat.

Nous ne pouvons pas aller au Japon
Viens au Mexique !

Sur ses hauts plateaux les tulipiers fleurissent
Les lianes tentaculaires sont la chevelure du soleil
On dirait la palette et les pinceaux d'un peintre
Des couleurs étourdissantes comme des gongs,
Rousseau y a été
Il y a ébloui sa vie
C'est le pays des oiseaux
L'oiseau du paradis, l'oiseau-lyre
Le toucan l'oiseau moqueur
Et le colibri niche au cœur des lys noirs
Viens !
Nous nous aimerons dans les ruines majestueuses d'un temple aztèque
Tu seras mon idole
Une idole bariolée enfantine un peu laide et bizarrement étrange
Oh viens !

Si tu veux nous irons en aéroplane et nous survolerons le pays des mille lacs,
Les nuits y sont démesurément longues
L'ancêtre préhistorique aura peur de mon moteur
J'atterrirai
Et je construirai un hangar pour mon avion avec les os fossiles de mammouth
Le feu primitif réchauffera notre pauvre amour
Samowar
Et nous nous aimerons bien bourgeoisement près du pôle
. . . .

Et de toutes les heures du monde elle n'en a pas gobé une seule
Tous les visages entrevus dans les gares
Toutes les horloges
L'heure de Paris l'heure de Berlin l'heure de Saint-Pétersbourg et l'heure de toutes les gares
Et à Oufa, le visage ensanglanté du canonnier
Et le cadran, bêtement lumineux de Grodno
Et l'avance perpétuelle du train
Tous les matins on met les montres à l'heure
Le train avance et le soleil retarde
Rien n'y fait, j'entends les cloches sonores
Le gros bourdon de Notre-Dame
La cloche aigrelette du Louvre qui sonna la Saint-Barthélemy
Les carillons rouillés de Bruges-la-Morte
Les sonneries électriques de la bibliothèque de New York
Les campanes de Venise
Et les cloches de Moscou, l'horloge de la Porte-Rouge qui me comptait les heures quand j'étais dans un bureau
Le train tonne sur les plaques tournantes
Et mes souvenirs
Le train roule
Un gramophone grasseye une marche tzigane

Et le monde, comme l'horloge du quartier juif de Prague, tourne éperduement à rebours.
Effeuille la rose des vents
Voici que bruissent les orages déchaînés
Les trains roulent en tourbillon sur les réseaux enchevêtrés
Bilboquets diaboliques
Il y a des trains qui ne se rencontrent jamais
D'autres se perdent en route
Les chefs de gare jouent aux échecs
Tric-trac
Billard
Caramboles
Paraboles
La voie ferrée est une nouvelle géométrie
Syracuse
Archimède
Et les soldats qui l'égorgèrent
Et les galères
Et les vaisseaux
Et les engins prodigieux qu'il inventa
Et toutes les tueries
L'histoire antique
L'histoire moderne
Les tourbillons
Les naufrages
Même celui du Titanic que j'ai lu dans un journal
Autant d'images-associations que je ne peux pas développer dans mes vers
Car je suis encore fort mauvais poète
Car l'univers me déborde
Car j'ai négligé de m'assurer contre les accidents de chemin de fer
Car je ne sais pas aller jusqu'au bout
Et j'ai peur
J'ai peur
Je ne sais pas aller jusqu'au bout
Comme mon ami Chagall je pourrais faire une série de tableaux déments
Mais je n'ai pas pris de notes en voyage
« Pardonnez-moi mon ignorance
« Pardonnez-moi de ne plus connaître l'ancien jeu des vers »
Comme dit Guillaume Apollinaire
Tout ce qui concerne la guerre on peut le lire dans les *Mémoires de Kouropatkine*
Ou dans les journaux japonais qui sont aussi cruellement illustrés
A quoi bon me documenter
Je m'abandonne
Aux sursauts de ma mémoire...

A partir d'Irkoutsk le voyage devint beaucoup trop lent
Beaucoup trop long
Nous étions dans le premier train qui contournait le lac Baïkal

On avait orné la locomotive de drapeaux et de lampions
Et nous avions quitté la gare aux accents tristes de l'hymne au Tsar.
Si j'étais peintre je déverserais beaucoup de rouge, beaucoup de jaune sur la fin de ce voyage
Car je crois bien que nous étions tous un peu fous
Et qu'un délire immense ensanglantait les faces énervées de mes compagnons de voyage
Comme nous approchions de la Mongolie
Qui ronflait comme un incendie.
Le train avait ralenti son allure
Et je percevais dans le grincement perpétuel des roues
Les accents fous et les sanglots
D'une éternelle liturgie

J'ai vu
J'ai vu les trains silencieux les trains noirs qui revenaient de l'Extrême-Orient et qui passaient en fantômes
Et mon œil, comme le fanal d'arrière, court encore derrière ces trains
A Talga cent mille blessés agonisaient faute de soins
J'ai visité les hôpitaux de Krasnoïarsk
Et à Khilok nous avons croisé un long convoi de soldats fous
J'ai vu dans les lazarets des plaies béantes des blessures qui saignaient à pleines orgues
Et les membres amputés dansaient autour ou s'envolaient dans l'air rauque
L'incendie était sur toutes les faces dans tous les cœurs
Des doigts idiots tambourinaient sur toutes les vitres
Et sous la pression de la peur les regards crevaient comme des abcès
Dans toutes les gares on brûlait tous les wagons
Et j'ai vu
J'ai vu des trains de soixante locomotives qui s'enfuyaient à toute vapeur pourchassées par les horizons en rut et des bandes de corbeaux qui s'envolaient désespérément après
Disparaître
Dans la direction de Port-Arthur

A Tchita nous eûmes quelques jours de répit
Arrêt de cinq jours vu l'encombrement de la voie
Nous les passâmes chez Monsieur Iankéléwitch qui voulait me donner sa fille unique en mariage
Puis le train repartit.
Maintenant c'était moi qui avais pris place au piano et j'avais mal aux dents
Je revois quand je veux cet intérieur si calme le magasin et les yeux de la fille qui venait le soir dans mon lit
Moussorgsky
Et les lieder de Hugo Wolf
Et les sables du Gobi
Et à Khaïlar une caravane de chameaux blancs
Je crois bien que j'étais ivre durant plus de cinq cents kilomètres
Moi j'étais au piano et c'est tout ce que je vis

Quand on voyage on devrait fermer les yeux
Dormir
J'aurais tant voulu dormir
Je reconnais tous les pays les yeux fermés à leur odeur
Et je reconnais tous les trains au bruit qu'ils font
Les trains d'Europe sont à quatre temps tandis que ceux d'Asie sont à cinq ou sept temps
D'autres vont en sourdine sont des berceuses
Et il y en a qui dans le bruit monotone des roues me rappellent la prose lourde de Maeterlinck
J'ai déchiffré tous les textes confus des roues et j'ai rassemblé les éléments épars d'une violente beauté
Que je possède
Et qui me force.

Tsitsikar et Kharbine
Je ne vais pas plus loin
C'est la dernière station
Je débarquai à Kharbine comme on venait de mettre le feu aux bureaux de la Croix-Rouge.

O Paris
vieilles maisons qui se penchent au-dessus et se réchauffent
Comme des aïeules
Et voici des affiches, du rouge du vert multicolores comme mon passé bref du jaune
Jaune la fière couleur des romans de la France à l'étranger.
J'aime me frotter dans les grandes villes aux autobus en marche
Ceux de la ligne Saint-Germain-Montmartre m'emportent à l'assaut de la Butte
Les moteurs beuglent comme les taureaux d'or
Les vaches du crépuscule broutent le Sacré-Cœur
O Paris
Gare centrale débarcadère des volontés carrefour des inquiétudes
Seuls les marchands de couleur ont encore un peu de lumière sur leur porte.
La Compagnie Internationale des Wagons-lits et des Grands Express Européens m'a envoyé son prospectus
C'est la plus belle église du monde
J'ai des amis qui m'entourent comme des garde-fous
Ils ont peur quand je pars que je ne revienne plus
Toutes les femmes que j'ai rencontrées se dressent aux horizons
Avec les gestes piteux et les regards tristes des sémaphores sous la pluie
Bella, Agnès, Catherine et la mère de mon fils en Italie
Et celle, la mère de mon amour en Amérique
Il y a des cris de sirène qui me déchirent l'âme
Là-bas en Mandchourie un ventre tressaille encore comme dans un accouchement
Je voudrais

Je voudrais n'avoir jamais fait mes voyages
Ce soir un grand amour me tourmente
Et malgré moi je pense à la petite Jehanne de France.
C'est par un soir de tristesse que j'ai écrit ce poème en son honneur

Jeanne
La petite prostituée
Je suis triste je suis triste
J'irai au *Lapin agile* me ressouvenir de ma jeunesse perdue
Et boire des petits verres
Puis je rentrerai seul

Paris

Ville de la Tour unique du grand Gibet et de la Roue

Paris, 1913.

PIERRE JEAN JOUVE

(Né à Arras, en 1887). — D'abord tenté par l'Unanimisme, il se tourna ensuite vers la psychanalyse qui enrichit sa poésie de tout un symbolisme sexuel. Après avoir publié : *« Le Paradis Perdu »* (1929) et *« Les Noces »* (1931), Jouve donna son chef-d'œuvre : *« Sueur de Sang »* (1933) dont la préface : *« Inconscient, Spiritualité et Catastrophe »* devait se révéler doublement prophétique : littérairement et historiquement. Les principaux recueils de Pierre Jean Jouve sont : *« Matière Céleste »* (1937), *« La Vierge de Paris »* et *« Langue »* (1952). Outre des essais critiques *« le Don Juan de Mozart »* (1942), Jouve a également écrit plusieurs romans : *«Paulina 1880 »*, *« Le Monde Désert »*, *« Les Aventures de Catherine Crachat »* et *« Histoires Sanglantes »*. Les Poèmes de P. J. Jouve ont été édités par la *L. U. F.* et par le Mercure de France (†1976).

LISBE

Des ressemblances nous ont égarés dans l'enfance
Etions-nous donc du même sang
Des merveilles se sont passées qui nous ont fait peur
Près des édredons de pleur et de sang rouge

Etions-nous du même sang quand je rencontrai ta blondeur
Avions-nous pleuré les mêmes larmes dans les cages
Et quels attentats en de secrètes chambres
Nous avaient faits aussi à nu que nos pensées ?

O mort il me revient des sons étranges
O vive et un peu rousse et la cuisse penchée
Tes yeux animaux me disent (velours rouge)
Ce qu'un génie n'ose pas même imaginer.

LA CHASSE

Les premiers grands oiseaux on les abattait nus sous le corsage
Le grand compas on le voyait ouvert sur la mousse
La biche hurlait au couchant de ses grandes jambes
Elle égarait sa bague à ses jupons de honte

Son cœur luttait toujours entre ses jambes
Laisse-moi rouvrir ce cœur et y plonger mon malheur
Admirable et vaincue était sa fesse d'ombre,
Et des deux yeux leur sortaient les poumons d'horreur.

SAINT-JOHN PERSE

(Né à la Guadeloupe, en 1887). — Après une enfance passée aux Antilles, il vint en France où il fit ses études, puis s'engagea dans la carrière diplomatique en 1914. Il occupa divers postes jusqu'à la fin de la guerre et devint l'un des principaux collaborateurs de Briand. Secrétaire Général du ministère des Affaires étrangères en 1940, il s'exila aux Etats-Unis. Son œuvre poétique — qui ne comptait lors de son départ pour l'exil que trois minces recueils — : « *Eloges* » (1907), « *Amitié du Prince* » et « *Anabase* » (1924) s'est considérablement enrichie. « *Exil* » (1942), « *Pluies* », « *Neiges* » (1945), « *Vents* » (1946) et « *Amers* » (1957) sont venus ajouter la sauvagerie des éléments à la longue marche des premiers vers. Avec Segalen et Paul Claudel, Saint-John Perse peut être considéré comme l'un des grands poètes du langage, qu'il anime d'une respiration et d'un mouvement sans égal.
En 1960, Saint-John Perse recevait le Prix Nobel. Son œuvre est publiée par les Editions Gallimard (†1975).

AMITIE DU PRINCE

Je reviendrai chaque saison, avec un oiseau vert et bavard sur le poing. Ami du Prince taciturne. Et ma venue est annoncée aux bouches des rivières. Il me fait parvenir une lettre par les gens de la côte :

« Amitié du Prince ! Hâte toi... Son bien peut être à partager. Et sa confiance, ainsi qu'un mets de prédilection... Je t'attendrai chaque saison au plus haut flux de mer, interrogeant sur tes projets les gens de mer et de rivière... La guerre, le négoce, les règlements de dettes religieuses sont d'ordinaire la cause des déplacements lointains : toi tu te plais aux longs déplacements sans cause. Je connais ce tourment de l'esprit. Je t'enseignerai la source de ton mal. Hâte-toi.

« Et si ta science encore s'est accrue, c'est une chose aussi que j'ai dessein de vérifier. Et comme celui, sur son chemin, qui trouve un arbre à ruches a droit à la propriété du miel, je recueillerai le fruit de ta sagesse ; et je me prévaudrai de ton conseil. Aux soirs de grande sécheresse sur la terre, nous deviserons des choses de l'esprit. Choses probantes et peu sûres. Et nous nous réjouirons des convoitises de l'esprit... Mais d'une race à l'autre la route est longue ; et j'ai moi-même affaire ailleurs. Hâte-toi ! je t'attends !... Prends par la route des marais et par les bois de camphriers. »

Telle est sa lettre. Elle est d'un sage. Et ma réponse est celle-ci :

« Honneur au Prince sous son nom ! La condition de l'homme est obscure. Et quelques-uns témoignent d'excellence. Aux soirs de grande sécheresse sur la terre, j'ai entendu parler de toi de ce côté du monde, et la louange n'était point maigre. Ton nom fait l'ombre d'un grand arbre. J'en parle aux hommes de poussière, sur les routes ; et ils s'en trouvent rafraîchis.

« Ceci encore j'ai à te dire :

« J'ai pris connaissance de ton message. Et l'amitié est agréée, comme un présent de feuilles odorantes : mon cœur s'en trouve rafraîchi... Comme le vent du Nord-Ouest, quand il pousse l'eau de mer profondément dans les rivières (et pour trouver de l'eau potable il faut remonter le cours des affluents) une égale fortune me conduit jusqu'à toi. Et je me hâterai, mâchant la feuille stimulante. »

Telle est ma lettre, qui chemine. Cependant il m'attend, assis à l'ombre sur son seuil...

ANABASE

VII

Nous n'habiterons pas toujours ces terres jaunes, notre délice...

L'Été plus vaste que l'Empire suspend aux tables de l'espace plusieurs étages de climats. La terre vaste sur son aire roule à pleins bords sa braise pâle sous les cendres — couleur de soufre, de miel, couleur de choses immortelles, toute la terre aux herbes s'allumant aux pailles de l'autre hiver et de l'éponge verte d'un seul arbre le ciel tire son suc violet.

Un lieu de pierres à mica ! Pas une graine pure dans les barbes du vent. Et la lumière comme une huile. — De la fissure des paupières au fil des cimes m'unissant, je sais la pierre tachée d'ouïes, les essaims du silence aux ruches de lumière ; et mon cœur prend souci d'une famille d'acridiens...

Chamelles douces sous la tonte, cousues de mauves cicatrices, que les collines s'acheminent sous les données du ciel agraire — qu'elles cheminent en silence sur les incandescences pâles de la plaine ; et s'agenouillent à la fin, dans la fumée des songes, là où les peuples s'abolissent aux poudres mortes de la terre.

Ce sont de grandes lignes calmes qui s'en vont à des bleuissements de vignes improbables. La terre en plus d'un point mûrit les violettes de l'orage ; et ces fumées de sable qui s'élèvent au lieu des fleuves morts, comme des pans de siècles en voyage...

A voix plus basse pour les morts, à voix plus basse dans le jour. Tant de douceur au cœur de l'homme, se peut-il qu'elle faille à trouver sa mesure ?... « Je vous parle, mon âme ! — mon âme tout enténébrée d'un parfum de cheval. » Et quelques grands oiseaux de terre, naviguant en Ouest, sont de bons mimes de nos oiseaux de mer.

A l'orient du ciel si pâle, comme un lieu saint scellé des linges de l'aveugle, des nuées calmes se disposent, où tournent les cancers du camphre et de la corne... Fumées qu'un souffle nous dispute ! la terre tout attente en ses barbes d'insectes, la terre enfante des merveilles !...

Et à midi, quand l'arbre jujubier fait éclater l'assise du tombeau, l'homme clôt ses paupières et rafraîchit sa nuque dans les âges... Cavaleries du songe au lieu des poudres mortes, ô routes vaines qu'échevèle un souffle jusqu'à nous ! où trouver, où trouver les guerriers qui garderont les fleuves dans leurs noces ?

Au bruit des grandes eaux en marche sur la terre, tout le sel de la terre tressaille dans les songes. Et soudain, ah ! soudain que nous veulent ces voix ? Levez un peuple de miroirs sur l'ossuaire des fleuves, qu'ils interjettent appel dans la suite des siècles ! Levez des pierres à ma gloire, levez des pierres au silence, et à la garde de ces lieux les cavaleries de bronze vert sur de vastes chaussées !...

(L'ombre d'un grand oiseau me passe sur la face.)

JEAN COCTEAU

(1889 - 1963). — Né à Maisons-Laffitte — Magicien de l'esprit moderne, Cocteau commença, avant la première guerre mondiale, une carrière qui aurait pu le perdre. De cette époque datent les recueils : *« Le Prince Frivole »* et *« La Lampe d'Aladin »* reniés depuis. Cependant une grave crise de conscience, dont le paroxysme coïncide avec celui des combats de 1914-1918, l'arracha à ces succès faciles pour le jeter sur la « voie royale » du lyrisme.
La bibliographie de Jean Cocteau, toute poésie, fort abondante, peut être résumée ainsi : *« poésie »*, que ce soit poésie, roman, théâtre, critique, *« Le Cap de Bonne Espérance »* (1919), *« L'Ode à Picasso »* (1919), *« Plain-Chant »* (1923), *« Opéra »* (1927) *« Le Chiffre Sept »* (1952), *« Clair Obscur »*, *« Le Potomak »* (1919), *« Le Grand Ecart »* (1923), *« Thomas l'Imposteur »* (1929), *« Les Enfants Terribles »* (1929), *« La Fin du Potomak »* (1939), *« Le Rappel à l'Ordre »*, *« Essai de Critique Indirecte »*, *« Journal d'un Inconnu »* (1952), *« Les Mariés de la Tour Eiffel »* (1928), *« Les Parents Terribles »* (1939), *« Renaud et Armide »*, (1942), *« Bacchus »* (1951). Encore faudrait-il ajouter : la *« poésie graphique »*, (ses nombreux dessins, ses peintures, ses fresques), et la *« poésie cinématographique »*. (*Le Sang d'un Poète*), film classique depuis 30 ans dans les cinémas d'avant-garde, et bien d'autres. Cocteau utilise toutes les formes d'expression avec un égal bonheur. Il est l'un des artistes contemporains qui correspondent le mieux à la définition que Guillaume Apollinaire donnait du poète moderne : *« le Monde dans un Homme »*. Trop souvent pris pour un artificier de l'insolite, à travers toutes ses inventions transparaissent une inquiétude profonde, une sincérité masquée, un art fait de pudeur et d'habiles retraites. Un livre capital, comme *« La Difficulté d'Etre »*, se devrait d'être reconnu comme l'un des plus lucides essais de notre temps.

BATTERIE

Soleil, je t'adore comme les sauvages,
à plat ventre sur le rivage.

Soleil, tu vernis tes chromos,
tes paniers de fruits, tes animaux.

Fais-moi le corps tanné, salé ;
fais ma grande douleur s'en aller.

Le nègre, dont brillent les dents,
est noir dehors, rose dedans.

Moi je suis noir dedans et rose
dehors, fais la métamorphose.

Change-moi d'odeur, de couleur,
comme tu as changé Hyacinthe en fleur.

Fais braire la cigale en haut du pin,
fais-moi sentir le four à pain.

L'arbre à midi rempli de nuit
la répand le soir à côté de lui.

Fais-moi répandre mes mauvais rêves,
soleil, boa d'Adam et d'Eve.

Fais-moi un peu m'habituer,
à ce que mon pauvre ami Jean soit tué.

Loterie, étage tes lots
de vases, de boules, de couteaux.

Tu déballes ta pacotille
sur les fauves, sur les Antilles.

Chez nous, sors ce que tu as de mieux,
pour ne pas abîmer nos yeux.

Baraque de la Goulue, manège
en velours, en miroirs, en arpèges.

Arrache mon mal, tire fort,
charlatan au carrosse d'or.

Que j'ai chaud ! C'est qu'il est midi.
Je ne sais plus ce que je dis.

Je n'ai plus mon ombre autour de moi
soleil ! ménagerie des mois.

Soleil, Buffalo Bill, Barnum,
tu grises mieux que l'opium.

Tu es un clown, un toréador,
tu as des chaînes de montre en or.

Tu es un nègre bleu qui boxe
les équateurs, les équinoxes.

Soleil, je supporte tes coups ;
tes gros coups de poing sur mon cou.

C'est encore toi que je préfère,
soleil, délicieux enfer.

(Poésies).
Ed. Gallimard.

★

Je n'aime pas dormir quand ta figure habite,
La nuit, contre mon cou ;
Car je pense à la mort laquelle vient si vite
Nous endormir beaucoup.

Je mourrai, tu vivras et c'est ce qui m'éveille !
Est-il une autre peur ?
Un jour ne plus entendre auprès de mon oreille
Ton haleine et ton cœur.

Quoi, ce timide oiseau, replié par le songe
Déserterait son nid,
Son nid d'où notre corps à deux têtes s'allonge
Par quatre pieds fini.

Puisse durer toujours une si grande joie
Qui cesse le matin,
Et dont l'ange chargé de construire ma voie
Allège mon destin.

Léger, je suis léger sous cette tête lourde
Qui semble de mon bloc,
Et reste en mon abri, muette, aveugle, sourde,
Malgré le chant du coq.

Cette tête coupée, allée en d'autres mondes,
Où règne une autre loi,
Plongeant dans le sommeil des racines profondes
Loin de moi, près de moi.

Ah ! je voudrais, gardant ton profil sur ma gorge,
Par ta bouche qui dort

Entendre de tes seins la délicate forge
Souffler jusqu'à ma mort.

(Plain-Chant).
Ed. Gallimard.

★

J'ai peine à soutenir le poids d'or des musées,
Cet immense vaisseau.
Combien me parle plus que leurs bouches usées
L'œuvre de Picasso.

Là, j'ai vu les objets qui flottent dans nos chambres,
Trop grands ou trop petits,
Enfin, comme l'amour mêle bouches et membres,
Profondément bâtis !

Les muses ont tenu ce peintre dans leur ronde,
Et dirigé sa main,
Pour qu'il puisse, au désordre adorable du monde,
Imposer l'ordre humain.

(Plain-Chant).
Ed. Gallimard.

PAR LUI-MEME

I

Accidents du mystère et fautes de calculs
Célestes, j'ai profité d'eux, je l'avoue.
Toute ma poésie est là : je décalque
L'invisible (invisible à vous).
J'ai dit : « Inutile de crier, haut les mains ! »
Au crime déguisé en costume inhumain ;
J'ai donné le contour à des charmes informes ;
Des ruses de la mort la trahison m'informe ;
J'ai fait voir, en versant mon encre bleue en eux,
Des fantômes soudain devenus arbres bleus.

Dire que l'entreprise est simple ou sans danger
Serait fou. Déranger les anges !
Découvrir le hasard apprenant à tricher
Et des statues en train d'essayer de marcher.
Sur le belvédère des villes que l'on voit
Vides, et d'où l'on ne distingue plus que les voix
Des coqs, les écoles, les trompes d'automobile,
(Ces bruits étant les seuls qui montent d'une ville)
J'ai entendu descendre des faubourgs du ciel,
Etonnantes rumeurs, cris d'une autre Marseille.

Ed. Stock.

LE PAQUET ROUGE

Mon sang est devenu de l'encre. Il fallait empêcher cette dégoûtation à tout prix. Je suis empoisonné jusqu'à l'os. Je chantais dans le noir et maintenant c'est cette chanson qui me fait peur. Mieux encore : Je suis lépreux. Connaissez-vous ces taches de moisissure qui simulent un profil ? Je ne sais quel charme de la lèpre trompe le monde et l'autorise à m'embrasser. Tant pis pour lui ! Les suites ne me regardent pas. Je n'ai jamais exposé que des plaies. On parle de fantaisie gracieuse : c'est ma faute. Il est fou de s'exposer inutilement.

Mon désordre s'empile jusqu'au ciel. Ceux que j'aimais étaient reliés au ciel par un élastique. Je tournais la tête... ils n'étaient plus là.

Le matin je me penche, je me penche et je me laisse tomber. Je tombe de fatigue, de douleur, de sommeil. Je suis inculte, nul. Je ne connais aucun chiffre, aucune date, aucun nom de fleuve, aucune langue, vivante ou morte. J'ai zéro en histoire et en géographie. Sans quelques miracles on me chasserait. En outre, j'ai volé ses papiers à un certain J. C. né à M. L., le..., mort à 18 ans, après une brillante carrière poétique.

Cette chevelure, ce système nerveux mal plantés, cette France, cette terre, ne sont pas à moi. Ils me dégoûtent. Je les ôte la nuit en rêve.

J'ai lâché le paquet. Qu'on m'enferme, qu'on me lynche. Comprenne qui pourra : *Je suis un mensonge qui dit toujours la vérité.*

(Opéra).

PIERRE REVERDY

(1889 - 1960). — Poète, né à Narbonne. Salué, dès leur « *Premier Manifeste* » par les jeunes surréalistes comme « le plus grand poète actuellement vivant », Pierre Reverdy doit être considéré comme l'un des précurseurs de la poésie nouvelle. Un drame se joue dans chacun de ses poèmes : celui de l'homme en proie aux choses et des choses jetées en pâture au temps. Parmi les principaux recueils de Reverdy, citons : « *La Lucarne Ovale* » (1916), « *Les Ardoises du Toit* » (1918), « *Les Epaves du Ciel* » (1924), « *Sources du Vent* » (1929), « *Risques et périls* (1930), « *Ferraille* » (1937), « *Plupart du Temps* » (1945), et « *Main-d'Œuvre* » (1949). En des notes d'une extrême concision : « *Self-Défense* », (1919), « *Le Gant de Crin* » (1927) et « *Le Livre de mon Bord* » (1958), Reverdy a commenté son expérience esthétique. Tous les textes, cités sont extraits de « *Main-d'Œuvre* » et du « *Livre de mon Bord* ». Ed. Mercure de France.

UN HOMME FINI

Le soir, il promène, à travers la pluie et le danger nocturne, son ombre informe et tout ce qui l'a fait amer.

A la première rencontre, il tremble — où se réfugier contre le désespoir ?

Une foule rôde dans le vent qui torture les branches, et le Maître du ciel le suit d'un œil terrible.

Une enseigne grince — la peur. Une porte bouge et le volet d'en haut claque contre le mur ; il court et les ailes qui emportaient l'ange noir l'abandonnent.

Et puis, dans les couloirs sans fin, dans les champs désolés de la nuit, dans les limites sombres où se heurte l'esprit, les voix imprévues traversent les cloisons, les idées mal bâties chancellent, les cloches de la mort équivoque résonnent.

(La Balle au bond).

CHEMIN TOURNANT

Il y a un terrible gris de poussière dans le temps
Un vent du sud avec de fortes ailes
Les échos sourds de l'eau dans le soir chavirant
Et dans la nuit mouillée qui jaillit du tournant
des voix rugueuses qui se plaignent
Un goût de cendre sur la langue
Un bruit d'orgue dans les sentiers
Le navire du cœur qui tangue
Tous les désastres du métier

Quand les feux du désert s'éteignent un à un
Quand les yeux sont mouillés comme des brins d'herbe
Quand la rosée descend les pieds nus sur les feuilles
Le matin à peine levé
Il y a quelqu'un qui cherche
Une adresse perdue dans le chemin caché
Les astres dérouillés et les fleurs dégringolent
A travers les branches cassées
Et le ruisseau obscur essuie ses lèvres molles à peine
décollées
Quand le pas du marcheur sur le cadran qui compte
règle le mouvement et pousse l'horizon
Tous les cris sont passés tous les temps se rencontrent
Et moi je marche au ciel les yeux dans les rayons
Il y a du bruit pour rien et des noms dans ma tête
Des visages vivants
Tout ce qui s'est passé au monde
Et cette fête
Où j'ai perdu mon temps.

(Sources du Vent).

REFLUX

Quand le sourire éclatant des façades déchire le décor fragile du matin ; quand l'horizon est encore plein du sommeil qui s'attarde, les rêves murmurant dans les ruisseaux des haies ; quand la nuit rassemble ses haillons pendus aux basses branches, je sors, je me prépare, je suis plus pâle et plus tremblant que cette page où aucun mot du sort n'était encore inscrit. Toute la distance de vous à moi — de la vie qui tressaille à la surface de la main au sourire mortel de l'amour sur sa fin — chancelle, déchirée. La distance parcourue d'une seule traite sans arrêt, dans les jours sans clarté et les nuits sans sommeil. Et, ce soir, je voudrais, d'un effort surhumain, secouer toute cette épaisseur de rouille — cette rouille affamée qui déforme mon cœur et me ronge les mains. Pourquoi rester ici si longtemps enseveli sous les décombres des jours et de la nuit, la poussière des ombres. Et pourquoi tant d'amour et pourquoi tant de haine. Un sang léger bouillonne à grandes vagues dans des vases de prix. Il court dans les fleuves du corps, donnant à la santé toutes les illusions de la victoire. Mais le voyageur exténué, ébloui, hypnotisé par les lueurs fascinantes des phares, dort debout, il ne résiste plus aux passes magnétiques de la mort. Ce soir je voudrais dépenser tout l'or de ma mémoire, déposer mes bagages trop lourds. Il n'y a plus devant mes yeux que le ciel nu, les murs de la prison qui enserrait ma tête, les pavés de la rue. Il faut remonter du plus bas de la mine, de la terre épaissie par l'humus du malheur, reprendre l'air dans les recoins les plus obscurs de la poitrine, pousser vers les hauteurs — où la glace étincelle de tous les feux croisés de l'incendie — où la neige ruisselle, le caractère dur, dans les tempêtes sans tendresse de l'égoïsme et les décisions tranchantes de l'esprit.

(Ferraille).

LE COEUR ECARTELE

Il se ménage tellement
Il a si peur des couvertures
Les couvertures bleues du ciel
Et les oreillers de nuages
Il est mal couvert par sa foi
Il craint tant les pas de travers
Et les rues taillées dans la glace
Il est trop petit pour l'hiver
Il a tellement peur du froid
Il est transparent dans sa glace
Il est si vague qu'il se perd
Le temps le roule sous ses vagues
Parfois son sang coule à l'envers
Et ses larmes tachent le linge
Sa main cueille les arbres verts
Et les bouquets d'algues des plages
Sa foi est un buisson d'épines
Ses mains saignent contre son cœur
Ses yeux ont perdu la lumière
Et ses pieds traînent sur la mer
Comme les bras morts des pieuvres
Il est perdu dans l'univers

Il se heurte contre les villes
Contre lui-même et ses travers
Priez donc pour que le Seigneur
Efface jusqu'au souvenir
De lui-même dans sa mémoire

(Ferraille).

PENSEES SUR LA POESIE

Il faut avoir innée la puissance du rêve ; on éduque, on renforce en soi celle de la pensée.

Mais, s'il s'agit de poésie, où irons-nous chercher sa précieuse et rare matière si ce n'est aux bords vertigineux du précipice ?

Qu'est-ce qui nous intéresse davantage, la réussite d'un arrangement convenu, plus ou moins subtil et ingénieux, des mots, ou les échos profonds, mystérieux, venus on ne sait d'où, qui s'animent au fond du gouffre ?

Le rêve du poète, c'est l'immense filet aux mailles innombrables qui drague sans espoir les eaux profondes à la recherche d'un problématique trésor.

★

Une image n'est pas forte parce qu'elle est *brutale* ou *fantastique,* mais parce que l'association des idées est lointaine et juste.

★

La poésie est exclusivement aux poètes qui écrivent pour eux seuls et quelques hommes doués d'un sens que les autres hommes n'ont pas.

★

Le poète ne doit pas perdre son rang de spectateur particulier et supérieur, subtil, pénétrant, imaginatif et capable de relier toutes choses par des rapports qu'il est seul capable de leur découvrir et de faire voir.

Son rôle est d'extraire de toutes choses, de tout spectacle, de tout accident dans le domaine physique ou moral, la substance qu'il transportera ensuite sur un autre plan, celui de l'art, où son pouvoir créateur accomplira la sublime transformation. Il ne saurait consentir à immoler ou à asservir la poésie à quelque sujet ou phénomène social que ce soit, sans faillir à sa vraie mission. Il se doit de dérober à quelque chose la part qui en revient à la poésie.

★

La poésie n'est pas un simple jeu de l'esprit. Ce n'est pas pour se distraire ou pour distraire un public quelconque que le poète écrit. Ce qui l'inquiète, c'est son âme et les rapports qui la relient, malgré tous les obstacles, au monde sensible et extérieur.

Ce qui pousse le poète à la création, c'est le désir de se mieux connaître, de sonder sa puissance intérieure constamment, c'est l'obscur besoin d'étaler sous ses propres yeux cette masse qui pesait trop lourdement dans sa tête et dans sa poitrine. Car la poésie, même la plus calme en apparence, est toujours le véritable drame de l'âme. Son action profonde et pathétique.

Le poète est un plongeur qui va chercher dans les plus intimes profondeurs de sa conscience les matériaux sublimes qui viendront se cristalliser quand sa main les portera au jour.

★

Le poète, en écrivant, ne se préoccupe fort peu d'autre chose que de lui-même. Il ne pense à aucun public, à aucun lecteur éventuel même. De là, l'obscurité apparente de ses poèmes.

Chacun est une chambre close où le premier indiscret venu ne peut entrer. Il faudra prendre la peine et le soin d'allumer sa lampe avant de pénétrer. Ici, c'est l'esprit du lecteur qui sert de lampe. Et cette lampe, l'intelligence et le sens poétique seuls sont propres à l'alimenter.

★

Je ne peux pas m'empêcher de répéter que la poésie n'est que dans l'homme, dans le résultat de son contact avec les événements, avec les choses. Celui qui ne l'a pas en lui ne la recevra jamais de l'extérieur et même du plus beau poème du monde où un autre homme, poète, l'a mise et d'où elle émane, elle ne rejaillira pas en lui puisque le germe qu'elle aurait pu féconder n'y est pas.

★

Poète, si tu cherches le grain où tu crois qu'il se trouve, tu n'as presque aucune chance de le trouver. Tu es ton propre grain, et le grain des autres n'est pas pour toi.

★

A son propre auteur, un poème peut plaire ou ne pas plaire. Il se moque de chacun de ses poèmes comme le figuier se moque de chacune de ses figues et de ses feuilles. Il est un vieux figuier qui a produit beaucoup de figues et de feuilles — qui se ferait tuer pour quelques figues et quelques feuilles.

★

Le grand poète — et le grand artiste en tout genre, du reste — est celui dont l'œuvre, apportant quelque chose de neuf, augmente et modifie les dimensions du domaine de la pensée poétique — celui après qui on ne peut plus à la fois penser les choses comme avant que son œuvre apparût, ni décrire de la même façon — celui dont la présence, pour un temps, présidera dans l'esprit de ses contemporains ou des générations suivantes, à l'acte de penser et d'écrire — celui aussi par qui les personnalités fortes seront influencées et qu'elles devront le plus se garder d'imiter. Par là, d'ailleurs, s'exerce sa meilleure *influence*, celle qui obligera quelques autres à chercher pour leur propre compte un moyen d'expression nouveau, le mieux adapté à leur propre personnalité. L'œuvre du grand poète est celle dont l'influence s'étend en ondes centrifuges à travers les œuvres qui lui succèdent à l'infini.

Ed. Mercure de France.

YVAN GOLL (1891 - 1950). — Né à Saint-Dié. Proche des surréalistes par son goût de l'insolite et de l'envers nocturne des choses, Yvan Goll a publié de très nombreux recueils de vers ou de proses poétiques, parmi lesquels il faut citer : *« Requiem pour les Morts de l'Europe »*, *« Le Nouvel Orphée »*, *« La Chanson de Jean Sans Terre »*, *« Le Char Triomphal de l'Antimoine »*, *« Les Cercles Magiques »* et *« Les Géorgiques Parisiennes »*, en collaboration avec sa femme Claire Goll, qui a fait paraître, seule, de nombreux romans et poèmes.

JEAN SANS TERRE ABORDE AU DERNIER PORT

A Claire sans lune.

Jean sans Terre sur un bateau sans quille
Ayant battu les mers sans horizons
Débarque un jour sans aube au port sans ville
Et frappe à quelque porte sans maison

Il connaît bien cette femme sans figure
Se décoiffant dans un miroir sans tain
Ce lit sans draps ces baisers sans murmure
Et ce facile amour sans lendemain

Il reconnaît ces trirèmes sans rames
Ces bricks sans mâts ces steamers sans vapeur
Ces rues sans bars ces fenêtres sans femmes
Ces nuits sans sommeil et ces docks sans peur

Mais il passe inconnu devant ses frères
Il ne voit point ses jeunes sœurs pâlir
L'herbe ne tremble pas dans le pré de son père
Quelle est cette idée sans souvenir ?

Dans le jardin sans arbre aucune grille
Ne l'empêche de cueillir le jet d'eau
Qu'il va offrir à cette triste fille
Qui se pendit pour l'avoir aimé trop

Quel est ce boulevard sans dieux à vendre ?
Ce crépuscule sans accouplements ?
Ce réverbère étouffé par ses cendres ?
Cette horloge laissant pourrir le temps ?

Alors pourquoi ces jonques ces tartanes
Chargées de fûts sans vin de Christs sans croix
De sacs sans riz de danses sans gitanes
De citrons sans vertu d'aciers sans poids ?

Pourquoi ces quais sont-ils sans un navire ?
Ces bois sans étincelle ces stocks
Sans douane et ces bars sans délire ?
Seule la mer travaille dans les docks !

Quel est ce port où nul bateau n'aborde ?
Quel est ce sombre cap sans continent ?
Quel est ce phare sans miséricorde ?
Quel est ce passager sans châtiment ?

MELOT DU DY

Né en 1891, Bruxelles. A écrit quelques romans et de nombreuses œuvres poétiques : « *Printemps* », « *Mythologies* », « *Hommeries* », « *Amours* », « *Signe de Vie* », « *Jeux d'Ombres* ». Sa discrétion ne saurait faire oublier qu'il est l'un des meilleurs poètes belges contemporains.

CHANSON

J'allais par les routes grasses,
Marcheur à moi seul pareil,
Quatre cents mouches d'orage
Me prenaient pour le soleil.

Tu allais ma douce reine
Au miel par la voie des airs,
Blonde à toi seule pareille
Un peu plus que le désert.

Il allait c'était un rêve
Un poète un artilleur
Triste voluptueux raide
Chaste, et pareil à plusieurs.

Nous allions comme le monde
A Dieu par quatre chemins

Combien d'hommes ? Quelques monstres
Qui se crachaient dans les mains.

Vous alliez, vous alliez vaincre
La paresse de mourir
Dans un endroit de province
Où n'atteint pas le zéphir.

Ils allaient par les prairies
(C'étaient des enfants velus)
Et les femmes pouvaient rire
Qui pourtant ne riaient plus.

(Amours).
Ed. Gallimard.

PAUL ELUARD (1895 - 1952). — Né à Saint-Denis.
L'un des quatre fondateurs du Surréalisme, poète du clair-obscur intérieur et de l'amour, défenseur fraternel de l'homme et de la liberté, Paul Eluard n'a cessé de suivre, sa vie durant, la ligne de cœur de l'humanisme. De son premier recueil : « *Le Devoir et l'Inquiétude* », paru en 1917, au « *Phenix* », le même souci de réconcilier les hommes avec le rêve, puis avec l'action, s'affirme dans une langue allusive, secrète et fruitée. Le surréalisme a trouvé en lui son meilleur poète naturel. A partir de 1924, l'œuvre d'Eluard ne cessa de grandir, c'est l'année de « *Mourir de ne pas Mourir* » que suivra deux ans plus tard son chef-d'œuvre : « *Capitale de la Douleur* » et « *Les Yeux Fertiles* » (1936). Mais les événements devaient apporter à cette poésie un champ plus vaste. La guerre d'Espagne et Guernica, la défaite de 1940 et l'occupation lui révélèrent l'étendue de la douleur humaine. Dès lors, le poète s'identifie à sa patrie en lutte et il écrit les grands textes résistants qui forment « *Poésie et Vérité 1942* », « *Dignes de Vivre* » (1944) et « *Au Rendez-vous Allemand* » (1944). Après la libération, paraissent « *Poésie ininterrompue* » (1946) et les poèmes érotiques de « *Corps Mémorable* » (1947) publiés d'abord sous le pseudonyme de Brun, suivis des « *Poèmes Politiques* » (1948), « *Une leçon de Morale* » (1949) et « *Pouvoir Tout Dire* » (1951). Eluard mourut en 1952, peu de temps après avoir publié « *Le Phénix* » qui contient quelques-uns de ses plus beaux poèmes d'amour.

POUR VIVRE ICI

Je fis un feu, l'azur m'ayant abandonné,
Un feu pour être son ami,
Un feu pour m'introduire dans la nuit d'hiver,
Un feu pour vivre mieux.

Je lui donnai ce que le jour m'avait donné :
Les forêts, les buissons, les champs de blé, les vignes,
Les nids et leurs oiseaux, les maisons et leurs clés,
Les insectes, les fleurs, les fourrures, les fêtes.

Je vécus au seul bruit des flammes crépitantes,
Au seul parfum de leur chaleur ;
J'étais comme un bateau coulant dans l'eau fermée,
Comme un mort je n'avais qu'un unique élément.

(Choix de Poèmes). (N. R. F.)

QUELQUES POÈTES SONT SORTIS

à Philippe Soupault

Comme autrefois, d'une carrière abandonnée, comme un homme triste, le brouillard, sensible et têtu comme un homme fort et triste, tombe dans la rue, épargne les maisons et nargue les rencontres.

Dix, cent, mille crient pour un ou plusieurs chanteurs silencieux. Chant de l'arbre et de l'oiseau, la jolie fable, le soutien.

Une émotion naît, légère comme le poil. Le brouillard donne sa place au soleil et qui l'admire ? dépouillé comme un arbre de toutes ses feuilles, de toute son ombre ? O souvenir ! Ceux qui criaient.

SUITE

Dormir la lune dans un œil et le soleil dans l'autre
Un amour dans la bouche un bel oiseau dans les cheveux
Parée comme les champs les bois les routes et la mer
Belle et parée comme le tour du monde.

Fuis à travers le paysage
Parmi les branches de fumée et tous les fruits du vent
Jambes de pierre aux bas de sable
Prise à la taille à tous les muscles de rivière
Et le dernier souci sur un visage transformé.

L'AMOUREUSE

Elle est debout sur mes paupières
Et ses cheveux sont dans les miens,
Elle a la forme de mes mains,
Elle a la couleur de mes yeux,
Elle s'engloutit dans mon ombre,
Comme une pierre sur le ciel.
Elle a toujours les yeux ouverts
Et ne me laisse pas dormir.
Ses rêves en pleine lumière
Font s'évaporer les soleils,
Me font rire, pleurer et rire,
Parler sans avoir rien à dire.

(Capitale de la Douleur). (N.R.F.)

JE TE L'AI DIT

1928

Je te l'ai dit pour les nuages
Je te l'ai dit pour l'arbre de la mer
Pour chaque vague pour les oiseaux dans les feuilles
Pour les cailloux du bruit
Pour les mains familières
Pour l'œil qui devient visage ou paysage
Et le sommeil lui rend le ciel de sa couleur
Pour toute la nuit bue
Pour la grille des routes
Pour la fenêtre ouverte pour un front découvert
Je te l'ai dit pour tes pensées pour tes paroles
Toute caresse toute confiance se survivent.

(L'Amour de la Poésie). **(N.R.F.)**

SANS RANCUNE

Larmes des yeux, les malheurs des malheureux,
Malheurs sans intérêt et larmes sans couleurs.
Il ne demande rien, il n'est pas insensible,
Il est triste en prison et triste s'il est libre.

Il fait un triste temps, il fait une nuit noire
A ne pas mettre un aveugle dehors. Les forts
Sont assis, les faibles tiennent le pouvoir
Et le roi est debout près de la reine assise.

Sourires et soupirs, des injures pourrissent
Dans la bouche des muets et dans les yeux des lâches.
Ne prenez rien : ceci brûle, cela flambe !
Vos mains sont faites pour vos poches et vos fronts.

★

Une ombre…
Toute l'infortune du monde
Et mon amour dessus
Comme une bête nue.

PREMIÈRE DU MONDE

à Pablo Picasso

Captive de la plaine, agonisante folle,
La lumière sur toi se cache, vois le ciel :

Il a fermé les yeux pour s'en prendre à ton rêve,
Il a fermé ta robe pour briser tes chaînes.

Devant les roues toutes nouées
Un éventail rit aux éclats.
Dans les traîtres filets de l'herbe
Les routes perdent leur reflet.

Ne peux-tu donc prendre les vagues
Dont les barques sont les amandes
Dans ta paume chaude et câline
Ou dans les boucles de ta tête ?

Ne peux-tu prendre les étoiles ?
Écartelée tu leur ressembles,
Dans leur nid de feu tu demeures
Et ton éclat s'en multiplie.

De l'aube bâillonnée un seul cri veut jaillir,
Un soleil tournoyant ruisselle sous l'écorce,
Il ira se fixer sur tes paupières closes.
Ô douce, quand tu dors, la nuit se mêle au jour.

LES GERTRUDE HOFFMANN GIRLS

Gertrude, Dorothy, Mary, Claire, Alberta,
Charlotte, Dorothy, Ruth, Catherine, Emma,
Louise, Margaret, Ferral, Harriet, Sara,
Florence toute nue, Margaret, Toots, Thelma,

Belles-de-nuits, belles-de-feu, belles-de-pluie,
Le cœur tremblant, les mains cachées, les yeux au vent,
Vous me montrez les mouvements de la lumière,
Vous échangez un regard clair pour un printemps,

Le tour de votre taille pour un tour de fleur,
L'audace et le danger pour votre chair sans ombre,
Vous échangez l'amour pour des frissons d'épées,
Des rires inconscients pour des promesses d'aube.

Vos danses sont le gouffre effrayant de mes songes
Et je tombe et ma chute éternise ma vie,
L'espace sous vos pieds est de plus en plus vaste,
Merveilles, vous dansez sur les sources du ciel.

LES DESSOUS D'UNE VIE OU LA PYRAMIDE HUMAINE (1926)

D'abord, un grand désir m'était venu de solennité et d'apparat. J'avais froid. Tout mon être vivant et corrompu aspirait à la rigidité et à la majesté des morts. Je fus tenté ensuite par un mystère où les formes ne jouent aucun rôle. Curieux d'un ciel décoloré d'où les oiseaux et les nuages sont bannis. Je devins esclave de la faculté pure de voir, esclave de mes yeux irréels et vierges, ignorants du monde et d'eux-mêmes. Puissance tranquille. Je supprimai le visible et l'invisible, je me perdis dans un miroir sans tain. Indestructible, je n'étais pas aveugle.

L'AUBE IMPOSSIBLE

« Le grand enchanteur est mort ! et ce pays d'illusion s'est effacé »
(Young).

C'est par une nuit comme celle-ci que je me suis privé du langage pour prouver mon amour et que j'ai eu affaire à une sourde.

C'est par une nuit comme celle-ci que j'ai cueilli sur la verdure perpendiculaire des framboises blanches comme du lait, du dessert pour cette amoureuse de mauvaise volonté.

C'est par une nuit comme celle-ci que j'ai régné sur des rois et des reines alignés dans un couloir de craie ! Ils ne devaient leur taille qu'à la perspective et si les premiers étaient gigantesques, les derniers, au loin, étaient si petits que d'avoir un corps visible, ils semblaient taillés à facettes.

C'est par une nuit comme celle-ci que je les ai laissés mourir, ne pouvant leur donner leur ration nécessaire de lumière et de raison.

C'est par une nuit comme celle-ci que, beau joueur, j'ai traîné dans les airs un filet fait de tous mes nerfs. Et quand je le relevais, il n'avait jamais une ombre, jamais un pli. Rien n'était pris. Le vent aigre grinçait des dents, le ciel rongé s'abaissait et quand je suis tombé, avec un corps épouvantable, un corps pesant d'amour, ma tête avait perdu sa raison d'être.

C'est par une nuit comme celle-ci que naquit de mon sang une herbe noire redoutable à tous les prisonniers.

A PEINE DÉFIGURÉE

Adieu tristesse
Bonjour tristesse
Tu es inscrite dans les lignes du plafond
Tu es inscrite dans les yeux que j'aime
Tu n'es pas tout à fait la misère

Car les lèvres les plus pauvres te dénoncent
Par un sourire
Bonjour tristesse
Amour des corps aimables
Puissance de l'amour
Dont l'amabilité surgit
Comme un monstre sans corps
Tête désappointée
Tristesse beau visage.

(La Vie Immédiate). (N.R.F.)

NUITS PARTAGÉES

... Je m'obstine à mêler des fictions aux redoutables réalités. Maisons inhabitées, je vous ai peuplées de femmes exceptionnelles, ni grasses, ni maigres, ni blondes, ni brunes, ni folles, ni sages, peu importe, de femmes plus séduisantes que possible, par un détail. Objets inutiles même la sottise qui procéda à votre fabrication me fut une source d'enchantements. Etres indifférents, je vous ai souvent écoutés, comme on écoute le bruit des vagues et le bruit des machines d'un bateau, en attendant délicieusement le mal de mer. J'ai pris l'habitude des images les plus inhabituelles. Je les ai vues où elles n'étaient pas. Je les ai mécanisées comme mes levers et mes couchers. Les places, comme des bulles de savon, ont été soumises au gonflement de mes joues, les rues à mes pieds l'un devant l'autre et l'autre passe devant l'un, devant deux et fait le total, les femmes ne se déplaçaient plus que couchées, leur corsage ouvert représentant le soleil. La raison, la tête haute, son carcan d'indifférence, lanterne à tête de fourmi, la raison, pauvre mât de fortune pour un homme affolé, le mât de fortune du bateau... voir plus haut.

Pour me trouver des raisons de vivre, j'ai tenté de détruire mes raisons de t'aimer. Pour me trouver des raisons de t'aimer, j'ai mal vécu.

★

Au terme d'un long voyage, peut-être n'irai-je plus vers cette porte que nous connaissons tous deux si bien, je n'entrerai plus dans cette chambre où le désespoir et le désir d'en finir avec le désespoir m'ont tant de fois attiré. A force d'être un homme incapable de surmonter son ignorance de lui-même et du destin, je prendrai peut-être parti pour des êtres différents de celui que j'avais inventé.

A quoi leur servirai-je ?

(La Vie Immédiate). (N.R.F.)

L'AMOUR, LA POÉSIE

La terre est bleue comme une orange
Jamais une erreur les mots ne mentent pas
Ils ne vous donnent plus à chanter
Au tour des baisers de s'entendre
Les fous et les amours
Elle sa bouche d'alliance
Tous les secrets tous les sourires
Et quels vêtements d'indulgence
A la croire toute nue.

Les guêpes fleurissent vert
L'aube se passe autour du cou
Un collier de fenêtres
Des ailes couvrent les feuilles
Tu as toutes les joies solaires
Tout le soleil sur la terre
Sur les chemins de ta beauté.

ON NE PEUT ME CONNAÎTRE

On ne peut me connaître
Mieux que tu me connais

Tes yeux dans lesquels nous dormons
Tous les deux
Ont fait à mes lumières d'homme
Un sort meilleur qu'aux nuits du monde

Tes yeux dans lesquels je voyage
Ont donné aux gestes des routes
Un sens détaché de la terre

Dans tes yeux ceux qui nous révèlent
Notre solitude infinie
Ne sont plus ce qu'ils croyaient être

On ne peut te connaître
Mieux que je te connais.

(Les Yeux Fertiles). (N.R.F.)

JE NE SUIS PAS SEUL

Chargée
De fruits légers aux lèvres
Parée

De mille fleurs variées
Glorieuse
Dans les bras du soleil
Heureuse
D'un oiseau familier
Ravie
D'une goutte de pluie
Plus belle
Que le ciel du matin
Fidèle

Je parle d'un jardin
Je rêve

Mais j'aime justement

(Médieuses). **(N.R.F.)**

FACILE

Tu te lèves l'eau se déplie
Tu te couches l'eau s'épanouit

Tu es l'eau détournée de ses abîmes
Tu es la terre qui prend racine
Et sur laquelle tout s'établit

Tu fais des bulles de silence dans le désert des bruits
Tu chantes des hymnes nocturnes sur les cordes de l'arc-en-ciel,
Tu es partout tu abolis toutes les routes

Tu sacrifies le temps
A l'éternelle jeunesse de la flamme exacte
Qui voile la nature en la reproduisant

Femme tu mets au monde un corps toujours pareil
Le tien

Tu es la ressemblance.

QUELQUES-UNS DES MOTS QUI, JUSQU'ICI, M'ETAIENT MYSTERIEUSEMENT INTERDITS

A André Breton

Le mot cimetière
Aux autres de rêver d'un cimetière ardent
Le mot maisonnette
On le trouve souvent
Dans les annonces des journaux dans les chansons
Il a des rides c'est un vieillard travesti
Il a un dé au doigt c'est un perroquet mûr

Pétrole
Connu par des exemples précieux
Aux mains des incendies

Neurasthénie un mot qui n'a pas honte
Une ombre de cassis entre deux yeux pareils

Le mot créole tout en liège sur du satin

Le mot baignoire qui est traîné
Par des chevaux parfaits plus laids que des béquilles

Sous la lampe ce soir charmille est un prénom
Et maîtrise un miroir où tout s'immobilise

Fileuse mot fondant hamac treille pillée

Olivier cheminée au tambour de lueurs
Le clavier des troupeaux s'assourdit dans la plaine

Forteresse malice vaine

Vénéneux rideau d'acajou

Guéridon grimace élastique

Cognée erreur jouée aux dés

Voyelle timbre immense
Sanglot d'étain rire de bonne terre

Le mot déclic viol lumineux
Ephémère azur dans les veines

Le mot bolide géranium à la fenêtre ouverte
Sur un cœur battant

Le mot carrure bloc d'ivoire
Pain pétrifié plumes mouillées

Le mot déjouer alcool flétri
Palier sans portes mort lyrique

Le mot garçon comme un îlot
Myrtille lave galon cigare
Léthargie bleuet cirque fusion
Combien reste-t-il de ces mots
Qui ne me menaient à rien
Mots merveilleux comme les autres
Ô mon empire d'homme
Mots que j'écris ici

Contre toute évidence
Avec le grand souci
De tout dire.

NOVEMBRE 1936

Regardez travailler les bâtisseurs de ruines
Ils sont riches patients ordonnés noirs et bêtes
Mais ils font de leur mieux pour être seuls sur terre
Ils sont au bord de l'homme et le comblent d'ordures
Ils plient au ras du sol des palais sans cervelle.

★

On s'habitue à tout
Sauf à ces oiseaux de plomb
Sauf à leur haine de ce qui brille
Sauf à leur céder la place.

★

Parlez du ciel le ciel se vide
L'automne nous importe peu
Nos maîtres ont tapé du pied
Nous avons oublié l'automne
Et nous oublierons nos maîtres...

★

Ville en baisse océan fait d'une goutte d'eau sauvée
D'un seul diamant cultivé au grand jour
Madrid ville habituelle à ceux qui ont souffert
De cet épouvantable bien qui nie être en exemple
Qui ont souffert
De la misère indispensable à l'éclat de ce bien

★

Que la bouche remonte vers sa vérité
Souffle rare sourire comme une chaîne brisée
Que l'homme délivré de son passé absurde
Dresse devant son frère un visage semblable
Et donne à la raison des ailes vagabondes.

(Cours Naturel). (N.R.F.)

L'EVIDENCE POETIQUE

Le poète est celui qui inspire bien plus que celui qui est inspiré. Les poèmes ont toujours de grandes marges blanches, de grandes marges de silence où la mémoire ardente se consomme pour recréer un délire sans passé. Leur principale qualité est non pas, je le répète, d'invoquer, mais d'inspirer. Tant de poèmes d'amour sans objet réuniront, un beau jour, des amants. On rêve sur un poème comme on rêve sur un être. La compréhension, comme le désir, comme la haine, est faite de rapports entre la chose à comprendre et les autres, comprises ou incomprises.

C'est l'espoir ou le désespoir qui déterminera pour le rêveur éveillé — pour le poète — l'action de son imagination. Qu'il formule cet espoir ou ce désespoir et ses rapports avec le monde changeront immédiatement. Tout est au poète objet à sensations et, par conséquent, à sentiments. Tout le concret devient alors l'aliment de son imagination et l'espoir, le désespoir passent, avec les sensations et les sentiments, au concret.

MARCEL SAUVAGE

(Né en 1895). — Animateur de la revue « Action », résolument tourné vers les mouvements les plus modernistes, le journalisme l'enleva en partie à la poésie. « *Le Chirurgien des Roses* », « *Le Voyage en Autobus* » sont à citer dans son œuvre poétique à laquelle il est récemment revenu *(Œuvre d'Or)*.

LE GOUVERNEUR A BICYCLETTE

On ne saura jamais si c'était un gouverneur ou un scarabée. Un scarabée un peu fort — ou un forçat évadé au dire des tirailleurs.

Il étincelait comme un poisson dans l'eau parce qu'il portait son habit des grands jours tout broché d'or. Il pédalait allégrement, étincelait de même, heureux d'être libre et filant sur deux roues.

La machine rayonnait de tous ses rayons, tous ses nickels, cale-pieds, garde-boue, freins et lanternes. Le sable des pistes, comme de mille roses des sables écrasées ou de mille et mille insectes, criait de joie sous les pneus.

Le cycliste éblouissant, lui-même ébloui, avait dû, s'il était vraiment un gouverneur, fuir une cérémonie officielle, un comice agricole. Il n'avait pas d'escorte. Rien que son habit chamarré sur le dos, un soleil fantastique sur les épaules, du soleil entre les jambes, des éclats de soleil en guise d'éperons.

Le cycliste allait droit devant lui, accrochant au passage les reflets somptueux d'une saison sèche. Parfois lâchant d'une main son guidon, il se tenait droit sur la selle. Il se laissait aller en roue libre. Il bombait son thorax miroitant.

Ce devait être un gouverneur mais de ceux qui ont assez de l'Administration. Sous l'uniforme chargé de broderies et de galons circulaires l'évadé se pressait.

Durant quelque temps il longea un fleuve lourd et plat qui ressemblait à une avenue de mercure. Un large fleuve assuré de sa placidité, un de ces grands fleuves équatoriaux dont la béatitude lumineuse invite au calme et à l'absolu.

L'invitation en l'occurence ne tomba pas dans l'oreille d'un sourd. Le gouverneur obéit à l'esprit des eaux. Rapidement. Il vira dans le soleil. Il souriait au soleil. Il entra dans le fleuve étincelant, avec sa bicyclette. Et là, disent les tirailleurs, il devint esturgeon.

ANDRÉ BRETON

(1896 - 1966). — Etudiant en médecine, André Breton écrivit d'abord des poèmes mallarméens avant de fonder la revue « *Littérature* » en 1919 avec Aragon et Soupault. (En 1917 et 1918 il fréquenta Guillaume Apollinaire). Cette revue servit un moment de tribune au mouvement « *Dada* », puis s'en détacha brutalement en 1922, pour devenir l'organe officiel du surréalisme dont Breton prit la tête. A la suite de Rimbaud et de Lautréamont (mais avec la caution scientifique de Freud) les surréalistes se proposaient d'exprimer « *le fonctionnement réel de la pensée en l'absence de tout contrôle exercé par la raison* » grâce à l'écriture automatique. Les trois « *Manifestes* » (1924 - 1930 - 1942) firent de Breton le théoricien du groupe. En même temps Breton ouvrait la nouvelle route lyrique en publiant quelques-uns des plus beaux recueils de poèmes du surréalisme : « *Les Champs Magnétiques* » (avec Soupault 1919), « *Les Pas Perdus* » (1924). En 1926, il publie « *Légitime Défense* » où il s'oppose à tout contrôle extérieur, même marxiste. Ensuite, « *Le Revolver à Cheveux Blancs* » « *Les Vases Communicants* » (1932) ainsi que les proses admirables de « *Nadja* » (1928) et de « *Arcane 17* » (1945). « *L'Amour Fou* » livre-clé d'André Breton paraît en 1937.
Depuis son retour des Etats-Unis, où il était parti en 1941 et où il avait vécu durant toute la guerre, Breton fidèle au surréalisme s'est enfermé dans une demi-solitude dont émergent de loin en loin, quelques grands messages. Il a organisé deux grandes expositions surréalistes, publié « *L'Ode à Charles Fourier* » et « *La Lampe dans l'Horloge* ».

Ma femme à la chevelure de feu de bois
Aux pensées d'éclairs de chaleur
A la taille de sablier
Ma femme à la taille de loutre entre les dents du tigre
Ma femme à la bouche de cocarde et de bouquet d'étoiles
de dernière grandeur
Aux dents d'empreintes de souris blanche sur la terre
blanche
A la langue d'ambre et de verre frottés
Ma femme à la langue d'hostie poignardée
A la langue de poupée qui ouvre et ferme les yeux
A la langue de pierre incroyable
Ma femme aux cils de bâtons d'écriture d'enfant
Aux sourcils de bord de nid d'hirondelle
Ma femme aux tempes d'ardoise de toit de serre
Et de buée aux vitres
Ma femme aux épaules de champagne
Et de fontaine à têtes de dauphins sous la glace
Ma femme aux poignets d'allumettes
Ma femme aux doigts de hasard et d'as de cœur
Aux doigts de foin coupé
Ma femme aux aisselles de martre et de fênes

De nuit de la Saint-Jean
De troène et de nid de scalares
Aux bras d'écume de mer et d'écluse
Et de mélange du blé et du moulin
Ma femme aux jambes de fusée
Aux mouvements d'horlogerie et de désespoir
Ma femme aux pieds de moelle de sureau
Ma femme aux pieds d'initiales
Aux pieds de trousseaux de clé, aux pieds de calfats qui
boivent
Ma femme au cou d'orge imperlé
Ma femme à la gorge de Val d'or
Du rendez-vous dans le lit même du torrent
Aux seins de nuit
Ma femme aux seins de taupinière marine
Ma femme aux seins de creuset du rubis
Aux seins de spectre de la rose sous la rosée
Ma femme au ventre de dépliement d'éventail des jours
Au ventre de griffe géante
Ma femme au dos d'oiseau qui fuit vertical
Au dos de vif-argent
Au dos de lumière
A la nuque de pierre roulée et de craie mouillée
Et de chute d'un verre dans lequel on vient de boire
Ma femme aux hanches de nacelle
Aux hanches de lustre et de pennes de flèche
Et de tiges de plumes de paon blanc
De balance insensible
Ma femme aux fesses de grès et d'amiante
Ma femme aux fesses de dos de cygne
Ma femme aux fesses de printemps
Au sexe de glaïeul
Ma femme au sexe de placer et d'ornithorynque
Ma femme au sexe d'algue et de bonbons anciens
Ma femme au sexe de miroir
Ma femme aux yeux pleins de larmes
Aux yeux de panoplie violette et d'aiguille aimantée
Ma femme aux yeux de savane
Ma femme aux yeux d'eau pour boire en prison
Ma femme aux yeux de bois toujours sous la hache
Aux yeux de niveau d'eau de niveau d'air de terre et de feu.

(L'Union Libre). (N.R.F.)

L'AMOUR FOU

Chère Ecusette de Noireuil,

Au beau printemps de 1952 vous viendrez d'avoir seize ans et peut-être serez-vous tentée d'entrouvrir ce livre dont j'aime à penser qu'euphoniquement le titre vous sera porté par le vent qui courbe les aubépines... Tous les rêves, tous les espoirs, toutes les illusions danseront, j'espère, nuit et jour à la lueur de vos boucles et je ne serai sans doute plus là, moi qui ne désirerais y être que pour vous voir. Les cavaliers mystérieux et splendides passeront à toutes brides, au crépuscule, le long des ruisseaux changeants. Sous de légers voiles vert d'eau, d'un pas de somnambule une jeune fille glissera sous de hautes voûtes, où clignera seule une lampe votive. Mais les esprits des joncs, mais les chats minuscules qui font semblant de dormir dans les bagues, mais l'élégant revolver-joujou perforé du mot « Bal » vous garderont de prendre ces scènes au tragique. Quelle que soit la part jamais assez belle, ou tout autre, qui vous soit faite, je ne puis savoir, vous vous plairez à vivre, à tout attendre de l'amour. Quoi qu'il advienne d'ici que vous preniez connaissance de cette lettre — il semble que c'est l'insupposable qui doit advenir — laissez-moi penser que vous serez prête alors à incarner cette puissance éternelle de la femme, la seule devant laquelle je me sois incliné. Que vous veniez de fermer un pupitre sur un monde bleu-corbeau de toute fantaisie ou de vous profiler, à l'exception d'un bouquet à votre corsage, en silhouette solaire sur le mur d'une fabrique — je suis loin d'être fixé sur votre avenir — laissez-moi croire que ces mots : « L'amour fou » seront un jour seuls en rapport avec votre vertige.

Ils ne tiendront pas leur promesse puisqu'ils ne feront que vous éclairer le mystère de votre naissance. Bien longtemps j'avais pensé que la pire folie était de donner la vie. En tout cas j'en avais voulu à ceux qui me l'avaient donnée. Il se peut que vous m'en vouliez certains jours. C'est même pourquoi j'ai choisi de vous regarder à seize ans, alors que vous ne pouviez m'en vouloir. Que dis-je, de vous regarder, mais non d'essayer de voir par vos yeux, de me regarder par vos yeux.

Ma toute petite enfant, qui n'avez que huit mois, qui souriez toujours, qui êtes faite à la fois comme le corail et la perle, vous saurez alors que tout hasard a été rigoureusement exclu de votre venue, que celle-ci s'est produite à l'heure même où elle devait se produire, ni plus tôt, ni plus tard et qu'aucune ombre ne vous attendait au-dessus de votre berceau d'osier. Même l'assez grande misère qui avait été et reste la mienne, pour quelques jours faisait trêve. Cette misère, je n'étais d'ailleurs pas braqué contre elle : j'acceptais d'avoir à payer la rançon de mon non-esclavage à vie, d'acquitter le droit que je m'étais donné une fois pour toutes de n'exprimer d'autres idées que les miennes. Nous n'étions pas tant... Elle passait au loin, très embellie, presque justifiée, un peu comme dans ce qu'on a appelé, pour un peintre qui fut de vos tout premiers amis, l'*époque bleue*. Elle apparaissait comme la conséquence à peu près inévitable de mon refus d'en passer par où presque tous les autres en passaient, qu'ils fussent dans un camp ou dans l'autre. Cette misère, que vous ayez eu ou non le temps de la prendre en horreur, songez qu'elle n'était que le revers de la miraculeuse médaille de votre existence : moins étincelante sans elle eût été la Nuit du Tournesol.

Moins étincelante puisqu'alors l'amour n'eût pas eu à braver tout ce qu'il bravait, puisqu'il n'eût pas eu, pour triompher, à compter en tout et pour tout sur lui-même. Peut-être était-ce d'une terrible imprudence mais c'était justement cette imprudence le plus beau joyau du coffret.

Au delà de cette imprudence ne restait qu'à en commettre une plus grande : celle dont vous êtes le souffle parfumé. Il fallait qu'au moins de l'une à l'autre une corde magique fût tendue, tendue à se rompre au-dessus du précipice pour que la beauté allât vous accueillir comme une impossible fleur aérienne, en s'aidant de son seul balancier. Cette fleur, qu'un jour du moins il vous plaise de penser que vous l'êtes, que vous êtes née sans aucun contact avec le sol malheureusement non stérile de ce qu'on est convenu d'appeler « les intérêts humains ». Vous êtes issue du seul miroitement de ce qui fut assez tard pour moi l'aboutissement de la poésie à laquelle je m'étais voué dans ma jeunesse, de la poésie que j'ai continué à servir, au mépris de tout ce qui n'est pas elle. Vous vous êtes trouvée là comme par enchantement, et si jamais vous démêlez trace de tristesse dans ces paroles que pour la première fois j'adresse *à vous seule,* dites-vous que cet enchantement continue et continuera à ne faire qu'un avec vous, qu'il est de force à surmonter en moi tous les déchirements du cœur. *Toujours et longtemps,* les deux grands mots ennemis qui s'affrontent dès qu'il est question de l'amour n'ont jamais échangé de plus aveuglants coups d'épée qu'aujourd'hui au-dessus de moi dans un ciel tout entier comme vos yeux dont le blanc est encore si bleu. De ces mots, celui qui porte mes couleurs, même s'il doit perdre, c'est *toujours. Toujours,* comme dans les serments qu'exigent les jeunes filles. *Toujours,* comme sur le sable blanc du temps et par la grâce de cet instrument qui sert à le compter mais seulement jusqu'ici vous fascine et vous affame, réduit à un filet de lait sans fin fusant d'un sein de verre. Envers et contre tout j'aurai maintenu que ce *toujours* est la grande clé. Ce que j'ai aimé, que je l'aie gardé ou non, je l'aimerai *toujours.* Comme vous êtes appelée à souffrir aussi, je voulais en finissant ce livre vous expliquer. J'ai parlé d'un certain « point sublime » dans la montagne. Il ne fut jamais question de m'établir à demeure en ce point. Il eût d'ailleurs, à partir de là, cessé d'être sublime et j'eusse, moi, cessé d'être un homme. Faute de pouvoir raisonnablement m'y fixer, je ne m'en suis du moins jamais écarté jusqu'à le perdre de vue, jusqu'à ne plus pouvoir le montrer. » J'avais choisi d'être ce guide, je m'étais astreint en conséquence à ne pas démériter de la puissance qui, dans la direction de l'amour éternel, m'avait fait *voir* et accordé le privilège plus rare de *faire voir.* Je n'en ai jamais démérité, je n'ai jamais cessé de ne faire qu'un de la chair de l'être que j'aime et de la neige des cimes au soleil levant. De l'amour je n'ai voulu connaître que les heures de triomphe, dont je ferme ici le collier sur vous. Même la perle noire, la dernière, je suis sûr que vous comprendrez quelle faiblesse m'y attache, quel suprême espoir de *conjuration* j'ai mis en elle. Je ne nie pas que l'amour ait maille à partir avec la vie. Je dis qu'il doit vaincre et pour cela s'être élevé à une telle conscience poétique de lui-même que tout ce qu'il rencontre nécessairement d'hostile se fonde au foyer de sa propre gloire.

Du moins cela aura-t-il été en permanence mon grand espoir, auquel n'enlève rien l'incapacité où j'ai été quelquefois de me montrer à sa hauteur. S'il est jamais entré en composition avec un autre, je m'assure que celui-ci ne vous touche pas de moins près. Comme j'ai voulu que votre existence se connût cette raison d'être que j'avais demandée à ce qui était pour moi, dans toute la force du terme, la beauté, dans toute la force du terme, l'amour — le nom que je vous donne en haut de cette lettre ne me rend pas seulement, sous sa forme anagrammatique, un compte charmant de votre aspect *actuel* puisque, bien après l'avoir inventé pour vous, je me suis aperçu que les mots qui le composent, m'avaient servi à caractériser l'aspect même qu'avait pris pour moi l'*amour :* ce doit être cela la *ressemblance* — j'ai voulu encore que tout ce que j'attends du devenir humain, tout ce qui, selon moi, vaut la peine de lutter pour tous et non pour un, cessât d'être une manière formelle de penser, quand elle serait la plus noble, pour se confronter à cette réalité en devenir vivant qui est vous. Je veux dire que j'ai craint, à une époque de ma vie, d'être privé du contact nécessaire, du contact humain avec ce qui serait après moi. *Après moi*, cette idée continue à se perdre mais se retrouve merveilleusement dans un certain tournemain que vous avez *comme* (et pour moi pas comme) tous les petits enfants. J'ai tant admiré, du premier jour, votre main. Elle voltigeait, le frappant presque d'inanité, autour de tout ce que j'avais tenté d'édifier intellectuellement. Cette main, quelle chose insensée et que je plains ceux qui n'ont pas eu l'occasion d'en étoiler la plus belle page d'un livre ! Indigence, tout à coup, de la fleur. Il n'est que de considérer cette main pour penser que l'homme fait un état risible de ce qu'il croit savoir. Tout ce qu'il comprend d'elle c'est qu'elle est vraiment faite, en tous les sens, pour le *mieux*. Cette aspiration aveugle vers le mieux suffirait à justifier l'amour tel que je le conçois, l'amour absolu, comme seul principe de sélection physique et morale qui puisse répondre de la non-vanité du témoignage, du passage humains.

J'y songeais, non sans fièvre, en septembre 1936, seul avec vous dans ma fameuse maison inhabitable de sel gemme. J'y songeais dans l'intervalle des journaux qui relataient plus ou moins hypocritement les épisodes de la guerre civile en Espagne, des journaux derrière lesquels vous croyiez que je disparaissais pour jouer avec vous à cache-cache. Et c'était vrai aussi puisqu'à de telles minutes, l'inconscient et le conscient, sous votre forme et sous la mienne, existaient en pleine dualité tout près l'un de l'autre, se tenaient dans une ignorance totale l'un de l'autre et pourtant communiquaient à loisir par un seul fil tout puissant qui était entre nous l'échange du regard. Certes ma vie alors ne tenait qu'à un fil. Grande était la tentation d'aller l'offrir à ceux qui, sans erreur possible et sans distinction de tendances, voulaient coûte que coûte en finir avec le vieil « ordre » fondé sur le culte de cette trinité abjecte : la famille, la patrie et la religion. Et pourtant vous me reteniez par ce fil qui est celui du bonheur, tel qu'il transparaît dans la trame du malheur même. J'aimais en vous tous les petits enfants des miliciens d'Espagne, pareils à ceux que j'avais vus courir nus dans les faubourgs de poivre de Santa-Cruz de Tenerife. Puisse le sacrifice de tant de vies humaines en faire un jour des êtres *heureux !* Et pourtant je ne me sentais pas le courage de vous exposer avec moi pour aider à ce que cela fût.

Qu'avant tout l'idée de famille rentre sous terre ! Si j'ai aimé en vous l'accomplissement de la nécessité naturelle, c'est dans la mesure exacte où en votre personne elle n'a fait qu'un avec ce qu'était pour moi la nécessité humaine, la nécessité *logique* et que la conciliation de ces deux nécessités m'est toujours apparue comme la seule merveille à portée de l'homme, comme la seule chance qu'il ait d'échapper de loin en loin à la méchanceté de sa condition. Vous êtes passée du non-être à l'être en vertu d'un de ces accords réalisés qui sont les seuls pour lesquels il m'a plu d'avoir une oreille. Vous étiez donnée comme possible, comme certaine au moment même où, dans l'amour le plus sûr de lui, un homme et une femme vous voulaient.

M'éloigner de vous ! Il m'importait trop, par exemple, de vous entendre un jour répondre en toute innocence à ces questions insidieuses que les grandes personnes posent aux enfants : « Avec quoi on pense, on souffre ? Comment on a su son nom, au soleil ? D'où ça vient, la nuit ? » Comme si elles pouvaient le dire elles-mêmes ! Etant pour moi la créature humaine dans son authenticité parfaite, vous deviez contre toute vraisemblance me l'apprendre...

Je vous souhaite d'être follement aimée.

(L'Amour Fou). (N.R.F.)

TRISTAN TZARA

(1896 - 1963). — Né à Moinesti (Roumanie). Fondateur du mouvement « Dada » (1916), fixé à Paris depuis 1919, Tristan Tzara est passé de « l'antipoésie » de ses débuts : « *La Première Aventure Céleste de M. Antipyrine* » (1916), « *Vingt-cinq Poèmes* » (1918), « *Cinéma Calendrier du Cœur Abstrait* » (1920), à un lyrisme bruissant, plein du tumulte des hommes en lutte : « *L'Homme Approximatif* » (1931), « *Midis Gagnés* » (1939), « *Le Signe de Vie* » (1946), « *Terre sur Terre* » (1946), « *Parler Seul* » (1950), « *De Mémoire d'Homme* » (1950), « *La Face Intérieure* » (1953), sans rompre pour autant avec son idéal de jeunesse. Simplement, le nihilisme « Dada » a fait place à une critique plus constructive des conditions faites à l'homme par la société. A la révolte s'est substituée la Révolution. Mais Tristan Tzara, aux aguets de sa propre sensibilité, inventeur de rythmes, aux écoutes du devenir, ne saurait être enfermé à l'intérieur d'un mouvement.

CHANSON DADA

I

La chanson d'un dadaïste
qui avait dada au cœur
fatiguait trop son moteur
qui avait dada au cœur

l'ascenseur portait un roi
lourd fragile autonome
il coupa son grand bras droit
l'envoya au pape à Rome

c'est pourquoi
l'ascenseur
n'avait plus dada au cœur

mangez du chocolat
lavez votre cerveau
dada
dada
buvez de l'eau

II

la chanson d'un dadaïste
qui n'était ni gai ni triste
et aimait une bicycliste
qui n'était ni gaie ni triste

mais l'époux le jour de l'an
savait tout et dans une crise
envoya au vatican
leurs deux corps en trois valises

ni amant
ni cycliste
n'étaient plus ni gais ni tristes

mangez de bons cerveaux
lavez votre soldat
dada
dada
buvez de l'eau

III

la chanson d'un bicycliste
qui était dada de cœur
qui était donc dadaïste
comme tous les dadas de cœur

un serpent portait des gants
il ferma vite la soupape
mit des gants en peau d'serpent
et vint embrasser le pape

c'est touchant
ventre en fleur
n'avait plus dada au cœur

buvez du lait d'oiseaux
lavez vos chocolats
dada
dada
mangez du veau

(1919).

LES MUTATIONS RADIEUSES

Sur le chemin des étoiles de mer

A Federico Garcia Lorca.

quel vent souffle sur la solitude du monde
pour que je me rappelle les êtres chers
frêles désolations aspirées par la mort
au-delà des lourdes chasses du temps
l'orage se délectait à sa fin plus proche
que le sable n'arrondissait déjà sa hanche dure
mais sur les montagnes des poches de feu
vidaient à coups sûrs leur lumière de proie
blême et courte tel un ami qui s'éteint
dont personne ne peut plus dire le contour en paroles
et nul appel à l'horizon n'a le temps de secourir
sa forme mesurable uniquement à sa disparition

et ainsi d'un éclair à l'autre
l'animal tend toujours sa croupe amère
le long des siècles ennemis
à travers des champs certains de parade d'autres d'avarice
et dans sa rupture se profile le souvenir
comme le bois qui craque en signe de présence
et de disparate nécessité

il y a aussi les fruits
et je n'oublie pas les blés
et la sueur qui les a fait pousser monte à la gorge
nous savons pourtant le prix de la douleur
les ailes de l'oubli et les forages infinis
à la fleur de vie
les paroles qui n'arrivent à se saisir des faits
à peine pour s'en servir pour rire

le cheval de la nuit a galopé des arbres à la mer
et réuni les rênes de mille obscurités charitables
il a traîné le long des haies
où des poitrines d'hommes retenaient l'assaut
avec tous les murmures accrochés à ses flancs
parmi les immenses rugissements qui se rattrapaient
tout en fuyant la puissance de l'eau

incommensurables ils se succédaient tandis que de tout petits murmures
ne pouvaient être engloutis et surnageaient
dans l'invincible solitude où passaient les tunnels
les forêts les troupeaux de villes les mers harnachées
un seul homme au souffle de plusieurs pays
réunis en cascade et glissant sur une lame lisse
du feu inconnu qui s'introduit parfois la nuit
pour la perte de ceux que le sommeil assemble
dans leur profond souvenir

mais ne parlons plus de ceux qui se sont liés
aux branches fragiles aux mauvaises humeurs de la nature
ceux-là même qui subissent les coups rudes
tendent la nuque et sur le tapis de leurs corps
quand les oiseaux ne picorent pas les graines de soleil
sonnent les bottes rigides des conquérants
ils sont sortis de ma mémoire
les oiseaux cherchent d'autres printaniers emplois
à leurs calculs de sinécures
par troupeaux charmants d'affolements
le vent à leurs trousses
que le désert leur soit compté
au diable les fins avertissements
les divertissements coquelicots et compagnie
le froid gratte
la peur monte
l'arbre sèche
l'homme se lézarde
les volets battent
la peur monte
aucun mot n'est assez tendre
pour ramener l'enfant des routes
qui se perd dans la tête
d'un homme au bord de la saison
il regarde la voûte
et regarde l'abîme
cloisons étanches
la fumée dans la gorge
le toit s'effrite
mais l'animal fameux arc-bouté
dans l'attention des muscles et tordu sous le spasme
de la furie vertigineuse de l'éclair de roche en roche
se déchaîne à l'appétit de joie
le matin refait son monde
à la mesure de son joug

pilleurs de mers
tu te penches sous l'attente
et te lèves et chaque fois que tu salues la mer ivre à tes pieds
sur le chemin des étoiles de mer
déposées par colonnes d'incertitude

tu te penches tu te lèves
saluts brassés par bandes
et sur le tas il faut pourtant que tu marches
même en évitant les plus belles il faut pourtant que tu marches
tu te penches
sur le chemin des étoiles de mer
mes frères hurlent de douleur à l'autre bout
il faut les prendre intactes
ce sont les mains de la mer
que l'on offre aux hommes de rien
glorieux chemin sur le chemin des étoiles de mer
« alcachofas alcachofas » c'est mon beau Madrid
aux yeux d'étain à la voix fruitée
qui est ouvert à tous les vents
vagues de fer vagues de feu
il s'agit des splendeurs de la mer
il faut les prendre intactes
celles aux branches cassées renversées
sur le chemin des étoiles de mer
où mène ce chemin il mène à la douleur
les hommes tombent quand ils veulent se redresser
les hommes chantent parce qu'ils ont goûté à la mort
il faut pourtant marcher
marche dessus
le chemin des étoiles de mer par colonnes d'incertitude
mais on s'empêtre dans la voix des lianes
« alcachofas alcachofas » c'est mon beau Madrid aux feux bas
ouvert à tous les vents
qui m'appelle — longues années — des orties
c'est une tête de fils de roi fils de putain
c'est une tête c'est la vague qui déferle
c'est pourtant sur le chemin des étoiles de mer
que les mains sont ouvertes
elles ne parlent pas de la beauté de la splendeur
rien que des reflets de minuscules cieux
et les imperceptibles clignements des yeux autour
les vagues brisées
pilleurs de mers
mais c'est Madrid ouvert à tous les vents
qui piétine la parole dans ma tête
« alcachofas alcachofas »
chapiteaux des cris raidis

ouvre-toi cœur infini
pour que pénètre le chemin des étoiles
dans ta vie innombrable comme le sable
et la joie des mers
qu'elle contienne le soleil
dans la poitrine où brille l'homme du lendemain
l'homme d'aujourd'hui sur le chemin des étoiles de mer
a planté le signe avancé de la vie

telle qu'elle se doit de vivre
le vol librement choisi de l'oiseau jusqu'à la mort
et jusqu'à la fin des pierres et des âges
les yeux fixés sur la seule certitude du monde
dont ruisselle la lumière rabotant au ras du sol

ARAGON (Né à Paris, en 1897). — Membre du mouvement « Dada », dès 1919, puis codirecteur de la revue « *Littérature* », il publia son premier recueil de poèmes « *Feu de Joie* », en 1920, bientôt suivi par un scintillant récit : « *Anicet ou le Panorama* » (1921). Après la liquidation du mouvement Dada, il est l'un des quatre fondateurs du Surréalisme, avec André Breton, Philippe Soupault et Paul Eluard. Il donne un essai : « *Le Libertinage* » (1924) et un long poème en prose « *Le Paysan de Paris* » (1925) qui comptent parmi les chefs-d'œuvre de l'esthétique surréaliste. En 1927, il adhère au parti communiste et rompt avec Breton. En 1928, il avait publié « *Le Traité du style* » et, en 1930, à l'occasion d'une exposition de collages, « *La Peinture au Défi* ». Il décide de se mettre en entier au service de ses idées politiques et publie les poèmes militants de « *Hourra l'Oural* » (1934). L'année précédente, déjà, le romancier avait choisi de décrire le monde réel dans « *Les Cloches de Bâle* ». Mobilisé, il publie les trois premiers poèmes du « *Crève-Cœur* », fin 1939 et le livre complet en 1941. Ce cri de douleur d'un homme blessé dans sa patrie fait aussitôt le tour du monde. Puis, démobilisé, il se réfugie en zone sud avec sa femme, Elsa Triolet. Ils y animent ensemble la Résistance intellectuelle. Devenu soudain l'une des plus hautes voix de l'espoir, il cherche à se rapprocher encore des sources vives du pays en chantant l'événement à l'aide de la prosodie classique, celle de d'Aubigné et de Charles d'Orléans. Pour aider sa patrie à se libérer, il ressuscite les vieux chants de croisés, les plaintes des Chevaliers de la Table Ronde, romances savantes où le « *clus trobar* », et toutes les ressources d'une poésie allusive sont mis au service de l'opposition à l'ennemi. Il signe François la Colère ses écrits clandestins, et publie en France, en Suisse, en Angleterre, aux U. S. A. : « *Les Yeux d'Elsa* » (1942), « *Le Musée Grévin* » (1943), « *La Diane Française* » (1944) et « *En Etrange Pays dans mon Pays lui-même* » (1945). A la libération, il prend la direction des « *Lettres Françaises* ». Le romancier qui était resté fidèle à une conception subjective du roman, publie en 1944 « *Aurélien* » et commence ensuite la série des « *Communistes* » (1949-1951). Ecrivain en perpétuel « mouvement », créateur infatigable, Aragon n'a pas fini de nous étonner. Au cours de ces dernières années, il a élargi sa poésie jusqu'aux dimensions hugoliennes avec « *Les Yeux et la Mémoire* », « *Le Roman Inachevé* », « *Elsa* » et « *Les Poètes* » (1960), tandis qu'il renouvelait sa veine romanesque avec « *La Semaine Sainte* » (1958) et « *Blanche ou l'Oubli* » (1967).

Cet écrivain, dont l'œuvre comporte plus de 70 titres, poète avant tout et sans doute l'un des plus doués et des plus grands, n'a jamais ménagé son « engagement ». Militant de la littérature, homme politique, directeur de journaux et d'une maison d'édition, essayiste, polémiste, romancier, poète dont certains poèmes sont devenus, avec la musique de Léo Ferré, des chansons qui s'inscrivent d'emblée dans le trésor de la chanson française, Aragon, qui prôna « le scandale pour le scandale » ajoute à ceux qu'il anima, celui-ci : chanter, depuis sa rencontre avec Elsa Triolet, un grand amour.

FUGUE

Une joie éclate en trois
temps mesurés de la lyre
Une joie éclate au bois
que je ne saurais pas dire

Tournez têtes Tournez rires
pour l'amour de qui
pour l'amour de quoi

pour l'amour de moi

PARTI PRIS

Je danse au milieu des miracles
Mille soleils peints sur le sol
Mille amis Mille yeux ou monocles
m'illuminent de leurs regards
Pleurs du pétrole sur la route
Sang perdu depuis les hangars

Je saute ainsi d'un jour à l'autre
rond polychrome et plus joli
qu'un paillasson de tir ou l'âtre
quand la flamme est couleur du vent
Vie ô paisible automobile
et le joyeux péril de courir au devant

Je brûlerai du feu des phares

(Feu de Joie).

POÈME DE CAPE ET D'ÉPÉE

Les chevaliers de l'ouragan s'accrochent aux volets des boutiques
Ils renversent les boîtes à lait comme de simples mauviettes
Ils tournent autour des têtes
Ils vont nostalgiquement s'appuyer à la boule barbue des coiffeurs

Chevaliers de l'ouragan
Qu'avez-vous fait de vos gants

Au hasard des quartiers qu'ils ébranlent
Ils montent entre les maisons
En haut en bas en haut en haut
Ils soupirent dans les soupentes
Ils soupirent aux soupiraux

Chevaliers de l'ouragan
Mais où mais où avez-vous mis vos gants

L'un s'éloigne l'autre s'approche
Ils sont deux je le vois bien
L'un s'éloigne c'est Saint Sébastien
L'aütre s'approche c'est un païen

Chevaliers de l'ouragan
Comme vous êtes intrigants

Saint Sébastien arrache un peu ses flèches
Le païen les ramasse et les lèche
Saint Sébastien porte l'heure à son poignet
Trois heures dix

Chevaliers de l'ouragan
Où où où avez-vous mis vos gants

Hou hou dans les cheminées
Trois heures onze à présent
Il n'y a plus de métro depuis longtemps
Qu'allez-vous chercher dans les caves

Chevaliers de l'ouragan
Auriez-vous perdu vos gants

Ici j'ai mis ma cravate
Me répond Saint Sébastien
Le païen le païen ne dit rien
Il a l'air d'avoir égaré sa cravate ma parole

Chevaliers de l'ouragan
A l'égout s'en vont les gants

L'un regarde le présent
L'autre a des souvenirs dans les oreilles
L'un s'envole et l'autre meurt
La nuit s'ouvre et montre ses jambes

Chevaliers de l'ouragan
Chevaliers extravagants

(Le Mouvement Perpétuel).

MAGNITOGORSK 1932

Le petit cheval n'y comprend rien
Qu'est-ce que c'est que ces caissons
Ces arbres de fer ces chars ces chansons
qui sortent de sortes
de fleurs suspendues
Et rien ne sert de trotter. Les mots de métal
volent
le long de la route au vent malicieux des poteaux télégraphiques
Le petit cheval n'y comprend rien

Le petit cheval n'y comprend rien
Le paysage est un géant enchaîné avec des clous d'usines
Le paysage s'est pris les collines dans un filet de baraquements
Le paysage a mis des colliers de fumées
Le paysage a plus d'échafaudages qu'un jour d'été
n'a de mouches
Le paysage est à genoux dans le socialisme
Et l'électricité
étire ses doigts fins du ciel à la poussière

Le petit cheval n'y comprend rien
Personne ne dort dans ces maisons d'hommes
Ça siffle partout comme après un chien
Et des léopards de feu se détachent au passage des wagonnets
le long du combiné des sous-produits chimiques
Tonnerre du minerai tombant aux concasseurs
Tonnerre du rire des hauts fourneaux
Tonnerre d'applaudissements des eaux du barrage
au numéro d'un clown inconnu qui crache du fer

Le petit cheval n'y comprend rien
Il y a des mouchoirs
rouge avec des mots blancs
tendus au travers du ciel des routes
ou noués à des machines
ou comme des bifteacks à la gueule des bâtiments
Il y a des conseils d'hygiène jusqu'
au fond de la nuit du charbon
Il y a
de l'idéologie en pagaye au déballez-moi ça des monts

Le petit cheval n'y comprend rien
De grands types circulent entre les épaules de la terre
et sous leurs mains calleuses familièrement
claque le flanc de l'avenir
De grands types qui lisent au voyant des édifices publics
les chiffres mystérieux de la fonte et du coke produits chaque jour
De grands types
pour qui le ciel et la montagne
se résument le soir dans un accordéon

Ah mon amour ah mon amour allons au cirque
où fait de la voltige un Italien
qui s'est sauvé de chez Mussolini dans les soutes
d'un vapeur rouge dont le Vésuve a salué longtemps le départ
Et puis nous remonterons vers la ville socialiste
à laquelle il manque encore ses balcons
entendre ce qu'ont à dire de la poésie
les membres de la brigade Maxime Gorki

Quand on pense que le blooming n'a pas encore son poète
Le petit cheval n'y comprend rien

Sur un sein de la ville un monde fou s'agite
Les femmes de par ici ont les yeux si noirs qu'on s'y noyerait
Les échoppes ont l'air de femmes bien aimées
Un photographe rose a seul des larmes dans la voix

Près de la tente des consultations vétérinaires
des grappes de souliers pendent à des poutrelles
plus incroyables aux regards bachkirs que les automobiles
ou pour toi que l'*Anti-Dühring* à l'éventaire du bouquiniste
Le petit cheval n'y comprend rien

Au fait que disait-elle au début de ce poème
la voix aérienne qui saute à mesure qu'on s'en va
d'un pavillon vers l'autre et qui reprend l'antienne
sans laquelle un quelque chose assurément manque au panorama
Et les mots s'égrenaient s'engrenaient à la fresque
immense
où dans un coin Détail un mammouth forgeron
regarde avec tendresse un tout petit Lénine en plâtre
Le petit cheval n'y comprend rien

Tu n'y comprends rien petit cheval
Est-ce que tu ne détestes pas à tes heures
le fouet et le goût qu'il donne à ton foin
Est-ce que tu n'as pas vu dans les villages
des hommes avoir faim près des vierges en or
Petit cheval ne presse pas ta course écoute
Petit cheval les mots radiophoniques qui sont
la clé de ce rébus d'Oural écoute
Petit cheval écoute bien

La
technique
dans la période
de reconstruction
décide
de
tout

Petit cheval petit cheval comprends-moi bien

(Hourra l'Oural).

VINGT ANS APRÈS

Le temps a retrouvé son charroi monotone
Et rattelé ses bœufs lents et roux c'est l'automne

Le ciel creuse des trous entre les feuilles d'or
Octobre électroscope a frémi mais s'endort

Jours carolingiens. Nous sommes des rois lâches
Nos rêves se sont mis au pas mou de nos vaches
A peine savons-nous qu'on meurt au bout des champs
Et ce que l'aube fait l'ignore le couchant

Nous errons à travers des demeures vidées
Sans chaînes sans draps blancs sans plaintes sans idées
Spectres du plein midi revenants du plein jour
Fantômes d'une vie où l'on parlait d'amour

Nous reprenons après vingt ans nos habitudes
Au vestiaire de l'oubli Mille Latudes
Refont les gestes d'autrefois dans leur cachot
Et semble-t-il ça ne leur fait ni froid ni chaud

L'ère des phrases mécaniques recommence
L'homme dépose enfin l'orgueil et la romance
Qui traîne sur sa lèvre est un air idiot
Qu'il a trop entendu grâce à la radio

Vingt ans L'espace à peine d'une enfance et n'est-ce
Pas sa pénitence atroce pour notre aînesse
Que de revoir après vingt ans les tout petits
D'alors les innocents avec nous repartis

Vingt ans après Titre ironique où notre vie
S'inscrit toute entière et le songe dévie
Sur ces trois mots moqueurs d'Alexandre Dumas
Père avec l'ombre de celle que tu aimas

Il n'en est qu'une la plus belle la plus douce
Elle seule surnage ainsi qu'octobre rousse
Elle seule l'angoisse et l'espoir mon amour
Et j'attends qu'elle écrive et je compte les jours

Tu n'as de l'existence eu que la moitié mûre
Ô ma femme les ans réfléchis qui nous furent
Parcimonieusement comptés mais heureux
Où les gens qui parlaient de nous disaient Eux deux

Va tu n'as rien perdu de ce mauvais jeune homme
Qui s'efface au lointain comme un signe ou mieux comme
Une lettre tracée au bord de l'Océan
Tu ne l'as pas connu cette ombre ce néant

Un homme change ainsi qu'au ciel font les nuages
Tu passais tendrement la main sur mon visage

Et sur l'air soucieux que mon front avait pris
T'attardant à l'endroit où les cheveux sont gris

Ô mon amour ô mon amour toi seule existe
Où je perds à la fois le fil de mon poème
Et celui de ma vie et la joie et la voix
Parce que j'ai voulu te redire Je t'aime
Et que ce mot fait mal quand il est dit sans toi

J'ATTENDS SA LETTRE AU CRÉPUSCULE

Sous un ciel de cretonne
Pompadour et comment
Une petite auto
Navigue
Et l'écho ment
Et qu'est ce chant qu'entonne
Le soir au bois dormant
Dans le parc monotone
Où rêve un régiment
Qui dans l'ombre cantonne
Au fond du bel automne

Que les heures tuées
Guerre à Crouy-sur-Ourcq
Meurent mal Et tu es
Mon âme et mon vautour
Camion de buées
Mélancolique amour
Qui suis l'avenue et
Capitaine au long cours
Quitte pour les nuées
Les terres remuées

Y vois-tu ma maîtresse
Triste triste et rêvant
Et cette dorure est-ce
Trésor mordu souvent
Sa coiffure terrestre
Que me dit-elle ô vent
Que me dit-elle Reste
Reste ici comme avant
Les batailles de l'est

Rien dit le vaguemestre

(Le Crève-Cœur). (N.R.F.)

LE PAYSAN DE PARIS

(*fragment*)

....

Deux coiffeurs à la queue-leu-leu font suite au marchand de timbres : le premier coiffeur pour dames, le second *Salon* pour Messieurs. Coiffeurs pour les deux sexes, vos spécialisations ne sont pas sans valeur. Les lois du monde s'inscrivent en lettres blanches à votre devanture ; les bêtes des forêts vierges, voilà vos clients : elles viennent dans vos fauteuils se préparer au plaisir et à la propagation de l'espèce. Vous aiguisez les cheveux et les joues, vous taillez les griffes, vous affûtez les visages pour la grande sélection naturelle. On a vu des rossignols enroués dans vos linceuls humides ; au petit crachoir de sable avant de s'asseoir, ils avaient jeté leur cigare orné des étoiles de la nuit, puis ils s'abandonnaient aux ciseaux chanteurs et au vaporisateur magique. Qui donc t'aurait reconnu, mélodieux oiseau, dans ce patient qui lit avec négligence les échos de la Vie Parisienne ?

Je voudrais savoir quelles nostalgies, quelles cristallisations poétiques, quels châteaux en Espagne, quelles constructions de langueur et d'espoir s'échafaudent dans la tête de l'apprenti, à l'instant qu'au début de sa carrière il se destine à être coiffeur pour dames, et commence de se soigner les mains. Enviable sort vulgaire, il dénouera désormais tout le long du jour l'arc-en-ciel de la pudeur des femmes, les chevelures légères, les cheveux-vapeur, ces rideaux charmants de l'alcôve. Il vivra dans cette brume de l'amour, les doigts mêlés au plus délié de la femme, au plus subtil appareil à caresses qu'elle porte sur elle avec tout l'air de l'ignorer. N'y a-t-il pas des coiffeurs qui aient songé, comme des mineurs dans la houille, à ne servir jamais que des brunes, ou d'autres à se lancer dans le blond ? Ont-ils pensé à déchiffrer ces lacis où restait tout à l'heure un peu du désordre du sommeil ? Je me suis souvent arrêté au seuil de ces boutiques interdites aux hommes et j'ai vu se dérouler les cheveux dans leurs grottes. Serpents, serpents, vous me fascinez toujours. Dans le passage de l'Opéra, je contemplais ainsi un jour les anneaux lents et purs d'un python de blondeur. Et brusquement, pour la première fois de ma vie, j'étais saisi de cette idée que les hommes n'ont trouvé qu'un terme de comparaison à ce qui est blond : *comme les blés*, et l'on a cru tout dire. Les blés, malheureux, mais n'avez-vous jamais regardé les fougères ? J'ai mordu tout un an des cheveux de fougère. J'ai connu des cheveux de résine, des cheveux de topaze, des cheveux d'hystérie. Blond comme l'hystérie, blond comme le ciel, blond comme la fatigue, blond comme le baiser. Sur la palette des blondeurs, je mettrai l'élégance des automobiles, l'odeur des sainfoins, le silence des matinées, les perplexités de l'attente, les ravages des frôlements. Qu'il est blond le bruit de la pluie, qu'il est blond le chant des miroirs ! Du parfum des gants au cri de la chouette, des battements du cœur de l'assassin à la flamme-fleur des cytises, de la morsure à la chanson, que de blondeurs, que de paupières : blondeur des toits, blondeur des vents, blondeur des tables, ou des palmes, il y a des jours entiers de blondeur, des grands magasins de Blond, des galeries pour le désir des arsenaux de poudre d'orangeade. Blond partout : je m'abandonne à ce pitchepin des sens, à ce concept de la blondeur qui n'est pas la couleur même, mais une sorte d'esprit de couleur, tout marié aux accents de l'amour. Du blanc au rouge par le jaune, le blond ne livre pas son mystère. Le blond ressemble au balbutiement de la volupté, aux pirateries des lèvres, aux frémissements des eaux limpides. Le blond échappe à ce qui le définit, par une sorte de chemin capricieux où je rencontre les fleurs et les coquillages. C'est une espèce de reflet de la femme sur les pierres, une ombre paradoxale des caresses dans l'air, un souffle de défaite de la raison. Blonds comme le règne de l'étreinte, les cheveux se dissolvaient donc dans la boutique du passage, et moi je me laissais mourir depuis un quart d'heure environ. Il me semblait que j'aurais pu passer ma vie non loin de cet essaim de guêpes, non loin de ce fleuve de lueurs. Dans ce lieu sous-marin, comment ne pas penser à ces héroïnes de cinéma qui, à la recherche d'une bague perdue, enferment dans un scaphandre toute leur Amérique nacrée ? Cette chevelure déployée avait la pâleur électrique des orages, l'embus d'une respiration sur le métal. Une sorte de bête lasse qui somnole en voiture. On s'étonnait qu'elle ne fît pas plus de bruit que des pieds déchaussés sur le tapis. Qu'y a-t-il de plus blond que la mousse ? j'ai souvent cru voir du champagne sur le sol des forêts. Et les girolles ! Les oronges ! Les lièvres qui fuient ! Le cerne des ongles ! Le cœur du bois ! La couleur rose ! Le sang des plantes ! Les yeux des biches ! La mémoire : la mémoire est blonde vraiment. A ses confins, là où le souvenir se marie au mensonge, les jolies grappes de clarté ! La chevelure morte eut tout à coup un reflet de porto : le coiffeur commençait les ondulations Marcel.

(Le Paysan de Paris). **(N.R.F.)**

LE TRAITÉ DU STYLE

(fragment)

....

Mon style est comme la nature ou plutôt réciproquement. Suivez-moi bien par ces ruissellements et ces roches. L'immense coupe-papier des routes ne connaît pas suffisamment la campagne. Il te faut un guide, à travers l'aisselle des forêts. Là te guette un loup-garou de mousse, ici tu serais mangé par un champignon Minotaure. D'étranges lueurs errent un peu partout dans mes plaines. Le bizarre Septembre promène tout à coup sur les champs des yeux loucheurs qui interfèrent et s'enténèbrent. On lit aux plis des collines un destin brouté par les vaches. L'ombre des nuées dessine sur la terre de grands fantômes percés d'or. Des puits d'azur s'ouvrent sur des crétineries de tuiles. Des seins fauves palpitent au milieu des blondeurs fauchées, sous l'aile bruyante des pies, semblables au temps qu'il fait. L'horizon chevelu se coiffe torrentiellement avec de petits peignes de pluie qui courent, courent, courent. Le guano solaire tombe au hasard sur les ombres chinoises de machines agricoles. Des buissons un instant aux nitrates célestes lissent leurs plumes de perruches, puis ce n'est plus qu'une flottaison des profondeurs marines, un atoll délavé qui fuit dans du goudron. Ô mouettes moustaches légères, détachez-vous de la lèvre des falaises, ces vieux militaires gâteux, laissez-les ânonnant le journal jaunâtre des vagues et mettez au-dessus de mes côteaux zébrés vos accents circonflexes en voyage. Moi, je me tourne vers la mer. Cètte fille à soldats tapageuse et bougonne change perpétuellement ses toilettes défraîchies pour des robes de rencontre où les coulées burlesques des rafales, les taches, les chiures, les reprises, les pièces, les coups de fer maladroits, les fanantes habitudes nocturnes de la garnison voudraient passer pour une débauche de couleurs, une splendeur de pigeon, une insolence orientale. Il y a dans la chienlit un goût immodéré des effets de pastel. Flaques fatiguées, mauves. Bleus bêtes. Crachats roses. Toute une Savonnerie morne, comme si tous les salons de la province s'étaient vidés avec leurs guéridons écaillés, leurs fauteuils désanglés, leurs clopinantes chaises, pêle-mêle dans l'énorme égoût ballotant où les familles viennent tremper aux premières chaleurs leurs corps groupés par rang de taille, sautant hectiquement à chaque salivée qui roule des végétaux infects, et une sorte de crottin filandreux. Les tempêtes ? petit truc de perspective, les bateaux étant un peu plus couchés, quelques hommes tombent dans la vilaine eau verte et grise, et si parfois une espèce de grandeur couronne comme une guirlande de feu le paysage maritime, c'est dans le ciel que cet archevêque sacre le Clovis des flots, c'est le ciel qui marie la pourpre et les chromes dans une sarabande de salamandres, le ciel seul qui fait tournoyer les géants Frégolis des nuages, qui pissent çà et là dédaigneusement sur la mer. Qu'est-ce pour le vent aux doigts de sabre, pour le vent diamantaire, le vent qui regarde passer les balles et sait entre ses dents tordre la fonte et le maillechort ? Qu'est-ce donc pour le vent que le beurre des vagues, un étron pour son pied, du feutre pour son poing. Il lui faut les craquantes carcasses des montagnes, les pics qui le saluent à coups de pierre. les mélèzes qui brisent pour lui la hampe d'un drapeau toujours vert, les croulantes floraisons des neiges, les lustres fendus des glaciers, le précipice où sa voix s'enfle et répond au gramophone du tonnerre. L'orage a pitié de la mer, il me dit : « Laisse-la, c'est une grande molle, nous sommes faits pour de plus fières putains. Va, ton style n'est pas semblable à la mer. Il faut le comparer à toute l'immense campagne, des maisons de granit où j'aime à me perdre l'hiver, cherchant par leurs salles obscures les traces des ours anciens, le souvenir des sabbats, des luttes de mammouths et des mythes runiques, jusqu'aux jardins démesurés où l'homme a mis le blé, mais où moi j'ai mis les bleuets, jusqu'aux murmurants cressons où vient boire la rousseur, ce n'est plus l'éclair de l'écureuil. Charmant saltigrade ! il revient empanacher tes périodes, il cueille une noisette et le fourré le reprend. Fourré dont la touffe est si drue que le trocart s'y brise, cependant des animaux mystérieux y circulent, et des fleurs élèvent au-dessus de leurs fourmillements des cous interrogateurs d'autruches, des têtes ébouriffées de réveil. Les fougères ! ici c'est chez toi. Partout, quand surgissent ces verdures inquiétantes, qui révèlent par leur plénitude un sous-sol infidèle et de dormantes eaux, ton royaume s'étend, où le lecteur se perd. Phrases sphaignes sphinges. Osiers, marchanties, grenouillettes, plantes des lieux incertains, dont le pied soudain révèle une mare et soudain la terre marengo se dérobe, sous les basses branches d'un bois hanté glissent les lutins des nappes profondes. La métallepse est de règle où la sauge fleurit.

Mon cher ouragan, les champs torrides comme les marais m'appartiennent. La mélampyre croît dans mes seigles, et ma blaude est le ciel bleu des ruminants à l'ongle sec. Je n'écobuerai pas mes paroles. Mes nielles, mes parasites sont aussi précieux que les céréales commentées. Je continuerai à saigner des coquelicots à foison. La couleur seule fait que je soufre mes vignes. Il y a dans mon style assez de place pour l'ergot et le phylloxera.
....

(Traité du Style). **(N.R.F.)**

PHILIPPE SOUPAULT (Né en 1897). — Auteur avec André Breton du premier grand texte surréaliste : « *Les Chants Magnétiques* », Philippe Soupault devait s'éloigner du mouvement dont il avait été l'un des fondateurs sans rompre tout à fait avec les prestiges de l'écriture automatique. Son œuvre poétique : « *Aquarium* » (1917), « *Rose des Vents* » (1920), « *Westwego* » (1922), « *Georgia* » (1926), « *L'Ode à Londres Bombardée* » (1944) et « *L'Arme Secrète* » (1946) possède ainsi une étonnante unité. Grand voyageur, journaliste, producteur à la radio et critique, Soupault a publié de nombreux romans, parmi lesquels : « *Le Bon Apôtre* » (1923), « *Le Nègre* » (1927) et « *Le Grand Homme* » (1929).

GEORGIA

Je ne dors pas Georgia
Je lance des flèches dans la nuit Georgia
j'attends Georgia
Le feu est comme la neige Georgia
La nuit est ma voisine Georgia
J'écoute les bruits tous sans exception Georgia
je vois la fumée qui monte et qui fuit Georgia
je marche à pas de loup dans l'ombre Georgia
je cours voici la rue les faubourgs Georgia
Voici une ville qui est la même
et que je ne connais pas Georgia
je me hâte voici le vent Georgia
et le froid et le silence et la peur Georgia
je fuis Georgia
je cours Georgia
les nuages sont bas ils vont tomber Georgia
j'étends les bras Georgia
je ne ferme pas les yeux Georgia
j'appelle Georgia
je crie Georgia
j'appelle Georgia
je t'appelle Georgia
Est-ce que tu viendras Georgia
bientôt Georgia

Georgia Georgia Georgia
Georgia
je ne dors pas Georgia
je t'attends
Georgia

CHANSON

Monsieur Miroir marchand d'habits
est mort hier soir à Paris
Il fait nuit
Il fait noir
Il fait nuit noire à Paris

MANIFESTE DADA

LITTERATURE ET LE RESTE

On m'a répété plus de deux cents fois (peut-être trois cents) que deux et deux font quatre. C'est tant mieux, ou tant pis. Mais la main qui est là, ouverte devant vous, ces cinq doigts existent, ou n'existent pas. Je m'en moque comme de l'an quarante. Les beaux mots bordés de plumes ou de petites fusées odorantes, les périodes construites avec des cailloux transparents ne valent pas les deux sous que je vous jette à la figure.

Qui donc osera semer dans vos cervelles plus maigres et plus petites que les feuilles des saules cette plante ridicule qu'on appelle l'ivraie ou le blé. Qu'on s'amuse si l'on veut à m'arracher les yeux et à regarder ce qui pousse sur le fumier qui me sert de cerveau. Vous n'y verrez rien, parce qu'il n'y a rien. Vous tous qui êtes gonflés d'idées et de principes comme des oies et qui me ressemblez comme des frères allez vous promener dans les champs et rappelez-vous que le blé qui lève est un roman de Monsieur René Bazin.

Mais moi, qui suis ici tout seul devant ces murs de plâtre, j'ai compris que tous mes amis, assassins ou littérateurs, sont aussi bêtes que moi. Les plus coupables sont ceux qui s'amusent à se prendre au sérieux.

— Pourquoi avez-vous écrit un manifeste ? m'a-t-on crié.

J'écris ce manifeste parce que je n'ai rien à dire.

La littérature existe, mais dans le cœur des imbéciles.

Il est absurde de diviser les écrivains en bons et en mauvais. D'un côté, il y a mes amis, et de l'autre, le reste.

Quand tous mes contemporains auront compris toutes ces choses, peut-être qu'à ce moment, on respirera plus aisément et qu'on pourra ouvrir les yeux ou la bouche sans risquer d'être asphyxié. J'espère, d'ailleurs, que ces gens dont je parlais et qui ont pour moi le plus délicieux mépris ne comprendront jamais rien. C'est la grâce que je leur souhaite.

Qu'ils hurlent au nom de la morale, de la tradition ou de la littérature, c'est toujours le même hurlement, le même vagissement. Leur sourire dédaigneux m'est aussi doux que la rage de leurs épouses majestueuses. Ils peuvent me mépriser ; ils n'arriveront jamais à savoir ce que je pense de moi-même, parce que ma vie s'écroule dans le sens des aiguilles d'une montre.

Tous ces gens qui sont ici n'auront même pas le courage de siffler pour exprimer leur dégoût. Moi j'ai le courage de siffler et de crier que ce manifeste est idiot et plein de contradictions, mais je me consolerai tout à l'heure en me disant que cette fameuse littérature, la fleur de pissenlit qui est née dans le diaphragme des crétins, est encore plus bête.

WESTWEGO

Etrange voyageur sans bagages
Je n'ai jamais quitté Paris
ma mémoire ne me quittait pas d'une semelle
ma mémoire me suivait comme un petit chien
j'étais plus bête que les brebis
qui brillent dans le ciel à minuit
il fait très chaud
je me dis tout bas et très sérieusement
j'ai très soif j'ai vraiment très soif
je n'ai que mon chapeau
clef des champs clefs des songes
père des souvenirs
mais ce soir je suis dans cette ville
derrière chaque arbre des avenues
un souvenir guette mon passage
C'est toi mon vieux Paris
tes monuments sont les bornes kilométriques de ma fatigue
je reconnais tes nuages
qui s'accrochent aux cheminées
pour me dire adieu ou bonjour
la nuit tu es phosphorescent
je t'aime comme on aime un éléphant
tous les cris sont pour moi des cris de tendresse
je suis comme Aladin dans le jardin
où la lampe magique était allumée
je ne cherche rien
je suis ici
je suis assis à la terrasse d'un café
et je souris de toutes mes dents
en pensant à tous mes fameux voyages
je voulais aller à New York ou à Buenos-Ayres
connaître la neige de Moscou
partir un soir à bord d'un paquebot
pour Madagascar ou Shanghaï
remonter le Mississippi

je suis allé à Barbizon
et j'ai relu les voyages du capitaine Cook
je me suis couché sur la mousse élastique
j'ai écrit des poèmes près d'une anémone sylvie
en cueillant les mots qui pendaient aux branches
le petit chemin de fer me faisait penser au transcanadien
et ce soir je souris parce que je suis ici.

MARCEL THIRY (Né en 1897, en Belgique). — Le tour du monde, qu'il fit pour être rapatrié, paraît avoir été sa source d'inspiration pour ses recueils : « *Toi qui pâlis au nom de Vancouver...* », « *Plongeantes Proues* », « *L'Enfant Prodigue* ». Il est avec Levet et Brauquier le poète des escales et des voyages, encore que « *Statues de la Fatigue* » et « *Marchands* » prennent le commerce et la banque pour thèmes de départ (†1977).

TOI QUI PÂLIS AU NOM DE VANCOUVER...

Toi qui pâlis au nom de Vancouver
Tu n'as pourtant fait qu'un banal voyage :
Tu n'as pas vu les grands perroquets verts.
Les fleuves indigo ni les sauvages.

Tu t'embarquais à bord de maints steamers
Dont par malheur pas un ne fit naufrage.
Sans grand éclat tu servis sous Stürmer.
Pour déserter tu fus toujours trop sage.

Mais il suffit à ton orgueil chagrin
D'avoir été ce soldat pérégrin
Sur le trottoir des villes inconnues.

Et, seul, un soir, dans un bar de Broadway,
D'avoir aimé les grâces Greenaway
D'une Allemande aux mains savamment nues.

POUR ÊTRE ENCORE SUR CE TRANSPORT...

Pour être encore sur ce transport
Qui ramenait aussi quelques femmes créoles.
Sur ce transport ayant à bord
Ces femmes, ces soldats vaincus et la variole.

Pour voir passer encor au bras d'un aspirant
Le flirt bronzé du capitaine
Qui portait avec art une robe safran
Comme un drapeau de quarantaine.

Pour souffrir encor du vaccin,
Du mal de mer et de l'altier dédain des femmes.
Et pour rêver de jeunes seins
Dans l'entrepont plein du confus chaos des âmes.

Pour entendre chanter encor dans les agrès
Les longs alizés nostalgiques,
Pour être encor ce vacciné du Pacifique
Tu donnerais, tu donnerais...

(Toi qui pâlis au nom de Vancouver).

ROBERT GOFFIN

(Né à Ohain, en Belgique, en 1898). — Poète de la modernité, véritable tempérament, aussi près de Mallarmé que de Cendrars, il écrit en pleine pâte, se laissant aller au lyrisme des couleurs. Le langage est pour lui musique et peinture. « *La Proie pour l'Ombre* », « *Sang Bleu* », « *Le Voleur de Feu* », « *Filles de l'Onde* » sont ses œuvres poétiques principales. On lui doit aussi une remarquable introduction à la poésie : « *Entrer en Poésie* ».

FEMMES DE CHEVET

....
Donne-moi la main que je te montre la passe dangereuse des Espionnes
Les guerres tournent autour d'elles comme des chevaux de bois ;
Elles récèlent la poésie en mélinite bien dosée dans des bonbonnes,
Elles ont des chignons postiches, un langage chiffré et portent à leurs doigts
Des bagues à cachets compliqués qui servent de mots de passe :
A volonté, elles changent de sexe, de verdure, d'amour et même de race
Et le soir, elles essaient de crocheter des télégrammes à double tour,
Elles font la guerre, elles font la paix, elles font l'amour.
Les généraux ne les connaissent que par des numéros d'ordre
Elles jouent à la roulette avec tous les jours de leurs calendriers,
Elles savent qu'en fin de compte il faudra payer
Et tirent des chèques sans provision sur des amours de toutes sortes.

. . . .

Ah ! dire qu'il y a des petites filles qui vont au catéchisme,
D'autres qui épellent l'alphabet bi, bo, bu, ba
Ou qui retiennent de beaux noms de fleuves, d'îles ou d'isthmes
Ou qui se promènent au bois quand le loup n'y est pas
Et qui seront les femmes fatales de la prochaine guerre.
Ce sont pourtant les seules qui connaissent encore le langage des fleurs :
Lys, la pureté ; violette, l'humilité et fleur de tes lèvres, le bonheur

Et la fleur triste en velours mauve des grands plateaux de l'Argentine
Et la fleur vénéneuse qui ne peut pousser que dans les champs de Maldoror
Et la fleur en forme de saule-pleureur des profondeurs sous-marines
Et la fleur exotique aux feuilles gluantes qu'on dit insectivore
Et la fleur souffreteuse en mie de pain qui pousse dans les mansardes
Et la fleur jaune en canari qui borde les rivages sardes.

. . . .

C'est Rirette Maîtrejean au cœur tremblant qui nous est à peine apparue ;
Elle préparait si bien le thé pour la bande à Bonnot,
Les désirs roulaient autour d'elle et lui chatouillaient la peau
Et le jour de l'attaque de Chantilly elle faisait le guet au haut de la rue.
Elle retrouvait ses amis en chapeau-melon à Coulange-la-Vineuse
Entre deux Grand-Marnier, elle lisait le journal à haute voix,
Puis collée à Raymond-la-Science, elle tournait sur un air de polka
Et l'orchestrion allumait des gitanes aux notes langoureuses !

Je vous revois, je vous revois, femmes blondes oxygénées
Avec le sang de votre vie filtrant par vingt-cinq trous.
Vous aimiez Jack Diamond pour sa moustache bien aiguisée,
Vous vous aimiez toutes les deux à travers cet adorable voyou.
Il vous fit signe de l'albatros de son mouchoir mélancolique
Et vos regards comme des mouettes suivaient le blanc transatlantique
Oh ! Violette et Barbara grands mannequins aux chairs fiévreuses,
La bande rivale vous a vêtues de larges coups de mitrailleuses
Et maintenant, Jack Diamond n'est plus là pour vous venger !
Qui portera les fleurs que vous aimiez tant au cimetière
Après la « cocktail-party » d'un petit matin de mai ?
Est-ce Jenny-la-Rouge, Ketty-la-Vamp ou Ruth-la-Meurtrière
Ou votre plus jeune sœur nouée au crime du balafré ?...
Vous avez descendu la douzième rue dans un cercueil de mille dollars
Les « speak-easies » étaient en berne, les gunmen armés jusqu'aux dents.
Tous les gangsters qui avaient payé patente suivaient le corbillard.
Il y avait le lieutenant d'Al Capone, un délégué du maire en gants blanc
Et un juge en pleurs qui lut un télégramme de Texas Guinan
Puis, parmi la grande foule quelques nouvelles arrivées
La maîtresse de Joé Bruns, les sœurs Kinder et Gina Genkins la magnifique.

Je les retrouve sur les routes d'Indiana avec des voitures volées ;
Au volant, Pearl Elliott la femme la plus recherchée d'Amérique
Amie intime de l'ennemi public numéro un, John Dillinger !
Les banques s'écroulent comme des châteaux de cartes, les prisons sont transparentes.
Walter Dietrich, Jack Hamilton, Joë Fox, James Clark et toute la

bande
Sont à South-Bend où ils dévalisent l'arsenal militaire.
Hourra ! la police mal organisée ne retrouve pas les bandits
Et les femmes fatales n'ouvrent leur floraison vénéneuse que la nuit :
Elles ont des robes de soie plus justes que leurs corps et des lèvres chaudes
Et de grands éventails en papillon qui remuent du parfum de Paris
Et des combinaisons en oiseaux des îles truffées d'émeraudes
Comment voulez-vous que les honnêtes gens résistent à pareilles tentations ?

C'est Louisville Lou qui distribue les tickets pour la pâmoison
Sortie toute acajou et sexuelle d'un vieux « blues » apoplectique.
Comment voulez-vous que Scarface résiste à la grande blonde décolletée !
Comment voulez-vous que le pasteur résiste à Maë West et à sa clique ?
Comment voulez-vous que nous résistions à cette chanson de mort du balafré ?
Comment veux-tu que je résiste à tes caresses en paume fraîche ?
C'est la poursuite impitoyable. il faut que tu te dépêches :
Tony Camonté s'est écroulé sur lui-même sans dire un mot.
Les queues de billard tombent fauchées. sans rémission. comme de la céréale ;
Le monde est à nous. nous avons fait trembler les généraux ;
Il n'y a plus de Dieu. plus de patrie : nous avons guéri le mal par le mal
Et l'amour est un nouveau sport auquel nous consacrons notre peau.

(Œuvres Poétiques).
Editions Universitaires.

PAUL MORAND (Né à Paris, en 1888). — Il est avec Cendrars et Valery Larbaud, le poète simultanéiste où la vitesse, le voyage, les affaires, la vie moderne et cosmopolite se rencontrent dans le kaleidoscope du langage. Diplomate et romancier, il est l'*homme pressé* qui rêvera bientôt entre deux voyages interstellaires... Les poèmes de Paul Morand ont été édités par les Editions du Sans-Pareil (†1976).

TÊTE DE TROUPEAU

Voici le paradis des vieux.
des plus habiles. des plus résistants.
de ceux qui signent en pattes de mouche.
mais tout de même qui signent
et qui ont la confiance de la maison.
Motions caduques.
camarades de promotion.
Les vieux de France vont en voiture

enroulés dans des couvertures.
Ils arrêtent la vie avec leur poing tremblant
et la vie s'arrête,
et l'argent se fige dans les coffre-forts,
et autour des cous plats gonflés de paraffine,
se meurent les colliers de perles.
(Le corail va si bien aux jeunes filles.)
Ce que les vieillards croient un pardessus
est leur cercueil.
Il faut qu'ils se décident à nous laisser leur fermer les yeux,
et les y étendre,
avec leur parapluie et leur expérience,
s'ils veulent pouvoir encore compter
sur notre politesse.
Arche de Napoléon,
terre des reprises et des rechutes,
banc de square, agence de retraites,
Notre-Dame du bézigue,
asile du raccommodage, de la honteuse épargne
et de l'avancement à l'ancienneté,
beau verger,
vas-tu laisser tomber
tes vieux, logés dans les arbres fruitiers
et qui sont mûrs ?

(Feuilles de Température)

BOULE — PANORAMA

Alors l'on vit passer
les marchands de la terre,
les banquiers perceurs d'isthmes,
les dégustateurs d'amers,
les batteurs d'or,
les voyageurs en explosifs,
les éleveurs de tulipes électriques,
les négociants en scapulaires,
les fabricants d'yeux artificiels.
Ils criaient : Malheur !
« Tant de richesses ont été détruites
en une seule heure. »

Apocalypse

Puis naquirent des planètes
avec, pour rayons, des soies de porc,
des astres en métal blanc
semés d'une chapelure d'ozone,
et d'autres

dont la bouche était un timbre de caoutchouc ;
tous
rayèrent une nuit soumise au froid industriel.

Domestique

« Puis je vis un nouveau ciel et une nouvelle terre car le premier ciel et la première terre avaient disparu. »

(Feuilles de Température).

ESPÉRER

Allons, il va falloir encore espérer...
Nos pères, qui sont nés sans espoir
n'attendaient pas,
et nos cadets, on lit dans leurs yeux
qu'ils ne souffriront pas d'attendre.
Mais nous, aurons-nous assez attendu ?
Aurons-nous été assez dressés à ne pas nous dresser contre le temps ?
Assouplis par l'immonde patience
Tous les biens de la jeunesse
nous ne les avons eus qu avec des numéros d'ordre.
L'on nous a donné des jours de paix
en nous recommandant d'en user précairement
et de préparer la guerre.
Quand est venue la guerre,
nous avons attendu ceux qui à l'avant
attendaient
que chez l'ennemi naquît le doute
et du doute une nouvelle certitude ;
il a fallu qu'en eux et en nous
meurent mille heures d'or
(et aucune heure n'a sa pareille).

Il y a bien des raisons pour expliquer tout cela,
mais il y en a trop aussi
pour que nous ne soyons justifiés à dire
que nous ne pouvons plus attendre.
Nous ne voulons plus manger notre vie en conserve.
Voici la paix
et nous attendons encore :
rien n'a changé,
il y a toujours devant nous de vieux franc-maçons
qui craignent pour leur république.
il y a encore des préfets du 16 mai qui, depuis lors, n'ont plus fleuri.
il y a encore des généraux à plumet qui font des entrées dans les villes.
il y a encore des casernes, des bureaux de tabac.

des chalets de nécessité, des guichets,
des parapets, des contrôleurs, des douaniers,
des gardiens de square.

A quand un large et continuel don
de tout à tous ?
A quand une grande course pieds nus
autour du globe ?

(Poèmes).

NORGE (Né en 1898, à Bruxelles). — Des « *27 Poèmes Incertains* » (1927) aux « *Oignons* », de « *La Belle Endormie* » à « *La Langue Verte* » (N.R.F.), l'œuvre poétique de Norge est considérable. Qu'il recherche une identification du poème avec l'objet, qu'il s'emploie à cerner et à susciter le fantastique, qu'il ait l'air — seulement l'air ! — bonasse envers le quotidien, Norge, avec un trépan bien à lui, force dans son propre jardin.

C'EST UN PAYS

I

C'est un pays de montagne,
mettez vos pas dans mes pas,
mes chers amis, soyez purs
soyez fins comme la neige —
on entend siffler déjà
l'ombre d'un hiver futur :
C'est bien plus haut qu'on ne pense,
Vous n'êtes pas seuls, suivez.
suivez-moi ; où êtes-vous ?
(Ils tombaient sur les genoux)
C'est bien plus qu'on ne pense,
(Pourquoi n'avancent-ils plus ?)
C'est un pays de silence.
Celui qui parle est perdu.

IV

Sable pur et stérile
crépitantes orties
devenez mon aile !
Mes dures amitiés,
mes pierres calcinées,
les plis de vos années
me font signe sans geste
et me parlent sans lèvres.

Chers compagnons du monde,
vos verres sont trop lourds
je bois à même l'onde.

VI

Grands os tranquillisés,
bouquets de patience,
caressés, caressés
par les lisses années,
par les pierres âgées,
les méditantes eaux.

Et toi, maigre nature,
la noble tête allée
au riche goût du vide,
les orbites rendues
à l'azur voyageur,
la bouche enfin, la bouche
ouverte à tous les vents

Mais l'âme souhaitée
s'arrête sur le seuil.
Elle n'ose habiter
cette sèche demeure.

Que perdure l'absence
et les vents sans raison
et le cri des saisons —
— ô déserte maison ! —

VII

Orgueil et chasteté
poème bien gardé
ces mots ne livrent pa
ta profonde figure.

Tu demeures, tu dors
serein et sûr de toi
comme une pierre dure
qui contient un peu d'or.

(C'est un pays).

BENJAMIN PÉRET (1899 - 1959). — Né à Rézé (Loire-Atlantique). Il fut directeur (avec Pierre Naville) de la revue « *La Révolution Surréaliste* ». Les scandales qu'il organisa vers 1925 font aujourd'hui partie de la petite histoire littéraire. On retrouve la même violence grinçante dans ses poèmes : « *Immortelle maladie* » (1924), « *Dormir, Dormir dans les Pierres* » (1929), « *De Derrière les Fagots* » (1934), « *Je ne mange pas de ce Pain-là* » (1936) « *Je sublime* » (1936) et « *Air Mexicain* » (1949), et surtout dans ses contes : « *Mort aux Vaches et au Champ d'Honneur* » (1922-1923), « *La Brebis Galante* » (1924), « *Les Seins Mouraient* » (1926) et « *Le Gigot, sa Vie et son Œuvre* » (choix de contes, 1957).

ALLO

Mon avion en flammes mon château inondé de vin du Rhin
mon ghetto d'iris noir mon oreille de cristal
mon rocher dévalant la falaise pour écraser le garde-champêtre
mon escargot d'opale mon moustique d'air
mon édredon de paradisiers ma chevelure d'écume noire
mon tombeau éclaté ma pluie de sauterelles rouges
mon île volante mon raisin de turquoise
ma collision d'autos folles et prudentes ma plate-bande sauvage
mon pistil de pissenlit projeté dans mon œil
mon oignon de tulipe dans le cerveau
ma gazelle égarée dans un cinéma des boulevards
ma cassette de soleil mon fruit de volcan
mon rire d'étang caché où vont se noyer les prophètes distraits
mon inondation de cassis mon papillon de morille
ma cascade bleue comme une lame de fond qui fait le printemps
mon revolver de corail dont la bouche m'attire comme l'œil d'un puits
scintillant
glacé comme le miroir où tu contemples la fuite des oiseaux-mouches
de ton regard
perdu dans une exposition de blanc encadrée de momies
je t'aime

(Je sublime).

MÉMOIRES DE BENJAMIN PÉRET

Un ours mangeait des seins
Le canapé mangé l'ours cracha des seins
Des seins sortit une vache
La vache pissa des chats
Les chats firent une échelle
La vache gravit l'échelle
Les chats gravirent l'échelle
En haut l'échelle se brisa
L'échelle devint un gros facteur
La vache tomba en cour d'assises
Les chats jouèrent la Madelon
et le reste fit un journal pour les demoiselles enceintes

JACQUES AUDIBERTI (1899 - 1965). — Poète, romancier et auteur dramatique.

Auteur de poèmes d'un lyrisme torrentiel et d'une rare richesse d'images : « *L'Empire de la Trappe* » (1930), « *Race des Hommes* » (1937), « *Des Tonnes de Semence* » (1941) et « *La Nouvelle Origine* », Audiberti a publié de nombreux romans : « *Abraxas* », « *Cent Jours* », « *Carnage* », « *Les Médecins ne sont pas des Plombiers* », etc., et fait représenter diverses œuvres dramatiques, parmi lesquelles : « *Quoat-Quoat* », « *L'Ampélour* », « *La Fête Noire* », « *Le Mal Court* » et « *La Mégère Apprivoisée* ».

SI JE MEURS

Si je meurs, qu'aille ma veuve
à Javel près de Citron.
Dans un bistrot elle y trouve,
à l'enseigne du Beau Brun,

trois musicos de fortune
qui lui joueront — mi ré mi —
l'air de la petite Tane
qui m'aurait peut-être aimé

puisqu'elle n'offrait qu'une ombre
sur le rail des violons.
Mon épouse, ô ma novembre,
sous terre les jours sont lents.

PARNASSE

Mon train filait avec cette allure qu'il prend
pour fuir, nocturne, l'heure où grouille le parent.
Il traversait une forêt. Contre les baies
elle appendait un bloc de cimes recourbées,
tapisserie obscure aux dévidoirs profonds.
Quoique ganache en cerfs, sentiers, cèpes et fonts,
moi, pourtant, je savais, à trois jours de la voie,
un arbre, que jamais pour de bon je ne voie !
Il porte, sur son tronc funèbre, un chapelet
de masques ciselés à coup de pistolet
par le nègre en rupture et le bûcheron ivre.
Je me rendais pour rapporter, car il faut vivre,
à Melun, qui n'est pas un lieu phénoménal.
Là, sous une muraille, au bord de tel canal,
quelque chose s'était passé, mais quoi ? La veille,
plutôt que dépouiller la presse, humble merveille,
j'avais, fruit sec du rêve et du nombre, établi
combien de tomes lus peut supporter mon lit
sans crouler aux lamas qui bêlent sous son ventre.
J'arrivai dans Melun où, tout de suite, m'entre

la ronce du mystère éclos dans tous les creux.
Valets de ferme avec du rougeâtre sur eux,
vieilles dames de qui le sexe est veuf de soies,
cantonniers, monuments, gendarmes, fleuves, oies,
tout ce qu'un beau matin vise de ses canules,
tout lisait le journal, d'ardentes mains, de nulles...
Seul, moi, qui, de coutume, ai mes sarraux comblés
de héraults où le mot, serré comme les blés,
loge un sens clair vers quoi mon cœur aime de braire,
seul je n'avais pas de journaux. Chaque libraire
siégeait dans sa famille et, narquois, mais prudent,
disait manquer de cet article, cependant
que ses filles, sous leur Marcel et sous leur blouse,
me corrompent d'eau fraîche et de torse pelouse.
Le passant, dans la rue, à ma vue, en deux temps,
empochait sa gazette et partout, les battants
des portes, où l'ennui sculpta des amygdales,
retentissent. Enfin, dans ces mornes dédales
qu'ornemente, au fronton du boucher chevalin,
un Pégase châtré jusqu'au col, quoi d'enclin
à susciter l'émoi des préfets de police
était-il advenu que, moi, je repolisse ?
Plus tard un terrassier m'écouta. « Je n'ai point,
me dit-il, de journal à froisser dans ce poing
musclé de fer. Mais attendez... Je vous conseille... »
Il devint grave... « Au fond d'une cour, à Marseille,
vers dix-sept cent et quelque un noir palais songeait,
bâti par les abbés, revu par les Puget.
Elles sont là. C'est là qu'elles sont, sur ma vie !
Allez ! »
Je sanglotai dans l'ombre où je dévie...
Quel exil m'agrafait ses doigts abstraits au cou ?
Quelle maudite roue à mes habits se coud ?
J'erre. Tout se rassemble, et rien. Et je consterne
par mes fidélités à l'habitude interne
l'univers qui changea sans m'en instruire. Dans
les chemins saugrenus, ravagés et pendants
qui rendent une ville à la jaune marmaille
d'horizons que, parfois, le harle noir démaille,
j'invente un cloître ayant le goût de l'amandier.
Là, plus hagard qu'Ulrich prêt à répudier
Conrad pour acquérir Prague, femelle impie,
j'aperçois, doux bouquet qui sue et qui pépie,
des demoiselles du téléphone le corps.
Agenaises beautés qui parez les accords
des poissons éthérés et de nos mains exactes,
salut ! Mais n'attendez, de ma fièvre, des actes !
Je préfère observer une grue en métal.
Elle étend vers la Seine un bras sentimental
qu'elle plonge, appareil où l'allusif se branche,
dans la péniche Cornaline ou Malebranche.

Parmi les ciels valois où nul dieu ne naquit
ce bras élève, alors, un coffret pâle, qui
se rompt, soudain, d'une membraneuse fenêtre
par quoi, gentil chevreau que le rayon pénètre,
se discerne un gamin vêtu comme un gabier.
Les petites, du coup, cessent de babiller.
...Me découragent, moi, ces images. L'image
taille, assénant l'éclair de pulpe et de ramage,
ma piste dans le bal des raisons sans couleur,
mais toujours mon essence établisse la leur !
Que, de l'image et moi, je sois l'un, elle l'autre !
Je ne veux plus, dédale où le fortuit se vautre,
de l'étoile des puits goûter le souffle car
si, des greniers du stupre au gastrique placard,
l'image rôde, en fait chez l'homme, malgré l'homme,
s'y conjuguer abonde en déclives Sodome
et désigne l'effort de la bête, subtil...
Et le fou, qu'elle infiltre et soutient, que sert-il,
sinon l'identité du démon la plus sûre,
dont nos pères ont craint la terreuse morsure ?...
Dans un angle de la bâtisse, je parvins
à pousser l'un de ces chevaux, sans éparvins,
que l'on répute demoiselles, où balance
l'estoc des seins les fleurs du sinistre silence.
« Dites-moi ce qui se passa. Dites-moi-le !... »
Haletai-je. Et, crevés, dans mes goussets, crébleu !
un crayon, du papier, ou leurs instars, je quête.
Mais je ne trouve rien que ma, sous ma casquette,
carte d'abonnement entre mézigue et moi.
« Ce que l'on vit, dans ce chef-lieu, dites-le-moi ! »
Jambe serrée, a donc, et lèvres purpines,
la fille, doux total de fientes et d'urines,
me dit : « Ce sont des choses qui... D'abord, sachez
que nous ne sommes plus à Melun. Détachés
les câbles d'orge, d'us, d'écorce et de meulière
entre vous et couverts des lupus de Molière,
l'avare et l'hypocrite, honneur du sang gaulois,
vous voici chez le prince où rayonnent les lois,
chez le comité incomparable des poèmes,
l'inspirateur de l'or des plus hauts bohèmes,
celui qui va, sa fougue épanchée, à pleins bras
par l'amour, érigeant, plus bas que les cédrats
dont Gœthe constellait les frondaisons toscanes,
la sainteté funèbre, et douce, des arcanes.
Tu blasphèmes tantôt en moquant le jour noir
et profond qui, du verbe, est, natal, le manoir
et qui loge, épaissi de souples anagrammes,
le secret des devoirs où nous te dévorâmes,
Le pied grave tolère et le lis et le toit.
Il règne. Il danse. Il jure. Il songe. Gloire à toi
qui viens, près des neuf sœurs, sœurs de tes neuf prunelles,

te dissoudre, épuisant tes ressources en elles,
et contempler, au sein de ton propre climat,
l'ancien des jours, ainsi que quelqu'un le nomma !

....

(Race des Hommes).

(N.R.F.)

HENRI MICHAUX (Né à Namur, en 1899). — Grinçante, hurlante, absurde et désespérée, la poésie de Michaux, d'une lucidité cruelle, se situe à la limite du langage et de la raison, dans un univers intérieur où l'homme et ses rapports avec le monde sont réinventés, remis en situation. Ainsi se dénonce la mystification permanente de la vie apparente. Kafka n'est pas loin, ni le langage cuit ! Avant 1940, Michaux a publié : « *Qui je fus* », « *Ecuador* », « *Mes Propriétés* », « *Un Barbare en Asie* », « *La Nuit Remue* », « *Voyage en Grande Garabagne* », et « *Plume* ». Les poèmes d'Henri Michaux ont été publiés par les Editions Gallimard (†1978).

LE GRAND COMBAT

Il l'emparouille et l'endosque contre terre :
Il le rague et le roupète jusqu'à son drâle :
Il le pratèle et le libucque et lui barufle les ouillais :
Il le tocarde et le marmine,
Le manage rape à ri et ripe à ra.
Enfin il l'écorcobalisse.
L'autre hésite, s'espudrine, se défaisse, se torse et se ruine.
C'en sera bientôt fini de lui ;
Il se reprise et s'emmargine... mais en vain
Le cerveau tombe qui a tant roulé.
Abrah ! Abrah ! Abrah !
Le pied a failli !
Le bras a cassé !
Le sang a coulé !
Fouille, fouille, fouille,
Dans la marmite de son ventre est un grand secret.
Mégères alentour qui pleurez dans vos mouchoirs ;
On s'étonne, on s'étonne, on s'étonne
Et on vous regarde,
On cherche aussi, nous autres, le Grand Secret.

(Qui je fus).

LE VIDE

Il y souffle un vent terrible.
Ce n'est qu'un petit trou dans ma poitrine,
Mais il y souffle un vent terrible.

Dans le trou il y a haine (toujours), effroi aussi et impuissance,
Il y a impuissance et le vent en est dense,
Fort comme les tourbillons,
Casserait une aiguille d'acier,
Et ce n'est qu'un vent, un vide.
S'il disparaît un instant, je me cherche, je m'affole.
Qu'est-ce que le Christ aurait dit s'il avait été fait ainsi ?
Les frissons ont en moi du froid, toujours prêt.
Mon vide est un grand mangeur, grand annihileur.
Il est ouate et silence,
Un silence d'étoiles.

Et quoique ce trou soit profond, il n'a aucune forme...

(Ecuador).

CONTRE !

Je vous construirai une ville avec des loques, moi !
Je vous construirai sans plan et sans ciment
Un édifice que vous ne détruirez pas,
Et qu'une espèce d'évidence écumante
Soutiendra et gonflera qui viendra vous braire au nez,
Et au nez gelé de tous vos Parthénons, vos arts arabes, et de vos Mings

Avec de la fumée, avec de la dilution de brouillard
Et du son de peau de tambour,
Je vous assoirai des forteresses écrasantes et superbes.
Des forteresses faites exclusivement de remous et de secousses, secousses
Contre lesquelles votre multimillénaire et votre géométrie
Tomberont en fadaises et galimatias et poussière de sable sans raison.

Glas ! Glas ! Glas sur vous tous, néant sur les vivants !
Oui, je crois en Dieu ! Certes, il n'en sait rien !
Foi, semelle inusable pour qui n'avance pas.
Oh monde, monde étranglé, ventre froid !
Même pas symbole, mais néant, je contre je contre,
Je contre et te gave de chiens crevés,
En tonnes, vous m'entendez, en tonnes, je vous arracherai ce que vous m'avez refusé en grammes.
Le venin du serpent est son fidèle compagnon,
Fidèle et il l'estime, à sa juste valeur.
Frères, mes frères damnés, suivez-moi avec confiance.
Les dents du loup ne lâchent pas le loup.
C'est la chair du mouton qui lâche.

Dans le noir nous verrons clair mes frères.
Dans le labyrinthe nous trouverons la voie droite.
Carcasse, où est ta place ici, gêneuse, pisseuse, pot cassé ?

Poulie gémissante, comme tu vas sentir les cordages tendus des quatre mondes !
Comme je vais t'écarteler !

(La Nuit Remue).

MAIS TOI, QUAND VIENDRAS-TU ?

Mais Toi, quand viendras-tu ?
Un jour, étendant Ta main,
sur le quartier où j'habite,
au moment mûr où je désespère vraiment ;
dans une seconde de tonnerre,
m'arrachant avec terreur et souveraineté
de mon corps et du corps croûteux
de mes pensées-images, ridicule univers ;
lâchant en moi ton épouvantable sonde,
l'effroyable fraiseuse de Ta présence,
élevant en un instant sur ma diarrhée
Ta droite et insurmontable cathédrale ;
me projetant non comme homme
mais comme obus dans la voie verticale,
TU VIENDRAS,
Tu viendras, si tu existes,
appâté par mon gâchis,
mon odieuse autonomie ;
Sortant de l'Ether, de n'importe où, de dessous mon moi bouleversé, peut-être ;
jetant mon allumette dans Ta démesure,
et adieu, Michaux.

Ou bien, quoi ?
Jamais ? Non ?
Dis, Gros Lot, où veux-tu donc tomber ?

(« Plume » précédé de « Lointain Intérieur »). (N.R.F.)

ROBERT DESNOS

(1900 - 1945). — Né à Paris. Son premier livre important : *« Deuil pour Deuil »* parut en 1924. Desnos y manifestait déjà ce goût prononcé pour le langage populaire qui allait doter sa poésie d'une inimitable vibration. En 1927, son poème : *« La Liberté ou l'Amour »*, vaste déclaration des droits sensuels de l'homme, lui valut d'être déféré devant les tribunaux pour « obscénité ». S'étant éloigné, en 1930, du surréalisme, il publia *« Corps et Biens »*, puis l'étonnante complainte des *« Sans Cou »* (1934). Journaliste, scénariste et producteur à la radio, il participa pendant la guerre à la Résistance tout en réunissant l'ensemble de ses poèmes dans *« Fortunes »* (1942). De cette même époque date son unique roman : *« Le Vin est Tiré »* (1943), *« Etat de Veille »* et les délicieuses *« Chantefables et Chantefleurs »* (1944). Arrêté le 22 février 1944 par la Gestapo, Desnos mourut du typhus en 1945, au camp de Terezin, en Tchécoslovaquie. Une édition d'ensemble de ses poèmes a paru en 1953 sous le titre de *« Domaine Public »*. Aux Editions Gallimard.

COMPLAINTE DE FANTOMAS

1

Écoutez... Faites silence
La triste énumération
De tous les forfaits sans nom,
Des tortures, des violences
Toujours impunis, hélas !
Du criminel Fantômas.

2

Lady Beltham, sa maîtresse,
Le vit tuer son mari
Car il les avait surpris
Au milieu de leurs caresses.
Il coula le paquebot
Lancaster au fond des flots.

3

Cent personnes il assassine
Mais Juve aidé de Fandor
Va lui faire subir son sort
Enfin sur la guillotine...
Mais un acteur très bien grimé
A sa place est exécuté.

4

Un phare dans la tempête
Croule, et les pauvres bateaux
Font naufrage au fond de l'eau
Mais surgissent quatre têtes :
Lady Beltham aux yeux d'or,
Fantômas, Juve et Fandor.

5

Le monstre avait une fille
Aussi jolie qu'une fleur.
La douce Hélène au grand cœur
Ne tenait pas de sa famille,
Car elle sauva Fandor
Qu'était condamné à mort.

6

En consigne d'une gare
Un colis ensanglanté !

Un escroc est arrêté !
Qu est devenu le cadavre ?
Le cadavre est bien vivant
C'est Fantômas, mes enfants !

7

Prisonnier dans une cloche
Sonnant un enterrement
Ainsi mourut son lieutenant.
Le sang de sa pauv' caboche
Avec saphirs et diamants
Pleuvait sur les assistants.

8

Un beau jour des fontaines
Soudain chantèr'nt à Paris.
Le monde était surpris,
Ignorant que ces sirènes
De la Concorde enfermaient .
Un roi captif qui pleurait.

9

Certain secret d'importance
Allait être dit au tzar.
Fantômas, lui, le reçut car
Ayant pris sa ressemblance
Il remplaçait l'empereur
Quand Juv' l'arrêta sans peur.

10

Il fit tuer par la Toulouche,
Vieillarde aux yeux dégoûtants
Un Anglais à grands coups de dents
Et le sang remplit sa bouche.
Puis il cacha un trésor
Dans les entrailles du mort.

11

Cette grande catastrophe
De l'autobus qui rentra
Dans la banque qu'on pilla
Dont on éventra les coffres...
Vous vous souvenez de ça...
Ce fut lui qui l'agença.

12

La peste en épidémie
Ravage un grand paquebot
Tout seul au milieu des flots.
Quel spectacle de folie !
Agonies et morts hélas !
Qui a fait ça ? Fantômas.

13

Il tua un cocher de fiacre.
Au siège il le ficela
Et roulant cahin-caha,
Malgré les clients qui sacrent,
Il ne s'arrêtait jamais
L'fiacre qu'un mort conduisait.

14

Méfiez-vous des roses noires,
Il en sort une langueur
Epuisante et l'on en meurt.
C'est une bien sombre histoire
Encore un triste forfait
De Fantômas en effet !

15

Il assassina la mère
De l'héroïque Fandor.
Quelle injustice du sort
Douleur poignante et amère...
Il n'avait donc pas de cœur,
Cet infâme malfaiteur.

16

Du Dôme des Invalides
On volait l'or chaque nuit.
Qui c'était ? Mais c'était lui,
L'auteur de ce plan cupide.
User aussi mal son temps
Quand on est intelligent !

17

A la Reine de Hollande
Même, il osa s'attaquer.
Juve le fit prisonnier
Ainsi que toute sa bande.

Mais il échappa pourtant
A un juste châtiment.

18

Pour effacer sa trace
Il se fit tailler des gants
Dans la peau d'un trophée sanglant.
Dans d'la peau de mains d'cadavre
Et c'était ce mort qu'accusaient
Les empreintes qu'on trouvait.

19

A Valmondois un fantôme
Sur la rivière marchait.
En vain Juve le cherchait.
Effrayant vieillards et mômes
C'était Fantômas qui fuyait
Après l'coup qu'il avait fait.

20

La police d'Angleterre
Par lui fut mystifiée.
Mais, à la fin, arrêté,
Fut pendu et mis en terre.
Devinez ce qui arriva :
Le bandit en réchappa.

21

Dans la nuit, sinistre et sombre
A travers la Tour Eiffel,
Juv' poursuit le criminel.
En vain guette-t-il son ombre.
Faisant un suprême effort
Fantômas échappe encor.

22

D'vant le casino d'Monte-Carlo
Un cuirassé évoluait.
Son commandant qui perdait
Voulait bombarder la rade.
Fantômas, c'est évident
Etait donc ce commandant.

23

Dans la mer un bateau sombre
Avec Fantômas à bord,

Hélène, Juve et Fandor
Et des passagers sans nombre.
On ne sait s'ils sont tous morts,
Nul n'a retrouvé leurs corps.

24

Ceux de sa bande, Beaumôme,
Bec de gaz et le Bedeau,
Le rempart du Montparno,
Ont fait trembler Paris, Rome
Et Londres par leurs exploits.
Se sont-ils soumis aux lois ?

25

Pour ceux du peuple et du monde,
J'ai écrit cette chanson
Sur Fantômas, dont le nom
Fait tout trembler à la ronde.
Maintenant vivez longtemps
Je le souhaite en partant.

Final

Allongeant son ombre immense
Sur le monde et sur Paris,
Quel est ce spectre aux yeux gris
Qui surgit dans le silence ?
Fantômas, serait-ce toi
Qui te dresses sur les toits ?

LES QUATRE SANS COU

Ils étaient quatre qui n'avaient plus de tête,
Quatre à qui l'on avait coupé le cou,
On les appelait les quatre sans cou.

Quand ils buvaient un verre,
Au café de la place ou du boulevard,
Les garçons n'oubliaient pas d'apporter des entonnoirs.

Quand ils mangeaient, c'était sanglant,
Et tous quatre chantant et sanglotant,
Quand ils aimaient, c'était du sang.

Quand ils couraient, c'était du vent,
Quand ils pleuraient, c'était vivant,
Quand ils dormaient, c'était sans regret

Quand ils travaillaient, c'était méchant,
Quand ils rôdaient, c'était effrayant,
Quand ils jouaient, c'était différent.

Quand ils jouaient, c'était comme tout le monde,
Comme vous et moi, vous et nous et tous les autres,
Quand ils jouaient, c'était étonnant.

Mais quand ils parlaient, c'était d'amour.
Ils auraient pour un baiser
Donné ce qui leur restait de sang.

Leurs mains avaient des lignes sans nombre
Qui se perdaient parmi les ombres
Comme des rails dans la forêt.

Quand ils s'asseyaient, c'était plus majestueux que des rois
Et les idoles se cachaient derrière leur croix
Quand devant elles ils passaient droits.

On leur avait rapporté leur tête
Plus de vingt fois, plus de cent fois.
Les ayant retrouvées à la chasse ou dans les fêtes.

Mais jamais ils ne voulurent reprendre
Ces têtes où brillaient leurs yeux,
Où les souvenirs dormaient dans leur cervelle.

Cela ne faisait peut-être pas l'affaire
Des chapeliers et des dentistes.
La gaîté des uns rend les autres tristes.

Les quatre sans cou vivent encore, c'est certain.
J'en connais au moins un
Et peut-être aussi les trois autres.

Le premier, c'est Anatole,
Le second, c'est Croquignole,
Le troisième, c'est Barbemolle,
Le quatrième, c'est encore Anatole.

Je les vois de moins en moins,
Car c'est déprimant, à la fin,
La fréquentation des gens trop malins.

(Domaine Public). (N.R.F.)

MARCEL LECOMTE

Né en 1900 à Saint-Gilles-les-Bruxelles. — ce poète d'un clair-obscur surréaliste, mystérieux et feutré, n'est pas sans faire penser à Gérard de Nerval et à ses recherches. Ses poèmes en prose sont éclairés de l'intérieur. « *L'Accent du Secret* » a été édité par les Editions Gallimard.

L'AUTRE LECTURE

Tous les soirs, vers cinq heures, ces deux jeunes gens aux pas de mandarins pénètrent l'ombre du café — et il semble aussitôt qu'il y ait plus d'ombre !

Dès l'abord, le calme de leurs gestes n'évoque point celui du passant paisible, il est fait d'expérience et l'on pense à quelques très doux acrobates, dont ils ont les visages, marqués des signes d'une fatigue inconnue.

(Calme, calme, silencieux, fléchissement des corps qui savent les figures étrangères aux poses de la vie et se peuvent retrouver, sans cesse, avec la rapidité de l'éclair, devant la beauté du problème à résoudre.)

Ils créent autour d'eux un espace, du centre duquel leurs gestes partent, extrêmement mesurés, où se forme leur lent dialogue. Maintenant voici leurs regards qui rêvent sur quelque papier « publicitaire ». L'un d'eux, à demi couché sur la banquette, incline doucement la tête un peu au-dessus de l'épaule de son compagnon.

On se préoccupe de les voir sur le point de lire le texte le plus banal du monde comme s'ils devaient soudain percevoir les mots les plus utiles, d'une manière étrange, détournés de leur but, impliqués dans un halo d'orage immobile.

(Certains mots, prononcés ou lus suivant une sorte d'étonnante lenteur et soudainement isolés, au sein d'un noir silence traversé de clartés roussâtres de miroirs, retrouvent un sens qui n'en finit plus de résonner au fond de consciences attentives.)

ODILON-JEAN PERIER

(1901 - 1928). — Né à Bruxelles. L'œuvre brève d'Odilon-Jean Périer est l'une des plus vigoureuses de la poésie belge du premier quart du XXe siècle. Il avait publié deux recueils de poèmes : « *Combat de la Neige et du Poète* » (1920) et « *La Vertu par le Chant* » (1921) lorsque Jacques Rivière l'introduisit à la Nouvelle Revue Française. Il donna alors une comédie en prose : « *Les Indifférents ou l'on s'amuse comme on peut* » (1925), un drame : « *Pierre ou les Bûcherons* » et un récit d'une grande pureté : « *Le Passage des Anges* » (1926). Ses deux derniers recueils de poèmes : « *Le Citadin* » (1924) et « *Le Promeneur* » (1928) témoignent d'une incontestable valeur lyrique. O. J. Périer n'eut malheureusement pas le temps de donner sa pleine mesure puisqu'il mourut en 1928, âgé de 27 ans.

★

Garde ma récolte secrète
Et partageons ce peu de vin
Fille plus douce qu'une bête
Portant le masque du destin

Déchirée, habile à sourire
Et qui ne sais rien de mes dieux
Que le taciturne délire
Où je te confonds avec eux.

QUE M'IMPORTE DE VIVRE HEUREUX...

A Marcel Arland

Que m'importe de vivre heureux, silencieux,
Un nuage doré pour maison, pour patrie.
Je caresse au hasard le corps de mon amie,
Aussi lointaine, hélas, et fausse qu'elle veut.

Qui êtes-vous enfin ? qui parle ? — et qui m'écoute ?
— Un homme vraiment seul entend battre son cœur
Je cherche parmi vous les signes du bonheur :
Je ne vois qu'un ciel blanc, qu'une étoile de routes.

Vaste image de terre abandonnée au jour
Comme un jeune visage embelli par l'amour
Quelle grande leçon votre dessin me donne...

Silencieusement s'élève autour de moi
La plus douce lueur de vie, et cette voix
Merveilleuse — la voix que n'attend plus personne.

(Le Promeneur). (N.R.F.)

★

A Auguste Gérard

Cet homme n'avait rien à faire dans les rues
Mais la rue Et la pluie Et le soir Et l'écho
Cet homme n'avait rien à dire de nouveau
Mais la grande magie d'une belle avenue...

Cet homme avait une âme à perdre dans les rues.

(Plein Air).

JEAN FOLLAIN (1903 - 1971). — « Voir les choses telles qu'elles sont », telle est l'ambition de ce poète dont les natures mortes ont une chaleur que ne possède pas toujours la vie. « *La Main Chaude* » (1933), « *Chants Terrestres* » (1937), « *Exister* » (1947), « *Chef-lieu* » (1949), « *Les Choses Données* », « *Territoires* » (1953) et « *Tout Instant* », retracent l'aventure d'un homme aux prises avec les objets, en une langue savoureuse, secrète et familière.

QUINCAILLERIE

Dans une quincaillerie de détail en province
des hommes vont choisir
des vis et des écrous
et leurs cheveux sont gris et leurs cheveux sont roux
ou roidis ou rebelles.
La large boutique s'emplit d'un air bleuté,
dans son odeur de fer
de jeunes femmes laissent fuir
leur parfum corporel.
Il suffit de toucher verrous et croix de grilles
qu'on vend là virginales
pour sentir le poids du monde inéluctable.
Ainsi la quincaillerie vogue vers l'éternel
et vend à satiété
les grands clous qui fulgurent.

***(Usage du Temps).* (N.R.F.)**

RAYMOND QUENEAU (Né au Havre, en 1903). — Toute l'œuvre de Queneau, qu'il s'agisse de ses romans : « *Le Chiendent* » (1933), « *Les Enfants du Limon* » (1938), « *Un Rude Hiver* » (1939), « *Pierrot, mon Ami* » (1943), « *Loin de Rueil* » (1945), « *Le Dimanche de la Vie* » (1952), « *Zazie dans le Métro* », ou de ses poèmes : « *Chêne et Chien* » (1937), « *Les Ziaux* » (1943), « *Petite Cosmogonie Portative* » (1950), « *Si tu t'imagines* » (1952) n'est en fait qu'une permanente et cocasse méditation sur le langage. Célèbre depuis la parution des « *Exercices de Style* » (1947), Queneau a écrit de nombreuses chansons et des dialogues de films. Les œuvres de Raymond Queneau sont éditées par les Editions Gallimard (†1976).

CHÊNE ET CHIEN

L'herbe : sur l'herbe je n'ai rien à dire
mais encore quels sont ces bruits
ces bruits du jour et de la nuit
Le vent : sur le vent je n'ai rien à dire

Le chêne : sur le chêne je n'ai rien à dire
mais qui donc chantonne à minuit
qui donc grignote un pied du lit
Le rat : sur le rat je n'ai rien à dire

Le sable : sur le sable je n'ai rien à dire
mais qu'est-ce qui grince ? c'est l'huis
qui donc halète ? sinon lui
Le roc : sur le roc je n'ai rien à dire

L'étoile : sur l'étoile je n'ai rien à dire
c'est un son aigre comme un fruit
c'est un murmure qu'on poursuit
La lune : sur la lune je n'ai rien à dire

Le chien : sur le chien je n'ai rien à dire
c'est un soupir et c'est un cri
c'est un spasme un charivari
La ville : sur la ville je n'ai rien à dire

Le cœur : sur le cœur je n'ai rien à dire
du silence à jamais détruit
Le sourd balaye les débris
Le soleil : ô monstre, ô Gorgone, ô Méduse,
ô soleil.

★

Je naquis au Havre un vingt et un février
en mil neuf cent et trois
ma mère était mercière et mon père mercier
ils trépignaient de joie.
Inexplicablement je connus l'injustice
et fus mis un matin
chez une femme avide et bête, une nourrice,
qui me tendit son sein.
De cette outre de lait j'ai de la peine à croire
que j'en tirais festin
en pressant de ma lèvre une sorte de poire
organe féminin.
Et lorsque j'eus atteint cet âge respectable
vingt-cinq ou vingt-six mois
repris par mes parents je m'assis à leur table
héritier fils et roi
d'un domaine excessif où de très déchus anges
sanglés dans des corsets
et des démons soufreux jetaient dans les vidanges
des oiseaux empaillés,
où des fleurs de métal de papier ou de bure
poussaient dans les tiroirs
en bouquets déjà prêts à orner des galures

spectacle horrible à voir.
Mon père débitait des toises de soieries
des tonnes de boutons
des kilos d'extrafort et de rubanneries
rangés sur des rayons.
Quelques filles l'aidaient dans sa fade besogne
en coupant des coupons
et grimpaient à l'échelle avec nulle vergogne
en montrant leurs jupons.
Ma pauvre mère avait une âme musicienne
et jouait du piano,
on vendait des bibis et de la valencienne
au bruit de ses morceaux.
Jeanne Henriette Evodie envahissaient la cave
cherchant le pétrolin
sorte de sable huileux avec lequel on lave
le sol du magasin.
J'aidais à balayer cette matière infecte
on baissait les volets,
à cheval sur un banc je criais « à perpette »
(comprendre : éternité).
Ainsi je grandissais parmi ces demoiselles
en reniflant leur sueur
qui fruit de leur travail perlait à leurs aisselles :
je n'eus jamais de sœur.
Fils unique exempleu du déclin de la France
Je suçais des bonbons
pendant que mes parents aux prospères finances
accumulaient des bons
de Panama du trois pour cent de l'emprunt russe
et du Crédit Foncier,
préparant des revers conséquences de l'U.R.S.S.
et du quat'sous-papier.
Mon cousin plus âgé barbotait dans la caisse
avecque mon concours
et dans le personnel choisissait ses maîtresses
ce que je sus le jour
où devenu pubère on m'apprit la morale
et les bonnes façons
je respectai toujours cette loi familiale
et connus les boxons.

Mais je dois revenir quelque peu en arrière :
je suis toujours enfant
je dessine avec soin de longs chemins de fer
et des bateaux dansant
sur la vague accentuée ainsi qu'un vol de mouettes
autour du sémaphore
et des châteaux carrés munis de leur girouette
des soldats et des forts
(témoins incontestés de mon militarisme

la revanche s'approche
et je n'ai que cinq ans) des bonshommes qu'un prisme
sous mes doigts effiloche
que je reconnais mais que les autres croient être
de minces araignées.
A l'école on apprend chiffres bâtons et lettres
en se curant le nez.

(Chêne et Chien).

MAURICE FOMBEURE

(Né à Jardres (Vienne), en 1906). — Proche de la chanson et des jeux de mots populaires, la poésie de Fombeure paraît couler de source, mais à contre-courant. Elle s'est assez vite détachée de l'influence surréaliste de ses débuts pour mieux retrouver sa vraie famille, celle des poètes du terroir, truculents ou précieux selon l'heure. Ses principaux recueils sont : « *Silences sur le Toit* » (1930), « *La Rivière aux Oies* » (1932), « *Les Moulins de la Parole* » (1936), « *Arentelles* » (1943), « *Grenier des Saisons* », « *Pendant que vous dormez* » (1953), et « *Une Forêt de Charmes* » (1955). Parmi ses ouvrages en prose, citons : « *Les Godillots sont Lourds* » (1948) et « *La Vie Aventureuse de M. de Saint-Amand* » (†1981).

HUMBLES BRUITS DE LA VIE

Ah qu'on est bien perdu,
Sous les vents de la terre
Sous une bûche bleue
Durcie par d'anciens gels

Ah qu'on est bien perdu
Voiture de laitière
Au bord d'une mer grise
Sur les rives du sel

Ah qu'on est bien perdu
Sous l'étoile lamproie
Le vent, d'un cil emporte
La terre à demi-morte

Ah qu'on est bien perdu
Quand tout se déconcerte
S'allume au ras de l'ombre
Le fanal des rouliers

Ah qu'on est bien perdu
Sous la paix des villages
Thiébault Justin Mentor
Au fond, joue du piston

Ah qu'on est bien perdu
Sans lune ni présages

Quand le monde s'endort
Pour oublier son âge.

(Les Moulins de la Parole).
Ed. Gallimard

CARICATURAL

Mafflu, pansu, rose,
Posé sur ses bas
Malgré la cirrhose
Il est au combat.

Tel. Sur sa rapière
On lit (côté droit)
« Max-Adrien Pierre
Charcutier du Roy. »

(Silences sur le Toit).
Ed. Gallimard

RENE CHAR (Né en 1907 à l'Isle-sur-Sorgue (Vaucluse). — Issu du surréalisme, Char publia d'abord, de 1929 à 1934, un certain nombre de poèmes : *« Le Marteau sans Maître »* (1934). Si *« Dehors, la Nuit est Gouvernée »* (1938) renferme encore nombre d'images surréalistes, le lyrisme apparaît déjà. L'expérience de la Résistance acheva la métamorphose du poète. Après avoir dégagé les symboles des bouleversements de la guerre, dans *« Feuillets d'Hypnos »* (1946), Char partit en quête d'un *« Art Bref »*, fait d'aphorismes et de lumineuses énigmes, art qui devait trouver dans *« Les Matinaux »* (1950) sa plus haute expression. D'Héraclite, il a le goût de la concision qui rencontre parfois l'hermétisme. A travers le langage et une réflexion permanente sur l'essentiel, se poursuit une aventure réfléchie qui conduit aux derniers livres de René Char : *« A une Sérénité Crispée »* (1951) et *« Recherche de la base et du sommet »* (1955).

JE ME VOULAIS ÉVÉNEMENT

Je me voulais *événement*. Je m'imaginais *partition*. J'étais gauche. La tête de mort qui, contre mon gré, remplaçait la pomme que je portais fréquemment à la bouche, n'était aperçue que de moi. Je me mettais à l'écart pour mordre correctement la chose. Comme on ne déambule pas, comme on ne peut prétendre à l'amour avec un tel fruit aux dents, je me décidais, quand j'avais faim, à lui donner le nom de pomme. Je ne fus plus inquiété. Ce n'est que plus tard que l'objet de mon embarras m'apparut sous les traits ruisselants et tout aussi ambigus de *poème*.

(Premières Alluvions).

POÈTES

La tristesse des illettrés dans les ténèbres des bouteilles
L'inquiétude imperceptible des charrons
Les pièces de monnaie dans la vase profonde

Dans les nacelles de l'enclume
Vit le poète solitaire
Grande brouette des marécages.

(Le Marteau sans Maître).

LE VISAGE NUPTIAL

A présent disparais, mon escorte, debout dans la distance ;
La douceur du nombre vient de se détruire.
Congé à vous, mes alliés, mes violents, mes indices.
Tout vous entraîne, tristesse obséquieuse.
J'aime.

L'eau est lourde à un jour de la source.
La parcelle vermeille franchit ses lentes branches à ton
front, dimension rassurée.
Et moi semblable à toi,
Avec la paille en fleur au bord du ciel criant ton nom,
J'abats les vestiges,
Atteint, sain de clarté.

Ceinture de vapeur, multitude assouplie, diviseurs de la crainte, touchez
ma renaissance.
Parois de ma durée, je renonce à l'assistance de ma largeur vénielle ;
Je boise l'expédient du gîte, j'entrave la primeur des survies.
Embrasé de solitude foraine,
J'évoque la nage sur l'ombre de sa Présence.

Le corps désert, hostile à son mélange, hier était revenu parlant noir.
Déclin, ne te ravise pas tombe ta massue de transes, aigre sommeil.
Le décolleté diminue les ossements de ton exil, de ton escrime ;
Tu rends fraîche la servitude qui se dévore le dos ;
Risée de la nuit, arrête ce charroi lugubre
De voix vitreuses, de départs lapidés.

Tôt soustrait au flux des lésions inventives
(La pioche de l'aigle lance haut le sang évasé)
Sur un destin présent j'ai mené mes franchises
Vers l'azur multivalve, la granitique dissidence.

Ô voûte d'effusion sur la couronne de son ventre,
Murmure de dot noire !
Ô mouvement tari de sa diction !

Nativité, guidez les insoumis, qu'ils découvrent leur base,
L'amande croyable au lendemain neuf.
Le soir a fermé sa plaie de corsaire où voyageaient les fusées vagues parmi la peur soutenue des chiens.
Au passé les micas du deuil sur ton visage.

Vitre inextinguible : mon souffle affleurait déjà l'amitié de ta blessure,
Armait ta royauté inapparente.
Et des lèvres du brouillard descendit notre plaisir au seuil de dune, au toit d'acier.
La conscience augmentait l'appareil frémissant de ta permanence ;
La simplicité fidèle s'étendit partout.

Timbre de la devise matinale, morte-saison de l'étoile précoce,
Je cours au terme de mon cintre, colisée fossoyé.
Assez baisé le crin nubile des céréales :
La cardeuse, l'opiniâtre, nos confins la soumettent.
Assez maudit le havre des simulacres nuptiaux :
Je touche le fond d'un retour compact.

Ruisseaux, neume des morts anfractueux.
Vous qui suivez le ciel aride,
Mêlez votre acheminement aux orages de qui sut guérir de la désertion,
Donnant contre vos études salubres.
Au sein du toit le pain suffoque à porter cœur et lueur.
Prends, ma Pensée, la fleur de ma main pénétrable,
Sens s'éveiller l'obscure plantation.

Je ne verrai pas tes flancs, ces essaims de faim, se dessécher, s'emplir de ronces ;
Je ne verrai pas l'empuse te succéder dans ta serre ;
Je ne verrai pas l'approche des baladins inquiéter le jour renaissant ;
Je ne verrai pas la race de notre liberté servilement se suffire.

Chimères, nous sommes montés au plateau.
Le silex frissonnait sous les sarments de l'espace ;
La parole, lasse de défoncer, buvait au débarcadère angélique.
Nulle farouche survivance :
L'horizon des routes jusqu'à l'afflux de rosée,
L'intime dénouement de l'irréparable.

Voici le sable mort, voici le corps sauvé :
La Femme respire, l'Homme se tient debout.

(Poèmes et Proses). (N.R.F.)

RENE DAUMAL (1908) - 1944). — Né à Boulzicourt (Ardennes). René Daumal fut avant tout un esprit assoiffé d'absolu. Tenté par l'ésotérisme, il s'était fait le disciple de Gurdjieff. De son vivant, il n'avait publié qu'un seul recueil de poèmes « *Contre-ciel* » (1936) et un livre de prose « *La Grande Beuverie* ». Trois ouvrages posthumes révélèrent son originalité « *Le Mont Analogue* » (1952) « *Chaque fois que l'aube Paraît* » (1953) et « *Poésie Noire, Poésie Blanche* », (1954) Editions Gallimard.

DIALOGUE LABORIEUX SUR LA PUISSANCE DES MOTS ET LA FAIBLESSE DE LA PENSÉE

I

Il était tard lorsque nous bûmes. Nous pensions tous qu'il était grand temps de commencer. Ce qu'il y avait eu avant, on ne s'en souvenait plus. On se disait seulement qu'il était déjà tard. Savoir d'où chacun venait, en quel point du globe on était, ou si même c'était vraiment un globe (et en tout cas ce n'était pas un point), et le jour du mois de quelle année, tout cela nous dépassait. On ne soulève pas de telles questions quand on a soif.

. . . .

6

Totochabo disait :

— ... Le plus crétin des virtuoses, au bout de quelques années d'exercice, arrive à briser une coupe de cristal à distance, par la seule émission de la note exacte correspondant à l'équilibre instable de la matière vitreuse. On cite plusieurs violonistes, pas plus bêtes que d'autres, qui faisaient ça presque naturellement. La maîtresse de maison est toujours très fière d'avoir sacrifié à l'Art, ou à la Science, selon les cas, la plus belle pièce de sa verrerie, un souvenir de famille, qui plus est, elle est tellement ravie qu'elle en oublie de gronder son fils qui vient de rentrer du lycée complètement saoul, le fils persistera dans le vice, échouera à ses examens, sera réduit à faire du commerce, deviendra riche et considéré, et toute cette chaîne d'effets est suspendue à un son musical déterminé, exprimable par un nombre. J'ai oublié de dire que le mot « Art » est le seul que les carpes soient capables de prononcer. Je continue.

« Les physiciens Chladni et Savart, en faisant vibrer des plaques métalliques recouvertes de sable fin, ont produit des figures géométriques par les lignes nodales séparant les zones de mouvement. En employant au lieu de sable de la poudre de tournesol gommée, ces savants — comme on les appelle, non sans raison —...

— On en a foupé, d'fé vistoires, gicla Johannes Kakur, un érudit gascon, en s'avançant sur Totochabo, le vin rouge lui sortant des yeux ; et il lui mit sous le nez, d'un poing furieux, quelques bouquins lardés de fiches et marginés de rayonnements multicolores.

— Mais non, mon petit bout d'homme, dit le vieux doucereusement.

L'érudit gascon, douché, lâcha ses livres. J'allai les ramasser discrètement. Les noms des auteurs ne me disaient pas grand-chose : Higgins, De la Rive, Faraday, Wheatstone, Rijke, Sondhaus, Kundt, Schaffgotsch. Il y avait aussi un tome de Helmholtz dépareillé, que je mis de côté. Je trouvai enfin un *Dictionnaire des rimes* et une *Encyclopédie des Sciences occultes* dans laquelle je me plongeai, non sans boire après chaque article, avec les délices que l'on éprouve toujours à trouver plus sot que soi.

10

On venait justement de mettre en perce la grosse futaille. Je restai prudemment à proximité du robinet. Je m'enfonçai dans des idées noires. Je me disais :

« Même pas moyen d'être saoul. Pourquoi boire donne-t-il si soif ? Comment sortir de ce cercle ? Comment serait-ce si je me réveillais ? Mais quoi ? J'ai les yeux bien ouverts, je ne vois que la saleté, la tabagie, et ces faces d'abrutis qui me ressemblent comme des frères. De quoi je rêve ? Est-ce un souvenir, est-ce un espoir, cette lumière, cette évidence, est-ce passé ? est-ce à venir ? Je la tenais à l'instant, je l'ai laissée filer. De quoi je parle ? De quoi je crève… » et ainsi de suite, comme lorsque l'on a déjà pas mal bu.

J'essayai de me remettre à écouter. C'était très difficile. J'étais en rage, en dedans, sans trop savoir pourquoi. Je sentais que « ce n'était pas la question », qu'« il y avait quelque chose de bien plus urgent à faire », que « le vieux nous cassait la tête », mais c'était comme lorsqu'on rêve et que tout à coup on pense « ce n'est pas cela la réalité », mais on ne trouve pas tout de suite le geste à faire, qui est d'ouvrir les yeux. Après, c'est tout clair et simple. Ici, on ne voyait pas ce qu'il fallait faire. En attendant, il fallait supporter, et continuer à entendre le vieux, avec sa manie irritante de déformer les mots, qui disait :

— Mais les usages rhétoriques, techniques, philosophiques, algébriques, logistiques, journaliques, romaniques, artistiques et esthétchoum du langage ont fait oublier à l'humanité le véritable mode d'emploi de la parole.

Cela devenait intéressant. Malheureusement, la grosse fille érudite fit dévier la conversation en jetant mal à propos :

— Vous n'avez parlé que des corps inanimés. Et les corps animés, alors ?

— Oh ! ceux-là, vous savez aussi bien que moi comme ils sont sensibles au langage articulé. Par exemple, un monsieur passe dans la rue, tout occupé de ses chatouillements internes (ses pensées, comme il dit). Vous criez : « Hep ! ». Aussitôt toute cette machine compliquée, avec sa mécanique de muscles et d'os, son irrigation sanguine, sa thermo-régulation, ses machins gyroscopiques…

— Fes quoi ? beugla Johannes Kakur, au pourpre de l'exaspération.

— Les trucs derrière les oreilles, crétin. (On fit semblant de comprendre, pour ne pas interrompre). — Toute cette machinerie donc fait une demi-torsion la mâchoire tombe, les yeux gonflent, les jambes oscillent, et ça vous regarde comme un veau, ou une vipère, ou une visière, ou un seau, ou un rat, ça dépend. Et les chatouillements internes (comment les appelez-vous ?) sont suspendus un moment et peut-être leur cours en sera-t-il à jamais changé. Vous savez aussi que le mot « hep ! », pour avoir cet effet, doit être prononcé avec une certaine intonation. En général, on parle comme on tirerait des coups de fusil au petit bonheur, entende qui peut. Il y a une autre façon de parler. C'est d'avoir une cible bien définie d'abord. Puis de bien viser. Et alors, feu ! Entende qui peut. Mais recevra la balle qui je veux, si j'ai bien visé. Encore mieux quand les paroles commencent à évoquer des images, c'est-à-dire à sculpter la gadoue psycho-physique du sac bipède avec mouvements divers parmi les esprits animaux, mais je ne peux pas tout vous expliquer à la fois. D'ailleurs vous n'avez qu'à réfléchir un peu. Par exemple, dans cette dernière phrase, sur les mots « ne… que », tout dévocalisés qu'ils soient par élision.

Je me dis : « Ayayaille !… ma tête éclate, n'en jetez plus » et je retournai à la futaille.

. . . .

(La grande Beuverie)

PATRICE DE LA TOUR DU PIN

Né à Paris, en 1911). — Révélé par un poème : « *Les Enfants de Septembre* » publié en 1931 dans la N.R.F., il donna deux ans plus tard son premier recueil : « *La Quête de Joie* ». Après la guerre et la captivité, Patrice de la Tour du Pin publia : « *Une somme de Poésie* » (1946) qu'un nouveau volume « *Le Second Jeu* » a prolongée, en 1959 (†1976).

PRÉLUDE

Tous les pays qui n'ont plus de légende
Seront condamnés à mourir de froid…

Loin dans l'âme, les solitudes s'étendent
Sous le soleil mort de l'amour de soi
A l'aube on voit monter dans la torpeur
Du marais, les bancs de brouillard immenses
Qu'emploient les poètes, par impuissance,
Pour donner le vague à l'âme et la peur.

Il faut respirer quand ils s'élèvent
Et jouir de ce frisson inconnu
Que l'on découvre à peine dans les rêves,
Dans les paradis parfois entrevus ;
Les médiocres seuls, les domestiqués

Ne pourront comprendre son amertume :
Ils n'entendent pas, perdu dans la brume,
Le cri farouche des oiseaux traqués.

C'était le pays des anges sauvages,
Ceux qui n'avaient pu se nourrir d'amour ;
Comme toutes les bêtes de passage,
Ils suivaient les vents qui changeaient toujours ;
Ils montaient parfois dans les cœurs élus,
Abandonnant la fadeur de la terre,
Mais ils sentaient battre dans leurs artères
Le regret des cieux qu'ils ne verraient plus !

Alors ils s'en allaient des altitudes
Poussés par l'orgueil et la lâcheté ;
On ne les surprend dans nos solitudes
Que si rarement ; ils ont tout quitté.
Leur légende est morte dans les bas-fonds,
On les voit errer dans les yeux des femmes,
Et dans ces enfants qui passent dans l'âme,
En fin septembre, tels des vagabonds.

Il en est pourtant qui rôdent dans l'ombre
Et ne doivent pas s'arrêter très loin ;
Je sais qu'ils se baignent par les nuits sombres
Pour que leurs ébats n'aient pas de témoins.
— Mais si déchirant parfois est leur cri
Qu'il fige les souffles dans les poitrines,
Avant de se perdre aux cimes de l'esprit
Comme un appel lointain de sauvagine.

Et les hameaux l'entendront dans la crainte,
Le soir, passés les jeux de la chair ;
Il s'étendra sur la lande — la plainte
D'une bête égorgée en plein hiver ;
Ou bien ce cri de peur dans l'ombre intense
Qui stupéfie brusquement les étangs,
Quand s'approchent les pas des poursuivants
Et font rejaillir l'eau dans le silence.

Si désolant sera-t-il dans les plaines
Que tressailleront les cœurs des passants ;
Ils s'arrêteront pour reprendre haleine
Et dire : c'est le chant d'un innocent !
Passé l'appel, résonneront encore
Les échos, jusqu'aux profondeurs des moelles,
Et suivront son vol, comme un son de cor,
Vers le gouffre transparent des étoiles !

Toi, tu sauras que ce n'est pas le froid
Qui déchaîne un cri pareil à cette heure ;

Moins lamentable sera ton effroi,
Tu connais les fièvres intérieures,
Les désirs qui brûlent jusqu'à vous tordre
Le ventre en deux, dans un spasme impuissant :
Et tu diras que ce cri d'innocent,
C'est l'appel d'un fauve qui voudrait mordre…

ENFANTS DE SEPTEMBRE

Les bois étaient tout recouverts de brumes basses,
Déserts, gonflés de pluie et silencieux ;
Longtemps avait soufflé ce vent du nord où passent
Les Enfants Sauvages, fuyant vers d'autres cieux,
Par grands voiliers, le soir, et très haut dans l'espace

J'avais senti siffler leurs ailes dans la nuit,
Lorsqu'ils avaient baissé pour chercher les ravines
Où tout le jour, peut-être, ils resteront enfouis ;
Et cet appel inconsolé de sauvagine
Triste, sur les marais que les oiseaux ont fuis.

Après avoir surpris le dégel de ma chambre,
A l'aube, je gagnai la lisière des bois ;
Par une bonne lune de brouillard et d'ambre,
Je relevai la trace, incertaine parfois,
Sur le bord d'un layon, d'un enfant de septembre.

Les pas étaient légers et tendres, mais brouillés,
Ils se croisaient d'abord au milieu des ornières
Où dans l'ombre, tranquille, il avait essayé
De boire, pour reprendre ses jeux solitaires
Très tard, après le long crépuscule mouillé.

Et puis, ils se perdaient plus loin parmi les hêtres
Où son pied ne marquait qu'à peine sur le sol ;
Je me suis dit : il va s'en retourner peut-être
A l'aube, pour chercher ses compagnons de vol
En tremblant de la peur qu'ils aient pu disparaître.

Il va certainement venir dans ces parages
A la demi-clarté qui monte à l'orient,
Avec les grandes bandes d'oiseaux de passage,
Et les cerfs inquiets qui cherchent dans le vent
L'heure d'abandonner le calme des gagnages.

Le jour glacial s'était levé sur les marais ;
Je restais accroupi dans l'attente illusoire
Regardant défiler la faune qui entrait

Dans l'ombre, les chevreuils peureux qui venaient boire
Et les corbeaux criards aux cimes des forêts.

Et je me dis : je suis un enfant de Septembre,
Moi-même, par le cœur, la fièvre et l'esprit,
Et la brûlante volupté de tous mes membres,
Et le désir que j'ai de courir dans la nuit
Sauvage, ayant quitté l'étouffement des chambres.

Il va certainement me traiter comme un frère,
Peut-être me donner un nom parmi les siens ;
Mes yeux le combleraient d'amicales lumières
S'il ne prenait pas peur, en me voyant soudain
Les bras ouverts, courir vers lui dans la clairière.

Farouche, il s'enfuira comme un oiseau blessé,
Je le suivrai jusqu'à ce qu'il demande grâce,
Jusqu'à ce qu'il s'arrête en plein ciel, épuisé,
Traqué jusqu'à la mort, vaincu, les ailes basses,
Et les yeux résignés à mourir, abaissés.

Alors, je le prendrai dans mes bras, endormi,
Je le caresserai sur la pente des ailes,
Et je ramènerai son petit corps, parmi
Les roseaux, rêvant à des choses irréelles,
Réchauffé tout le temps par mon sourire ami...

Mais les bois étaient recouverts de brumes basses
Et le vent commençait à remonter au nord,
Abandonnant tous ceux dont les ailes sont lasses,
Tous ceux qui sont perdus et tous ceux qui sont morts,
Qui vont par d'autres voies en de mêmes espaces !

Et je me suis dit : Ce n'est pas dans ces pauvres landes
Que les Enfants de Septembre vont s'arrêter ;
Un seul qui se serait écarté de sa bande
Aurait-il, en un soir, compris l'atrocité
De ces marais déserts et privés de légende ?

(La Quête de Joie). (N.R.F.)

LA VIE RECLUSE EN POÉSIE

Chapitre II

La virginité en poésie

...Tout doit s'élever avec la sève qui convient ; si vous célébrez la floraison des colchiques dans les prairies, faites-le avec le mystère de l'homme prenant l'essence du mystère végétal ; vous pouvez être la terre qui les nourrit, ou la terre qui s'en émerveille, ou seulement la terre qui s'en plaint ; vous passerez dans les colchiques par un prolongement d'amour ; mais ne leur donnez pas les sens de l'homme et le rythme de votre chair..

La tristesse et le froid inspirateurs

… Qu'ils chantent donc sèlon le mouvement de vie, selon le cri intérieur, mais qu'ils ne débordent pas sur le temps de la prière commune ; pour les autres, et il est un si grand nombre dans cette école d'ignorants de l'état d'oraison, qu'ils regardent cette règle sans la juger…

Chapitre III

Le plaisir de création

… Car nous avons pris pour base cette exigence, la volonté d'un monde créé en poésie pour notre plaisir, tirant ses premières lois de notre plaisir et de l'idée variable de la beauté, avec nos créatures à nous, et leur jeu…

La création imaginaire et le jeu de l'homme

… Ceux qui habitent au milieu des marais ou sur le rebord d'une île sont d'un moment où je battais pour les marais ou pour les îles…

… Je suis libre dans ma création ; leur figure et leur corps ne reproduisent pas les miens ; je les dessine selon le plaisir de l'homme, je les fais se mouvoir, vivre des existences que je n'ai jamais vécues, même en désir, parler comme je n'aurais jamais pu parler : c'est là mon théâtre dont je ne chercherai pas les lois, car ma souveraineté s'épuiserait sur des formules.

Chapitre IV

L'état d'oraison

…Votre règle est la suivante : que l'un ou plusieurs d'entre vous chante chaque jour, pour qu'il y ait perpétuellement une voix qui s'élève, un sens qui recherche, une main qui construise, et cela simplement selon les mouvements du cœur ; que tous prient chaque jour ensemble, pour qu'il soit une seule voix qui supplie, qui glorifie ou qui rende grâce ; mais que régulièrement l'un de vous prenne sa part de ce petit livre secret de l'Amour de Dieu ; il sera le cœur, il est bon qu'il soit tenu entre Dieu et vous ; mais il n'y aura pas de frontières entre lui et les autres.

Chapitre V

La vie recluse et la connaissance de l'homme

... Lorsque la terre vous retient, vous ne pouvez pas vous dire libres : qu'ils soient de votre création ou d'une autre, vos horizons sont toujours des murailles ; et à heurter les cœurs, vous en trouverez encore ; mais nous sommes des reclus qui savons les portees au-delà, des vagabonds par lassitude de nous-mêmes, des captifs qui supplions pour que le chant ne s'arrête pas aux obstacles, puisqu'il portera par moments notre Joie.

Chapitre VI

La vie de charité pour les autres

...Pour vous la règle n'est pas de les entraîner à chanter avec vous, mais de chanter pour ceux qui ne chantent pas ; le concert des hommes est rempli de beaucoup de voix très basses et de beaucoup de silences, et pour ce que vous exprimerez à voix plus haute la souffrance ou l'espérance de ceux qui se taisent, ne croyez pas que votre âme soit supérieure à la leur...

L'amitié de l'âme

...Voici l'amitié de l'âme : les souffrances que vous ne connaissez pas, il faudra les apprendre ; entrer profondément dans le cœur pour être sûr de les vivre en amitié ; car l'amitié spirituelle porte la prière que l'autre ne peut pas exprimer, l'amour que l'autre ne peut pas ressentir ; c'est tellement une même vie intérieure qui supplie...

***(Une somme de Poésie).* N.R.F.**

ANONYMES La plus belle des « chansons à hisser » qu'on chantait dans la marine à voile. Doubler le Cap Horn était la gloire du grand voyage. Cette chanson n'a été répandue qu'au XXe siècle dans les milieux lettrés. Darius Milhaud a utilisé la mélodie dans « *Le Pauvre Matelot* ».

NOUS IRONS A VALPARAISO
(chanson)

I

Hardi les gars, vire au guindeau,
Good bye farewell, good bye farewell,

Hardi les gars. adieu Bordeaux !
Hourrah, ô Mexico, ho, ho, ho !
Au cap Horn il ne fera pas chaud,
Haul away hé, oula tchalez,
A faire la pêche au cachalot.
Hâle matelot, hé, ho, hisse hé ho !

II

Plus d'un y laissera sa peau,
Good bye farewell, good bye farewell,
Adieu misère, adieu bateau !
Hourrah, ô Mexico, ho, ho, ho !
Et nous irons à Valparaiso,
Haul away hé, oula tchalez,
Où d'autres laisseront leur peau.
Hâle matelot, hé, ho, hisse hé ho !

III

Ceux qui r'viendront pavillon haut,
Good bye farewell, good bye farewell,
C'est premier brin de matelot :
Hourrah, ô Mexico, ho, ho, ho !
Pour la bordée ils s'ront à flot,
Haul away hé, oula tchalez,
Bons pour le rack, la fill', l'couteau.
Hâle matelot, hé, ho, hisse hé ho !

PROVERBES ET DICTONS

FAÇONS DE DIRE

Aller contre vents et marées.
Remuer ciel et terre.
Avoir le cœur sur la main.
Parler à cœur ouvert.
Faire sécher de la neige au four et la vendre pour du sel blanc.
S'embrasser à bouche que veux-tu.
Aimer à corps perdu.
Prendre les vents au filet.
Avoir un cœur d'or.
Se mettre en quatre.
Arriver comme mars en carême.
S'enfuir à toutes jambes.

Faire danser les cathédrales.
Etre heureux comme un poisson dans l'eau.
Autant en emporte le vent.
Bon pied, bon œil.
Avoir la main heureuse.
En voir de toutes les couleurs.
Oiseau de mauvaise augure.
C'est le cheval aux quatre pieds blancs.
Je l'ai sur le bout de la langue.
Battre la campagne.
Faire les quatre cents coups.
Un cerveau brûlé.
Brûler la chandelle par les deux bouts.
Coûter les yeux de la tête.
Atteler des fourmis à une charrette.
A n'en pas croire ses oreilles.
Perdre la boussole.
A dormir debout.
C'est la mer à boire.
Crier misère.
Se rompre le cou sur un brin de paille.
Chercher midi à quatorze heures.
Etre connu comme le loup blanc.
Conter fleurette.
Avoir les lèvres attachées par derrière.
Courir deux lièvres à la fois.
Montrer patte blanche.
Crier sur les toits.
Souder le vif argent.
Devoir une belle chandelle.
Avoir les yeux plus grands que le ventre.
Faire feu des quatre pieds.
Dorer la pilule.
Ecrire à la diable.
Etre tout feu tout flamme.
Remuer ciel et terre.
En avoir le cœur net.
Etudier pour être bête.
Donner un coup d'épée dans l'eau.
Vivre comme l'oiseau sur la branche.
Etre comme une âme en peine.
Perdre la tête.
Atteler la charrue avant les bœufs.
Chercher une aiguille dans une botte de foin.
Etre mouillé jusqu'aux os.
Revenir de loin.
Etre sous le charme.
Se sentir sur des charbons ardents.
Un homme de paille.
Un homme de sac et de corde.
Faire la pluie et le beau temps.

Jeter de l'huile sur le feu.
Faire la part du feu.
Retourner le fer dans la plaie.
Jouer avec le feu.
Ne plus savoir sur quel pied danser.
Abattre ses cartes.
Faire les yeux doux.
Mourir à petit feu.
Un coup de tête.
Filer le parfait amour.
Etre un moulin à paroles.
Rire aux anges.
Geler à pierre fendre.
Anguille sous roche.
Tomber des nues.
Tirer au clair.
Couvrir de fleurs.
Avoir la bride sur le cou.
Ne dormir que d'un œil.
Saisir la balle au bond.
N'y pas aller par quatre chemins.
Par le temps qui court.
Etre comme l'oiseau sur la branche.
Pour les beaux yeux de quelqu'un.
Etre dans les nuages.
Prendre la poudre d'escampette.
Loger à la belle étoile.
Rire jaune.
A dormir debout.

(Proverbes et dictons.
mis bout-à-bout par Claude Roy)

COMPTINES

Une vieille bavarde
Un postillon gris
Un âne qui regarde
La corde d'un puits
Des rose' et des lys
Dans un pot d'moutarde
Voilà le chemin
Qui mène à Paris

★

Frédéric
Tic, tic,
Dans sa p'tite boutique
Marchand d'allumettes
Dans sa p'tite brouette

S'en va-t'à la ville
Les mains dans les poches
Comme un Espagnol.

JEAN VENTURINI (1921 - 1940). — Jeune poète marocain, corse d'origine, mort à 19 ans en 1940 dans un sous-marin au large de Casablanca. Révolté, rimbaldien, son unique recueil « *Outlines* » parut en novembre 1939 à Casablanca. Il annonçait un grand poète. Comment ne pas penser, le lisant, que le poète est un « voyant », qu'il est doué d'une extraordinaire prescience ?

SANG

Dans mes veines ce n'est pas du sang qui
coule, c'est l'eau, l'eau amère des océans
houleux...

Des bonaces, des jours pleins gonflent
ma poitrine, préludes aux blancs vertiges
des ouragans...

Des poulpes étirent la soie crissante de
leurs doigts et leurs yeux illunés clignotent
par mes yeux...

Des galions pourris d'or, des mâts, des
éperons de fer passent en tumulte dans
des marées énormes...

Tous les anneaux mystiques jetés aux
lagunes adriatiques, je les ai pour les donner
à celles que j'aime...

J'ai des ressacs mugissants dans mes mains
aux heures d'amour...
Et trop souvent j'étreins d'irréelles écumes
blanches qui fuient sous mon désir de chair...

(Outlines).

NOTE DE L'EDITEUR

En raison des textes qu'ils ont bien voulu nous autoriser à reproduire, nous tenons à remercier :

M. Louis Aragon, pour : « Fugue », « Parti pris », « Poème de cape et d'épée », « Magnitogorsk 1932 » et « Vingt ans après ;

M. René Char, pour : « Je me voulais événement », « Poètes » et « Le visage nuptial » ;

La Librairie José Corti, pour : « Sardines à l'huile » et « Petits Lapons », de Georges Fourest ;

Les Editions Denoël, pour : « Prose du Transsibérien et de la petite Jehanne de France ». Cet extrait fait partie de « Du monde entier au cœur du monde », première édition complète et définitive des poésies de Blaise Cendrars, Editions Denoël ;

Les Editions Emile-Paul, pour : « A Londres je connus Bella », « C'était sur un chemin crayeux », « Pour une dame imaginaire » et « En Arles », de Paul-Jean Toulet ;

Les Editions Fasquelle, pour : « Le mois mouillé », et « Soirs », de Henry Bataille ;

La Librairie Ernest Flammarion, pour : « La ronde autour du monde », « Le chef de Saint Denys », « Le bonheur », extraits de « Anthologie des ballades françaises » et « Le vieux mendiant », de Paul Fort ;

Les Editions Gallimard, tous droits réservés, pour : « Blessures de guerre et d'ailleurs », de Roger Allard ; « Zone », « Les colchiques », « Le voyageur », « L'émigrant de Landor Road », « Cors de chasse », « La jolie rousse », de Guillaume Apollinaire ; « J'attends sa lettre au crépuscule », « Le paysan de Paris » (fragment) et « Le traité du style » (fragment), de Louis Aragon ; « Si je meurs » et « Parnasse », de Jacques Audiberti ; « L'Union Libre » et « L'Amour fou », d'André Breton ; « Verlaine », de Paul Claudel ; « Batterie », « Je n'aime pas dormir... », « J'ai peine à soutenir... » et « Le paquet rouge », de Jean Cocteau ; les extraits de « Dialogues laborieux sur la puissance des mots et la faiblesse de la pensée », de René Daumal ; « Prélude », « Enfants de septembre » et les extraits de « La vie recluse en poésie ». de Patrice de la Tour du Pin : « Complainte de Fantômas » et « Les quatre sans cou », de Robert Desnos ; « Pour vivre ici », « Quelques poètes sont sortis », « Suite », « L'amoureuse », « Je te l'ai dit », « Sans rancune », « Prière du monde », « Les Gertrude Hoffman Girls », « Dessous d'une vie », « L'aube impossible », « A peine défigurée », « Nuits partagées », « L'amour, la poésie », « On ne peut me connaître », « Je ne suis pas seul », « Facile », « Quelques-uns des mots », « Novembre 1936 » et « L'évidence poétique », de Paul Eluard ; l'extrait de « Æternæ Memoriæ Patris », « Mirages », « La gare » et « Air du poète » de Léon-Paul Fargue ; « Quincaillerie », de Jean Follain ; « Humbles bruits de la vie » et « Caricatural », de Maurice Fombeure ; l'extrait des « Nourritures Terrestres », d'André Gide ; « Etablissement d'une communauté au Brésil », « Pastiche » et « La Terre », de Max Jacob ; « Ode » et « Images », de Valery Larbaud ; « L'autre lecture », de Marcel Lecomte ; « Outwards » et « Afrique Occiden-

tale », de Henry Jean-Marie Levet ; « Tel était Paris », et « La chanson de Limehouse Causeway », de Pierre Mac Orlan ; « Brise Marine », « Hérodiade », « Sainte » et « Au seul souci de voyager... », de Stéphane Mallarmé ; « Le grand combat », « Le vide », « Contre ! », et « Mais toi quand viendras-tu ? », de Henri Michaux ; « Tête de troupeau », « Boule-Panorama » et « Espérer », de Paul Morand ; « On m'a mis au collège » et « Les mains », de Germain Nouveau ; « Présentation de Paris à Notre-Dame » et « Paris vaisseau de charge », de Charles Péguy ; « Garde ma récolte secrète », « Que m'importe de vivre heureux... » et extrait de « Plein air », de Odilon-Jean Périer ; « Chêne et chien », de Raymond Queneau ; « Pensées sur la poésie », de Pierre Reverdy ; les extraits de « Odes et prières » et de « Europe », de Jules Romains ; « Amitié du Prince » et « Anabase » (VII), de Saint-John Perse ; « La féerie perpétuelle », de André Salmon ; « Les amis inconnus », « Le hors venu », et « Le regret de la terre », de Jules Supervielle ; « La jeune Parque » (fragment) et « Cantique des colonnes » et l'extrait de « Question de poésie », de Paul Valéry ;

M. Robert Goffin, pour : « Femmes de chevet » ;

Les Editions Bernard Grasset, pour : « L'offrande à la nature », de Anna de Noailles ;

M. Franz Hellens, pour : l'extrait de « La femme au prisme » ;

M. Tristan Klingsor, pour : « Rêverie d'automne » ;

La Librairie Alphonse Lemerre, pour : « Les Conquérants », de José-Maria de Hérédia ;

Madame la Comtesse Renée Maurice-Maeterlinck, pour : « Chanson », de Maurice Maeterlinck ;

Madame Mélot du Dy, pour : « Chanson », de Mélot du Dy ;

Les Editions Mercure de France, pour les deux « Odelettes », de Henri de Régnier ; l'extrait (XV) de « Elégies », de Georges Duhamel ; « Du pont des Arts, balcon de Paris », de Georges Fagus ; « Le pauvre pion », « J'aime l'âne... », « Vieille marine » et « J'ai vu, dans de vieux salons... », de Francis Jammes, « Lisbé » et « La chasse », de Pierre-Jean Jouve ; « Rêverie », de Léo Larguier ; l'extrait de « Les stances », de Jean Moréas ; « Un homme fini », « Chemin tournant », « Reflux », « Le cœur écartelé », de Pierre Reverdy ; « Paysages de ville », de Georges Rodenbach ; « Pour dire aux funérailles des poètes », de Saint-Pol Roux ; « Patience de Monelle », de Marcel Schwob ; « L'effort », d'Emile Verhaeren ;

Les Editions Messein, pour : « Détresse », de Léon Deubel et « A Tommy Atkins », de Stuart Merrill ;

Les Editions Albin Michel, pour : « Adieu », « Poème flou » et « L'ombre », de Francis Carco ;

La Librairie Plon, tous droits réservés, pour : l'extrait de « Le jardin de Bérénice », de Maurice Barrès ; « Aux dix mille années », « Eloge et pouvoir de l'absence » « Du bout du sabre », de Victor Segalen ;

Les Editions Points et Contrepoints, pour : « Les épiceries » et « Mais ces oiseaux... » extraits de « L'Œuvre Poétique » (1957), de Vincent Muselli ;

M. Marcel Sauvage, pour : « Le gouverneur à bicyclette » ;

Les Editions Pierre Seghers, pour : « Jean sans Terre aborde au dernier Port », de Yvan Goll ; « Allô » et « Mémoires » de Benjamin Péret, « Sang », de Jean-Bernard Venturini ; « Si l'on gardait... », de Charles Vildrac ;

Les Editions André Silvaire pour : « Tous les morts sont ivres... » (Les Sept Solitudes in POESIES I, éd. André Silvaire, tous droits réservés) et « Symphonie de Septembre » (Symphonies in POESIES II, éd. André Silvaire, tous droits réservés), de Oscar Vladislas de Lubicz-Milosz ;

M. Philippe Soupault, pour : « Georgia », « Chanson », « Manifestes Dada » et « Westwego » ;

M. André Spire, pour : « Retour » :

La Librairie Stock, pour : « Par lui-même », de Jean Cocteau ; « Attente » et « Vision », de Marie Noël ;

M. Marcel Thiry, pour : « Toi qui pâlis au nom de Vancouver... » et « Pour être encore sur ce transport... » ;

M. Tristan Tzara, pour : « Chanson dada » et « Les mutations radieuses ».

INDEX

G

H

J

K

L

M

N

P

Q

R

S

T

V

W

TABLE DES MATIERES

Au catalogue Marabout

Culture générale

100 chefs-d'oeuvre du film d'auteur (Les),
J.-P. Frimbois ....MS1855 [13]
100 chefs-d'oeuvre du film fantastique (Les),
J.-M. Bouineau et A. Charlot ....MS1853 [13]
100 chefs-d'oeuvre du film musical (Les),
J.-M. Bouineau ....MS1850 [13]
100 chefs-d'oeuvre du western (Les),
J.-M. Bouineau, A. Charlot et
J.-P. Frimbois ....MS1854 [13]
**100 clés du succès aux examens
et concours (Les),**
M.-J. Gourmelin etJ.-F. Guédon ....GM96 [07]
100 dictées pièges,
Franlain ....8010 [07]
**100 expressions latines usuelles
traduites et expliquées,**
R. Jacquenod ....MS1205 [07]
100 grandes citations expliquées,
P. Désalmand et Ph. Forest ....8505 [07]
**100 grandes citations historiques
expliquées,**
P. Désalmand et Ph. Forest ....MS98 [12]
100 livres en un seul,
M. Arnould et J.-F. Coremans ....8504 [09]
100 personnages célèbres de la littérature,
C. Romain ....8515 [13]
**100 sujets de dissertations
philosophiques - analysés et commentés,**
E. Contamine ....8043 [12]
**50 grandes citations philosophiques
expliquées,**
A. Amiel ....8508 [09]
50 grandes dates de l'histoire mondiale,
J. Schuler ....8529 [09]
50 modèles de commentaires composés,
V. Anglard ....8000 [12]

Grand livre des tests de culture générale (Le),
P. Désalmand, P. Marson et M. Dansel . . . .HC 99 FF
Guide de calcul,
C. Caparros . . . . .8007 [06]
Guide de l'écrivain,
P. Désalmand . . . . .8525 [13]
Guide d'orthographe,
E. Bled et H. Bénac . . . . .8008 [06]
Jeux de lettres et de mots,
R. Ouahes . . . . .8048 [05]
Lecture rapide (La),
F. Richaudeau . . . . .8011 [07]
Livre des signes et des symboles (Le),
Schwartz-Winklhofer,
Biedermann (mai) .8560 [N]
1000 QCM,
N. Gardin . . . . .8045 [07]
Mythologie (La),
E. Hamilton . . . . .8530 [09]
Mythologies du monde entier (Les),
V. Grigorieff . . . . .8535 [09]
Panorama de la littérature française,
N. Masson . . . . .8510 [12]
Panorama des idées contemporaines en 100 livres,
P. Adjutor et R. Frank . . . . .8545 [12]
Panorama des religions,
A. Santoni . . . . .8538 [06]

Philosophie (La),
T.1 - De Platon à saint Thomas,
F. Châtelet . . . . .8531 [09]
T.2 - De Galilée à J.-J. Rousseau,
F. Châtelet . . . . .8532 [09]
T 3 - De Kant à Husserl,
F. Châtelet . . . . .8533 [09]
T 4 - Au XXe siècle,
F. Châtelet . . . . .8534 [09]

Philosophie T.1 - L'Action,
D. Huisman et A. Vergez .... .8025 [12]
Philosophie T.2 - La Connaissance,
D. Huisman et A. Vergez .... .8026 [12]
Philo de base,
V. Grigorieff .... .8004 [07]
Pièges du français actuel (Les),
A. Jouette .... .MS125 [09]
Ponctuation maîtrisée (La),
R. Jacquenod .... .8017 [09]
40 modèles de dissertations historiques,
D. Sarciaux .... .8040 [12]
4000 citations pour briller en société,
E. Nicaise .... .8558 [09]
Religions du monde entier (Les),
V. Grigorieff .... .8537 [13]
Tester et enrichir sa culture générale,
M. Dansel .... .8014 [09]
Tester et enrichir ses connaissances en histoire,
J. Schuler .... .8020 [09]
Tester et enrichir son orthographe,
R. Jacquenod .... .8016 [09]
Tester et enrichir son vocabulaire,
P. Désalmand .... .8012 [09]
300 questions tests de culture générale,
P. Biélande .... .8522 [09]
25 chefs-d'oeuvre du théâtre français (Résumés - Analyses -Commentaires),
G. Conio .... .8503 [12]
25 grands romans français résumés et commentés,
G. Conio .... .8509 [12]
25 livres clés de la philosophie,
R. Hess .... .8521 [12]
25 livres clés de la psychanalyse,
P. Marson .... .8519 [09]
25 livres clés de l'économie,
A. Beitone, A. Cazorla,
C. Dollo et A.-M. Drai .... .8524 [12]

25 livres clés pour comprendre le monde moderne,
F. Stirn . . . . .8527 [12]
25 modèles d'étude d'un texte argumentatif,
V. Anglard . . . . .8042 [09]
25 modèles d'explication de texte et de lecture méthodique,
B. Hongre . . . . .8021 [12]
25 mots clés de la culture scientifique,
J. Rosmorduc . . . . .8517 [12]
25 tableaux modernes expliqués,
C. Amey . . . . .8539 [14]

Dictionnaires

Dictionnaire de la mythologie (Le),
M. Grant et J. Hazel . . . . .7001 [07]
Dictionnaire des citations du monde entier (Le),
K. Petit . . . . .7000 [09]
Dictionnaire des aphorismes,
M. Mennig . . . . .7003 [07]
Dictionnaire des synonymes (Le),
G. Younes . . . . .7002 [09]

Littérature

Contes fantastiques complets,
G. de Maupassant .... 9001 [06]
Dracula,
B. Stoker .... 9000 [07]
Enfer des histoires drôles (L'),
M. et A. Guillois .... HC 119 FF
Frankenstein,
M.-W. Shelley .... 9010 [02]
Grand dictionnaire Marabout des citations du monde entier,
K. Petit .... HC 124 FF
Grand livre des meilleures histoires drôles 1996,
M. et A. Guillois .... HC 105 FF

Lecture fléchée
- Assommoir (L'),
E. Zola .... 9512 [03]
- Au bonheur des dames,
E. Zola .... 9520 [03]
- Bel-Ami,
G. de Maupassant .... 9504 [03]
- Bête humaine (La),
E. Zola .... 9517 [03]
- Candide,
Voltaire .... 9507 [03]
- Chartreuse de Parme (La),
Stendhal .... 9519 [03]
- Cyrano de Bergerac,
E. Rostand (avril) .... 9522 [03]
- Du côté de chez Swann,
M. Proust .... 9506 [03]
- Education sentimentale (L'),
G. Flaubert .... 9513 [03]
- Eugénie Grandet,
H. de Balzac .... 9514 [03]

- **Fortune des Rougon (La),**
  E. Zola .... .9501 [03]
- **Germinal,**
  E. Zola .... .9515 [03]
- **Jacques le fataliste,**
  D. Diderot .... .9508 [03]
- **Liaisons dangeureuses (Les),**
  Choderlos de Laclos .... .9510 [03]
- **Madame Bovary,**
  G. Flaubert .... .9502 [03]
- **Nana,**
  E. Zola (avril) .... .9521 [03]
- **Peau de Chagrin (La),**
  H. de Balzac .... .9511 [03]
- **Père Goriot (Le),**
  H. de Balzac .... .9500 [03]
- **Phèdre,**
  Racine .... .9518 [03]
- **Rouge et le Noir (Le),**
  Stendhal .... .9503 [03]
- **Une vie,**
  G. de Maupassant .... .9509 [03]
- **Zadig,**
  Voltaire .... .9516 [03]

Livre d'or de la poésie française (Le),
P. Seghers .... .6604 [09]

Le Monde Poche

PIERRE SEGHERS, poète pleinement engagé dans son siècle et éditeur des poètes, est né à Paris en 1906. Il s'est fait connaître en 1939, en publiant, aux Armées, une revue littéraire qui devint dès 1940 une publication (Poésie 40 à 44) où se retrouvèrent les écrivains « résistants ».

Après avoir été l'un des animateurs des éditions clandestines, il devait, dès la Libération, se consacrer entièrement à l'édition des poètes. Dans le même temps, il développait son œuvre personnelle, collaborait à de nombreux journaux et revues, et faisait des tournées de conférences. Le Prix Apollinaire lui a été décerné en 1959, pour l'ensemble de son œuvre poétique.

C'est au grand poète et à l'animateur qui a consacré sa vie à la poésie, tout autant qu'à l'éminent spécialiste qu'est Pierre Seghers, que Marabout a demandé la présente anthologie que l'auteur a voulue vivante et personnelle.

IMPRESSION : BUSSIÈRE S.A., SAINT-AMAND (CHER). — N° 1117 (C)
D. L. MAI 1996/0099/163
ISBN 2-501-02635-7
Imprimé en France